고용조정

실무상 문제와 해법

백 현 민 저

"4차 산업혁명 도래, 상시적 고용조정 시대"

임금조정 · 근로시간조정 · 노동력재배치 · 인원조정 · 고용형태조정

(주)중앙경제

고 용 조 정

실무상 문제와 해법

초판인쇄 2021년 1월 4일
초판발행 2021년 1월 15일

지 은 이 백 현 민
펴 낸 이 김 남 진
펴 낸 곳 (주) 중앙경제
내지디자인 이 지 훈
표지디자인 한 지 희

주 소 서울시 중구 다산로 11길 19(신당2동 355-8)
백석빌딩 신관 4층
전 화 02)2231-7293
팩 스 02)2235-5344
홈페이지 www.elabor.co.kr
출판등록 80.6.21 제 2-66호

ISBN 978-89-7017-456-3 (93330)
정 가 28,000원

고 용 조 정
실무상 문제와 해법

백 현 민 저

(주)중앙경제

머 리 말

1998년 외환위기, 2009년 금융위기에 이어 2020년 전 세계에 불어 닥친 코로나19의 영향으로 국가경제가 또다시 큰 위기에 직면하였다. 이러한 경제위기 상황에서 가장 먼저 던져지는 화두가 바로 고용조정이다. 2020년 5월 실업률이 1999년 이후 최고치를 기록하고 실업급여 지급액이 사상 처음으로 1조원을 돌파한 사실만 보더라도, 경제위기가 고용에 미치는 파급효과를 실감할 수 있다.

그러나 고용조정이 경제위기 상황에서만 국한되는 문제는 아니다. 글로벌 경쟁이 더욱 치열해지면서, 산업현장은 인력운영의 유연성 확보를 끊임 없이 요구받고 있다. 특히, AI(인공지능), 로봇공학, IoT(사물인터넷) 등을 기반으로 하는 4차 산업혁명 시대의 도래는 전통적인 고용환경에의 대대적인 변화를 불러오고 있다. 즉, 기업조직의 유연성 유지, 수요에 따른 채용, 기계의 사람대체, 직업과 사생활 경계의 파괴, 소수 인간의 창의성 중시, 노동력제공 자체가 아닌 성과 중시 등의 고용환경이 점차 확산되고 있다. 이와 같은 노동환경의 변화는 고용조정이 더 이상 일시적인 조치가 아닌 상시적인 경영활동의 하나로 자리매김하도록 할 것으로 보인다.

기업 측면에서 보면 고용관리의 중요성이 점차 커지고 있는 반면, 근로자 입장에서 보면 고용은 삶의 기반인 일자리 또는 직장생활과 직결된 문제이다. 따라서 고용에 관한 문제는 산업현장 내에서 매우 민감한 이슈일 수밖에 없다. 이에 고용조정을 시행하는 과정에서 조직 내 갈등, 노사대립, 법적분쟁 등으로 노사 모두가 어려움을 겪는 경우를 종종 볼 수 있다. 특히, 경영난 극복을 위해 시행한 고용조정이 오히려 경영위기를 가중시키고 이로 인하여 사업장 전체의 고용을 위태롭게 만드는 안타까운 사례도 볼 수 있다.

이처럼 향후 고용조정이 더욱 빈번해지고 상시화될 것으로 예상되는 상황에서, 고용조정으로 인한 산업현장의 갈등과 분쟁을 예방하는 데에 조금이나마 기여해 보고자 하는 마음에서 이 책을 쓰게 되었다. 이러한 집필 의도를 어떻게 녹여 낼 것인가를 고민한 끝에 각 고용조정 유형에 대하여 '법률문제'와 '운영원칙'이라는 두 가지 테마를 중심으로 기술하기로 하였다.

법률문제 부분에서는 각 고용조정 유형별 기본적인 법률사항과 함께 산업현장에서 주로 이슈가 되는 다양한 법적쟁점들을 담고자 노력하였다. 기술과정에서 부득이하게 필요한 경우가 아니라면 학설과 저자의 개인적 견해는 최소화하고자 하였고, 판례와 행정해석을 중심으로 풀어나가고자 하였다. 그러나 워낙 다양한 쟁점들이 존재하다보니 일부 쟁점에 대하여는 여전히 그 법적 근거가 부족하여 명쾌한 답을 내놓지 못한 경우도 있어서 아쉬움이 남는다.

다음으로 운영원칙과 관련하여서는 고용조정을 시행함에 있어 노사갈등을 포함한 조직 내 갈등, 그로 인한 법적분쟁을 최소화하기 위해 필요한 운영상의 원칙을 제시하고자 하였다. 다만, 모든 사업장의 특성과 처한 여건이 다르기 때문에 다소 원론에 그치고 구체적 솔루션을 충분히 담아내지 못한 것 같아 많은 부족함을 느낀다.

이 책에 기술된 고용조정 유형별 운영원칙이 정답일 수는 없다. 그러나 저자가 나름대로 오랜 기간 동안 수행해 온 자문과 컨설팅을 통해 얻었던 경험을 바탕으로 기술한 것이므로 나름대로의 충분한 의미를 가질 수 있지 않을까 생각한다. 그리고 이 책의 제4장에서는 결론을 대신하여 경영위기 하에서 추진되는 고용조정의 전략적 접근법에 대하여 개략적으로 정리하였다. 비록 구체성은 부족하지만 고용조정의 전략적 시행을 위한 전반적인 흐름을 제시할 수는 있을 것으로 생각되며, 제2장에서 기술하고 있는 각 고용조정 유형별 운영원칙을 연결하면 각 사업장 상황에 맞는 계획 수립과 실행에 도움이 될 수 있지 않을까 한다.

고용조정이라는 무거우면서도 민감한 문제를 기술하면서 오히려 산업현장에 많은 과제를 남긴 것은 아닌지 걱정스럽기도 하다. 그러나 부족하나마 고용조정에 대한 유용한 정보와 힌트를 제공함으로써, 고용조정으로 인한 사업장 내 갈등 및 분쟁을 예방하고 노사가 윈윈(win-win)하는 데에 조금이나마 기여할 수 있기를 기대한다.

끝으로 이 책의 발간을 허락해 주신 ㈜중앙경제 임원진과 실무작업에 애써주신 직원관계자 여러분께 진심으로 감사드린다.

2020년 10월

저자 **백 현 민**

차 례

제2절 근로시간 조정을 통한 고용조정

제3절 노동력재배치를 통한 고용조정

제4절 인원조정을 통한 고용조정

제3장 기업변동과 노동관계

제1절 개 설

제2절 기업변동 형태별 노동관계 제문제

제3절 기업변동 시의 노무관리 운영원칙

제4장 경영위기 하에서의 전략적 고용조정 추진방안

제1절 전략적 고용조정 추진의 중요성

제2절 전략적 고용조정 추진방안

표 목차

그림 목차

법률 약칭(법제처 약칭 표기에 의함)

- 노동조합 및 노동관계조정법 ··· **노동조합법**
- 근로자참여 및 협력증진에 관한 법률 ··· **근로자참여법**
- 기간제 및 단시간근로자 보호 등에 관한 법률 ··· **기간제법**
- 파견근로자 보호 등에 관한 법률 ··· **파견법**
- 고용상 연령차별금지 및 고령자고용촉진에 관한 법률 ··· **고령자고용법**
- 근로자퇴직급여 보장법 ··· **퇴직급여법**

제 1 장

고용조정의 의의

제1절
고용조정의 개념과 유형

I 고용조정의 개념

고용조정에 대한 명확한 정의가 존재하는 것은 아니다. 따라서 바라보는 시각이나 접근방법에 따라 그 개념이 달리 정의되고 있다.

고용조정의 개념을 정의내리기 전에 먼저 고용조정에 대한 일반적 오해부터 풀어 볼 필요가 있다. 고용조정에 대한 오해 중 첫 번째는 「고용조정=경영위기 극복 방안」이라는 시각이다. 이와 같은 오해는 1997년 IMF구제금융 시기, 2008년 글로벌 금융위기를 거치면서 고용조정이라는 용어를 가장 많이 들었고, 실제로도 경영위기 상황에서 다양한 구조조정과 함께 고용조정이 추진된 사례가 많기 때문인 것으로 보인다. 그러나 고용조정이 반드시 경영위기를 극복하거나 한계사업을 정리하기 위해서만 시행되는 것은 아니다. 기업은 항상 미래지향적이어야 한다. 따라서 잠재적인 리스크를 해소하기 위하여 또는 경영환경 변화의 예측 속에서 보다 경쟁력을 강화하기 목적에서도 얼마든지 고용조정이 추진될 수 있다.

고용조정에 대한 두 번째 오해는 「고용조정=인력감축」이라는 시각이다. 이러한 시각이 만들어진 이유도 고용조정이 주로 경영위기 상황에서 추진되고 가장 극적 효과를 가져오는 것이 인력의 감축이라는 현실적 문제에 기인한다. 그러나 고용조정에는 다양한 유형이 존재하고 각 유형별로 저마다의 목적이 있기 때문에 고용조정이 곧 인력의 감축만을 의미하는 것은 아니다.

이러한 두 가지 오해를 풀어내는 과정에서 어느 정도 고용조정의 개념이 도출되었다고 생각한다. 생각건대, 고용조정은 “현재 또는 잠재적 경영위험을 해소하고 경쟁력을 강화하기 위하여 인적자원과 관련된 제도 및 운영을 조정하는 일체의 경영활동”으로 정의할 수 있겠다.

Ⅱ 고용조정의 유형

고용조정을 경영상 해고(산업현장에서는 주로 '정리해고'라고 부른다)로 이해하는 경우가 많다. 고용조정의 개념에서 살펴본 바와 같이 고용조정이 곧 인력감축만을 의미하는 것이 아닌 것처럼 고용조정이 곧 경영상 해고만을 의미하는 것은 아니다. 고용조정은 다양한 사유와 목적으로 추진될 수 있고, 그 사유와 목적에 따라 접근방식이 결정된다. 그리고 그 접근방식에는 여러 가지 고용조정 유형이 존재한다. 경영상 해고(정리해고)는 고용조정의 한 가지 유형에 해당할 뿐이다.

앞서 언급한 것처럼 고용조정 유형 또한 분류하는 사람에 따라서 매우 다양한 방식으로 제시된다. 고용조정의 유형은 매우 다양하며, 사실상 그 유형을 정형화할 기준이나 제한이 존재하지도 않는다.

[그림 1] 고용조정의 유형

이 책에서는 <그림 1>에서 보는 바와 같이 임금 및 근로시간 조정을 통한 고용조정, 노동력재배치를 통한 고용조정, 인원조정을 통한 고용조정, 고용형태 조정을 통한 고용조정으로 구분한다. 그리고 각 고용조정 방안별로 대표적인 고용조정 유형을 포함시키고자 한다.

Ⅲ 고용조정 방안 및 유형의 상호관계

각각의 고용조정 방안 및 유형은 고용조정의 목적에 따라 독립적으로 이루어지는 경우도 있으나, 대부분은 상호 연계되어 추진된다. 경영위기 상황을 극복하기 위해 고용조정을 시행하는 경우, 통상적으로 먼저 임금 및 근로시간 조정, 노동력재배치를 통한 고용조정을 진행하게 되고, 고용조정 목적 달성이 어려운 경우 인원조정 방안을 모색하게 된다.

반대로 경영상 해고를 단행하기로 한 경우에는 다른 고용조정 유형이 해고회피노력을 위한 수단으로 활용될 수 있다. 그리고 고용형태 조정을 위해 일부 업무를 아웃소싱(근로자파견, 도급 활용)하는 경우, 기존 인력에 대한 사내이동 또는 전적 등 노동력재배치가 함께 진행된다.

이와 같이 각 고용조정 방안 및 유형은 상호 밀접하게 연관되어 있는데, 고용조정을 추진함에 있어 종합적인 추진계획을 수립하여야 하는 이유가 여기에 있다고 하겠다.

제2절
고용조정 추진 기본원칙

Ⅰ 개 설

고용조정은 근로관계 및 근로조건에 직간접적으로 영향을 미친다. 따라서 고용조정은 기업 입장에서도 매우 중요한 사항이지만, 그만큼 근로자 입장에서도 중요한 문제이다. 이에 노동관계법률은 고용조정과 관련하여 근로자보호를 위한 다양한 제도적 장치를 마련하고 있다. 그리고 많은 부분에 있어서는 사법기관의 해석에 의해 규율되고 있다. 따라서 각 고용조정이 유효하기 위해서는 법적요건을 갖출 것이 요구되는데, 그 법적요건은 고용조정 유형별로 차이가 있다.

그리고 앞서 설명한 것처럼 고용조정 방안 및 유형마다 가지는 목적이 다르다. 그리고 사업장 특성 및 여건과 구체적인 시행내용에 따라 차이가 있기는 하지만 각 고용조정 유형은 〈표 1〉 「고용조정 유형별 효과」에서 보는 바와 같이 그 효과에 있어서도 차이가 존재한다.

따라서 고용조정 추진원칙을 일률적으로 정형화기는 어렵다. 즉, 고용조정 방안 및 유형별로 합리적인 운영을 위한 나름대로의 원칙이 존재한다. 이에 이하에서는 고용조정 추진에 있어 일반적으로 요구되는 원칙에 대하여 살펴보고, 각 고용조정 방안 또는 유형별 운영원칙에 대하여는 제2장의 해당 부분에서 구체적으로 검토하기로 한다.

[표 1] 고용조정 유형별 효과

유형 \ 효과		인원 변동	인건비
임금 조정	임금수준 조정	불변	감소/일시적 감소
	임금체계 변경	불변	변경 내용에 따라 불변/감소/증가
	임금피크제 도입	불변	도입 내용에 따라 불변/증가
근로 시간 조정	근로시간 단축	불변	감소
	유연근무제 도입	불변	불변/감소
	교대제 도입·변경	불변/증가 (추가 채용 시)	시행 내용에 따라 불변/감소/증가
노동력 재배치	사내이동	불변	불변
	전출 및 전적	감소/불변 (기존회사 복귀 시)	감소/불변
	저성과자관리제도	불변/감소(퇴출 발생 시)	불변/증가(제도 운영비)
인원 조정	휴직 및 휴업	단기 감소	감소
	희망퇴직	감소	감소
	경영상 해고	감소	감소
고용 형태 조정	기간제 활용	불변	점진적 감소
	근로자파견 활용	직접고용 유지 : 증가/점진적 감소 직접고용 전적 : 불변	직접고용 유지 : 증가/점진적 감소 직접고용 전적 : 불변/감소
	도급 활용	직접고용 유지 : 증가/점진적 감소 직접고용 전적 : 불변	직접고용 유지 : 증가/점진적 감소 직접고용 전적 : 불변/감소

Ⅱ 기본원칙

1. 체계적인 시행계획 수립

고용조정에 있어 가장 중요한 것은 시행에 앞서 체계적으로 계획을 수립하는 것이다. 고용조정 방안 및 유형은 각각 나름대로의 목적과 기대효과를 가지고 있다. 따라서 고용조정 계획을 수립함에 있어 가장 선행되어야 하는 것은 고용조정을 시행하고자 하는 목적이 무엇이며, 얻고자 하는 효과는 무엇인가를 명확히 하는 것이다. 고용조정의 목적과 기대효과를 명확하게 설정하여야 그에 맞는 고용조정 방안을 선택할 수 있으며, 시행착오를 방지할 수 있다.

고용조정 시행계획에는 사업장의 제도적·문화적 여건 및 제약조건, 최적의 고용조정 유형, 구체적인 실시 방법, 시행 시 예측되는 상황 및 효과 그리고 사후관리 방안 등이 종합적으로 포함되어야 한다.

2. 적극적인 내부 공감대 형성

회사 내에 고용조정 계획이 알려지면 조직분위기가 술렁이게 된다. 근로자들은 자신이 고용조정 대상에 포함되지는 않을까, 근로조건이 악화되지는 않을까 하는 걱정과 불안에 휩싸이게 된다. 그리고 노동조합은 고용조정에 반발하게 된다. 산업현장에서 보면 고용조정을 계획했던 대부분의 회사 중 근로자 및 노동조합의 반발에 부딪혀 시행조차 해보지 못하고 계획을 철회하는 경우를 종종 볼 수 있다. 이럴 경우 회사는 향후 인사노무관리에 부담을 가질 수밖에 없다.

따라서 고용조정을 실시하고자 하는 경우, 우선적으로 구성원들의 공감대를 확보할 필요가 있다. 물론 고용조정은 근로관계 및 근로조건에 부정적 영향을 미치는 경우가 많기 때문에 구성원들의 공감대를 얻는 것이 결코 쉬운 일은 아니다. 그러나 경영진의 의지, 고용조정의 필요성, 고용조정을 통한 중장기 효과 등을 구성원들에게 적극적으로 인식시킴으로써 구성원의 수용성을 높여야 한다. 구성원의 공감대를 얼마나 이끌어 냈는지 여부를 떠나 그러한 노력 자체가 고용조정 성패의 중요한 열쇠임을 간과해서는 안 된다.

3. 법적안정성 확보

고용조정에 있어 체계적으로 시행계획을 수립하고 구성원의 공감대를 형성하는 것 못지않게 법적안정성을 확보하는 것이 중요하다. 근로자들의 입장에서 보면, 근로관계 또는 근로조건의 변화를 수반하는 고용조정은 매우 민감하고 중요한 문제일 수밖에 없다. 이에 그만큼 법적분쟁이 발생할 가능성이 높다. 아마도 노동조합이 있는 사업장에서는 더욱 그럴 것이다.

만약 법적분쟁이 발생하여 이미 시행된 고용조정이 무효가 되면 사업장에 엄청난 손실이 초래될 것이라는 점은 쉽게 예상할 수 있다. 고용조정 실패로 인한 손실은 단순히 비용 문제에 국한되지 않는다. 회사와 직원간의 신뢰상실, 조직몰입도 저하, 유능한 인력의 이탈 등 상당기간 동안 회복되기 어려운 무형적 손실을 가져오게 된다. 따라서 고용조정 계획 단계에서부터 실행에 이르기까지 전문가와의 협업을 통해 법적 문제 내지 쟁점에 대한 검토를 충실히 진행함으로써 고용조정의 법적안정성을 확보하여야 한다.

4. 사후 인사관리

고용조정은 그 목적이 무엇이든 간에 회사의 성장과 발전을 지향하는 경영활동이다. 그러나 고용조정이 시행되면 단기적으로 직원들의 사기저하, 조직충성도 내지 직무몰입도 감소 등 부작용이 따르게 된다. 이러한 부작용을 장기간 방치할 경우 생산성 저하, 인재유출 등으로 사업장의 경쟁력을 약화시킬 수 있다.

따라서 고용조정 시행 후에는 조직분위기를 정상궤도에 올릴 수 있는 조치를 적극적으로 시행하여야 한다. 사업장마다 여건의 차이가 있겠으나, 회사 비전 및 목표 공유, 새로운 경영방침 전파, 열린경영 실천, 사내소통 강화, 신속한 고충처리, 개인별 권한과 책임의 재구성, 전사적 리더십 강화, 선진 성과배분시스템 도입, 경력개발프로그램 개발 등이 고용조정 후 발생하는 조직적 부작용을 최소화하는 방안이 될 수 있다.

고용조정

실무상 문제와 해법

제 2 장

고용조정 유형별 법률문제 및 운영원칙

제1절
임금조정을 통한 고용조정

I 개 설

임금조정은 일견 고용조정과 특별히 관계가 없는 것처럼 보인다. 그러나 임금을 조정하는 것도 고용조정에서 중요한 의미를 갖는다. 임금조정이 필요한 경우는 크게 기업경영이 악화된 경우와 경영위기 상태는 아니지만 장래를 대비하여 임금구조의 변화가 필요한 경우 두 가지로 나뉜다.

기업의 경영악화 원인은 관련 산업 자체의 침체, 기술경쟁력의 약화, 원자재 가격의 급격한 상승 등 매우 다양하다. 경영악화의 직접적인 원인이 무엇이든 간에 일단 경영상태가 악화되면 높은 인건비가 부담으로 작용하게 된다. 이 경우 임금수준의 조정을 검토하게 된다. 임금수준의 조정은 기업의 임금지불여력에 영향을 미치므로 결과적으로 고용량에도 영향을 미치게 된다.

한편, 현재 경영위기 상태는 아니라고 하더라도 인건비구조 분석 결과 향후 인건비 비중의 급격한 상승이 우려되거나 임금구조가 생산시스템 및 근로시간 등과의 정합성이 떨어지는 경우에도 임금조정이 필요할 수 있다.

전자의 경우에는 임금의 반납 및 지급유예, 삭감 등 주로 임금수준을 조정하는 방안을 검토하게 되며, 후자의 경우에는 임금체계의 변경, 임금피크제 도입 등 제도적 개선을 고려하게 된다.

Ⅱ 임금수준 조정

1. 임금수준 조정의 의의

임금수준 조정방안으로는 임금의 반납, 지급유예, 삭감이 있다. 임금의 반납 및 지급유예는 원칙적으로 이미 발생한 임금에 대한 조정인 반면에 임금삭감은 장래에 발생할 임금을 대상으로 한다는 점에 차이가 있다. 실무적으로는 장래에 발생할 임금에 대하여 미리 지급을 유예하는 경우도 있다.

반면에 임금반납이 개념적으로 지급된 임금이 반환됨으로써 사용자에게로 귀속되는 반면에 임금의 지급유예는 지급시기만 변경될 뿐 언젠가는 근로자에게 귀속된다는 점에 차이가 있다. 즉, 임금의 지급유예는 회사의 재정상태가 일시적으로 악화된 경우 활용하기에 적합하다. 임금수준 조정의 방법별 개념은 〈표 2〉와 같다.

[표 2] 임금수준 조정 방법

유 형	개 념
임금반납	• 근로의 대가로서 이미 발생한 임금채권을 사용자에게 반환하는 것
임금지급유예	• 임금을 정해진 지급일에 지급하지 아니하고, 장래의 어떤 시점에 지급하기로 하는 것
임금삭감	• 장래의 근로에 대한 대가로서의 임금을 현재의 지급수준보다 낮추어 지급하기로 하는 것

내부 공감대를 바탕으로 추진되는 임금수준 조정은 구성원의 심리적 결속력을 강화시키는 긍정적 효과가 있다. 그러나 반대로 손실임금 회복에 대한 기대와 비전이 전제되지 않는 임금수준 조정은 근로자들의 사기 및 회사에 대한 신뢰를 저하시키는 부정적 효과가 수반되는 것이 일반적이다. 임금수준 조정의 장·단점을 정리하면 〈표 3〉과 같다.

[표 3] 임금수준 조정의 장 · 단점

장 점	단 점
• 단기적인 인건비 절감 • 구성원의 심리적 결속력 강화 • 경영상 해고 시 해고회피노력 해당	• 회사발전, 손실임금 회복 가능성에 대한 비전 제시 불가시 구성원의 근무의욕 및 조직몰입도 저하 • 우수인력의 이탈(이직) 가능성 증가 • 노사관계 불안

2. 임금수준 조정의 법률문제

(1) 기본 법률사항

근로기준법 제43조(임금지급) 제1항은 「임금은 통화로(통화불원칙), 근로자에게 직접 지급하여야 하고(직접불원칙), 매월 1회 이상 일정기일에 정기적으로 지급하여야 하며(정기불원칙), 전액 지급하여야 한다(전액불원칙)」고 정하고 있다. 이를 흔히 '임금지급의 4대원칙'이라고 한다.

임금수준 조정은 법률이 정하고 있는 임금지급원칙에 반하는 것이다. 따라서 그 시행에 있어 반드시 법적 요건을 준수하여야 한다. 임금의 반납과 지급유예를 위해서는 근로자들의 동의를 얻어야 하며, 임금의 삭감을 위해서는 기본적으로 취업규칙 변경, 단체협약 개정 등 집단적 의사결정 절차가 이행되어야 한다.

한편, 최저임금법 제6조(최저임금의 효력) 제1항은 사용자에 대하여 법률이 정하는 최저임금 이상의 임금을 지급할 의무를 부여하고 있다. 이러한 최저임금에 관한 규정은 강행적 효력을 가지기 때문에 고용조정의 일환으로서 임금수준 조정이 이루어진다고 하더라도 임의로 달리 적용할 수 없다.

관련조문

근로기준법 제43조(임금지급)

① 임금은 통화(通貨)로 직접 근로자에게 그 전액을 지급하여야 한다. 다만, 법령 또는 단체협약에 특별한 규정이 있는 경우에는 임금의 일부를 공제하거나 통화 이외의 것으로 지급할 수 있다.

② 임금은 매월 1회 이상 일정한 날짜를 정하여 지급하여야 한다. 다만, 임시로 지급하는 임금, 수당, 그 밖에 이에 준하는 것 또는 대통령령으로 정하는 임금에 대하여는 그러하지 아니하다.

근로기준법 제6조(최저임금의 효력)

① 사용자는 최저임금의 적용을 받는 근로자에게 최저임금액 이상의 임금을 지급하여야 한다.

② 사용자는 이 법에 따른 최저임금을 이유로 종전의 임금수준을 낮추어서는 아니 된다.

③ 최저임금의 적용을 받는 근로자와 사용자 사이의 근로계약 중 최저임금액에 미치지 못하는 금액을 임금으로 정한 부분은 무효로 하며, 이 경우 무효로 된 부분은 이 법으로 정한 최저임금액과 동일한 임금을 지급하기로 한 것으로 본다.

[근로조건결정제도 연구 ❶]

취업규칙 변경 제도

1. 제도 개요

현행 근로기준법은 취업규칙을 작성·변경하는 경우 근로자의 과반수로 조직된 노동조합이 있는 경우에는 그 노동조합, 근로자의 과반수로 조직된 노동조합이 없는 경우에는 근로자의 과반수의 의견을 듣도록 하고, “취업규칙을 근로자에게 불리하게 변경하는 경우(이하 ‘불이익변경’이라 한다)”에는 동의를 받도록 하고 있다.

1953년 제정 근로기준법에서는 취업규칙의 작성 또는 변경에 있어 사용자는 과반수노조 또는 “근로자의 과반수를 대표하는 자”의 의견을 청취하도록 정하고 있었으나, 1989년 근로기준법 개정시 취업규칙의 불이익변경에 대한 근로자의 동의를 신설하면서 기존의 “근로자의 과반수를 대표하는 자”를 대신하여 “근로자의 과반수” 라는 개념이 도입된 것이다.[1] 근로자대표제도가 근로자의 과반수로 조직된 노동조합이 없는 경우 '근로자의 과반수를 대표하는 자'를 근로자대표로 하는 것과 달리 취업규칙 작성·변경 시의 근로자과반수제도는 근로자의 과반수로 조직된 노동조합이 없는 경우 '근로자 과반수'의 의견청취 또는 동의를 받도록 하고 있다는 점에 차이가 있다.

근로자의 과반수가 자유의사에 기하여 취업규칙 불이익변경에 대한 동의권을 노사협의회 근로자위원에게 위임하였다면 그 근로자위원은 취업규칙의 불이익변경에 대한 동의권을 가진 자로 볼 수 있다는 고용노동부 행정해석[2]이 있다. 그러나 근로기준법 상의 근로자과반수제도는 강행규정이므로 노사협의회 자체나 노사협의회 근로자위원은 동의의 주체가 될 수 없다고 보아야 한다.

이와 같이 취업규칙의 작성·변경에 있어 근로자가 참여할 수 있도록 제도화하고 있는 이유는 사용자가 가지는 취업규칙 작성·변경권의 편무성과 일방성을 보완하기 위한 것이다. 특히, 불이익변경 시에 동의를 얻도록 한 것은 근로기준법이 갖는 보호법으로서의 성격에 따라 노사대등결정원칙에 기초하여 근로자의 기득권을 보호하기 위한 것이다.[3] 취업규칙에 정해진 사항을 변경하는 경우뿐만 아니라 관행적 근로조건을 변경하는 경우에는 근로기준법 제94조 제1항의 절차를 거쳐야 하는 것으로 해석되고 있으므로, 산업현장에서는 근로자대표제도 보다도 오히려 중요한 제도적 의미를 가지는 측면도 존재한다.

2. 불이익변경 판단기준

(1) 일반적 판단기준

근로기준법 제94조 제1항 단서에 따라 취업규칙을 불이익하게 변경하는 경우에는 근로자의 과반수로 조직된 노동조합 또는 근로자과반수의 동의를 얻어야 한다. 불이익변경은 근로자가 가지고 있던 기존의 권리 또는 이익을 박탈하여 근로조건을 하향시키거나 복무규율을 강화하는 것을 말한다.[4] 여기에서 불이익변경인지 여부를 판단하는 기준이 문제된다. 불이익변경에 대하여 동의절차를 거치지 않은 경우에는 그 취업규칙 변경의 효력이 부정된다는 측면에서 불이익변경에 대한 판단기준은 매우 중요한 쟁점이 된다.

판례[5]는 "대가관계나 연계성이 있는 제반 상황(유리하게 변경된 부분 포함)을 종합 고려하여 과연 그 퇴직금에 관련한 개정 조항이 유리한 개정인지 불리한 개정인지를 밝혀서 그 유·불리를 함께 판단하여야 한다"는 입장이다. 그리고 판례[6]는 취업규칙의 변경 내용이 일부 근로자에게는 유리하고 다른 일부 근로자에게는 불리한 경우에는 불이익변경에 준하는 것으로 보고 있다.

(2) 사회통념상의 합리성 법리

불이익변경에 해당하는 경우 근로자의 과반수로 조직된 노동조합 또는 근로자과반수의 동의를 얻어야 하나, 판례[7]는 사회통념상 합리성 법리를 적용하여 동의의 요건을 완화하고 있다. 즉, "취업규칙의 작성 또는 변경이 그 필요성 및 내용의 양면에서 보아 그에 의하여 근로자가 입게 될 불이익의 정도를 고려하더라도 여전히 당해 조항의 법적 규범성을 시인할 수 있을 정도로 사회통념상 합리성이 있다고 인정되는 경우에는 종전 근로조건 또는 취업규칙의 적용을 받고 있던 근로자의 집단적 의사결정방법에 의한 동의가 없다는 이유만으로 그의 적용을 부정할 수는 없다"는 입장을 취하고 있다.

판례는 사회통념상 합리성의 유무는 취업규칙의 변경에 의하여 근로자가 입게 되는 불이익의 정도, 사용자측의 변경 필요성의 내용과 정도, 변경 후의 취업규칙 내용의 상당성, 대상조치 등을 포함한 다른 근로조건의 개선상황, 노동조합 등과의 교섭 경위 및 노동조합이나 다른 근로자의 대응, 동종 사항에 관한 국내의 일반적인 상황 등을 종합적으로 고려하여 판단하여야 하지만, 취업규칙을 근로자에게 불리하게 변경하는 경우에는 그 동의를 받도록 한 근로기준법을 사실상 배제하는 것이므로 제한적으로 엄격하게 해석하여야 한다고 한다.[8]

그러나 판례가 형성하고 있는 사회통념상의 합리성 법리는 근로기준법이 명시하고 있는 불이익변경에 대한 '동의'라는 효력요건을 면제시켜주는 것임에도 법률상의 근거가 명확하지 않으며, 그 개념이 매우 모호하여 노사당사자가 이를 판단하기가 매우 어렵다는 문제점을 가지고 있다.[9]

3. 일부 근로자에게 적용되는 취업규칙의 변경 주체

근로자가 두 개 이상의 집단으로 나뉘어 있더라도 변경되는 취업규칙이 모두에게 적용되는 경우에는 당연히 전체 근로자의 과반수로 조직된 노동조합이나 전체 근로자의 과반수가 의견청취 또는 동의의 주체가 된다. 그러나 실무에서 많은 혼란이 야기되는 부분은 변경되는 취업규칙이 사업장 내 여러 근로자집단 중 일부에만 적용되는 경우에 의견청취 내지 동의 주체를 어떻게 볼 것인가 하는 것이다.

판례는 "여러 근로자 집단이 하나의 근로조건 체계 내에 있어 비록 취업규칙의 불이익변경 시점에는 일부 근로자 집단만이 직접적인 불이익을 받더라도 그 나머지 다른 근로자 집단에게도 장차 직급의 승급 등으로 변경된 취업규칙의 적용이 예상되는 경우에는 일부 근로자 집단은 물론 장래 변경된 취업규칙 규정의 적용이 예상되는 근로자 집단을 포함한 전체 근로자 집단이 동의주체가 되고, 그렇지 않고 근로조건이 이원화되어 있어 변경된 취업규칙이 적용되어 직접적으로 불이익을 받게 되는 근로자 집단 이외에 변경된 취업규칙의 적용이 예상되는 근로자 집단이 없는 경우에는 변경된 취업규칙이 적용되어 불이익을 받는 근로자 집단만이 동의주체가 된다"고 한다.[10)]

그러나 "장래 변경된 취업규칙의 적용이 예상되는 자"가 무엇을 의미하는지 그리고 그 기준은 무엇인지에 있어서는 여전히 명확하지 않다. 따라서 산업현장 실무에서 판단하기가 쉽지 않고, 해석 여하에 따라 그 범위가 매우 넓어질 수 있다는 문제가 있다.

4. 의견청취 위반의 효과 및 동의의 효력

근로기준법 제94조(규칙의 작성, 변경 절차) 제1항의 의견청취를 거치지 않은 취업규칙의 효력에 대하여는 견해가 나뉘고 있다.

근로기준법이 취업규칙의 규범적 효력을 인정하는 것은 근로자 보호를 위하여 법률이 정하는 작성・변경 등의 절차를 갖출 것을 조건으로 하는 것이고, 근로자의 의견청취가 근로자 보호를 위한 수단의 일환이라는 점에서 의견청취를 거치지 않은 취업규칙 작성・변경은 무효라는 견해(효력규정설)[11)]가 있다. 반면에 의견청취를 거치지 않았다고 하더라도 그 내용이 적법한 이상 벌칙 적용의 문제는 있으나 취업규칙의 효력에는 영향이 없다는 견해(단속규정설)[12)]가 있다. 판례[13)]는 단속규정설의 입장을 취하고 있다.

반면에 불이익변경에 있어 근로자의 과반수로 조직된 노동조합 또는 근로자 과반수의 동의를 받지 못하면 유리한 부분을 포함한 변경 취업규칙 전부가 무효가 된다.[14)] 즉, 무효가 되는 것은 변경된 부분만 효력이 부인되는 것이며 전체 취업규칙이 무효가 되는 것은 아니다.[15)] 따라서 변경 전의 취업규칙이 적용된다.

한편, 근로자들에게 미치는 사법적 효력 측면에서는 적법하게 동의를 받으면 반대하는 개별근로자에 대하여도 효력이 미치며,[16)] 반대로 동의를 받지 못하면 개인적으로 동의하는 근로자에 대하여 효력이 발생하지 않는 것이 원칙이다.[17)]

---

1) 김기선・강련승, "노동관계법상 근로자대표제의 규율현황 및 입법과제", 국회입법조사처 연구용역보고서, 한국법정책학회, 2016, 62쪽.

2) 근기 68207-2144, 1999.9.1.

3) 하갑래, 「근로기준법」전정 제29판, ㈜중앙경제, 2017, 151쪽.

4) 하갑래, 「근로기준법」전정 제29판, ㈜중앙경제, 2017, 158쪽.

(2) 실무상의 주요 법적쟁점

1) 집단적 의사결정방식에 의한 임금반납 가능 여부

이미 발생한 임금을 반납하는 것은 개별 근로자의 자유의사에 기초할 때만 유효하다. 즉, 개별근로자의 동의가 있어야 한다. 따라서 노사합의, 노사협의회 의결 등 집단적 의사결정방식으로는 불가능하다. 또한 노동조합의 일방적인 결의만으로도 불가능하다.[18)]

다만, 노사간에 반납이라는 표현을 사용하였으나, 그 실질이 앞으로 일정기간 동안 감액한다는 것을 의미하는 경우에는 이는 장래 발생할 임금에 대한 것으로서 노사간 합의는 유효하다.[19)]

---

5) 대법원 1995.3.10. 선고 94다18072 판결

6) 대법원 1997.8.26. 선고 96다1726 판결 ; 대법원 1993.5.14. 선고 93다1893 판결

7) 대법원 2010.1.28. 선고 2009다32362 판결 ; 대법원 2001.1.5. 선고 99다70846 판결

8) 대법원 2010.1.28. 선고 2009다32362 판결

9) 권혁, "판례를 통해 살펴본 취업규칙제도의 노동법적 쟁점과 그 시사점", 「노동법포럼」 제5호, 노동법이론실무학회, 2010, 88쪽.

10) 대법원 2009.5.28. 선고 2009두2238 판결 ; 대법원 2009.11.12. 선고 2009다49377 판결 ; 대법원 2015.8.13. 선고 2012다43522 판결

11) 이병태, 「최신 노동법」 제8전정판, ㈜중앙경제, 2008, 935쪽.

12) 김형배, 「새로 쓴 노동법」 제25판(전면개정판), 박영사, 2016, 296쪽.

13) 대법원 1989.5.9. 선고 88다카4277 판결 ; 대법원 1999.6.22. 선고 98두6647 판결

14) 대법원 1995.3.10. 선고 94다18072 판결

15) 대법원 1997.8.26. 선고 96다1726 판결

16) 대법원 2009.2.29. 선고 2007다85997 판결

17) 대법원 1991.3.27. 선고 91다3031 판결 ; 대법원 1992.12.8. 선고 91다38174 판결

18) 대법원 2002.4.12. 선고 2001다41384 판결 ; 대법원 2000.9.29. 선고 99다67536 판결

19) 대법원 2014.12.24. 선고 2012다107334 판결

2) 퇴직금 사전반납 동의 가능 여부

근로자가 퇴직하여 더 이상 근로계약관계에 있지 않은 상황에서 퇴직 시 발생한 퇴직금청구권을 나중에 포기하는 것은 허용된다.

그러나 최종 퇴직 시 발생하는 퇴직금청구권을 미리 포기하는 것은 강행법규인 근로기준법, 퇴직급여법에 위반되어 무효이다.[20] 따라서 퇴직금 사전반납 동의는 퇴직금청구권을 사전에 포기하는 것으로서 허용되지 않는다.

3) 반납 및 삭감 임금의 평균임금 포함 여부

근로자가 자유의사에 따라 이미 발생한 임금의 일부를 반납하였다 하더라도, 이것은 이미 임금채권으로 발생된 근로자의 소득을 자진하여 반납한 것으로 반납분은 향후 퇴직금 산정 등의 기초가 되는 평균임금 산정에 당연히 포함된다.[21]

반면에 임금삭감은 장래의 근로에 대한 임금이므로 그 삭감분은 평균임금 산정 임금에 해당하지 않는다. 따라서 평균임금이 하락하므로 평균임금을 산정기준으로 하는 퇴직금도 당연히 줄어들게 된다. 이 경우 퇴직금 지급기준에 관한 노사간 특별협약을 체결하는 방법을 통해 퇴직금상의 불이익을 방지할 수 있다.

[표 4] 임금반납과 임금삭감 비교

구분	임금반납	임금삭감
대상	기발생 임금	장래의 임금
조정 방식	개별 근로자 동의	집단적 의사결정
평균임금 산입 여부	산입	미산입

20) 대법원 2018.7.12. 선고 2018다21821·2018다25502 판결 ; 대법원 1998.3.27. 선고 97다49732 판결

21) 대법원 2001.4.10. 선고 99다39531 판결

4) 임금지급유예의 유효요건

임금의 지급유예는 임금을 약정된 지급일에 지급하지 아니하고 지급시기를 뒤로 미루는 것이므로 임금의 정기불 원칙에 예외를 이루게 된다. 근로기준법 제43조(임금 지급) 제2항은 임금은 매월 1회 이상 일정한 날짜를 정하여 지급하도록 정하고 있다. 이를 '정기지급원칙'이라고 한다.

따라서 사용자가 임의로 이미 발생한 임금의 지급기일을 연기할 수 없으며, 임금지급기일을 변경하기 위해서는 근로자의 동의를 받아야 한다. 고용노동부 행정해석[22]도 자유의사에 따라 개별적으로 '급여인하지급동의서'를 제출하였다면 앞으로 확정적으로 발생될 근로자 자신의 임금채권의 일부를 임금정기지불일에 지급하지 않더라도 이의가 없다는 것에 동의한 것이므로 근로기준법 위반의 문제가 발생하지 않는다고 한다.

5) 단체협약의 불리한 변경 가능성 문제

단체협약을 불리하게 개정할 수 있는지 여부와 관련하여, 학설은 부정설과 긍정설로 나뉜다. 단체협약의 불리한 변경을 부정하는 견해에 의하면 노동조합은 근로조건의 유지·개선을 목적으로 하는 것이므로 근로조건의 불이익한 변경은 협약자치의 한계를 넘는 것으로 허용되지 않는다고 한다. 반면에 긍정하는 견해는 근로조건의 유지·개선은 장기적 관점에서 파악되어야 하며, 단체협약은 상대방과의 거래·타협의 산물이므로 노동조합은 제반여건을 고려하여 부분적·일시적으로 불리한 근로조건에 대하여도 합의할 수 있다고 한다.[23]

한편, 대법원[24]은 "협약자치의 원칙상 노동조합은 사용자와 사이에 근로조건을 유리하게 변경하는 내용의 단체협약뿐만 아니라 근로조건을 불리하게 변경하는 내용의 단체협약을 체결할 수 있으므로, 근로조건을 불리하게 변경하는 내용의 단체협약이 현저히 합리성을 결하여 노동조합의 목적을 벗어난 것으로 볼 수 있

22) 근기 68207-704, 1999.11.24.

23) 김유성, 「노동법Ⅱ」, 법문사, 1999, 173쪽.

24) 대법원 2002.11.26. 선고 2001다36504 판결 ; 대법원 2000.9.29. 선고 99다67536 판결

는 경우와 같은 특별한 사정이 없는 한 그러한 노사간의 합의를 무효라고 볼 수는 없고, 노동조합으로서는 그러한 합의를 위하여 사전에 근로자들로부터 개별적인 동의나 수권을 받을 필요가 없으며, 단체협약이 현저히 합리성을 결하였는지 여부는 단체협약의 내용과 그 체결경위, 당시 사용자 측의 경영상태 등 여러 사정에 비추어 판단해야 한다"라고 하여, 불리한 단체협약 변경에 대하여 긍정하는 입장이다.

단체협약의 불리한 변경을 부정하는 견해에 의하면 단체협약의 불리한 변경은 협약자치의 한계를 넘는 것이라고 하나, 단체협약의 불리한 변경이 불가능하고 유리한 변경만이 가능하다고 해석하는 것은 오히려 협약자치를 제한하는 결과를 초래한다. 즉, 단체협약이 불리하게 개정되었다고 하여 노사간 이루어진 합의를 일률적으로 무효로 해석하는 것은 노사관계의 경직성을 초래하고 노사자치를 근간으로 하는 노조법 취지에도 맞지 않다.

또한 단체협약의 불리한 변경은 단체협약 개정 과정에서의 노사당사자 의사, 당해 사업장의 경영상태, 단체협약 중 다른 변경내용과의 관계 등 제반상황을 종합적으로 고려하여 판단하여야 하는바, 일부 내용의 표면적인 불리한 변경을 두고 일률적으로 판단할 대상은 아니라고 본다.

현실적으로 다양한 안건을 다루는 교섭의 본질상 유·불리를 따지기 어려운 경우가 많고 일시적인 불리한 변경이 장기적으로 노동조합의 단결에 유리할 수도 있다. 다만, 단체협약의 불리한 변경 내용이 근로기준법 등 강행법 또는 공서양속에 저촉되는 경우에는 그 부분은 위법한 교섭사항에 해당하므로 당연히 무효라고 볼 것이다.[25] 따라서 원칙적으로 단체협약의 불리한 변경은 가능하다고 보는 것이 타당하다.

---

25) 임종률, 「노동법」 제6판, 박영사, 2007, 147쪽. 현행 노조법 제31조(단체협약의 작성) 제3항은 행정관청으로 하여금 단체협약 중 위법한 내용이 있는 경우에는 노동위원회의 의결을 얻어 시정명령을 할 수 있도록 정하고 있다.

6) 변경된 취업규칙과 근로계약서의 불일치 문제

근로기준법 제94조(규칙의 작성, 변경 절차) 제1항은 사용자가 취업규칙을 작성하거나 변경하는 경우 근로자의 과반수로 조직된 노동조합이 있는 경우에는 그 노동조합, 근로자의 과반수로 조직된 노동조합이 없는 경우에는 근로자 과반수의 의견을 들어야 한다고 정하면서, 그 변경이 근로자들에게 불리한 경우에는 동의를 받아야 한다고 규정하고 있다.

취업규칙의 불리한 변경에 관한 일반적인 대법원의 입장은 ① 집단적 동의를 받지 못하면 개인적으로 동의한 근로자에게도 효력이 없으며,[26] ② 집단적 동의를 받으면 근로자가 개인적으로 반대하더라도 변경의 효력이 발생한다는 것이다.[27]

그러나 법원[28]은 취업규칙이 변경되었으나 근로계약서가 변경되지 않은 사안에서 "취업규칙이 집단적 동의를 받아 불리하게 변경되었다고 하더라도 해당 근로자가 취업규칙 변경에 동의하는 등의 특별한 사정이 없는 한 근로계약이 변경된 취업규칙 내용으로 변경되는 것이 아니며, 결과적으로 취업규칙과 근로계약이 상충되는 경우 유리한 근로계약이 우선 적용된다"고 판시하였다. 동 판결은 결과적으로 취업규칙의 법규범성을 완화한 것으로 보인다.[29]

법원 판결의 취지를 고려할 때, ① "근로계약서에 규정되지 않은 사항"에 대하여 취업규칙이 적법한 절차에 따라 불리하게 변경된 경우에는 근로자들의 개별적인 동의 여부를 불문하고 변경된 취업규칙이 적용되지만, ② 변경된 취업규칙 내용과 근로계약서가 상충되는 경우, 즉 취업규칙이 집단적 동의 절차를 거쳐 유효하게 변경되었지만 근로계약서가 변경되지 않아 취업규칙보다 유리하게 규정되어 있는 경우에는 근로계약서가 우선 적용된다고 보아야 할 것이다.

26) 대법원 1991.9.24. 선고 91다17542 판결 ; 대법원 1992.12.8. 선고 91다38174 판결

27) 대법원 2008.2.29. 선고 2007다85997 판결

28) 창원지법 통영지원 2019.1.30. 선고 2018가소21596 판결. 대법원의 상고기각으로 확정됨.

29) 근로기준법은 제93조(취업규칙의 작성 · 신고)에서 상시 10명 이상의 근로자를 사용하는 사용자에게 취업규칙을 작성할 의무를 부여하면서 필수적으로 작성하여야 할 사항을 규정하고 있고, 제94조(규칙의 작성, 변경 절차)에서는 취업규칙의 작성 및 변경 절차를 규정하는 한편 위반행위에 대하여 벌칙을 적용하고 있다. 이와 같은 근로기준법 내용은 상당부분 취업규칙이 가지는 규범으로서의 효력을 전제하고 있다고 생각된다. 이러한 측면에서 법원 판결이 타당한 것인지에 대하여는 의문이 든다. 다만, 이 책에서는 이 부분에 대하여 자세히 다루지는 않기로 한다.

[그림 2] 변경 취업규칙과 근로계약서의 효력 관계

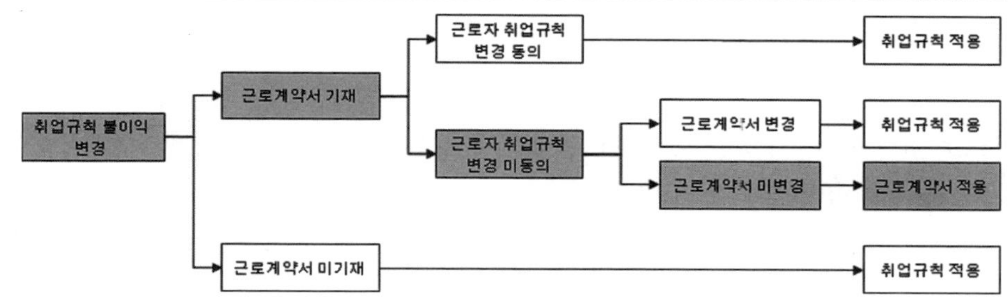

7) 단체협약과 취업규칙 간의 유리조건우선 원칙 적용 문제

단체협약에 의하여 임금이 하향되더라도 취업규칙에 상회하는 임금이 명시되어 있는 경우 취업규칙이 우선 적용되는지 여부가 문제된다. 이른바 '유리조건우선의 원칙'인정 여부에 관한 문제이다.

현행법은 유리조건우선의 원칙을 정한 명문의 규정을 두고 있지 않다. 이에 해석상 긍정설과 부정설로 나뉘고 있다. 긍정설은 단체협약은 최저기준을 정한 것이므로 하위규범이 단체협약 보다 유리한 근로조건을 정하고 있을 경우에는 강행적 효력을 갖지 않는다고 한다.[30] 반면에 부정설은 단체협약은 언제나 하위규범에 우선하므로 단체협약이 정한 근로조건이 유리하든 불리하든 단체협약이 적용된다는 입장이다.[31] 한편, 기업별교섭 하에서는 유리조건 우선의 원칙이 부정되고 산업별교섭 하에서는 동 원칙을 인정하는 것이 타당하다는 견해가 있다.[32] 한편, 대법원[33]은 "단체협약의 개정 경위와 그 취지에 비추어 볼 때, 단체협약의 개정에도 불구하고 종전의 단체협약과 동일한 내용의 취업규칙이 그대로 적용된다면 단체협약의 개정은 그 목적을 달성할 수 없으므로 개정된 단체협약에는 당연히 취업규칙상의 유리한 조건의 적용을 배제하고 개정된 단체협약이 우선적으

30) 김형배, 「새로 쓴 노동법」 제25판(전면개정판), 박영사, 2016, 95쪽 이하.

31) 임종률, 「노동법」 제6판, 박영사, 2007, 146쪽 ; 김유성, 「노동법Ⅱ」, 법문사, 1999, 173쪽.

32) 이정, 「노동법강의」, 한국외국어대학교 출판부, 2004, 213쪽.

33) 대법원 2002.12.27. 선고 2002두9063 판결

로 적용된다는 내용의 합의가 포함된 것이라고 봄이 당사자의 의사에 합치한다고 할 것이고, 따라서 개정된 후의 단체협약에 의하여 취업규칙상의 면직기준에 관한 규정의 적용은 배제된다고 보아야 할 것이다"라고 판시하였다.

동 판결을 두고 일부 견해는 대법원이 유리조건 우선의 원칙을 부정하고 있는 것으로 해석한다. 그러나 이 사건 판결은 단체협약과 취업규칙에서 정한 기준이 다른 경우에 있어 유리조건 우선의 원칙이 적용되는지 여부에 대하여 분명하게 밝히고 있지 않기 때문에 판례가 전면적·일률적으로 유리조건 우선의 원칙을 부정하고 있는 것으로 단정하기는 어렵다.

근로기준법 제3조(근로조건의 기준)는 근로기준법에 정해진 근로조건이 최저기준임을 명시하고 있으나, 현행법은 단체협약의 효력과 관련하여 단체협약을 최저기준으로 본다는 명시적 규정을 두고 있지 않다. 또한 독일 단체협약법과 같이 '유리조건 우선의 원칙'을 명문화하고 있지도 않다. 결국, 현행법 하에서 단체협약이 최저기준을 정한 것이라는 견해에 의하고자 하면 단체협약이 내재적으로 최저기준의 성격을 갖는다고 보아야 하는데 노사당사자 간 협약자치에 의한 교섭의 결과물인 단체협약이 당연히 최저기준으로서의 성격을 갖는 것으로 보기에는 무리가 있다.

그리고 헌법상의 노동3권이 각각 개별적인 것이 아니고, 노동조합 설립 및 단체교섭의 궁극적인 목적이 단체협약 체결에 있다는 점을 고려할 때 조합원인 근로자는 단체협약 체결의 형태로 구현된 노동조합의 집단적 규제에 따라야 하는 수인의무가 내재한다고 보는 것이 옳다. 또한 사용자가 단체협약에서 정한 기준보다 유리하게 취업규칙을 변경한 경우 유리조건 우선의 원칙에 따라 단체협약 적용을 배제하는 것은 노사교섭의 산물인 단체협약의 성격에도 부합하지 않는다.

따라서 원칙적으로 유리조건 우선의 원칙은 적용되지 않으며 개별 근로계약 또는 취업규칙의 유·불리와 관계없이 단체협약의 강행적·직접적 효력이 미친다고 보는 것이 타당하다.

8) 경영난에 따른 일방적 임금지급유예의 형사적 면책 가능성 여부

근로기준법 제43조(임금지급) 제1항은 임금의 정기불 원칙을 규정하고 있다. 따라서 사용자가 단순히 경영이 부진하다거나 기업이 불황이라는 이유만으로 임

금을 지연지급하는 것은 허용되지 않는다.[34]

다만, 대법원[35]은 모든 성의와 노력을 다했어도 임금의 체불이나 미불을 방지할 수 없었다는 것이 사회통념상 긍정할 정도가 되어 사용자에게 더 이상의 적법행위를 기대할 수 없거나 불가피한 사정이었음이 인정되는 경우에는 제43조 위반죄의 책임조각사유가 된다고 한다.

그리고 대법원[36]은 '임금이나 퇴직금을 기일 안에 지급할 수 없었던 불가피한 사정'이 있었는지 여부에 대한 판단기준으로 ① 사용자가 임금이나 퇴직금 등을 조기에 청산하기 위해 최대한 변제노력을 기울였는지 여부, ② 장래의 변제계획을 분명하게 제시하고 이에 관하여 근로자 측과 성실한 협의를 하였는지 여부 등 근로자 입장에서 상당한 정도 수긍할 만한 수준이라고 객관적으로 평가받을 수 있는 조치들이 행하여졌는지 여부를 제시하고 있다.

따라서 사용자에게 도저히 임금을 정기에 지급할 수 없었던 불가피한 사정이 있었다고 인정되는 경우에는 일방적인 임금지급 유예에 대한 형사적 책임이 면제될 수 있을 것이다. 그러나 경영난으로 인한 지불여력의 상실, 조기지급을 위한 노력 이행, 변제계획 제시 및 근로자와의 성실한 협의 이행 등에 대하여 사용자가 충분히 입증하여야 가능한 것으로서, 그 인정 여부에 대하여는 엄격한 기준이 적용되는 것으로 볼 것이다.

3. 임금수준 조정 운영원칙

(1) 임금수준 조정 방법의 전략적 결정

근로자 입장에서 보면 임금은 노동력의 대가로서 생계유지의 직접적인 수단이므로 가장 중요한 근로조건에 해당한다. 이에 임금수준을 조정함에 있어서는 매우 신중한 접근이 필요하다.

---

34) 대법원 1988.2.9. 선고 87도2509 판결 ; 대법원 2001.2.23. 선고 2001도204 판결 ; 대법원 2006.2.9. 선고 2005도9230 판결 등

35) 대법원 2001.2.23. 선고 2001도204 판결 ; 대법원 2008.10.9. 선고 2008도5984 판결

36) 대법원 2006.2.9. 선고 2005도9230 판결

임금의 반납, 지급유예, 삭감이 가지는 근로자들의 수용성에는 차이가 있다. 통상적으로 그 수용성의 순위는 지급유예, 반납, 삭감 순이라고 할 수 있다. 기업이 처한 경영사정에 따라 차이는 있을 수 있지만, 근로자들의 수용성과 사기를 고려할 때 임금수준의 조정도 그와 같은 순서로 시행하는 것이 바람직하다. 조정 대상에 있어서도 근로자의 생계와 직접적으로 연관되는 기본급보다는 복리후생 항목부터 순차적으로 적용하는 것이 합리적이다.

임금수준 조정방안을 결정하는 기본적인 절차는 일반적으로 〈그림 3〉과 같다.

[그림 3] 임금수준 조정방안 결정체계

절 차	결 정 사 항		
대 상	누구를 대상으로 조정할 것인가?	→	임원, 관리자, 전 직원 등
▼			
유 형	어떤 방법으로 조정할 것인가?	→	지급유예, 반납, 삭감
▼			
항 목	어느 항목을 조정할 것인가?	→	복지성 금품, 상여금, 수당, 기본급 등
▼			
수 준	얼마나(어느 정도) 조정할 것인가?	→	10%, 20%, 30% 등
▼			
기 간	적용기간은 언제까지로 할 것인가?	→	1개월, 3개월, 6개월, 1년 등
▼			
조정방안	(예) 임원 및 차장 이상 관리자 / 2개월간 / 월상여금 / 20% / 반납		

(2) 근로자들의 수용성 확보

임금수준을 조정하는 경우 무엇보다도 근로자들의 수용성을 확보하는 것이 가장 중요하다. 근로자들의 수용성을 확보하지 못한 채 시행하는 경우 근로자들의 불만이 증가하게 되고 법적분쟁이 발생하거나 집단적 노사갈등의 원인이 될 수 있다. 또한 임금수준이 낮아지면 근로자들의 사기 및 직무만족도 저하가 예상되므로 생산성이나 업무효율이 저하되어 오히려 기업경쟁력 약화를 가중시킬 수 있다.

따라서 임금수준을 조정함에 있어 근로자들과 적극적으로 소통하고 이해를 구함으로써 최대한 수용성을 확보하기 위해서 노력하여야 한다. 그리고 수용성 증대를 위해서는 경영진부터 솔선수범하는 모습을 보이는 것이 중요하다.

(3) 인재유출 방지를 위한 노력

임금수준이 낮아지면 외부노동시장에서 경쟁력이 있는 인재의 유출이 발생할 수 있다. 임금수준의 조정은 단기적으로 기업경영에 긍정적인 효과를 줄 수 있지만, 핵심인재의 유출은 장기적으로 회사의 경쟁력을 더욱 악화시킬 수 있다.

따라서 핵심인재가 유출되지 않도록 적극적으로 관리하는 것이 필요하다. 임금을 조정함에 있어 근로자 별로 차별적으로 대우하는 것은 법률적으로나 현실적으로 어렵기 때문에 한계가 있을 수밖에 없다. 가장 중요한 것은 근로자들에게 계속근로의 필요성에 대한 비전을 보여주는 것이다.

(4) 법적 요건의 준수

앞서 설명한 바와 같이 임금수준의 조정을 위해서는 일정한 법적요건을 구비할 것이 요구된다. 법적요건을 구비하지 못하는 경우 임금 반납, 삭감 등 임금수준 조정의 법적 효력이 인정되지 않는다.

만약 임금수준을 조정한 이후 사후적으로 무효가 되면 임금수준 조정이 무의미하게 되는 것은 물론이고 일시에 지급하여야 금액이 발생하여 회사의 재정을 더욱 어렵게 만들 수 있다. 또한 회사에 대한 근로자들의 신뢰가 급격히 저하되어 기업경쟁력을 더욱 악화시키게 될 것이다.

따라서 임금수준 조정 시행에 앞서 필요한 법적 절차 및 요건을 확인하고, 그러한 절차와 요건을 갖추어 추진하는 것은 가장 기본적인 사항이다. 그리고 개별 근로자의 동의는 그 동의 여부에 대한 분쟁을 방지하기 위해서 되도록 서면으로 받는 것이 바람직하다.

[그림 4] 임금반납 동의서(예시)

임금반납 동의서

소 속		직 위	
성 명			

상기 본인은 외부 경영환경 악화, 매출감소, 적자 확대, 재무구조 악화 등 현재 회사가 심각한 경영위기에 직면하였음을 인식하고, 조속한 경영위기 극복을 통한 경영정상화에 자발적으로 동참하고자 아래와 같이 임금반납에 동의합니다.

– 아 래 –

- 반납 내용 : ____________________
- 반납 기간 : ____________________

20○○년 월 일

위 확인인(동의인) : (인)
주식회사 ○○○ 귀중

주요 관련 판례 및 행정해석

✓ 이미 발생한 지급청구권에 대한 노동조합의 포기 내지 지급유예 합의의 효력

(대법원 2002.4.12. 선고 2001다41384 판결)

협약자치의 원칙상 노동조합은 사용자와 사이에 근로조건을 유리하게 변경하는 내용의 단체협약뿐만 아니라 근로조건을 불리하게 변경하는 내용의 단체협약을 체결할 수 있으므로, 근로조건을 불리하게 변경하는 내용의 단체협약이 현저히 합리성을 결하여 노동조합의 목적을 벗어난 것으로 볼 수 있는 경우와 같은 특별한 사정이 없는 한 그러한 노사간의 합의를 무효라고 볼 수는 없고, 노동조합으로서는 그러한 합의를 위하여 사전에 근로자들로부터 개별적인 동의나 수권을 받을 필요가 없으나, 이미 구체적으로 그 지급청구권이 발생한 임금(상여금 포함)은 근로자의 사적 재산영역으로 옮겨져 근로자의 처분에 맡겨진 것이기 때문에, 노동조합이 근로자들로부터 개별적인 동의나 수권을 받지 않는 이상, 사용자와 사이의 단체협약만으로 이에 대한 포기나 지급유예와 같은 처분행위를 할 수 없다.

✓ **노동조합이 불리한 내용으로 단체협약을 변경할 수 있는지 여부 및 그 효력**

(대법원 2000.9.29. 선고 99다67536 판결)

협약자치의 원칙상 노동조합은 사용자와 사이에 근로조건을 유리하게 변경하는 내용의 단체협약뿐만 아니라 근로조건을 불리하게 변경하는 내용의 단체협약을 체결할 수 있으므로, 근로조건을 불리하게 변경하는 내용의 단체협약이 현저히 합리성을 결하여 노동조합의 목적을 벗어난 것으로 볼 수 있는 경우와 같은 특별한 사정이 없는 한 그러한 노사간의 합의를 무효라고 볼 수는 없고, 노동조합으로서는 그러한 합의를 위하여 사전에 근로자들로부터 개별적인 동의나 수권을 받을 필요가 없으며, 단체협약이 현저히 합리성을 결하였는지 여부는 단체협약의 내용과 그 체결 경위, 당시 사용자측의 경영상태 등 여러 사정에 비추어 판단해야 할 것이다.

✓ **단체협약에 기재된 '임금 및 상여금 반납' 표현의 의미**

(대법원 2014.12.24. 선고 2012다107334 판결)

원심은 그 판시와 같은 사정들을 종합하면 이 사건 단체협약에서 표현된 '반납'은 장래 워크아웃 기간 동안 임금 및 상여금을 감액한다는 것으로 해석함이 타당하고 이는 장래 발생할 임금에 대한 것으로서 이 사건 단체협약 체결 당시 이미 그 지급청구권이 구체적으로 발생된 것이라고 할 수 없으므로 그러한 내용의 노사간의 합의를 무효라고 할 수 없다고 판단하였다. 앞서 본 법리 및 기록에 비추어 살펴보면, 원심의 위와 같은 판단은 정당하고 거기에 상고이유에서 주장하는 바와 같은 법률행위의 해석에 관한 법리오해의 위법이 없다.

✓ **반납한 급여의 평균임금 포함 여부**

(대법원 2001.4.10. 선고 99다39531 판결)

국제통화기금(IMF)관리체제하의 어려운 회사경영상황을 인식하고 그 고통분담의 차원에서 단체교섭의 합의내용에 따라 근로자가 급여의 일부를 회사에 반납한 사실이 있는 경우, 위 반납분은 그 금액만큼 근로자의 임금이 삭감된 것이 아니라, 일단 근로자의 소득으로 귀속되었다가 근로자가 자진하여 반납한 것으로 보는 것이 상당할 것이므로 위 반납분은 근로자의 일실수입 및 일실퇴직금산정의 기초가 되는 소득에 포함되어야 할 것이다.

✓ **장래 발생할 퇴직금 포기의 유효성**

(대법원 2018.7.12. 선고 2018다21821 · 2018다25502 판결)

퇴직금은 사용자가 일정기간을 계속근로하고 퇴직하는 근로자에게 계속근로에 대한 대가로서 지급하는 후불적 임금의 성질을 띤 금원으로서 구체적인 퇴직금청구권은 근로관계가 끝나는 퇴직이라는 사실을 요건으로 발생한다. 최종 퇴직 시 발생하는 퇴직금청구권을 미리 포기하는 것은 강행법규인 근로기준법, 근로자퇴직급여보장법에 위반되어 무효이다. 그러나 근로자가 퇴직하여 더 이상 근로계약관계에 있지 않은 상황에서 퇴직 시 발생한 퇴직금청구권을 나중에 포기하는 것은 허용되고, 이러한 약정이 강행법규에 위반된다고 볼 수 없다.

✓ 임금지급유예 동의 시 정기지불원칙 위반 여부

(근기 68207-704, 1999.11.24.)

비노조원인 2급 이상 임직원이 자유의사에 따라 개별적으로 「급여인하지급동의서」를 제출하였다면 앞으로 확정적으로 발생될 근로자 자신의 임금채권의 일부를 임금정기지불일에 지급하지 않더라도 이의가 없다는 것에 동의한 것이므로 근로기준법 제42조 위반의 문제는 발생하지 않는다고 사료됨.

✓ 경영사정에 의한 불가피한 임금체불의 책임조각사유 해당 여부

(대법원 2001.2.23. 선고 2001도204 판결)

사용자가 기업이 불황이라는 사유만을 이유로 하여 임금이나 퇴직금을 지급하지 않거나 체불하는 것은 근로기준법이 허용하지 않는 바이나, 사용자가 모든 성의와 노력을 다했어도 임금의 체불이나 미불을 방지할 수 없었다는 것이 사회통념상 긍정할 정도가 되어 사용자에게 더 이상의 적법행위를 기대할 수 없다거나, 사용자가 퇴직금지급을 위하여 최선의 노력을 다하였으나 경영부진으로 인한 자금사정 등으로 도저히 지급기일 내에 퇴직금을 지급할 수 없었다는 등의 불가피한 사정이 인정되는 경우에는 그러한 사유는 근로기준법 제36조, 제42조 각 위반범죄의 책임조각사유로 된다.

✓ 임금체불 책임조각사유에 해당하는 불가피한 사정의 판단 방법

(대법원 2006.2.9. 선고 2005도9230 판결)

근로기준법 제112조, 제36조에서 정하는 임금 및 퇴직금 등의 기일 내 지급의무 위반죄는 사용자가 그 지급을 위하여 최선의 노력을 다하였으나, 경영부진으로 인한 자금사정 등으로 지급기일 내에 지급할 수 없었던 불가피한 사정이 사회통념에 비추어 인정되는 경우에만 면책되는 것이고, 단순히 사용자가 경영부진 등으로 자금압박을 받아 이를 지급할 수 없었다는 것만으로는 그 책임을 면할 수 없다.

이와 관련하여 근로기준법 제36조가 임금이나 퇴직금의 기일 내 지급의무를 정하고 위 법 제112조에서 이를 위반한 경우에는 형사처벌의 대상으로까지 삼고 있는 것은 근로자가 사망 또는 퇴직한 경우에 그러한 근로자 등의 생활안정을 도모하기 위한 안전판이 마련될 수 있도록 확실히 강제하려는 데 그 입법 취지가 있다 할 것이다. 그렇게 볼 때 위와 같이 '임금이나 퇴직금을 기일 안에 지급할 수 없었던 불가피한 사정'이 있었는지 여부를 판단함에 있어서는, 사용자가 퇴직 근로자 등의 생활안정을 도모하기 위하여 임금이나 퇴직금 등을 조기에 청산하기 위해 최대한 변제노력을 기울이거나 장래의 변제계획을 분명하게 제시하고 이에 관하여 근로자측과 성실한 협의를 하는 등, 퇴직 근로자 등의 입장에서 상당한 정도 수긍할 만한 수준이라고 객관적으로 평가받을 수 있는 조치들이 행하여졌는지 여부도 하나의 구체적인 징표가 될 수 있을 것이다.

✓ 근로계약서에 변경된 취업규칙보다 유리한 내용이 기재된 경우 근로조건 적용 관계

(창원지법 통영지원 2019.1.30. 선고 2018가소21596 판결)

(상고기각:대법원 2020.4.9. 선고 2019다297083 판결)

취업규칙은 근로자의 근로조건과 복무규율에 관한 기준을 집단적·통일적으로 설정하기 위하여 사용자가 일방적으로 작성한 것인데 반해, 근로계약은 사용자와 근로자의 합의에 기초한 것이므로, 어떠한 근로조건에 관해 취업규칙과 근로계약이 각기 다르게 정하고 있다면, 취업규칙이 근로자에게 보다 유리하다는 등의 특별한 사정이 없는 이상, 근로계약이 우선 적용된다고 보아야 한다. 근로계약을 체결한 이후에 취업규칙이 적법한 절차를 거쳐 근로자에게 불리하게 변경되었다고 하더라도 해당 근로자가 그 취업규칙의 변경에 동의하는 등의 특별한 사정이 없는 한 해당 근로자의 기존 근로계약이 취업규칙이 정한대로 당연히 변경된다거나 그 취업규칙 중 근로계약과 상충되는 부분이 기존의 유리한 근로계약에 우선하여 적용된다고 할 수 없다.

✓ 단체협약과 취업규칙 사이의 유리한 조건 우선 원칙 적용 여부

(대법원 2002.12.27. 선고 2002두9063 판결)

단체협약의 개정 경위와 그 취지에 비추어 볼 때, 단체협약의 개정에도 불구하고 종전의 단체협약과 동일한 내용의 취업규칙이 그대로 적용된다면 단체협약의 개정은 그 목적을 달성할 수 없으므로 개정된 단체협약에는 당연히 취업규칙상의 유리한 조건의 적용을 배제하고 개정된 단체협약이 우선적으로 적용된다는 내용의 합의가 포함된 것이라고 봄이 당사자의 의사에 합치한다고 할 것이고, 따라서 개정된 후의 단체협약에 의하여 취업규칙상의 면직기준에 관한 규정의 적용은 배제된다고 보아야 할 것이다.

Ⅲ 임금체계 변경

1. 임금체계 변경의 개요

(1) 임금체계의 개념과 유형

임금체계란 임금이 결정 또는 조정되는 기준과 방식을 말하며, 통상 호봉급(연공급), 직무급, 숙련급 등으로 부르는 임금결정체계와 임금의 구성항목을 의미하는 임금구성체계를 포함한다.

임금체계는 임금관리 영역에서 내부공정성(internal equity)에 관한 것으로 임금을 근로자들에게 배분하는 기준에 해당한다. 연공급, 직능급은 임금배분의 기준을 근로자에 가치를 둔 것으로 속인중심 인적자원관리에 해당하고 직무급은 직무에 임금배분 기준을 둔 것으로서 직무중심 인적자원관리에 해당한다.

[그림 5] 임금체계 유형

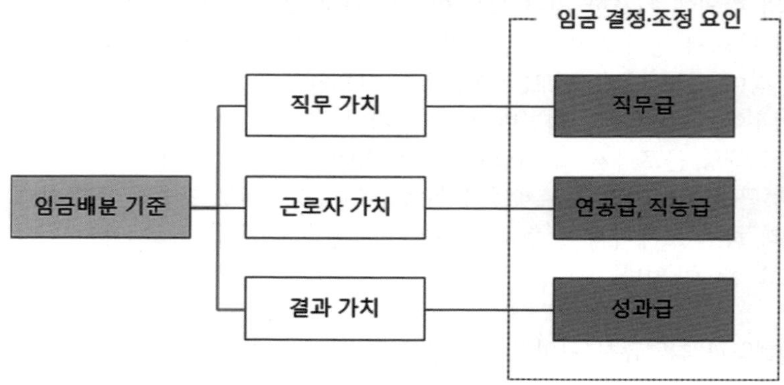

(2) 우리나라 임금체계 주요 현황

우리나라의 전반적인 임금체계는 근속년수를 중심으로 한 속인중심 임금구조가 주를 이루고 있으며, 기본급 비중이 낮고 수당체계가 복잡하다는 특징을 가지고 있다.[37)]

한 연구기관의 2019년 설문조사[38)]에 의하면 우리나라 대기업 근로자 중 63.4%

가 근속년수에 따른 호봉급을 적용받고 있으며, 직무급을 적용받는 근로자는 18.5%, 직능급을 적용받는 근로자는 16.4%로 나타났다. 특히, 생산직은 호봉급이 95.1%로 대부분을 차지하고 있는 것으로 조사되었다.

이와 같은 임금체계가 생산성과 임금의 괴리현상을 고착화시키고 정규직과 비정규직의 근로조건 양극화를 심화시킨다는 문제점이 부각되면서, 최근에는 성과급제 및 직무급제로의 전환 움직임이 확대되고 있다. 특히, 박근혜 정부는 공공기관의 성과연봉제 도입을 강력하게 추진하였고, 문재인 정부는 공공기관의 성과연봉제 도입을 폐기하면서 대신 직무급 확산에 주력하였다.

(3) 임금체계 설계 방법

임금체계를 설계하는 절차는 설계자에 따라 다를 수 있으나 일반적으로는 〈그림 6〉에서 보는 바와 같이 '진단(diagnosis)'과 '설계(plan)'의 과정으로 구분된다.

진단(diagnosis)은 기업 내부의 각종 제도와 현황을 분석하고 내부적 니즈(needs)를 명확하게 규명하는 작업이다. 동 절차는 새로운 임금체계 설계에 앞서 필수적으로 요구되는 것으로서 이를 통해 정확한 임금체계의 개편방향을 수립할 수 있다. 정확한 진단을 바탕으로 하지 않은 임금체계는 현장에의 적용성 및 근로자들의 수용성이 떨어져 실패할 가능성이 매우 크다.

설계(plan)는 수립된 임금체계 개편방향으로부터 기업 특성에 맞는 최적의 임금체계를 설계하고 실제 적용(내부화)을 위한 작업을 선행하는 절차이다.

그리고 새로운 임금체계를 설계함에 있어서는 법적 안정성, 인건비 효율성, 직원 수용성을 기준으로 삼아야 하는데, 세 가지 기준 중에서 어느 한 가지라도 충족되지 못하면 연구 내지 보고서 상의 임금체계로 머두를 가능성이 매우 크다.

임금체계 설계의 궁극적인 목적은 현장에의 실제적인 적용에 있으므로 설계과

---

37) 우리나라의 임금체계가 낮은 기본급 비중과 복잡한 수당체계를 이루게 된 것은 1980년대 물가안정을 위해 기업의 임금인상을 억제하는 '임금 가이드라인'이 시행되면서 기업들이 기본급 인상 대신 각종 수당을 신설한 데에서 비롯되었다(고용노동부, 「직무중심 인사관리 따라잡기」, 2019, 18쪽)

38) 한국경제연구원, 2019.8.22.자 보도자료. 동 설문조사는 매출액 600대 기업을 대상으로 근로자 236,667명에 대하여 실시한 것이다.

정에서부터 구성원들의 참여를 통하여 새로운 임금체계에 대한 이해도 및 적응성을 높이는 것이 중요하다.

[그림 6] 임금체계 설계 framework

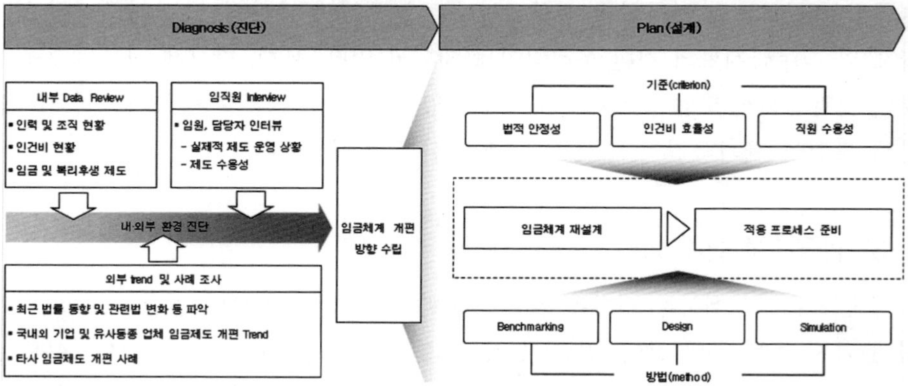

2. 임금체계 변경의 법률문제

(1) 가산임금제도

임금체계에 대하여 법률에서 특별히 명시하고 있는 사항은 없다. 다만, 근로기준법 제56조(연장·야간 및 휴일근로)는 연장근로 및 야간근로에 대하여 통상임금의 100분의 50 이상을 가산하여 지급하도록 정하고 있으며, 8시간 이내의 휴일근로에 대하여는 통상임금의 100분의 50, 8시간을 초과한 휴일근로에 대하여는 통상임금의 100분의 100을 가산지급하도록 정하고 있다.

따라서 임금체계를 운영하거나 도입함에 있어 연장근로 등에 대한 가산임금을 고려하여야 한다.

관련조문

근로기준법 제56조(연장 · 야간 및 휴일 근로)

① 사용자는 연장근로(제53조 · 제59조 및 제69조 단서에 따라 연장된 시간의 근로를 말한다)에 대하여는 통상임금의 100분의 50 이상을 가산하여 근로자에게 지급하여야 한다.

② 제1항에도 불구하고 사용자는 휴일근로에 대하여는 다음 각 호의 기준에 따른 금액 이상을 가산하여 근로자에게 지급하여야 한다.

1. 8시간 이내의 휴일근로 : 통상임금의 100분의 50
2. 8시간을 초과한 휴일근로 : 통상임금의 100분의 100

③ 사용자는 야간근로(오후 10시부터 다음 날 오전 6시 사이의 근로를 말한다)에 대하여는 통상임금의 100분의 50 이상을 가산하여 근로자에게 지급하여야 한다.

(2) 통상임금제도

근로기준법은 연장근로가산수당 등 법정수당을 산정함에 있어 통상임금을 기준으로 적용하고 있다. 근로기준법시행령 제6조(통상임금) 제1항은 「근로자에게 정기적, 일률적으로 소정근로 또는 총근로에 대하여 지급하기로 정한 시간급 금액, 일급 금액, 주급 금액, 월급 금액 또는 도급 금액」을 통상임금으로 규정하고 있다.

그러나 통상임금의 구체적 개념에 대하여는 논란이 많았으며, 특히 판례와 고용노동부 행정해석의 차이로 인하여 산업현장에서의 적용에 혼란이 존재하여 왔다. 이러한 논란 및 혼란은 2013년 12월 통상임금 개념에 대한 대법원 전원합의체 판결[39]이 나옴에 따라 상당부분 해소되었다.

대법원은 어떤 임금이 통상임금에 해당하기 위해서는 ① 소정근로의 대가성, ② 정기성, ③ 고정성, ④ 일률성을 요건을 갖춰야 한다고 판시하였다. 대법원이 제시한 통상임금 요건 별 개념 및 의미에 대하여 정리하면 〈표 5〉와 같다.

39) 대법원 2013.12.18. 선고 2012다89399 전원합의체 판결

[표 5] 통상임금 요건별 개념

구분	주요 내용
소정근로대가	• 임금 중에서 근로자가 소정근로시간에 통상적으로 제공하는 근로의 가치를 평가한 것으로서 사전에 미리 확정할 수 있는 것이라면 그 명칭과 관계없이 모두 통상임금에 해당함. - 소정근로시간은 법정근로시간 내에서 사용자와 근로자가 근로하기로 정한 시간을 말함.
일률성	• 모든 근로자뿐만 아니라 "일정한 조건 또는 기준에 달한 근로자"에게 지급되는 것을 의미함. - '일정한 조건'이란 고정적인 조건으로써 작업 내용이나 기술, 경력 등 소정근로의 가치평가와 관련된 것임.
정기성	• 1임금지급기를 넘더라도 정기적으로 지급하여 왔다면 고정성과 일률성, 소정근로대가성이 갖추면 통상임금으로 인정됨.
고정성	• '고정성'은 '근로자가 제공한 근로에 대하여 그 업적, 성과 기타의 추가적인 조건과 관계없이 당연히 지급될 것이 확정되어 있는 성질을 말함. - 즉, 임금의 명칭 여하를 불문하고 임의의 날에 소정근로시간을 근무한 근로자가 그 다음 날 퇴직한다 하더라도 그 하루의 근로에 대한 대가로 당연하고도 확정적으로 지급받게 되는 최소한의 임금을 의미함.

(3) 포괄임금제도

1) 포괄임금제도의 개념

포괄임금제는 근로시간 및 근로형태와 그 업무의 성질 등을 참작하여 근로자의 동의 하에 제수당을 미리 기본임금에 합산한 일정액을 월급여액으로 지급하는 내용의 계약을 말한다.[40]

고용노동부는 포괄임금제를 ① 정액급제(기본급을 미리 정하지 않은 채 법정수당을 합한 금액을 월 급여액 또는 일당으로 지급하는 임금계약)와 ② 정액수당제(기본급은 정하지만 근로시간수와 상관없이 법정수당을 일정액으로 지급하는 임금계약)[41]의 유형으로 분류하고 있다. 그러나 순수한 의미의 포괄임금제는 정액급제를 의미한다.

40) 대법원 1992.2.28. 선고 91다30828 판결

41) 산업현장에서는 통상 고정연장수당제도, 고정O/T제도 등으로 부른다.

포괄임금제는 임금의 결정기준에 관한 제도는 아니며 임금구성체계, 즉 임금 구성항목에 관한 제도에 해당한다.

2) 포괄임금제(정액급제)의 효력

포괄임금제에 의한 임금지급계약이 유효한 것으로 인정되면, 사용자가 근로기준법에서 정하고 있는 법정수당 지급의무를 이행한 것으로 본다.[42]

3) 포괄임금제의 유효요건

대법원은 "근로시간 산정이 어려운 경우에 한하여" 포괄임금제의 유효성을 인정하고 있다. 즉 근로시간 산정이 어렵지 않은 경우에는 포괄임금제의 유효성을 부정한다[43]. 고용노동부 행정해석[44]도 동일한 입장을 취하고 있다.

또한 대법원은 근로자에게 불이익이 없고 제반 사정에 비추어 정당하다고 인정되는 경우에 한하여 포괄임금제 계약이 유효하다는 입장이다.[45] 여기에서 근로자에게 불이익이 없어야 한다는 것은 ① 포괄임금계약 내용에 근로기준법이 정한 기준에 미달하는 내용이 포함되지 않아야 하고,[46] ② 취업규칙 등 규정상의 기준에 비추어 불이익하다고 볼 수 없어야 한다.[47]

한편, 유효한 정액수당제로 인정되기 위해서는 임금총액에서 법정수당에 해당하는 금액이 명확하게 산정될 수 있어야 한다.[48] 즉, 법정수당에 해당하는 금액이 불명확하여 통상임금을 산정하기 어려운 경우 유효성을 인정받기 어렵다.

정액수당제의 경우 실제 연장근로시간에 의해 산정된 법정수당이 계약상 고정

---

42) 대법원 1997.4.25. 선고 95다4056 판결 ; 임금 68207-586, 1993.9.16.

43) 대법원 2016.9.8. 선고 2014도8873 판결

44) 근로개선정책과-1182, 2014.2.26.

45) 대법원 1997.4.25. 선고 95다4056 판결 ; 대법원 1995.7.28. 선고 94다54542 판결 ; 대법원 1992.2.28. 선고 91다30828 판결

46) 대법원 2012.3.29. 선고 2010다91046 판결

47) 대법원 1999.6.11. 선고 98다26385 판결

48) 근로기준과-3172, 2005.6.13.

적으로 정해진 수당보다 하회하더라도 그 차액을 공제할 수 없는 것이 원칙이다.[49] 반대로 실제 제공한 근로시간에 따라 법정수당을 산정한 후 근로계약에 따라 지급된 정액수당과 비교하여 정액수당이 적을 경우에는 그 차액분을 지급하여야 한다.

(4) 실무상의 주요 법적쟁점

1) 업적연봉의 통상임금 해당 여부

대법원 전원합의체가 제시한 통상임금 요건 중에서 그 충족 여부를 판단하기가 가장 어려운 것이 "고정성"이다. 업적연봉은 기본적으로 성과 내지 평가에 따라 결정되기 때문에 그것이 통상임금에 해당하는지 여부에 대하여 지속적으로 쟁점이 되어 왔다.

대법원[50]은 업적연봉의 통상임금 여부가 문제된 사안에서 "전년도의 근무성적에 따라 결정되어 연도 초에 정해진 업적연봉이 변동되지 않고 12개월로 나눈 금액이 매월 지급되는 경우 정기성 · 일률성 · 고정성을 갖춘 통상임금에 해당한다"고 판시하였다. 즉, 대법원은 업적연봉이 비록 근무성적에 따라 결정된다고 하더라도 그 금액이 확정되어 지급방법 상 분할하여 지급된 것이라면 통상임금성을 인정하고 있다.

2) 인센티브의 임금 해당 여부

경영성과급이나 인센티브가 평균임금 산입 임금에 해당하는지 여부는 명칭만으로 판단하기 어려우며, 해당 성과급이나 인센티브 성격이나 지급방식 등을 고려하여 판단된다.

판례와 행정해석이 사안 별로 조금씩 판단기준을 달리하여 그 기준을 일률적으로 정형화하기 매우 어려우나, 전반적으로 지급여부가 사용자의 재량이 맡겨져 있어 지급여부 및 지급시기, 지급액이 불확정적이고, 회사나 부서의 성과 등을 사

49) 근로개선정책과-7771, 2013.12.13.
50) 대법원 2015.11.26. 선고 2013다69705 판결

유로 배분적 성격을 갖는 경우에는 평균임금 산입 임금에 해당하지 않는 것으로 해석되고 있다.[51)]

반면에, 포상금, 인센티브 등의 지급사유가 근로제공의 일부로 볼 수 있고, 지급시기 및 지급기준이 정해져 있어 근로자가 요건에 맞는 실적을 달성할 경우 사용자가 지급을 거절할 수 없는 경우에는 평균임금에 해당하는 것으로 해석된다.[52)]

통상 많은 사업장에서 성과급이나 인센티브는 당연히 평균임금 산정 시 제외되는 것으로 판단하는 경우가 있다. 그러나 성과급 또는 인센티브라는 명칭만으로 당연히 평균임금 산입 임금에 포함되지 않는 것이 아님에 유의하여야 한다. 사업장의 성과급 내지 인센티브 등의 성격, 내용 그리고 지급근거 등을 종합적으로 살펴 평균임금에의 산입 여부를 검토하여야 한다.

3) '시간외근로'에 휴일근로가 포함되는지 여부

산업현장에서 '시간외근로'의 개념에 연장근로, 휴일근로가 모두 포함되는 것으로 이해하는 경우가 있다. 이에 근로계약서에 연장근로, 휴일근로를 포함하는 의미에서 시간외근로라는 명칭으로 일정한 금액을 책정하고(정액수당제), 실제 발생한 휴일근로에 대하여 별도의 임금을 지급하지 않는 경우가 있다. 1주가 7일을 의미하는 것으로 근로기준법이 개정되면서 휴일근로도 연장근로에 해당한다는 인식에서 비롯된 측면도 있다.

그러나 근로기준법 제56조(연장·야간 및 휴일 근로)는 제1항에서 제3항까지 연장근로, 휴일근로 그리고 야간근로를 명확하게 구분하여 규정하고 있다. 그리고 근로기준법은 제71조(시간외근로)에서 산후 1년이 경과하지 않은 여성근로자 보호와 관련하여 유일하게 시간외근로라는 용어를 사용하고 있는데 규정의 내용상 여기에서의 시간외근로는 연장근로를 의미하는 것으로 해석된다. 또한 고용노동부는 연장근로와 휴일근로가 중복되는 경우 제56조 제2항에 따른 휴일근로 가산수당 할증률이 적용된다는 입장이다.[53)]

51) 대법원 2006.2.23. 선고 2005다54029 판결 ; 대법원 2015.2.26. 선고 2014다227546 판결 ; 근로기준과-426, 2011.1.25.

52) 대법원 2011.7.14. 선고 2011다231491 판결 ; 대법원 2002.5.31. 선고 2000다18127 판결

따라서 시간외근로에는 휴일근로가 포함되지 않는 것으로 해석하는 것이 타당하다. 이에 근로계약서에 '시간외근로'에 대한 금액만 책정한 경우, 이는 연장근로에 대한 금액으로만 해석되어 휴일근로에 대하여 별도의 휴일근로수당을 지급하지 않으면 임금미지급으로 인정될 가능성이 매우 높다.

4) 임금체계 변경시 취업규칙 및 단체협약 변경 필요 여부

근로기준법 제93조(취업규칙의 작성 · 신고)는 제2호에서 "임금의 결정 · 계산 · 지급 방법"을 필수적 기재사항으로 규정하고 있다. 따라서 통상의 취업규칙에는 임금체계와 관련된 사항이 규정되어 있다. 따라서 임금체계를 개편하기 위해서는 근로기준법 제94조(규칙의 작성, 변경 절차)가 정하는 취업규칙 변경 절차를 거쳐야 한다.

한편, 단체협약에 임금체계에 관한 사항이 규정되어 있는 경우 그 임금체계를 변경하기 위해서는 단체협약 개정이 필요하다. 다만, 임금체계가 취업규칙에만 정함이 있고 노동조합과의 단체교섭에서는 임금인상률만 정해지는 경우에는 취업규칙 변경절차만 진행하면 된다. 그러나 노동조합이 단체교섭에서 임금체계의 변경을 요구하면 사용자는 교섭에 응할 의무가 있다.

노동조합과 사용자 간의 취업규칙 및 단체협약 변경이 미치는 효력에 대하여 정리하면 〈표 6〉과 같다.

[표 6] 노동조합 과반수 여부에 따른 단체협약 · 취업규칙 변경 적용 관계

노동조합 \ 변경	단체협약 변경	취업규칙 변경
전체 근로자의 과반수 이상	전체 근로자 (취업규칙 변경 의제)[54]	전체 근로자 (단체협약 변경 의제)[55]
전체 근로자의 과반수 미만	조합원 일반적 구속력 적용 비조합원[56]	없음 (노동조합 변경 주체 아님)[57]

53) 고용노동부, 개정 근로기준법 설명자료, 2018.5, 13쪽.

54) 노동조합이 근로기준법상 취업규칙 변경 자격이 있으므로 동시에 취업규칙 변경 절차를 거친 것으로 본다. 다만, 비조합원에게 취업규칙을 적용하기 위해서는 취업규칙을 개정하여 주지시키

5) 임금체계 변경의 불이익변경 해당 여부

임금체계 변경이 당연히 취업규칙 불이익변경에 해당하는 것은 아니다. 고용노동부는 임금체계 변경 전후의 임금수준을 비교하여 임금이 저하되는 근로자가 없는 경우에는 불이익변경에 해당하지 않는다는 입장이다.[58] 다만, 개편 전후 근로자 전체 임금총액이 동일하더라도 일부 근로자에게는 유리하고 일부 근로자에게는 불리한 경우에는 불이익변경에 해당한다.[59]

한편, 임금수준의 비교에 있어 주의하여야 할 점은 비교의 대상이 개편 직전에 적용받았던 임금수준 자체가 아니라 새로운 임금체계 적용시점에서 기존 임금체계로 적용받는 임금수준이라는 점이다. 즉, 2021년 새로운 임금체계를 적용하는 경우 비교 임금수준은 기존 임금체계 하에서 승급 등을 통해 2021년 적용받는 임금수준이다. 여기에서 노동조합과의 교섭을 통해 예상되는 인상분은 포함되지 않는다.

임금체계 변경에 따라 시행 년도에 임금수준이 감소하지 않는 이상, 성과급의 도입으로 새로운 임금체계 시행 다음 년도에 평가결과에 따라 일부 인원의 임금이 감소하더라도 불이익변경에 해당하지 않는다.

는 절차가 필요하다.

55) 고용노동부는 취업규칙 불이익변경 시 비조합원에게는 변경된 취업규칙이 적용되고 조합원에게는 단체협약이 적용되는 불합리함이 발생하므로 단체협약이 개정되지 않더라도 조합원에 대하여도 상충되는 단체협약 적용이 배제되고 취업규칙이 적용된다는 입장이다(고용노동부, 「임금체계 개편을 위한 가이드북」, 2016, 65쪽). 이러한 고용노동부 해석은 타당하다고 본다.

56) 노동조합 및 노동관계조정법 제35조(일반적 구속력)는 하나의 사업 또는 사업장에 상시 사용되는 동종의 근로자 반수 이상이 하나의 단체협약의 적용을 받게 된 때에는 당해 사업 또는 사업장에 사용되는 다른 동종의 근로자에 대하여도 그 단체협약이 적용된다고 규정하고 있다.

57) 현실적으로 노동조합이 전체 근로자의 과반수로 조직되지 않은 경우 취업규칙 변경 주체가 될 가능성은 거의 없다. 다만, 그럼에도 불구하고 노동조합이 취업규칙 변경에 동의한 경우 단체협약의 정함에도 불구하고 소속 조합원에 대하여는 변경된 취업규칙 내용이 적용되는지 여부가 문제될 수 있다. 고용노동부는 조합원들에 대하여 단체협약 구속력을 가지므로 취업규칙 변경의 효과가 조합원에 미친다고 해석한다(고용노동부, 「임금체계 개편을 위한 가이드북」, 2016, 65쪽). 그러나 노동조합의 취업규칙 변경 동의 자체가 효력없는 행위이므로 단체협약의 개정이나 그에 준하는 합의서 체결 등 단체협약 개폐의 효력을 인정할만한 행위가 있어야 한다. 그렇지 않은 경우 조합원에 대하여만 취업규칙 변경효를 인정하는 것은 무리라고 본다.

58) 근기 68207-3128, 2000.10.10.

59) 서울중앙지방법원 2017.8.10. 선고 2016가합26506 판결 ; 근기 68207-1760, 2002.4.24.

6) 일부 근로자를 대상으로 임금체계 변경시 의견청취 내지 동의 주체

근로기준법 제94조(규칙의 작성, 변경 절차) 제1항은 취업규칙을 변경하는 경우 근로자의 과반수로 조직된 노동조합이 있는 경우에는 그 노동조합, 근로자의 과반수로 조직된 노동조합이 없는 경우에는 근로자 과반수의 의견을 청취하거나 동의(불리한 변경일 경우)를 받아야 한다고 정하고 있다. 이와 관련하여 변경 내용이 일부 근로자에게만 적용되는 경우 그 의견청취 내지 동의 주체가 문제된다.

일부 근로자에 대한 취업규칙 변경 시 그 주체와 관련하여, 기존에는 전체 근로자의 과반수를 대표하는 노동조합이나 전체 근로자의 과반수라는 견해(전체근로자집단 동의 필요설)과 변경되는 내용의 적용을 받는 근로자집단이라는 견해(해당근로자집단 동의설)가 대립하였다. 전반적으로 법원과 고용노동부 행정해석은 후자의 견해에 따라 판단하여 왔다.

그러나 대법원[60]은 2009년부터 복수의 근로자집단이 하나의 근로조건 체계를 적용받고 있는 상황에서 다른 근로자집단에게도 장래에 변경된 취업규칙의 적용이 예상되는 경우에는 전체 근로자집단이 동의의 주체가 되며, 장래에 적용이 예상되는 집단이 없다면 해당근로자집단만이 동의의 주체가 된다는 입장을 유지하고 있다. 이에 고용노동부 행정해석도 기존의 해석을 변경하여 대법원 판결의 취지와 같이 해석하고 있다.

차장 이상에 대하여 연봉제를 도입하고자 하는 경우, 차장 이하 사무직들이 승진이나 승급 등에 따라 장래에 차장이 되어 연봉제를 적용 받게 되고 사무직과 생산직이 하나의 근로조건 체계 내에 있지 않다면, 연봉제 도입을 위한 취업규칙 변경 주체가 되는 근로자집단의 범위는 전체 사무직근로자가 된다. 따라서 전체 사무직근로자 중 과반수 이상이 가입된 노동조합이 있는 경우에는 그 노동조합이 의견청취 내지 동의의 주체가 될 것이며, 과반수 이상이 가입된 노동조합이 없는 경우에는 사무직근로자 과반수 이상의 의견을 청취하거나 동의를 받아야 한다.

반면에 두 근로자집단 사이에 인사이동 등에 의한 교류가 없고 입사시점부터

60) 대법원 2009.5.28. 선고 2009두2238 판결 ; 대법원 2009.11.12. 선고 2009다49377 판결

별도의 근로조건을 적용받는 등 근로조건이 이원화되어 있는 상황에서 특정 근로자집단만을 대상으로 취업규칙이 변경되는 경우에는 전체 근로자가 아닌 해당 근로자집단의 근로자를 대상으로 과반수 여부를 판단한다.

일부 근로자 집단에만 적용되는 임금체계 개편의 경우에 있어서도, 위의 취업규칙 변경 법리가 적용된다.

7) 신규 근로자에 한정된 새로운 임금체계 적용 가능 여부

대법원[61]은 근로자들의 동의를 얻지 못한 불이익한 취업규칙 변경이 현재 근로자들에게는 효력이 없지만 신규근로자에게는 효력이 있다고 한다. 이를 '상대적 무효설'이라고 한다. 반면에 근로자의 동의 없이 불리하게 변경된 취업규칙은 현재 근로자는 물론 신규근로자에 대하여도 효력이 없다는 견해가 있다. 이를 통상 '절대적 무효설'이라고 한다.

현행 근로기준법은 취업규칙을 변경하면서 근로자집단의 의견청취 내지 동의절차를 거치지 않은 경우 벌칙을 적용하고 있다(근로기준법 제114조 제1호). 따라서 법리적으로는 절대적 무효설이 타당하다고 본다.

그러나 판례가 상대적 무효설을 취하고 있으므로, 새로운 임금체계로 취업규칙을 변경하였으나 현재 근로자들의 과반수 이상의 동의를 받지 못하였더라도 신규입사 근로자에게는 새로운 취업규칙을 적용할 수 있을 것이다.

실무적으로는 새로운 임금체계를 도입하면서 취업규칙에 시행일 이전 입사자에 대하여는 기존의 임금체계를 적용하고 신규입사자부터 변경 임금체계를 적용한다는 경과규정을 두는 경우가 일반적이다. 이러한 변경은 기존 근로자들에 대하여 불리한 변경에 해당하지 않으므로 의견청취를 거쳐 취업규칙을 변경하는 것이 가능하다고 본다.

그러나 기존 근로자들과 신규근로자간에 직무간 차이가 존재하지 않음에도 임금체계에 있어 차이가 클 경우에는 신규근로자의 사기저하, 조직적 융합의 어려

61) 대법원 1992.12.22. 선고 91다45165 전원합의체 판결 ; 대법원 1996.12.23. 선고 95다32631 판결 ; 대법원 2011.6.24. 선고 2009다58364 판결 등. 판례의 입장에 따라 고용노동 행정해석도 상대적 무효설의 입장을 취하고 있다(근로기준팀-5717, 2007.8.1.).

움, 우수한 신규근로자의 이탈 등의 문제가 있을 수 있다. 그리고 임금에서의 내부 공정성 저하는 노사관계 문제를 발생시키는 주요 원인 중의 하나이기도 하다. 따라서 이원화된 임금체계의 운영에 대하여는 신중을 기할 필요가 있다.

8) 임금체계 변경시 근로계약서 재작성 필요 여부

앞서 임금수준 조정 부분에서 본 바와 같이 법원[62]은 취업규칙이 변경되었으나 근로계약서가 변경되지 않은 사안에서 "취업규칙이 집단적 동의를 받아 불리하게 변경되었다고 하더라도 해당 근로자가 취업규칙 변경에 동의하는 등의 특별한 사정이 없는 한 근로계약이 변경된 취업규칙 내용으로 변경되는 것이 아니며, 결과적으로 취업규칙과 근로계약이 상충되는 경우 유리한 근로계약이 우선 적용된다"고 판시하였다.

한편, 근로기준법 제17조(근로조건의 명시)는 근로계약 체결 시 중요한 근로조건에 관한 사항을 명시하도록 정하고 있는데, 특히 임금에 관한 사항은 서면으로 교부하도록 사용자에게 의무를 부여하고 있다. 이러한 근로조건 명시 및 서면교부 의무는 원칙적으로 근로계약을 체결할 때뿐만 아니라 그 내용을 변경하는 경우에도 동일하게 적용된다.

따라서 임금체계 개편으로 인하여 기존 근로계약서의 내용과 달리 적용되는 경우에는 새로운 임금체계의 내용에 맞게 근로계약서를 다시 작성하여 교부하는 것이 사후적으로 법적분쟁을 방지할 수 있을 것이다.

62) 창원지법 통영지원 2019.1.30. 선고 2018가소21596 판결. 대법원의 상고기각으로 확정됨.

3. 임금체계 변경 운영원칙

(1) 사업장 현황에 맞는 임금체계 결정

임금체계 개편에 있어 가장 중요한 것은 사업장 현황 및 특성에 적합한 임금체계로 개편하는 것이다. 최근 직무급이 부각되고 있으나 모든 사업장에서 직무급 도입이 최선의 선택인 것은 아니다. 직무의 유형이 다양하지 않거나 직무체계가 명확하지 않은 경우에는 직무급의 도입이 제한적일 수밖에 없다. 그리고 직무급 도입을 위해서는 기본적으로 직무분석 및 직무평가체계가 선행적으로 구축되어 있어야 한다. 올바른 직무분석 및 직무평가가 전제되지 않은 직무급은 내부공정성 갈등을 유발할 가능성이 크다.

또한 성과급제 도입에 있어서도 사업의 특성상 성과측정이 어려운 경우에는 그 도입이 제한적일 수밖에 없다. 성과측정이 용이한 사업장에서도 성과급제 도입에 앞서 자사의 평가제도가 보상과 연동시키기에 충분할 만큼 타당한가에 대하여 충분한 검증이 이루어져야 한다. 즉, 체계적인 평가제도가 구축되어 있지 못한 사업장에서는 성과급제를 도입하기에 앞서 필수적으로 평가제도를 먼저 개선하여야 한다.

(2) 시뮬레이션을 통한 효과 및 영향 분석

임금체계를 설계함에 있어 임금구성 항목을 조정하는 것은 그렇게 어려운 작업이 아니다. 보다 중요한 것은 개편하고자 하는 임금체계가 사업장의 인건비 측면에서 어떤 영향을 미치는지를 객관적으로 분석하는 것이다.

임금체계 개편의 목적이 반드시 인건비 절감에 국한되는 것은 아니지만, 장래에 미치는 효과를 분석하지 않을 경우 자칫 새로운 임금체계가 과도한 인건비 지출의 원인이 될 수 있다. 인건비에 미치는 영향을 분석하기 위해서는 향후 예상되는 인원변동 현황, 근로자들의 연령 및 근속년수 변화 등을 고려하여 시뮬레이션 작업을 진행하여야 하고, 이를 통해 장래의 인건비 변화 추이를 검증하여야 한다.

(3) 변경안의 법률적 정합성 검증

임금체계를 변경함에 있어 법률적 정합성을 검토하는 것은 매우 중요한 작업이다. 그렇지 않을 경우 개편된 임금체계가 오히려 추가적인 인건비를 발생시키거나, 심지어 임금체계를 다시 조정하여야 하는 문제가 발생할 수도 있다.

최근 몇 년간 최저임금은 급격히 증가하는 반면 기업의 임금인상률이 그에 미치지 못하면서 최저임금 문제로 고민하거나 실제 최저임금 위반이 발생하는 사업장이 많았다. 임금체계를 변경하면서 최저임금 산입항목을 지나치게 축소할 경우 단기적으로는 최저임금에 위반되지 않더라도 기간이 경과함에 따라 최저임금 위반 문제를 야기할 수 있다. 따라서 임금체계를 개편함에 있어 최저임금과의 관계를 반드시 고려하여야 한다.

다음으로 통상임금에 대한 정확한 법적 검토가 이루어져야 한다. 2013년 대법원의 통상임금 판결 이후 전반적으로 통상임금 범위가 확대되었다. 임금항목을 어떻게 구성하는지 여부에 따라 통상임금의 범위가 달라질 수 있다. 통상임금 범위는 연장근로 및 휴일근로 가산임금, 연차유급휴가미사용수당 등의 산정기준이 되므로, 결과적으로 전체적인 인건비에 영향을 미치게 된다. 임금체계를 설계하면서 통상임금에 해당하는 항목을 통상임금에서 배제할 경우, 예상하지 못했던 인건비 증가를 가져올 수 있다. 반대로 통상임금에 해당하지 않는 항목을 통상임금에 포함시킬 경우 불필요하게 인건비를 지출하는 결과를 낳을 수 있다. 이와 같은 문제는 평균임금에 있어서도 동일하게 나타난다. 통상임금 및 평균임금 산입의 적정성 문제는 주요한 법적분쟁의 원인이 되기도 하므로 매우 신중한 검토를 필요로 한다.

그리고 법정수당의 적용 형태를 정함에 있어서도 신중한 법적 검토가 요구된다. 법정수당의 지급방식은 크게 실제 근무시간에 따라 산정하여 지급하는 방식과 이른바 '포괄임금제' 방식 및 정액수당제 방식이 있다. 판례상 순수한 포괄임금제는 그 유효성 인정범위가 매우 좁다는 점에 유의하여야 한다. 그리고 정액수당제 방식을 선택하는 경우에도 각 법정수당 별로 산정시간을 명확하게 정해 두어야 유효성을 인정받을 수 있다.

[표 7] 통상임금 · 평균이금 · 최저임금 구분

구분	통상임금	평균임금	최저임금
기능	연장 · 야간 · 휴일 등 법정 수당의 책정 기준	퇴직, 실업급여, 재해보상금의 책정 기준	임금수준의 하한선
관련 규정	근로기준법 상, 해고예고수당(제26조), 휴업수당(제46조), 연장 · 야간 · 휴일근로가산수당(제56조), 연차유급휴가수당(제60조) 등	근로기준법 상, 퇴직금(제34조, 휴업수당(제46조), 연차유급휴가수당(제60조), 휴업보상 · 장해보상 · 유족보상 · 장의비 · 일시보상(제78조~제84조), 감급의 제한(제95조) 등	최저임금법
판단 기준	정기적 · 일률적 · 고정성 충족	산정 사유 발생 이전 3개월 임금총액의 평균	최저임금법 상 산입범위 해당 여부(1개월 기준 등)

※ 자료 : 고용노동부, 「직무중심 인사관리 따라잡기」, 2019.

(4) 내부적 수용성을 고려한 변경안 설계

임금은 노동력 제공의 대가로서 근로관계에서 가장 중요한 근로조건에 해당한다. 따라서 근로자 입장에서 임금체계의 변경은 매우 민감한 사항이며, 그 만큼 불만족의 원인이 될 수 있는 부분이다.

임금체계 개편이 직무불만족 증가 내지 직무몰입도 저하를 초래하는 경우, 단기적으로 인건비 측면에서 긍정적일 수는 있지만 장기적으로 생산성 내지 업무효율성 저하, 핵심인재의 유출 등의 부정적 효과를 가져 올 수 있다. 특히, 노동조합이 있는 사업장에서는 노사갈등의 원인이 될 수도 있다.

따라서 새로운 임금체계를 개편함에 있어 내부적 수용성의 정도를 예측하고 이를 반영하는 것은 매우 중요한 일이다. 이러한 측면에서 볼 때 임금체계의 개편도 중장기적 관점에서 접근할 필요가 있다. 즉, 일시에 대폭적 · 급진적 변화를 주기 보다는 일련의 계획을 세워 연공급 요소는 점차적으로 축소하고 반대로 성과주의 및 직무급 요소는 점진적으로 확대해 가는 단계별 도입 및 시행을 검토할 필요가 있다.

(5) 임금체계 변경 절차에서의 적법성 확보

임금체계의 변경은 중요한 근로조건의 변경에 해당하므로 소정의 법적 절차를 거쳐야 한다. 만약 임금체계 변경 절차와 관련하여 법적분쟁이 발생하고 사후적으로 무효로 인정되면, 소급하여 임금체계 변경 자체의 효력이 인정되지 않는다.

임금체계 변경이 유효하지 않은 것으로 인정되면 변경 전 임금체계를 기준으로 다시 임금을 산정하여 지급하여야 하는 등의 복잡한 법률적 문제가 발생되며 예상하지 못했던 인건비 지출이 초래될 수 있다. 또한 금전적 문제를 넘어 근로자들의 신뢰가 크게 저하됨에 따라 이후 인적자원의 관리 및 운영 측면에서 심각한 제약을 가져오게 된다.

따라서 임금체계 변경 절차에 있어 적법성을 확보하는 것은 최적의 임금체계를 설계하는 것만큼이나 매우 중요한 과제임을 잊어서는 안 된다.

주요 관련 판례 및 행정해석

✓ 통상임금의 개념 및 요건

(대법원 2013.12.18. 선고 2012다89399 전원합의체 판결)

통상임금은 근로자가 소정근로시간에 통상적으로 제공하는 근로인 소정근로(도급근로자의 경우에는 총 근로)의 대가로 지급하기로 약정한 금품으로서 정기적·일률적·고정적으로 지급되는 임금을 말하고, 그 임금이 '1임금산정기간' 내에 지급되는 것인지 여부는 판단기준이 아니다. 따라서 어떠한 임금이 통상임금에 속하는지 여부는 그 임금이 소정근로의 대가로 근로자에게 지급되는 금품으로서 정기적·일률적·고정적으로 지급되는 것인지를 기준으로 그 객관적인 성질에 따라 판단하여야 하고, 임금의 명칭이나 그 지급주기의 장단 등 형식적 기준에 의해 정할 것이 아니다.

✓ 포괄임금계약이 유효한 것으로 인정되기 위한 요건

(대법원 2012.3.29. 선고 2010다91046 판결)

사용자가 근로계약을 체결함에 있어서는 근로자에 대하여 기본임금을 결정하고 이를 기초로 각종 수당을 가산하여 합산 지급하는 것이 원칙이다(대법원 1998.3.24. 선고 96다24699 판결 참조), 그러나 기본임금을 미리 산정하지 아니한 채 각종 수당을 합한 금액을 월 급여액이나 일당임금으로 정하거나 기본임금을 정하고 매월 일정액을 각종 수당으로 지급하는 내용의 이른바 포괄임금제에 의한 임금지급계약 또는 단체협약이 체결되었다고 하더라도 그것이 근로기준법이 정한 기준에 미치지 못하는 근로조건을 포함하는 등 근로자에게 불이익하지 않으면 유효하다.

✓ 정액수당제의 유효요건

(근로기준과-3172, 2005.6.13.)

고정급 연장근로수당(귀 질의의 고정 O/T수당)을 월임금에 포함시켜 지급한다 하더라도, 노사당사자간에 월임금에 포함된 고정 O/T수당 금액을 명시하거나 연장근로시간(또는 그 상한)을 약정하여 시간급 임금의 산정(소위 포괄역산) 및 연장근로수당의 계산이 가능하여야 할 것임. 물론, 이 경우에 매일 매일의 실제 연장근로시간이 반드시 미리 정한 1일분 고정 O/T수당과 일치하여야 하는 것은 아니며, 임금 지급시 실제로 근로한 연장근로시간에 기초한 법정 수당과 노사간의 약정에 따라 기 수령한 고정 O/T수당을 비교하여 후자의 금액이 전자의 금액 이상이면 근로기준법 제55조의 규정에 의한 연장근로에 대한 가산임금이 지급된 것으로 볼 수 있을 것임.

✓ 업적연봉의 통상임금 해당 여부

(대법원 2015.11.26. 선고 2013다69705 판결)

업적연봉은 기본급과 마찬가지로 해당 연도의 근무성적과 관계없이 전년도의 근무성적에 따라 결정되고 그처럼 해당 연도 초에 정해진 업적연봉이 변동되지 않은 채 고정되어 그 해 12개월로 나눈 금액이 매월 지급되므로, 이는 정기성·일률성·고정성을 갖춘 통상임금에 해당한다.

✓ 경영성과 배분 목적 성과금의 임금 해당 여부

(대법원 2006.2.23. 선고 2005다54029 판결)

피고회사의 성과금은 근로의 대가가 아닌 경영성과의 분배목적으로 처음 도입되었고, 현재까지 성과금 지급률의 상한은 경영성과에 따라 정해지고 있는 점, 성과금 지급률은 회사의 매출신장률, 공수능률향상률, 안전활동, 제안활동을 통한 생산성 향상률에 따라 원칙적으로 정해지며, 무쟁의도 지급 여부 및 지급률 하한선의 조건이 되는데, 이들 요소들은 구체적인 근로제공과는 직접적인 관련성이 없는 점, 피고회사에서는 근로의 대가에 해당하는 기본급과 여러 수당들을 꾸준히 인상하여 지급해온 점, 1996년 이전에는 실제 경영실적이나 파업 여부에 따라 성과금

지급률이 변동되거나 차등 지급되었고, 1997년 이후에는 200%의 성과금이 일정하게 지급되었으나, 이는 위 기간 동아 무분규 조건이 달성됨에 따라 피고회사가 최저지급률 보장약속을 지켰기 때문일 뿐 불황이나 분규발생 등으로 인한 경영실적 악화시에도 피고회사가 일정률의 성과금을 계속 지급할 의사가 있다거나 그와 같은 관행이 성립되었다고 보기는 어려운 점, 피고회사 노동조합도 성과금이 임시적인 것임을 인정하고 고정급으로 지급해 줄 것을 피고회사에 계속 요구하여 왔으나 합의에 이르지 못한 점 등에 비추어 보면, 피고회사가 원고들에게 지급한 성과금은 경영실적이나 무쟁의 달성 여부에 따라 그 지급 여부나 지급 금액이 달라지는 경영성과의 일부 분배로 볼 수 있을 뿐, 근로의 대상으로서의 임금이라 할 수 없으므로, 퇴직금 산정의 기초가 되는 평균임금에 포함되지 않는다.

✓ 지급 기준 및 시기가 정해진 인센티브의 평균임금 해당 여부

(대법원 2011.7.14. 선고 2011다231491 판결)

피고 회사가 인센티브(성과급) 지급규정이나 영업 프로모션 등으로 정한 지급기준과 지급시기에 따라 인센티브(성과급)를 지급하여 왔고, 차량판매는 피고 회사의 주업으로서 영업사원들이 차량판매를 위하여 하는 영업활동은 피고 회사에 대하여 제공하는 근로의 일부라 볼 수 있어 인센티브(성과급)는 근로의 대가로 지급되는 것이라고 보아야 하며, 매월 정기적, 계속적으로 이루어지는 인센티브의 지급이 개인근로자의 특수하고 우연한 사정에 의하여 좌우되는 우발적, 일시적 급여라고 할 수 없고, 지급기준 등의 요건에 맞는 실적을 달성하였다면 피고 회사로서는 그 실적에 따른 인센티브의 지급을 거절할 수 없을 것이므로 이를 은혜적인 급부라고 할 수도 없으며, 인센티브(성과급)를 일률적으로 임금으로 보지 않을 경우 인센티브(성과급)만으로 급여를 지급받기로 한 근로자는 근로를 제공하되 근로의 대상으로서의 임금은 없는 것이 되고 퇴직금도 전혀 받을 수 없게 되는 불합리한 결과가 초래될 것인 점 등에 비추어 보면, 이 사건 인센티브(성과급)는 퇴직금 산정의 기초가 되는 평균임금에 해당한다.

✓ 영업활동에 따른 개인 포상금의 평균임금 해당 여부

(대법원 2002.5.31. 선고 2000다18127 판결)

이 사건 포상금은 피고가 매년 같은 시기에 같은 비율에 따라 지급하는 것이 아니라 피고가 일방적으로 정한 지급시기와 지급액수, 지급기준에 따라 지급하는 것이기는 하지만, 상품권판매는 구두류 제품판매를 주업으로 하는 피고가 역점을 두는 사업이므로 직원들이 상품권판매를 위하여 하는 영업활동은 결국 피고에 대하여 제공하는 근로의 일부라고 볼 수 있어 포상금은 근로의 대가로 지급되는 것이라고 보아야 하고, 기록에 나타난 자료에 의하면 포상금 지급은 해마다 그 지급시기는 다르나 매년 한두 차례 시행되는 것이 관례화되어 있음을 알 수 있으므로 이를 우발적, 일시적 급여라고 할 수 없으며, 피고가 해마다 미리 지급기준과 지급비율을 정하고 그에 따라 계산된 포상금을 지급하는 것인 이상 직원들이 그 요건에 맞는 실적을 달성하였다면 피고로서도 그 실적에 따른 포상금의 지급을 거절할 수 없을 것이므로 이를 은혜적인 급부라고 할 수도 없고, 또한 직원 대다수가 포상금을 업무와 관련된 용도로 사용하였다고 하더라도 피고가 포상금을 업무와 관련된 용도에만 사용하도록 하였다고 볼 자료가 없는 이상 그 용도는 직원들의 의사에 맡겨져 있어 그와 같은 사정이 있다고 하여 평균임금적 성격이 부정되는 것은 아니므로, 피고가 지급하는 포상금 중 부서포상금이나 일정 수의 직원만 선발하여 여행이나 상품을 포상하는 것은 개인적으로 지급되는 것이 아니거나 은혜적인 급부에 불과하여 평균임금에 포함될 수 없다고 하더라도, 개인포상금은 평균임금에 포함된다고 하여야 할 것이다.

✓ 성과연봉제 도입이 불이익변경에 해당하는지 여부

(서울중앙지방법원 2017.8.10. 선고 2016가합26506 판결)

성과연봉제규정의 개정으로 인하여 ① '부점장급 이상'에서 '4급 이상 일반직원'으로 연봉제 적용대상이 변경됨에 따라 기존 호봉형 임금지급 대상이던 근로자들에게도 개개인의 능력, 성과, 업적평가에 의해 1년 단위로 임금을 결정하는 연봉제가 적용되었고, 이로 인하여 기존 호봉형 임금지급제의 경우 일반적으로 매년 누적적으로 임금이 상승하게 되나, 연봉제가 적용되면 호봉상승으로 인한 임금상승을 기대하기 어렵게 되는 점, ② 기존 연봉제 적용 대상이었던 부점장급 이상의 경우에도 기본급의 인상차등률이 확대된 점(2%에서 1급은 4%, 2~3급 부점장은 3%로 확대), ③ 성과연봉 차등지급률 또한 최고지급률이 최저지급률 대비 2배 이상으로 확대되었던 점, ④ 연봉에서 성과연봉이 차지하는 비율을 3급 팀장 이상은 30%, 4급 직원은 20% 이상으로 확대하였던 점 등에 비추어 보면, 근로자들은 위 규정의 개정으로 인하여 기본급 및 성과연봉의 등급 분류 결과에 따라 지급받게 되는 총 임금의 액수가 증가 또는 감소하게 되는 등 개인에 따라 유·불리의 결과가 달라질 수 있게 되었으나, 하위평가를 받게 되는 근로자들은 기존 임금이 저하될 것으로 보이는바, 가사 위 규정의 개정으로 인하여 피고가 근로자들에게 지급하게 되는 임금의 총액이 기존의 급여 체계에 비하여 증가하였다 하더라도, 위와 같이 위 규정의 적용을 받게 되는 근로자 개인에 따라 그 유·불리의 결과가 달라

진다면, 위 규정은 근로자에게 불이익한 것으로 취급하여 근로기준법에 따른 변경 절차를 따라야 한다.

✓ 연봉제 도입이 불이익변경에 해당하는지 여부

(근기 68207-3128, 2000.10.10.)

연봉제 대상 근로자집단에게 지급될 총 임금재원을 기존의 임금재원에 추가분을 더하여 구성하고, 당해 추가분을 가지고 인사고과에 따라 변동급여를 지급하는 방식의 연봉제(이하 "추가재원방식 연봉제"라 함)에 대해서는 다음 두 가지 경우로 나누어 볼 수 있음.

기존의 임금수준을 최저한도로 하면서 인사고과에 따라 추가로 지급하는 방식의 경우에는 근로자의 기득이익을 침해하지 않으면서 근로자 모두에게 기존보다 유리한 결과를 가져오는 제도이므로 불이익변경에 해당하지 않을 것임.

다만, 추가재원방식 연봉이라 하더라도 인사고과에 따른 변동급여체제를 도입함으로써 불특정 일부 근로자들이 기존의 임금보다 더 적은 임금을 받게 되어 기득의 이익을 침해받을 수 있는 개연성이 있다면 이는 근로자의 유·불리가 상충하는 경우로서, 기존의 임금보다 더 많은 임금을 받을 수 있는 근로자수가 기존의 임금보다 더 적은 임금을 받는 근로자수보다 많다고 하더라도 전체적으로는 불이익변경에 해당된다고 사료됨.

✓ 일부 근로자에게는 유리하고 일부 근로자에게는 불리한 급여제도 도입의 불이익변경 해당 여부

(근기 68207-1760, 2002.4.24.)

귀 사업의 급여제도를 변경함에 있어 기존의 연공서열식 임금체제에서 능력 및 업적을 평가하는 능력중시형 임금체제(연봉제)로 전환하는 경우 일부 근로자는 종전보다 유리해지고, 일부 근로자는 불리해지는 경우라면 전체적으로 불이익변경에 해당된다고 볼 수 있을 것인 바, 이 경우 동법 제97조에 의한 취업규칙 불이익변경의 절차를 거쳐 적법하게 변경해야 유효할 것으로 사료됨.

✓ 취업규칙 불이익변경 시 동의주체 범위 판단 방법

(대법원 2009.5.28. 선고 2009두2238 판결)

여러 근로자 집단이 하나의 근로조건 체계 내에 있어 비록 취업규칙의 불이익변경 시점에는 일부 근로자 집단만이 직접적인 불이익을 받더라도 그 나머지 다른 근로자 집단에게도 장차 직급의 승급 등으로 변경된 취업규칙의 적용이 예상되는 경우에는 일부 근로자 집단은 물론 장래 변경된 취업규칙 규정의 적용이 예상되는 근로자 집단을 포함한 전체 근로자 집단이 동의주체가 되고, 그렇지 않고 근로조건이 이원화되어 있어 변경된 취업규칙이 적용되어 직접적으로 불이익을 받게 되는 근로자 집단 이외에 변경된 취업규칙의 적용이 예상되는 근로자 집단이 없는 경우에는 변경된 취업규칙이 적용되어 불이익을 받는 근로자 집단만이 동의주체가 된다.

✓ 불리하게 변경된 취업규칙의 신규 근로자에 대한 적용 가능 여부

(대법원 2011.6.24. 선고 2009다58364 판결)

사용자가 취업규칙에서 정한 근로조건을 근로자에게 불리하게 변경함에 있어서 근로자의 동의를 얻지 않은 경우에 그 변경으로 기득이익이 침해되는 기존의 근로자에 대한 관계에서는 변경의 효력이 미치지 않게 되어 종전 취업규칙의 효력이 그대로 유지되지만, 변경 후에 변경된 취업규칙에 따른 근로조건을 수용하고 근로관계를 갖게 된 근로자에 대한 관계에서는 당연히 변경된 취업규칙이 적용되어야 한다.

Ⅳ 임금피크제 도입

1. 임금피크제의 의의

(1) 임금피크제의 개념

임금피크제란 일정연령(피크연령)이 지나면 생산성에 따라 임금을 줄이는 대신 정년을 보장하거나 일정기간 고용을 연장해 주는 방식의 임금제도를 말한다. 임금피크제의 도입 내지 확산 배경은 사회와 기업의 고령화, 연공급 임금체계의 인건비 부담 가중, 경제성장의 둔화 등을 들 수 있다.

우리나라에서는 금융기관을 중심으로 도입되어 오다가 2013.5.22. 고령자고용법 개정으로 정년이 60세로 연장되면서 임금피크제를 도입하는 사업장이 증가하였다.

한편, 최근 고령화 사회가 가속화되면서 추가적인 정년연장에 대한 사회적 논의가 활발해 지고 있다. 정부는 2019.9.18. '인구구조 변화 대응방안'을 발표하였는데, 동 방안에는 정년 60세가 지난 뒤 의무적으로 고용을 연장하도록 하는 '계속고용제도'가 포함되어 있다.[63] 향후 어떠한 방식으로든 정년이 더 연장될 경우 산업현장에서 임금피크제 도입에 대한 검토가 다시 활발해 질 것으로 생각된다.

사업장에서는 법적 정년연장 여부와 관계없이 업무특성, 근로자 연령구조, 인건비 구조 등을 종합적으로 고려하여 임금피크제 도입을 검토할 수 있다.

[그림 7] 연령계층별 인구 구성비 예상 추이

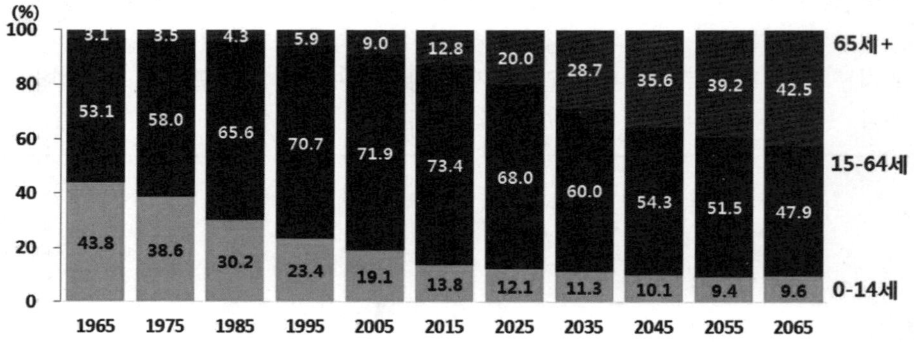

※ 자료 : 통계청, 장래인구추계 보도자료, 2016.12.8.

(2) 임금피크제의 효과

임금체계 조정에서 본 바와 같이 우리나라의 임금체계는 여전히 경직적인 연공급이 주를 이루고 있는데, 이러한 연공급 하에서는 근로자가 고령화되면 기업

63) 동 방안의 '계속고용제도'는 60세 이후 일정 연령까지 고용연장 의무를 부과하되, ① 재고용(퇴직 뒤 촉탁직으로 재고용) ② 정년 연장(60세 이후로 정년 늦추기) ③ 정년 폐지(정년 나이를 없애고 특별한 근로계약 해지 사유가 없는 한 계속고용) 등 기업으로 하여금 다양한 고용연장 방식을 선택할 수 있도록 하는 제도이다. 60세 이후 계속고용이 의무화되므로 사실상 정년을 연장하는 제도로 평가되고 있다.

이 부담하는 노동비용이 기여분을 상회하게 되어 고령근로자의 고용유지에 부정적인 영향을 미치게 된다.

임금피크제는 고령근로자의 고용안정과 청년일자리 확대를 동시에 도모할 수 있는 '일자리 나누기'의 해법으로 주목받고 있다. 이러한 의미에서 임금피크제도 임금조정을 통한 고용조정의 한 유형이라고 할 수 있다. 임금피크제 도입의 효과를 정리하면 〈표 8〉과 같다.

[표 8] 임금피크제 도입의 효과

구분	도입효과
근로자	• 중고령층의 고용안정성 증대 : 해고를 피할 수 있을 뿐만 아니라 사실상 혹은 사규에 정해진 정년 이후에도 계속 일을 할 수 있음. • 생애소득 증대, 행복한 노후생활 보장 : 평균수명 연장에 따른 개인의 계속해서 일하고 싶은 욕구를 충족시킬 수 있으며, 대체적으로 단기 임금감소에도 불구하고 전체적인 생애소득은 증대하므로 안정적이고 행복한 노후생활을 영위할 수 있음.
사용자	• 인건비 절감 및 숙련인력의 활용 : 고용조정을 둘러싼 노사갈등을 피하고 보다 숙련된 인력을 계속해서 활용할 수 있으며, 인건비의 탄력적 운용을 통해 일자리 창출에 기여할 수 있음.
정부	• 국가의 성장 잠재력 유지 및 강화 : 노동인력 감소에 따른 경제활동인구 부족 문제를 해소하고, 청년실업 문제를 줄일 수 있으며, 고령인구에 대한 사회보장 비용 부담을 줄일 수 있음.

(3) 임금피크제의 유형

임금피크제는 크게 ① 정년보장형, ② 정년연장형, ③ 고용연장형 유형으로 분류된다. 각 유형의 개념과 기본모형을 보면 아래의 〈표 9〉「임금피크제 유형」과 같다. 설계에 따라 세 가지 유형이 혼합되는 경우도 있다.

[표 9] 임금피크제 유형

유형	개념	기본모형
정년보장형	• 이미 정해진 회사의 정년을 기업이 그대로 보장하는 것을 전제로 일정 연령이 지나면 그 시점부터 일정금액을 삭감하는 방식	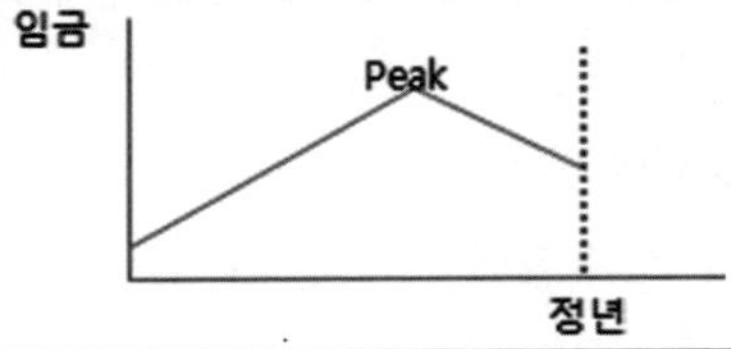
정년연장형	• 일정 기간 정년을 연장하는 대신 기존 정년의 몇 년 전부터 임금을 삭감하는 방식 • 일반적으로 정년을 3년 내외로 연장하며, 연장된 정년까지 지속적으로 임금 감액	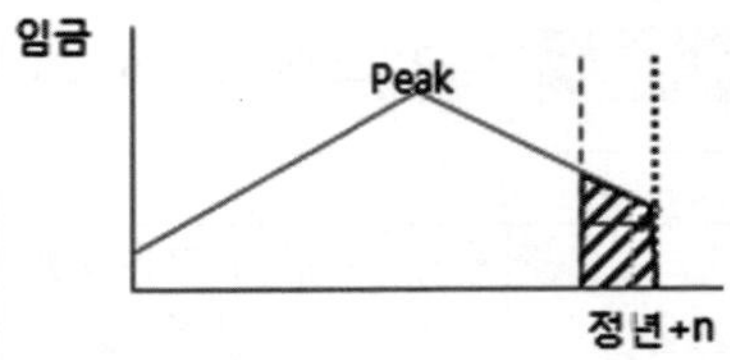
고용연장형	• 정년이 되어 퇴직한 근로자를 다시 고용하기로 하고 일정한 시점부터 임금을 기존보다 적게 지급하는 방식 • 일반적으로 재고용 시 계약직, 촉탁직으로 운영	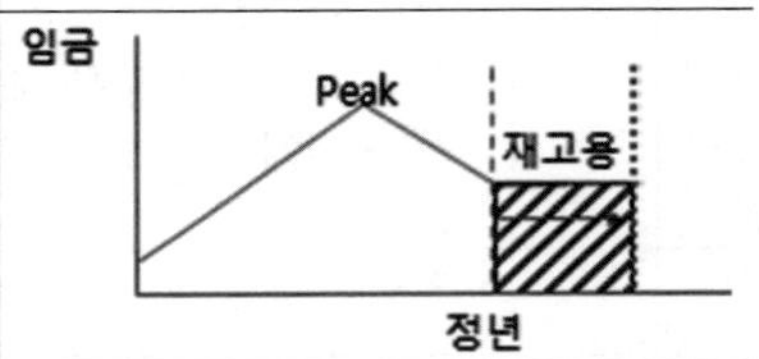

(4) 임금피크제 도입 절차

임금피크제의 도입 절차는 〈그림 8〉에서 보는 것처럼 크게 내외부 환경분석, 임금피크제 설계, 임금피크제 시행의 세 가지 단계로 진행된다. 환경분석은 사업장 특성에 맞는 임금피크제를 설계하는데 있어 기본적인 데이터를 제공하기 때문에 간과되어서는 안 되는 절차이다.

가장 중요한 임금피크제 설계는 ① 대상자 범위 선정 ② 임금피크 연령 설정, ③ 임금피크제 유형 결정, ④ 임금조정 범위 및 방법 결정, ⑤ 임금굴절유형 및 삭감률 결정, ⑥ 직무조정 및 보직 결정 순서로 진행된다. 각 단계의 결정사항은 모두가 임금피크제의 구성요소를 이루는 것이므로 누락될 경우 온전한 임금피크제를 시행하기 어렵다.

도입할 임금피크제가 설계되면 취업규칙이나 단체협약 변경 등을 거쳐 사업장 내에서 시행된다.

[그림 8] 임금피크제 도입 절차

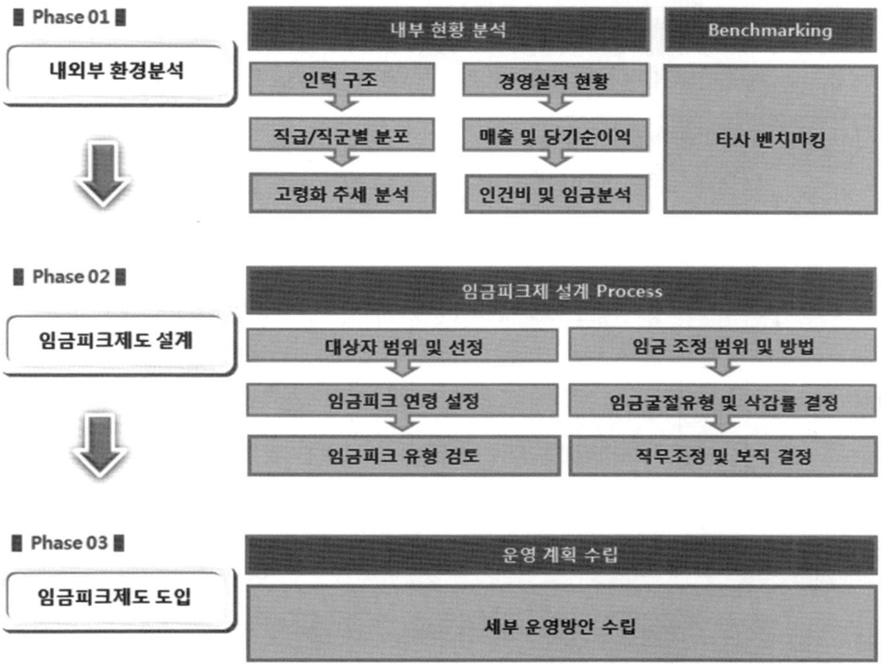

[표 10] 임금피크제 설계 결정사항[64)]

구분	이슈	내용(예시)
임금피크제 대상	• 임금피크제 적용대상을 어떻게 할 것인가	• (유형 1) 전 직원에 대해 적용 • (유형 2) 특정 직종 직원에 대해 선택적으로 적용 (생산직 · 사무직 · 연구직 등)
임금감액 유형	• 임금감액은 어떤 방법으로 할 것인가	• (유형 1) 단계적으로 임금감액 • (유형 2) 최초 임금감액 이후 임금수준 유지
임금감액 시점	• 임금감액 시점은 언제부터 할 것인가	• (유형 1) 기존 정년 이전부터 감액 • (유형 2) 기존 정년 이후부터 감액

64) 고용노동부, 「임금피크제 · 장년근로시간단축제 어떻게 도입할까?」, 2016, 25쪽.

임금감액률	• 임금감액률은 어느 정도수준으로 할 것인가	• 인력현황, 임금체계 및 수준 등을 반영하여 기업에 적합한 감액률 설정
	• 감액기준이 되는 임금은 어떻게 설정할 것인가	• (유형 1) 임금 총액을 기준으로 감액 • (유형 2) 기본급 기준으로 감액 • (유형 3) 특정수당, 상여금 등을 기준으로 감액
근로조건 등 조정	• 임금피크제 적용대상자의 근로조건 및 복리후생을 조정할 것인가	• (유형 1) 근로조건 및 복리후생 유지 • (유형 2) 근로조건 및 복리후생 조정
	• 임금피크제 적용 이후 매년 발생하는 임금인상률 등 변동요소를 적용할 것인가	• (유형 1) 임금인상률 및 호봉승급분 반영 • (유형 2) 임금인상률 및 호봉승급분 미반영
직무·직책 등 조정	• 임금피크제 적용대상자들의 담당직무와 직책은 어떻게 조정할 것인가	• (유형 1) 직무 직책 유지 • (유형 2) 직무 직책 변경 • (유형 3) 새로운 직무개발, 별도 직군으로 분리

[표 11] 임금피크제 도입사례

구분	기업	도입 시기	적용 대상	유형	적용 기준	담당 직무	기준 임금	평균임금 지급률
비 금융권	한국 전력	2010	4~6급, 별정직	만 58세 → 만 60세 (정년연장형)	특정직급, 임금피크제 수용 직원에 한해 적용 (만 57세)	-	적용 직전 연도 (56세) 기본연봉	81.25% (점감형)
	삼성 전자	2014	전 직원	만 55세 → 만 60세 (정년연장형)	나이 (만 56세)	-	전 연도 기본연봉	74% (점감형)
	두산 중공업	2014	전 직원	만 56세 → 만 60세 (정년연장형)	임금피크제 수용 직원에 한해 적용 (만 57세)	-	적용 직전 연도 (56세) 기본연봉	78% (점감형)
	포스코	2011	전 직원	만 56세 → 만 58세 (정년연장형)	나이 (만 56세)	직무 유지 또는 재배치	직전 연도 (56세) 기본연봉	72.5% (점감형)
	풍산	2015	전 직원	만 57세 → 만 61세 (정년연장형)	나이 (만 58세)	직무 재배치	직전 연도 (57세) 기본연봉	84% (점감형)
	SK 텔레콤	2014	전 직원	만 58세 → 만 60세 (정년연장형)	나이 (만 59세)	-	적용 직전 연도 (57세) 연봉 총액	85% (점감형)

금융권	신용보증기금	2003	전 직원	정년보장 만 58세 + 고용연장 만 60세	나이 (만 55세에 임원이 되지 않은 3급 이상 직원)	직무 재배치	적용 직전 연도 (54세) 임금+성과급 +연월차수당	55% (점감형)
	우리은행	2005	M등급 이하 전 직원	만 58세 → 만 60세 (고용연장형)	나이 (만 55세)	후선 지원	적용 직전 연도 (54세) 기본연봉 기준, 성과급 지급체계는 일반직원과 동일	48% (점감형)
	한국자산관리	2006	전 직원	만 58세 → 만 60세 (고용연장형)	나이 (만 56세)	직무 재배치	적용 직전 연도 (55세) 연봉 총액	57% (점감형)
	한국감정원	2004	전 직원	만 58세 → 만 59세 (고용연장형)	만 56세, 명예퇴직, 임금피크제 선택	직무 재배치	적용 직전 연도 (55세) 통상임금	62.5% (점감형)
	신한금융투자	2011	전 직원	만 55세 → 만 58세 (정년연장형)	나이 (만 54세)	직무 재배치	직년 연도 (53세) 기본급 감액, 성과급 상향	63~53% (하락 후 수평형)
	삼성증권	2016	전 직원	만 55세 → 만 60세 (정년연장형)	나이 (만 56세)	-	적용 직전 연도 (55세) 연봉 총액	70% (점감형)

2. 임금피크제 도입의 법률문제

(1) 기본 법률사항

2013.5.22. 고령자고용법 개정으로 근로자의 정년이 60세 이상으로 의무화되었다. 고령자고용법 제19조의2(정년연장에 따른 임금체계 개편 등)는 정년연장에 따라 사업 또는 사업장의 여건에 맞게 임금체계 개편 등 필요한 조치를 하도록 규정하고 있다.[65] 이에 다수의 사업장에서 동 규정을 근거로 임금피크제를 도입하였다.

그러나 현행 노동관계법률은 임금피크제에 관한 구체적 내용에 대해서는 아무런 규정을 두고 있지 않다.

65) 동 규정 위반에 대하여는 벌칙이 적용되지 않기 때문에 법률적으로 임금체계 개편 등을 의무화한 것은 아니다.

관련조문

고령자고용법 제19조(정년)

① 사업주는 근로자의 정년을 60세 이상으로 정하여야 한다.

② 사업주가 제1항에도 불구하고 근로자의 정년을 60세 미만으로 정한 경우에는 정년을 60세로 정한 것으로 본다.

고령자고용법 제19조의2(정년연장에 따른 임금체계 개편 등)

① 제19조제1항에 따라 정년을 연장하는 사업 또는 사업장의 사업주와 근로자의 과반수로 조직된 노동조합(근로자의 과반수로 조직된 노동조합이 없는 경우에는 근로자의 과반수를 대표하는 자를 말한다)은 그 사업 또는 사업장의 여건에 따라 임금체계 개편 등 필요한 조치를 하여야 한다.

(2) 실무상의 주요 법적쟁점

1) 적용대상자가 없는 경우 취업규칙 변경절차 필요 여부

임금피크제 도입 시점에 피크연령에 도달한 근로자가 없어 적용대상자가 존재하지 않는 경우에도 취업규칙 변경절차를 거쳐야 하는지 여부가 문제된다.

먼저 임금피크제가 취업규칙에 해당하는지에 대해 보면 하급심[66] 중 "임금피크제는 임금피크제의 적용대상, 임금산출방법을 명시하는 등의 내용을 포함하고 있어 근로기준법 상의 취업규칙에 해당한다"고 본 판결이 있다. 한편, 고용노동부 행정해석[67]도 취업규칙 변경절차를 거쳐야 함을 전제로 하여 임금피크제는 변경 시점에서 일정 연령에 도달한 근로자뿐만 아니라 전체 근로자에게 적용되는 것으로 보아야 하므로 전체 근로자가 취업규칙 변경 절차 주체에 해당한다는 입장이다.

이러한 판례 및 행정해석의 입장에 비추어 보면 임금피크제 도입 시점에서 피크연령에 도달한 근로자가가 없다고 하더라도 장래 임금피크제 적용대상이 되는 전체 근로자를 대상으로 취업규칙 변경절차를 거쳐야 할 것으로 해석된다.

66) 수원지방법원 안양지원 2017.6.23. 선고 2016가단115485 판결

67) 근기 68207-890, 2003.7.16.

2) 임금피크제 도입의 불이익변경 해당 여부

임금피크제 설계 결과 근로자가 수령하는 임금이 기존 정년이 도달하는 해의 최종 임금수준보다 낮은 수준으로 임금감액이 이루어지는 경우에는 정년연장 여부와 관계없이 취업규칙 불이익변경에 해당하는 것으로 해석된다.[68)]

정년이 60세로 연장되기 이전 판결이기는 하나, 법원[69)]은 정년이 58세에서 59세로 연장되고 55세부터 임금감액이 적용(70% → 60% → 50% → 40% → 40%)된 사건에서 55세부터 58세까지의 수령연봉(300%)보다 감액기간 동안의 수령연봉(210%)이 적으므로 불이익변경에 해당한다고 판시하였다.

이러한 행정해석과 판례의 입장에 비추어 보면, 이미 정해진 정년까지의 고용을 보장하고 정년 도래 이전 특정시점부터 임금을 감액하는 정년보장형 임금피크제는 원칙적으로 불이익변경에 해당하는 것으로 해석된다.

3) 근로계약서 변경 필요 여부

최근 판례[70)]는 임금피크제가 도입되었으나 개별 근로계약서의 변경이 이루어지지 않은 사안에 대하여 “근로자에게 불리한 내용으로 변경된 취업규칙은 집단적 동의를 받았다고 하더라도 그보다 유리한 근로조건을 정한 기존의 개별 근로계약 부분에 우선하는 효력을 갖는다고 할 수 없다. 이 경우에도 근로계약의 내용은 유효하게 존속하고, 변경된 취업규칙의 기준에 의하여 유리한 근로계약의 내용을 변경할 수 없으며, 근로자의 개별적 동의가 없는 한 취업규칙보다 유리한 근로계약의 내용이 우선하여 적용된다”고 판시하였다. 즉, 대법원은 임금피크제 적용대상자의 연봉을 60% 또는 40% 삭감하도록 임금피크제가 도입되었다고 하더라도, 개별 근로자들이 취업규칙에 따라 근로계약을 변경하는 것에 동의하지 않았고 이에 근로계약서가 변경되지 않았으므로 연봉액에 관하여 취업규칙보다 유리한 근로조건을 정한 근로계약서가 우선 적용된다고 본 것이다.

---

68) 근로기준정책과-1318, 2016.2.17.

69) 서울지방법원 2008.8.1. 선고 2007가합111716 판결

70) 대법원 2019.11.14. 선고 2018다200709 판결

이러한 판례의 입장에 따르더라도 취업규칙 변경절차를 통해 정년연장형 임금피크제가 도입된 경우, 근로계약서가 변경되지 않았음을 이유로 피크연령에서의 임금감액은 부정하면서 정년은 임금피크제 상의 연장된 정년을 적용하여야 한다고 해석할 수는 없다고 본다. 임금피크제는 그 자체가 하나의 근로조건이며, 제도적 구성요소인 임금감액과 정년연장은 별개의 제도로 볼 수 없기 때문이다. 하나의 제도 하에서 일부는 근로계약을 일부는 취업규칙을 적용하는 것은 사회통념에 반한다고 본다.

다만, 실무적으로는 근로자들의 집단적 동의를 받아 유효하게 임금피크제를 도입하였다고 하더라도, 안정적인 시행을 위해서는 도입된 임금피크제 내용에 맞게 근로계약서를 다시 작성하여야 할 것이다.

4) 임금피크제 적용시 퇴직금 중간정산 가능 여부 및 시점

임금피크제를 도입할 경우 임금굴절률에 따라 차이가 있기는 하나, 통상 퇴직시점에서 평균임금이 감소하여 퇴직금이 크게 줄어들게 된다. 이에 퇴직금 처리 특히 퇴직금 중간정산 여부가 쟁점이 된다.

퇴직급여법 제8조(퇴직금제도의 설정 등) 제2항은 "주택구입 등 대통령령으로 정하는 사유로 근로자가 요구하는 경우에는 근로자가 퇴직하기 전에 해당 근로자의 계속근로기간에 대한 퇴직금을 미리 정산하여 지급할 수 있다"고 정하고 있다. 그리고 동법시행령 제3조(퇴직금의 중간정산 사유) 제1항 제6호는 임금피크제 도입을 퇴직금 중간정산 사유로 정하고 있다.

고용노동부 행정해석[71]은 임금피크제 일환으로 피크연령 전에 보직해임되어 직책수당이 감소하는 경우에도 퇴직금 중간정산이 가능하다는 입장이다. 따라서 임금피크제 적용에 따른 퇴직금 중간정산 가능시점은 피크연령 도달 여부와 관계없이 평균임금이 감소되는 시점이 된다.

한편, 퇴직급여법 제32조(사용자의 책무) 제4항은 임금피크제를 시행하는 경우에는 근로자에게 퇴직급여가 감소할 수 있음을 미리 알리고, 근로자대표와의

---

71) 퇴직연금복지과-5705, 2019.12.31.

협의를 통하여 확정기여형퇴직연금제도로의 전환, 퇴직급여 산정기준의 개선 등 근로자의 퇴직급여 감소를 예방하기 위하여 필요한 조치를 하여야 한다고 규정하고 있다.

3. 임금피크제 도입 운영원칙

(1) 고령자 특성 분석에 근거한 임금피크제 도입 여부 결정

임금피크제를 뒷받침하는 이론적 가설은 다양하나 기본적으로 고령자일수록 생산성 내지 업무능력이 떨어진다는 사고를 바탕으로 한다. 그러나 모든 사업과 업무에서 그러한 전제가 부합하는 것은 아니다. 과학기술 및 지식산업의 발달, 고부가가치 산업의 증가 등으로 인하여 고연령일수록 생산성 내지 업무능력이 높아지는 직무가 늘어나고 있다.

따라서 임금피크제 도입에 앞서 자사의 고령근로자들이 어떤 특성을 보유하고 있는지에 대하여 명확하게 분석하는 것이 필수적으로 요구된다. 이것은 임금피크제 도입의 타당성 검토에 관한 문제이다. 정년에 근접한 연령대의 근로자들이 지속적으로 업무능력을 발휘하고 있고 그 결과 성과창출에의 기여가 큰 경우, 임금피크제를 도입하는 것이 오히려 조직에 부정적인 영향을 가져올 수 있으므로 매우 신중하여야 한다.

(2) 임금피크제 도입 목적의 명확한 설정

임금피크제를 시행하는 목적에는 인건비부담 경감, 인사적체 해소, 고령자 고용안정 등이 있다. 여러 가지 목적에서 임금피크제를 드입할 수 있겠으나, 주된 목적을 명확하게 설정할 필요가 있다. 그 이유는 목적이 명확하여야 그에 적합한 임금피크제를 설계할 수 있기 때문이다.

예를 들어 인사적체 해소를 주된 목적으로 임금피크제를 도입하면서 임금피크제 적용대상자의 직무를 그대로 유지하는 것은 올바른 설계일 수 없다. 마찬가지로 인건비 경감이 주된 목적임에도 불구하고, 불이익변경에 해당하지 않도록 한다는 취지에서 임금총액이 과도하게 증가되도록 설계한다면 이는 오히려 도입목적에 역행하는 것이다.

따라서 임금피크제를 도입하고자 하는 주된 목적을 명확하게 설정한 후 그 도입목적에 맞도록 세부내용을 설계하는 것이 중요하다.

(3) 임금피크제에 대한 긍정적 인식 조성

임금피크제를 도입하는 과정에서 조직 내에 "고령자=저성과자, 업무부진자"라는 부정적 인식이 형성되지 않도록 하는 것이 중요하다. 그와 같은 인식이 조성되면 임금피크제에 대한 고령근로자들의 부정적 인식 및 불만이 커지고, 이로 인하여 유능한 인력이 조기에 이직하는 원인이 될 수 있다.

따라서 임금피크제 설계 과정에서 고령근로자들의 의견을 적극적으로 청취하고 반영하도록 노력하는 것이 필요하다. 그러한 과정 없이 대다수를 차지하는 젊은 근로자들을 대상으로 동의를 받아 시행할 경우 고령근로자들의 불만은 매우 커질 수밖에 없다.

그리고 내용적으로는 임금피크제 도입의 목적이 오로지 인건비 절감에만 있는 것이 아니라 고령근로자들의 경제활동 및 역량발휘 기간 연장, 후배들에 대한 업무노하우 전수 등 다양한 필요성에 있다는 점을 충분히 설명하고, 근로자들의 공감대를 이끌어 내야 한다.

(4) 임금피크제 적용 이후 직무에 대한 신중한 검토

앞서 기술한 것처럼 임금피크제 설계의 핵심 과제는 ① 대상자 범위 선정 ② 임금피크 연령 설정, ③ 임금피크제 유형 결정, ④ 임금조정 범위 및 방법 결정, ⑤ 임금굴절휴형 및 삭감률 결정, ⑥ 직무조정 및 보직 결정이다. 각 과제 모두가 하나의 제도로서 임금피크제를 구성하는 중요한 요소이다.

그러나 설계 과정에서 임금피크 연령 및 삭감률 결정에만 지나치게 치중하는 경우가 있다. 이는 아마도 그것이 사용자 입장에서는 인건비에, 근로자 입장에서는 임금에 직접적으로 영향을 미치기 때문일 것이다. 반면에 임금피크제 적용 이후의 직무 및 직책 조정에 대하여 간과하는 측면이 있다. 그러나 중장기적인 운영 측면에 보면 임금피크제 적용 이후의 직무 및 직책을 어떻게 운영할 것인지 여부가 매우 중요한 문제이다.

기존 직무 및 직책을 그대로 유지할 경우 인사적체가 더욱 심해지고 그에 대한 조직내 불만이 증가할 수 있다. 반면에 지나치게 저부가가치 직무로 전환할 경우 임금피크제 적용자의 근무의욕이 저하되고 '시간 때우기' 문화가 조성되어 고령 근로자가 보유한 경력 및 노하우가 사장되는 결과를 낳을 수 있다. 또한 여전히 선후배관계 의식이 뚜렷한 우리나라 기업문화 속에서 고근속년자인 고령자와 후배간의 보직역전은 유기적인 업무협조를 저해할 수도 있다. 그리고 임시로 '자리 만들기'에 급급할 경우 늘어나는 임금피크제 적용자 수에 효율적으로 대처하지 못하는 문제에 직면하게 된다.

따라서 임금피크제의 성공적인 정착을 위해서는 임금피크제 적용 이후의 직무 및 보직 운영과 관련하여 사업장 특성에 맞는 제도를 마련하여야 한다. 특히, 직무를 변경하는 경우에는 사전에 고령근로자가 수행하기에 적합한 업무와 부적합 업무를 체계적으로 분류해 두는 것이 필요하다. 통상적으로 직무난이도, 요구숙련도, 전문성, 타직무 연관성 등이 분류기준이 된다.

[표 12] 임금피크제 직무 · 직책 조정방식

조정방식	기존 직무의 성격
기존 직무 · 직책 유지	장년근로자의 숙련된 기술 활용이 필요하거나 연령과의 관련성이 적은 직무를 수행하는 경우
직무 · 직책 조정 (범위, 권한)	장년근로자가 수행하기에 부담이 될 수 있는 직무를 수행하는 경우
적합 직무 개발 별도 직군 분리	직무가 다양하여 장년근로자에게 적합한 직무 개발이 가능한 경우

※ 자료 : 고용노동부, 임금피크제 · 장년근로시간단축 도입 안내서, 2016, 31쪽.

(5) 도입 과정에서의 법적 절차 준수

임금피크제 도입을 위해서는 앞서 살펴 본 것처럼 적법한 취업규칙 변경 절차를 거쳐야 한다. 임금피크제 설계 과정에서 일차적으로 불이익변경에 해당하는지 여부가 검토될 것이나, 실제적인 취업규칙 변경에 앞서 도입예정인 임금피크제가 불이익변경에 해당하는지 여부, 즉 어떠한 집단적 의사결정방식에 의하여야 하는

지에 대하여 확인할 필요가 있다.

그리고 요구되는 법적요건에 맞추어 취업규칙을 변경하고, 도입된 임금피크제의 내용을 반영하여 근로계약서 및 연봉계약서를 다시 작성·체결하여야 한다.

주요 관련 판례 및 행정해석

✓ 임금피크제 도입 시 취업규칙 변경절차 필요 여부

(수원지방법원 안양지원 2017.6.23. 선고 2016가단115485 판결)

피고 회사가 임금피크제를 도입하면서 새로 시행한 이 사건 임금피크제는 임금피크제의 적용대상, 임금산출방법을 명시하는 등의 내용을 포함하고 있어 근로기준법 제93조에서 규정하고 있는 취업규칙에 해당하고, 이 사건 임금피크제의 도입은 임금을 일부 삭감하게 되는 등 취업규칙의 불이익한 변경이라 할 것이어서 근로자의 동의가 필요하다.

✓ 임금피크제 도입 시 취업규칙 변경 동의주체 범위

(근기 68207-890, 2003.7.16.)

근로자 과반수 이상으로 조직된 노동조합이 있는 경우, 조합원과 비조합원에게 공통적으로 적용되는 보수규정(취업규칙)을 개정하여 모든 근로자가 일정 연령(또는 특정 직위)에 도달하면 임금이 삭감되도록 불이익하게 변경하는 경우라면, 변경 시점에서 일정 연령(또는 특정 직위)에 도달한 근로자뿐만 아니라 전체 근로자에게 적용되는 것으로 보아야 하며, 따라서 그 취업규칙의 불이익변경을 위해서는 전체 근로자 과반수로 조직된 노동조합의 동의를 받아야 할 것으로 사료됨.

✓ 임금피크제 도입 시 불이익변경 여부 판단기준

(근로기준정책과-1318, 2016.2.17.)

법정 정년 연장과 이에 따른 임금피크제 등은 하나의 근로조건으로서 서로 대가관계나 연계성이 반드시 인정된다고 보기 어려우므로 기존 정년이 도달하는 해의 최종임금 수준보다 낮은 수준으로 임금 감액을 수반하는 임금피크제 도입은 정년 연장에 관계없이 취업규칙의 불이익한 변경으로 볼 수 있습니다. 귀 질의의 내용만으로 구체적 사실관계를 확인할 수 없어 명확한 답변은 어려우나 법정 정년 시행에 따라 연장된 정년에 맞게 임금피크제 지급률을 변경하면서 기존 임금 지급수준보다 낮아지지 않는다면 불이익변경으로 보기는 어려울 것으로 사료됩니다.

✓ 기존 정년까지 보장된 임금총액보다 감액적용 후 임금총액이 작은 경우 불이익변경 해당 여부

(서울지방법원 2008.8.1. 선고 2007가합111716 판결)

이 사건 지침(임금피크제 운용지침)은 근로조건인 임금에 관하여 피고가 일방적으로 규정한 사항을 내용으로 하고 있으므로 취업규칙에 해당한다. 더불어, 임금피크제 실시로 인하여 비록 정년이 58세에서 59세로 1년 연장되었지만, 근로자들은 만 55세가 도래하는 연도의 3.1.부터 정년에 이르기까지 임금이 해마다 70%, 60%, 40%, 40%로 순차 감액되어, 종래 만 55세부터 정년인 58세까지 3년간 지급받던 임금(연봉의 300%)에 비하여 임금피크제 시행 이후 만 55세부터 정년인 59세까지 4년간 그보다 훨씬 감액된 임금{연봉의 210%(70%+60%+40%+40%)}을 지급받게 되었다. 따라서 전체적으로 보아 임금피크제의 실시로 인하여 근로조건이 불이익하게 변경되었다 할 것이다.

✓ 불이익변경 절차를 통한 임금피크제 도입 후 근로계약서가 변경되지 않은 경우에 있어 근로조건 적용 관계

(대법원 2019.11.14. 선고 2018다200709 판결)

근로자에게 불리한 내용으로 변경된 취업규칙은 집단적 동의를 받았다고 하더라도 그보다 유리한 근로조건을 정한 기존의 개별 근로계약 부분에 우선하는 효력을 갖는다고 할 수 없다. 이 경우에도 근로계약의 내용은 유효하게 존속하고, 변경된 취업규칙의 기준에 의하여 유리한 근로계약의 내용을 변경할 수 없으며, 근로자의 개별적 동의가 없는 한 취업규칙보다 유리한 근로계약의 내용이 우선하여 적용된다.

이 사건 취업규칙은 임금피크제의 적용대상자가 된 근로자인 원고에 대하여 이 사건 근로계약에서 정한 연봉액을 60% 또는 40% 삭감하는 것을 내용으로 하고 있으므로, 연봉액에 관하여 이 사건 근로계약이 이 사건 취업규칙보다 유리한 근로조건을 정하고 있다고 할 것이다. 따라서 원고가 이 사건 취업규칙의 기준에 따라 이 사건 근로계약을 변경하는 것에 대하여 동의하지 아니하였으므로 연봉액에 관하여 이 사건 취업규칙보다 유리한 근로조건을 정한 이 사건 근로계약이 우선하여 적용된다. 결국 이 사건 취업규칙에 대하여 과반수 노동조합의 동의를 받았다고 하더라도 이 사건 근로계약은 유효하게 존속하고, 이 사건 취업규칙에 의하여 이 사건 근로계약에서 정한 연봉액을 삭감할 수 없다.

✓ 임금피크제 도입에 따른 퇴직금 중간정산 시점

(퇴직연금복지과-5705, 2019.12.31.)

「근로자퇴직급여보장법시행령」 제3조 제1항 제6호에 따르면, 사업장에서 정년을 연장하거나 보장하는 조건으로 일정 나이, 근속시점 또는 임금액을 기준으로 임금을 줄이는 제도를 시행하는 경우 퇴직금의 중간정산이 가능합니다. 이는 퇴직금의 중간정산을 통해 임금피크제의 시행에 따라 평균임금이 감소하게 됨으로써 근로자의 퇴직급여가 감소하는 것을 방지하려는 데에 목적이 있습니다.

퇴직금 중간정산 사유를 규정한 위 시행령의 제정 목적에 비추어보면, 귀 기관의 경우와 같이 임금피크제 시행의 일환에 따라 보직해임이 이루어지는 것이고, 보직해임에 따른 직책수당의 감소로 인해 평균임금이 감소하는 것임이 인정되는 경우에는 임금피크제 시행 전이라도 퇴직금의 중간정산이 가능하다고 사료됩니다.

제2절
근로시간 조정을 통한 고용조정

I 개 설

근로시간 조정은 현재 근로를 제공하고 있는 인원의 변동 없이 근로시간수나 운영방식을 변경하는 것을 말한다. 이러한 근로시간 조정방안으로는 대표적으로 근로시간의 단축, 유연근무제 시행, 교대제 변경을 들 수 있다.

근로시간 단축은 경영상황에 관계없이 근로시간 자체를 줄이기 위해 시행되기도 하나, 업무 또는 작업량이 감소된 경우 일시적, 잠정적 조치로서 추진되는 경우가 많다. 후자의 경우에는 고용관계를 유지하기 위한 잡셰어링(Job Sharing)의 성격을 가진다. 그리고 유연근무제 시행 및 교대제 변경은 근로시간 단축 및 일·가정 양립 강화, 업무 및 작업방식 변화에 따른 효율성 증대 등 다양한 목적에 따라 추진된다. 가속화되고 있는 4차 산업혁명 시대의 도래는 근로관계에의 근본적인 변화를 가져올 것으로 예상되는데 이러한 환경변화는 산업현장 내에서 근로시간 조정의 필요성을 더욱 확대할 것이다.

한편, 근로시간은 임금과 더불어 가장 중요한 근로조건 중 하나에 해당한다. 따라서 그 변경에 있어 다양한 법적쟁점이 존재한다. 그리고 근로시간은 임금과 밀접한 관련성을 가지기 때문에 근로자들의 직무만족도 및 회사몰입도, 그로 인한 이직문제 등에 영향을 미치게 된다. 따라서 근로시간 조정은 법률적 또는 인적자원관리 차원에서 충분한 검토를 바탕으로 추진되어야 한다.

이하에서는 근로시간 단축, 유연근무제 시행, 교대제 변경에 대한 다양한 법률적 문제와 효과적인 운영을 위한 원칙에 대하여 살펴본다.

Ⅱ 근로시간 단축

1. 근로시간 단축의 의의

(1) 근로시간의 개념

소정근로시간이란 사용자와 근로자가 근로하기로 정한 시간을 말한다.[72] 근로기준법은 법정근로시간을 주 40시간으로 제한하고 있으므로, 소정근로시간은 법정근로시간 내에서 정해진다. 대부분 사업장의 소정근로시간은 주 40시간이다. 그러나 일부 사업장은 사업이나 업무 특성에 따라 주 40시간 이하로 운영하기도 하며, 어떤 사업장은 일부 근로자들에게는 법정근로시간을 소정근로시간으로 적용하면서, 일부 근로자에 대해서는 주 40시간 이하를 적용하기도 한다.[73]

(2) 근로시간 단축 유형

근로시간 단축의 유형으로는 소정근로시간을 줄이는 방법과 연장근로를 중단 또는 단축하는 방법이 있다. 업무량 또는 생산량이 감소된 경우 인력을 감축하는 대신에 잡셰어링(job sharing) 차원에서 근로시간을 줄임으로써 고용조정으로서의 효과를 기대할 수 있다.

일·가정 양립, 워라밸(work-life balance)이 강조되는 시대이기 때문에 단면적으로 보면 다른 고용조정 유형에 비하여 상대적으로 시행이 용이할 것처럼 보인다. 그러나 근로시간이 본질적으로 임금과 연결되기 때문에 산업현장에서 근로시간을 단축하는 것도 그렇게 간단한 문제만은 아니다.

연장근로 단축 및 중단은 소정근로시간 자체를 변경하는 것은 아니므로 상대적으로 고용조정의 효과는 덜하지만 근로자들의 거부감은 크지 않다. 반대로 소정근로시간 단축은 근로조건 변화의 정도가 큰 만큼 보다 강한 법적요건의 준수가 요구된다.

72) 임금 68027-145, 1994.3.15.

73) 1주 동안의 소정근로시간이 그 사업장에서 같은 종류의 업무에 종사하는 통상 근로자의 1주 동안의 소정근로시간에 비하여 짧은 근로자를 '단시간근로자'라고 한다(근로기준법 제2조 제1항 제9호).

2. 근로시간 단축의 법률문제

(1) 기본 법률사항

근로시간은 임금과 더불어 가장 중요한 근로조건에 해당한다. 이에 근로기준법 제17조(근로조건의 명시)는 소정근로시간을 근로계약 체결 시 필수적으로 명시하여야 할 사항으로 규정하고 있다. 또한 근로기준법 제93조(취업규칙의 작성·신고)는 시업시간 및 종업시간을 취업규칙에의 필수적 기재사항으로 규정하고 있다. 이러한 근로기준법의 정함에 따라 대부분의 사업장은 소정근로시간을 근로계약서 및 취업규칙에 규정하고 있다.

한편, 근로기준법은 법정근로시간을 주 40시간으로 정하고 있으므로 주 40시간을 초과한 근로시간은 연장근로에 해당한다. 근로기준법은 연장근로에 대하여 통상임금의 50%를 가산하여 지급하도록 정하고 있다.

관련조문

근로기준법 제50조(근로시간)

① 1주 간의 근로시간은 휴게시간을 제외하고 40시간을 초과할 수 없다.

② 1일의 근로시간은 휴게시간을 제외하고 8시간을 초과할 수 없다.

③ 제1항 및 제2항에 따라 근로시간을 산정하는 경우 작업을 위하여 근로자가 사용자의 지휘·감독 아래에 있는 대기시간 등은 근로시간으로 본다.

근로기준법 제53조(연장 근로의 제한)

① 당사자 간에 합의하면 1주 간에 12시간을 한도로 제50조의 근로시간을 연장할 수 있다.

근로기준법 제56조(연장·야간 및 휴일 근로)

① 사용자는 연장근로(제53조·제59조 및 제69조 단서에 따라 연장된 시간의 근로를 말한다)에 대하여는 통상임금의 100분의 50 이상을 가산하여 근로자에게 지급하여야 한다.

② 제1항에도 불구하고 사용자는 휴일근로에 대하여는 다음 각 호의 기준에 따른 금액 이상을 가산하여 근로자에게 지급하여야 한다.

1. 8시간 이내의 휴일근로 : 통상임금의 100분의 50
2. 8시간을 초과한 휴일근로 : 통상임금의 100분의 100

근로기준법 제17조(근로조건의 명시)

① 사용자는 근로계약을 체결할 때에 근로자에게 다음 각 호의 사항을 명시하여야 한다. 근로계약 체결 후 다음 각 호의 사항을 변경하는 경우에도 또한 같다.

1. 임금
2. 소정근로시간
3. 제55조에 따른 휴일
4. 제60조에 따른 연차 유급휴가
5. 그 밖에 대통령령으로 정하는 근로조건

근로기준법 제93조(취업규칙의 작성 · 신고)

상시 10명 이상의 근로자를 사용하는 사용자는 다음 각 호의 사항에 관한 취업규칙을 작성하여 고용노동부장관에게 신고하여야 한다. 이를 변경하는 경우에도 또한 같다.

1. 업무의 시작과 종료 시각, 휴게시간, 휴일, 휴가 및 교대 근로에 관한 사항

(2) 실무상의 주요 법적쟁점

1) 소정근로시간 단축의 불이익변경 해당 여부

사업장의 소정근로시간을 단축하기 위해서는 근로기준법이 정하는 절차에 따라 취업규칙을 변경하여야 한다. 여기에서 소정근로시간을 줄이는 것이 불이익변경에 해당하는지 여부가 문제된다.

통상시급이 변경되지 않더라도 소정근로시간이 줄어들면 임금총액이 줄어든다. 임금이 근로관계에서 가장 중요한 근로조건에 해당하고, 근로기준법 제17조(근로조건의 명시) 제1항이 소정근로시간을 의무적 명시사항을 규정하고 있는 점을 고려할 때 불이익변경에 해당하는 것으로 볼 여지가 매우 크다. 2003년 근로기준법 개정으로 법정근로시간이 주 44시간에서 주 40시간으로 단축되면서, 개정 근로기준법 부칙 제4조가 사용자의 임금보전 의무를 규정한 이유도 그러한 불이익을 방지하기 위한 것이었던 것으로 보인다.

한편, 법원[74]은 취업규칙이 불이익하게 변경된 경우, 보다 유리한 조건을 규정

한 근로계약서가 존재하면 근로계약서가 우선하여 적용된다는 입장인바, 취업규칙 변경 절차에 따라 사업장의 소정근로시간이 단축되었더라도, 개별적 시행을 위해서는 근로계약서도 다시 작성・체결하여야 할 것이다.

2) 소정근로시간 단축에 따른 퇴직금 감소 문제

소정근로시간이 단축되고 그 상태에서 퇴직을 하게 되면 평균임금의 감소로 인하여 퇴직금이 줄어들게 된다. 이는 통상적인 생활수준을 반영하려는 평균임금의 취지 및 근로자의 생활안정을 도모하고자 하는 퇴직금제도에 반한다.

이에 퇴직급여법 제32조(사용자의 책무) 제4항은 「소정근로시간을 1일 1시간 이상 또는 1주 5시간 이상 단축함으로써 단축된 소정근로시간에 따라 근로자가 3개월 이상 계속 근로하기로 한 경우」 근로자에게 퇴직급여가 감소할 수 있음을 미리 알리고 근로자대표와의 협의를 통하여 확정기여형퇴직연금제도로의 전환, 퇴직급여 산정기준의 개선 등 근로자의 퇴직급여 감소를 예방하기 위하여 필요한 조치를 하도록 사용자에게 의무를 부여하고 있다.[75]

따라서 퇴직일 직전 소정근로시간 단축으로 퇴직금이 감소하는 경우 사용자는 근로자에게 이를 알리고, 계속근로기간 중 전일제 근로기간에 대해 불이익이 발생하지 않도록 근로시간 변경 전후의 퇴직금을 각각 산정하여 합산하는 등 별도의 산정기준을 마련하되 통상의 생활수준을 반영할 수 있는 합리적 방안을 마련하여야 한다.[76]

한편, 퇴직급여법시행령 제3조(퇴직금의 중간정산 사유) 제1항은 「소정근로시간을 1일 1시간 이상 또는 1주 5시간 이상 단축함으로써 단축된 소정근로시간에 따라 근로자가 3개월 이상 계속 근로하기로 한 경우」를 퇴직금 중간정산사유로 규정하고 있으므로, 퇴직금 중간정산제도를 활용할 수 있을 것이다.

---

74) 창원지법 통영지원 2019.1.30. 선고 2018가소21596 판결(상고 기각 확정) ; 대법원 2019.11.14. 선고 2018다200709 판결

75) 동 규정은 기존에 퇴직급여법시행령 제31조(퇴직급여제도의 안정적 운영을 위한 사용자의 책무)에 규정되어 있었으나, 2018.6.12. 퇴직급여법 개정시 법률에 규정되었으며, 이후 시행령에서는 삭제되었다.

76) 퇴직연금복지과-1621, 2016.5.4.

3) 근로시간 단축시 휴업수당 지급 여부

근로기준법 제46조(휴업수당) 제1항[77]은 사용자의 귀책사유로 휴업을 하는 경우에 휴업기간 동안 평균임금의 100분의 70 이상의 휴업수당을 지급하도록 정하고 있다. 휴업수당은 소정근로시간의 변경이 없는 상태에서 사용자가 자신의 귀책사유로 휴업하였을 때 적용되는 것이다. 따라서 근로조건 변경절차에 따라 소정근로시간 자체가 단축되는 것은 휴업에 해당하지 않는다. 그러므로 단축된 시간에 대하여 휴업수당을 지급할 필요가 없다. 예를 들어 8시간이던 소정근로시간을 5시간으로 변경하는 경우 감소된 3시간은 휴업에 해당하지 않으므로 5시간분의 임금을 지급하면 된다.

다만, 소정근로시간 단축 이후 임금수준을 어떻게 할 것인지는 별도로 정할 문제이다. 그러나 취업규칙이나 단체협약에 정해진 소정근로시간을 그대로 두고 운영상으로만 소정근로시간 이하로 근무하는 경우에는 근로시간 단축의 귀책사유가 사용자에게 있다면 단축시간에 대하여 휴업수당을 지급하여야 한다.[78]

한편, 근로기준법상의 휴업수당은 소정근로시간의 단축을 전제로 하는 제도이므로, 연장근로를 중단하거나 단축하는 경우에는 휴업수당을 지급할 필요가 없다.

4) 연장근로 중단 또는 단축시 근로자 동의 등 필요 여부

통상의 취업규칙 및 단체협약은 법정근로시간 내에서의 소정근로시간과 시업 및 종업시각만을 규정한다. 이러한 경우에는 관행적으로 이루어지던 연장근로를 중단하거나 단축하더라도 취업규칙 개정 또는 단체협약 변경의 대상에 해당하지

---

77) 근로기준법 제46조(휴업수당) ① 사용자의 귀책사유로 휴업하는 경우에 사용자는 휴업기간 동안 그 근로자에게 평균임금의 100분의 70 이상의 수당을 지급하여야 한다. 다만, 평균임금의 100분의 70에 해당하는 금액이 통상임금을 초과하는 경우에는 통상임금을 휴업수당으로 지급할 수 있다.

78) 휴업수당은 당해 근로자의 평균임금과 지급받은 임금의 차액을 산출하여 그 차액의 100분의 70 이상으로 한다(시행령 제21조 본문). 다만 부득이한 사유로 사업계속이 불가능하여 노동위원회의 승인을 얻어 법정기준(평균임금의 100분의 70)에 미달하는 휴업수당을 지급할 수도 있다(제2항). 휴업에 대하여는 「제2장-제4절-Ⅱ」에서 기술한다.

않는다. 고용노동부 행정해석[79]도 사용자가 근로기준법 또는 단체협약에서 정한 근로시간을 초과하는 연장근로를 단축 또는 폐지하는 것은 그간 연장근로를 관행으로 실시해 온 경우라도 근로기준법 위반으로 볼 수 없다는 입장이다.

반면에 취업규칙 특히 단체협약에 시업 및 종업시간과 함께 연장근무시간이 정해져 있는 경우가 있다. 특히, 제조업의 경우 안정적인 생산활동 시간 확보를 위하여 요일별로 연장근무시간을 정해 놓는 경우가 많다. 이와 관련하여 취업규칙이나 단체협약에 정해진 연장근무시간을 단축하거나 미실시하고자 하는 경우에 근로자 또는 노동조합의 동의를 얻어야 하는지가 문제된다.

이 문제에 대하여 취업규칙 변경절차를 거치되 불이익변경에 해당하지 않으므로 집단적 의견청취 대상에 해당한다고 본 고용노동부 행정해석[80]이 있다. 그러나 동 행정해석 의하면 취업규칙의 변경이 없는 한 사용자가 의무적으로 연장근무를 실시하여야 한다는 해석이 도출될 수 있는바, 이러한 해석이 타당한지에 대하여는 의문이 든다.

취업규칙이나 단체협약 상에 정해진 연장근무시간은 연장근무에 대한 사전적 포괄적 동의의 의미를 갖는다고 보는 것이 타당하다. 즉, 연장근무의 필요성 여부와 관계없이 사용자가 무조건 연장근무를 실시하여야 하는 것으로 해석하는 것은 무리가 있다. 만약 그와 같이 해석한다면 해당시간은 소정근로시간과 다름이 없어지기 때문이다. 따라서 취업규칙이나 단체협약에 정해진 연장근무시간을 축소하여 실시하거나 미실시하고자 하는 경우 원칙적으로 취업규칙 변경절차나 개별 근로자의 동의, 단체협약 개정이나 노동조합의 동의를 필요로 하지 않는다고 보는 것이 타당하다. 다만, 단체협약에 명시적으로 협의 내지 동의 조항을 두고 있는 경우에는 그에 따라야 할 것이다.

79) 근기 68207-3235, 2002.11.16.

80) 근기 68207-286, 2003.3.13.

5) 연장근로 중단 및 단축시 고정연장수당 지급 문제

고정연장수당이란 실제 연장근로시간과 관계없이 일정한 시간을 연장근무한 것으로 인정하여 고정된 연장근로수당을 지급하는 임금지급방식이다.[81] 산업현장에서 고정연장수당은 대부분 근로계약에서 정해진다. 사용자가 고용조정 차원에서 연장근무를 단축하거나 연장근무가 발생하지 않도록 하는 경우 근로계약에 정해진 고정연장수당을 지급하지 않아도 되는지 여부가 문제된다.

고정연장수당은 실제 연장근무가 근로계약에 정해진 연장근무시간에 미달하더라도 사용자가 계약된 전액을 지급하고 반대로 실제 연장근무가 정해진 연장근무시간을 초과하는 경우 초과시간에 대한 임금과 가산수당을 지급함으로써 유효한 제도이다.

따라서 제도의 특성상 근로계약서에 정해진 연장근로시간에 미달하여 연장근무를 실시하거나 아예 실시하지 않았다고 하더라도 고정연장수당을 지급하여야 할 것으로 해석된다. 즉, 연장근무를 단축하거나 중단하면서 고정연장수당 지급책임을 면하기 위해서는 근로계약서 상의 고정연장수당 내용이 변경되어야 할 것이다.

3. 근로시간 단축 운영원칙

(1) 소정근로시간 단축 필요성 진단

소정근로시간 단축 시행에 앞서 과연 소정근로시간 단축이 정말로 필요한 것인지 그리고 단축이 필요하다면 어느 정도의 시간을 단축하는 것이 타당한지에 대하여 명확한 분석이 선행되어야 한다.

소정근로시간 단축의 필요성이 일시적인 것임에도 불구하고 소정근로시간을 무리하게 단축하거나 그 필요성에 비하여 과도하게 단축하는 것은 비합리적인 것이다. 업무 및 작업량의 증가로 인하여 다시 소정근로시간을 늘려야 하는 상황이 발생할 수 있다.

---

81) 넓은 의미에서 포괄임금제의 한 유형으로 분류되기도 하지만, 근무시간을 측정하기 어려워 일정한 금액에 연장근로수당 등이 모두 포함된 것으로 하는 계약하는 순수한 의미의 포괄임금제는 아니다. 법원은 매우 엄격한 조건 하에서 포괄임금제의 유효성을 인정하고 있다.

소정근로시간을 늘리기 위해서는 다시 근로계약서를 변경하거나 취업규칙을 개정하여야 하는데 이 과정에서 근로자들의 신뢰가 저하되고 조직분위기가 악화될 수 있다. 이는 업무효율성 또는 생산성 저하로 이어질 것이다.

(2) 소정근로시간 단축 필요성에 공감대 형성

소정근로시간을 단축하면서 기존 임금을 그대로 유지하는 경우에는 소정근로시간 단축에 대한 근로자들의 불만은 그다지 크지 않을 것이다. 오히려 근로조건이 향상되는 것이므로 우호적으로 받아들일 것이다. 그러나 회사가 소정근로시간을 단축하는 경우는 대부분 업무 또는 작업량의 감소 등 경영악화가 원인이 되는 경우가 많기 때문에 임금수준을 유지할 수 없는 경우가 통상적이다. 근로자 입장에서 임금수준은 가장 중요한 근로조건에 해당하므로 소정근로시간 단축으로 임금수준이 저하되면 불만이 발생할 수밖에 없다. 그리고 그러한 불만은 조직몰입도 저하를 가져올 것이다.

따라서 회사는 직원설명회, 사내홍보 등을 통하여 소정근로시간을 단축하는 사정에 대하여 충분히 설명하고 이해를 구함으로써 그 필요성에 대한 충분한 공감대를 형성하는 것이 매우 중요하다.

(3) 근로시간 단축의 단계적 시행

근로시간을 얼마나 단축할 것인지를 결정함에 있어 최우선적인 기준은 현재와 미래의 업무 및 작업량의 변화 정도이다. 그러나 근로시간의 단축은 임금에 영향을 미쳐 근로자들의 근무의욕 및 직무만족도를 저하시킨다는 조직적 차원의 문제를 가지고 있다. 따라서 근로시간 단축 계획을 수립함에 있어 이러한 조직적 차원의 문제도 함께 고려되어야 한다.

임금수준 조정 부분에서 근로자들의 수용성을 고려한 방법으로서 지급유예, 반납, 삭감 순으로 시행하는 방법에 대하여 설명한 바 있다. 이와 동일한 맥락에서 근무시간 단축 시에도 근로자들의 수용성을 고려하여 연장근로 단축 및 중단, 소정근로시간 축소의 순으로 검토하는 것이 합리적이다. 그리고 각 유형 내에서도 단축시간을 점차 늘려가는 방식으로 시행하는 것도 고려할 수 있을 것이다.

(4) 취업규칙 변경 등 절차 이행

앞서 기술한 바와 같이 소정근로시간은 근로계약서 내지 취업규칙에의 의무적 기재사항으로서 매우 중요한 근로조건이다. 따라서 소정근로시간을 단축하기 위해서는 반드시 적법한 절차에 따라 근로계약서 및 취업규칙의 내용을 변경하여야 한다. 앞서 본 바와 같이 소정근로시간의 단축은 불이익변경으로 볼 여지가 크다.

연장근무 폐지 및 중단을 위해서는 먼저 근로계약서 및 취업규칙의 내용을 확인하여야 한다. 소정근로시간에 대한 정함만 있는 경우에는 원칙적으로 근로계약서 및 취업규칙의 변경 문제는 발생하지 않는다. 그러나 연장근로 신청・승인제 등을 제도적으로 도입하고자 하는 경우에는 취업규칙 변경절차를 거쳐야 할 것이다. 그리고 연장근로시간 단축에 연동하여 근로계약서 및 취업규칙에 규정화된 고정연장수당제(정액수당제)를 변경하기 위해서는 적법한 변경절차를 진행하여야 한다.

근로계약서 및 취업규칙 등 변경절차 없이 관행적으로 실시해 오던 연장근무를 중단하거나 단축하는 경우에도, 내부 수용성 확보와 법적분쟁 예방을 위해서 그러한 사실을 사전에 근로자들에게 명확하게 고지할 필요가 있다.

주요 관련 행정해석

✓ 연장근로 축소 또는 폐지의 불이익변경 해당 여부

(근기 68207-286, 2003.3.13.)

사용자가 경영상의 이유 등으로 법정근로시간을 초과하는 연장근로를 축소 또는 폐지하는 것은 근로조건의 불이익변경에 해당하지 않으므로 그에 따른 취업규칙 변경시 근로기준법 제97조 단서에 의해 근로자의 집단적 동의를 얻을 필요가 없고 의견만 청취하면 될 것으로 사료되며, 사용자가 기왕에 실시하던 연장근로를 폐지하겠다는 의사표시를 분명히 하고 노무수령 거부 등 실제 연장근로를 시키지 않았다면 연장근로수당을 지급할 필요가 없다고 사료됨.

✓ 관행적 연장근로의 단축 또는 폐지의 근로기준법 위반 여부

(근기 68207-3235, 2002.11.16.)

사용자가 근로기준법 또는 단체협약에서 정한 근로시간을 초과하는 연장근로를 단축 또는 폐지하는 것은 그간 연장근로를 관행으로 실시해 온 경우라도 근로기준법 위반으로 볼 수 없다고 사료됨.

✓ 근로시간 단축에 퇴직금 중간정산 가능 여부

(퇴직연금복지과-1621, 2016.5.4.)

하지만 근로자의 소정근로시간이 단축된 상태로 퇴직시 단축된 근로시간에 비례하여 임금도 감소하므로 퇴직일을 기준으로 퇴직금을 산정하게 되면 통상적인 생활수준을 반영하려는 평균임금의 취지에 어긋나게 됩니다.

이에 현행 「근로자퇴직급여보장법시행령」 제31조는 소정근로시간의 감소로 근로자의 퇴직금액에 영향을 미치는 경우 사용자가 근로자에게 퇴직금이 감소됨을 통보하고 확정기여형퇴직연금제도를 도입, 별도 산정기준 마련 등 필요한 방법을 협의하도록 규정하고 있습니다. 따라서 퇴직일 직전 소정근로시간 단축으로 퇴직금이 감소하는 경우 사용자는 근로자에게 이를 알리고, 계속근로기간 중 전일제 근로기간에 대해 불이익이 발생하지 않도록 근로시간 변경 전후의 퇴직금을 각각 산정하여 합산하는 등 별도의 산정기준을 마련하되 통상의 생활수준을 반영할 수 있는 합리적 방안을 마련하여야 할 것입니다. 아울러, 「근로자퇴직급여보장법시행령」 개정으로(2015.12.15.) 사용자가 근로자와의 합의에 따라 소정근로시간을 1일 1시간 또는 1주 5시간 이상 변경하여 그 변경된 소정근로시간에 따라 근로자가 3개월 이상 계속근로하기로 한 경우에는 퇴직금 중간정산을 실시할 수 있음을 안내해 드립니다.

Ⅲ 유연근무제 도입

1. 유연근무제의 개념과 유형

유연근무제는 근로시간이나 근무장소 등을 선택·조정하여 일과 생활을 조화롭게 하고 인력활용의 효율성을 높이는 제도를 말한다. 여성의 경제활동이 증가하면서 일과 가정 양립의 중요성이 증가하고, 2018년 근로기준법 개정으로 주당(7일) 최대 근무시간이 52시간으로 제한되면서 도입의 필요성에 대한 인식이 증가하였다.

유연근무제의 유형은 구분하는 기준에 따라 그 범위와 개념에서 조금씩 차이가 있으나, 통상적으로 탄력적근무시간제, 선택적근무시간제, 재량근무제, 재택근무제, 원격근무제 등이 있다. 우리나라는 외국에 비하여 그 활용빈도가 높지 않았으나, 최근 점차 확산되어 가고 있는 추세이다. 기존에는 근무시간을 조정하는 유연근무제가 보편적이었으나, IT기술의 발달에 따라 재택근무와 같이 근무장소를 조정하는 유연근무제도 늘어가고 있다. 2020년 코로나19 감염이 확산되면서 사회적 거리두기 일환으로 재택근무 시행이 증가하기도 하였다.

[표 13] 유연근무제 유형

유형		내용
근무 편성	탄력적 근로시간제 (Flex-time work)	• 특정한 주에 일이 많아 근로시간을 늘린다면 대신 다른 주의 근로시간을 줄임으로써 평균 근로시간을 법정 근로시간 내(주 40시간)로 맞추는 제도
	선택적 근로시간제 (Alternative work schedule)	• 시업/종업시각을 근로자가 결정, 1개월을 평균하여 주 40시간을 초과하지 않는 범위에서 주 40시간 초과근로가 가능하도록 하는 제도
	재량근무제 (Discretionary work)	• 업무수행 방법을 근로자의 재량에 위임할 필요가 있는 업무에 대하여 노사합의로 정한 시간을 근로한 것으로 간주하는 제도
근무 장소	원격근무제 (Telework)	• 주거지 인접지의 원격근무용 사무실(스마트오피스)에 출근하여 근무하거나 모바일기기를 이용하여 사무실이 아닌 장소에서 근무하는 제도
	재택근무제 (At-home work)	• 1주일에 하루 이상을 사무실이 아닌 '집'에서 업무를 수행하는 근무형태의 제도

[표 14] 주요 유연근무제 도입 현황

(단위 : %)

시차출근제	선택근무제	재량근무제	원격근무제	재택근무제
15.6	9.2	7.7	3.8	4.7

※ 자료 : 고용노동부, 2017년 기준 일·가정 양립 실태조사, 2019.3

2. 유연근무제 도입 관련 법률문제

(1) 기본 법률사항

근로기준법은 탄력적근로시간제(제51조), 선택적근로시간제(제52조), 재량근로시간(제58조)에 대하여 규정하고 있으며, 각 유연근무제의 도입요건에 대하여 정하고 있다. 그러나 재택근무나 원격근무와 같이 근무장소를 유연하게 하는 유연근무제에 대해서는 근로기준법을 비롯한 노동관계법에서 직접적으로 규정하고 있지 않아 대부분 해석에 맡겨져 있다.

2주단위 탄력적근로시간제는 취업규칙에의 정함을 통해 도입할 수 있다. 그러나 다른 유연근무제는 근로자대표와의 서면합의를 기본요건으로 하고 있다. 근로자대표와의 서면합의는 유효요건으로서 대상 근로자 과반수의 동의를 받았다고 하더라도 유효하게 도입할 수 없다.[82] 다만, 고용노동부는 2주 단위 탄력적 근로시간제를 도입하는 경우 근로기준법이 3개월 단위 탄력적 근로시간제 최소 단위기간을 2주 초과로 제한하고 있지 않으므로 근로자대표의 서면합의가 있으면 취업규칙의 정함이 없더라도 실시할 수 있다고 한다.[83]

82) 근로조건지도과-1167, 2008.4.29.

83) 근기 68207-1584, 2003.12.9.

[표 15] 근로기준법 상 탄력적근로시간제 의의 및 요건

구분	2주 이내 탄력적근로시간제	3개월 이내 탄력적근로시간제
의의	2주 이내의 단위기간을 평균하여 1주간 근로시간이 40시간을 초과하지 아니하는 범위에서 특정주에 40시간, 특정일에 8시간을 초과하여 근로	3개월 이내의 단위기간을 평균하여 1주간의 근로시간이 40시간을 초과하지 아니하는 범위에서 특정주에 40시간, 특정일에 8시간을 초과하여 근로
실시요건	① 취업규칙(10인 이상 사업장) 또는 이에 준하는 것(10인 미만 사업장)에 규정하여야 함 ② 특정주 48시간을 초과하지 못함	① 근로자대표와 서면합의 - 대상근로자 범위, 단위기간, 근로일 및 근로일별 근로시간, 서면합의 유효기간 ② 3개월 이내(1개월, 3개월 등) ③ 특정주 52시간, 특정일 12시간을 초과하지 못함
유효기간 설정	유효기간을 정할 의무는 없으나 취업규칙에 유효기간을 정하는 것이 바람직	노・사 서면합의로 정함
1주간 최장 근로시간	* 연장근로 : 1주 12시간까지 가능 - 주 52시간 적용 이전 : 76시간(48+12+16시간(휴일2)) - 주 52시간 적용 이후 : 60시간(48+12시간)	* 연장근로 : 1주 12시간까지 가능 - 주 52시간 적용 이전 : 80시간(52+12+16시간(휴일2)) - 주 52시간 적용 이후 : 64시간(52+12시간)
연장근로가 되는 경우 (가산임금 지급)	단위기간을 평균한 1주 근로시간을 40시간으로 정한 경우 아래의 어느 하나에 해당하면 연장근로 ① 단위기간을 평균한 1주 간의 근로시간이 40시간 초과 ② 특정주의 근로시간이 48시간 초과	단위기간을 평균한 1주 근로시간을 40시간으로 정한 경우 아래의 어느 하나에 해당하면 연장근로 ① 단위기간을 평균한 1주 간의 근로시간이 40시간 초과 ② 특정주의 근로시간이 52시간 초과 특정일의 근로시간이 12시간 초과 ③ 서면합의로 정한 단위기간의 근로일 및 근로일별 근로시간 초과
적용제외	① 연소자(15세 이상 18세 미만), 취직인허 증을 보유한 15세 미만 ② 임신 중인 여성근로자	
임금보전 방안 강구	① 사용자는 탄력적 근로시간제를 도입할 경우 기존의 임금수준이 저하되지 않도록 임금보전방안을 강구하여야 함 ② 고용노동부장관은 필요한 경우 임금보전방안을 제출하게 하거나 이를 직접 확인할 수 있음	

[표 16] 선택적근로시간제와 재량근로시간제 비교

구분	선택적 근로시간제	재량근로시간제
의의	• 1월 이내로 정산기간의 총 근로시간만 정하고 각일, 각주의 근로시간과 각일의 시작 및 종료시각을 근로자의 자유에 맡기는 제도(의무적 시간대(core time)나 선택적 시간대를 정한 경우에는 이에 따라야 함)	• 업무의 성질에 비추어 업무수행방법을 근로자의 재량에 위임할 필요가 있는 업무로서 사용자가 근로자대표와 서면합의로 정한 근로시간을 소정근로시간으로 인정하는 제도
법적 근거	근로기준법 제52조	근로기준법 제58조 시행령 제31조
도입 요건	① 취업규칙에 업무의 시작 및 종료시각을 근로자 결정에 맡긴다는 근거 조항 존재 ② 근로자대표 서면합의 1. 대상근로자의 범위 2. 정산기간(1월 이내) 및 그 기간에 있어 총 근로시간 3. 반드시 근로하여야 할 시간대(core time)를 정한 경우에는 그 시작 및 종료시각 4. 근로자가 그의 결정에 따라 근로할 수 있는 시간대(flexible time)를 정하는 경우에는 그 시작 및 종료시각 5. 유급휴가 부여 등의 기준이 되는 표준 근로시간	① 시행령이 정하는 업무 해당 ② 근로자대표 서면합의 1. 대상 업무 2. 사용자가 업무의 수행수단 및 시간배분 등에 관하여 근로자에게 구체적인 지시를 하지 아니한다는 내용 3. 근로시간의 산정은 그 서면합의로 정하는 바에 따른다는 내용
적합 업종 (직무)	• 정해진 시간에 일하는 것보다 자유롭게 근무시간대를 조정해 일하는 것이 효율적인 업무 • 개인 여건에 따라 출퇴근 시간을 자유롭게 조정하는 것이 보다 효율적인 연구직이나 조직 내부 구성원과의 접촉이 빈번하지 않고 비교적 독립적으로 수행이 가능한 업무	• 연구개발, 정보처리시스템 분석, 설계, 취재, 편집 등 창의성 발휘가 필요한 전문적 업무

근로자대표제도

1. 제도 개요

1953년 제정 근로기준법(법률 제286호) 제95조(규칙의 작성변경의 절차) 제1항은 취업규칙의 작성 또는 변경시 "당해사업장에 근로자의 과반수로 조직된 노동조합이 있는 경우에는 그 노동조합, 근로자의 과반수로 조직된 노동조합이 없는 경우에는 근로자의 과반수를 대표하는 자"의 의견을 청취하도록 규정하고 있었다. 그러나 '근로자대표'로 정의되어 있지는 않았는바, 근로기준법상의 근로자대표제는 1996년 12월 31일 개정된 근로기준법(법률 제5245호)을 통해 처음 도입되었다고 할 수 있다.

현행 근로기준법은 제24조(경영상 이유에 의한 해고의 제한) 제3항에서 "그 사업 또는 사업장에 근로자의 과반수로 조직된 노동조합이 있는 경우에는 그 노동조합(근로자의 과반수로 조직된 노동조합이 없는 경우에는 근로자의 과반수를 대표하는 자를 말한다. 이하 "근로자대표"라 한다)"을 해고회피 방법 및 해고의 기준에 관한 협의주체로 규정한 뒤, 3개월 단위 탄력적 근로시간제 도입(제 51조 제2항), 선택적 근로시간제 도입(제52조), 유급휴일의 대체(제55조 제2항), 보상휴가제 도입(제57조), 사업장 밖 근로에 대한 근로시간 간주(제58조 제2항), 재량근로시간제 도입(제58조 제3항), 근로시간 및 휴게시간 특례 적용(제59조 제1항), 연차유급휴가의 대체(제62조) 등에의 서면합의 주체로 규정하고 있다.

한편, 퇴직급여법, 파견법, 산업안전보건법, 고용정책기본법 등 주요 노동관계법은 근로기준법과 마찬가지로 근로자대표제를 도입하고 있으며, '근로자대표'에게 일정한 권한 및 역할을 부여하고 있다.

2. 근로자대표 선출

현행 법률에 따라 근로자의 과반수로 조직된 노동조합이 있으면 별도의 절차 없이 해당 노동조합이 근로자대표 지위를 갖는다. 여기에서 '과반수 조직'이 서면합의를 위한 성립요건인지 아니면 존속요건인지 여부가 문제될 수 있다.

노동조합이 근로자의 과반수를 조직하지 못하게 되었다고 하여 서면합의의 효력을 부정할 경우 그 합의의 효력이 불안정해지고 적용에 있어 혼란이 초래될 수 있다는 점을 고려할 때, '과반수 조직' 요건은 서면합의를 체결하는 시점에 충족하고 있으면 족하다고 보는 것이 타당하다.[84] 다만, 사용자와의 협의가 진행된 이후라도 합의 이전에 과반수 조직 요건을 결하게 되면 근로자대표 지위를 가지지 못한다고 볼 것이다.

근로기준법을 포함한 노동관계법은 근로자대표의 선출 방법에 대하여 일체의 기준을 두고 있지 않다. 이에 전적으로 해석에 맡겨져 있다. 제도의 취지상 근로자대표는 당해 사업 또는 사업장 근로자의 의사를 공정하게 반영할 수 있도록 민주적인 선출 방법으로 근로자의 과반수 지지를 얻어 선출되어야 한다. 따라서 사용자의 지명・임명은 허용되지 않는다고 하겠다.[85] 그리고 근로자대표 후보자의 적격성 여부를 판단할 수 있는 기회가 근로자들에게 부여되어 있어야 하며, 어떤 제도의 시행을 위해 근로자대표를 선출하는지가 공지되어야 한다.[86] 이에 공정하지 않은 절차로 선출된 근로자대표가 체결한 서면합의는 무효로 보아야 한다.

다음으로 노사협의회 근로자위원이 근로자대표가 될 수 있는지 여부가 쟁점이 된다. 먼저 고용노동부 행정해석은 노사협의회 근로자위원을 과반수대표로 인정할 수 있다는 취지로 설명하고 있다.[87] 한편, 법원[88]도 경영상 해고 관련 사건에서 노사협의회 근로자위원을 근로자대표로 인정한 바 있다. 그러나 근로자대표제도와 노사협의회제도는 그 취지가 다르며, 법률에 규정된 자격 외로 근로자대표를 확장하는 것은 산업현장에 운영상 혼란을 초래한다는 점에서 노사협의회 근로자위원에 대하여 근로자대표로서의 지위를 인정하는 것은 타당하지 않다고 본다.[89]

3. 근로자대표의 권한

근로자대표는 각 노동관계법이 정하는 바에 따라 사용자와 서면합의를 체결할 권리, 법률이 정하는 사항에 대하여 협의하거나 동의할 권리 등을 가진다. 그러나 근로자대표는 노사협의회 근로자위원과는 달리 사용자에 대하여 자료의 제출 및 열람을 요구할 수 있는 등의 법률적 권리를 가지고 있지 않다. 이와 같은 제한적인 근로자대표의 권한으로 말미암아 근로조건결정에 있어서의 노사대등 원칙이 실현되기 어렵다는 견해가 지배적이다.

한편, 근로자대표는 근로자들로부터 독립적 지위에 있으며, 법률적으로 근로자들에게 협의 내용이나 과정을 설명하거나 근로자들의 의견을 수렴할 의무 등이 부여되어 있지 않다. 따라서 근로자대표가 근로자들의 집단적 의사에 반하여 서면합의를 체결하였다고 하더라도 그 서면합의는 유효하다.[90] 이와 같이 현행 법률이 의사결정 과정에서의 민주적 절차에 대한 일체의 규정을 두고 있지 않은 부분은 제도적 한계 내지 문제점으로 지적되고 있다.

그리고 근로기준법이 정하는 특정한 사안의 합의를 위해서 선출된 근로자대표가 다른 사안에 대하여도 근로자대표 지위를 가지는 것으로 인정할 수 있는지 여부가 문제된다. 또한 근로기준법상 서면합의를 위해 선출된 근로자대표를 다른 노동관계법 상의 근로자대표로도 인정할 수 있는지도 문제이다. 이는 현행 노동관계법이 근로자대표에 대하여 선출 절차, 임기, 권한의 행사 등에 대한 일체의 규정을 두고 있지 않기 때문에 초래되는 문제이다. 현행 법률이 그러한 규정을 두고 있지 않는 이상 근로자대표를 상설적 기관으로 보기는 어려우며, 일시적·임시적 지위에 있는 것으로 해석된다. 따라서 협의나 동의 절차 또는 서면합의를 필요로 하는 사안이 발생할 때마다 근로자대표를 선출하여야 하며, 그 절차가 마무리된 경우에는 근로자대표로서의 역할도 소멸하는 것으로 보아야 한다.[91)]

4. 서면합의 법적 효력

유효한 서면합의는 근로기준법 제15조(이 법을 위반한 근로계약)에서 정해진 강행적 효력의 적용을 배제하는 효력을 가지며[92)], 법 위반을 면하게 하는 효력 이른바 면벌적 효력이 인정된다는 점에 대하여 별다른 이견이 없다. 이와 같은 효력은 근로기준법이 특별히 예외적으로 인정하는 것이므로 서면합의 체결이라는 사실 자체로부터 발생하는 것이며, 그러한 효력을 발생시키고자 하는 당사자의 의사로부터 생기는 것은 아니다.[93)]

현행 근로기준법은 근로자대표가 맺은 서면합의가 근로조건을 결정하는 하나의 법원으로서 기능함에도 불구하고 그 법적 효력에 대하여 아무런 규정을 두고 있지 않다. 이에 근로자대표가 행한 서면합의에 개별근로자의 권리의무를 직접 변동시키는 효력이 존재하는지 여부가 문제된다. 이와 관련하여서는 개별근로자의 권리의무를 직접 규율하는 효력을 긍정하는 견해, 서면합의가 체결된 경우에도 개별근로자의 권리의무를 변동하기 위해서는 취업규칙이나 단체협약에 별도의 근거가 있어야 한다는 견해 등 다양한 견해들이 제시되고 있다. 근로자대표의 서면합의는 근로기준법이 부여한 규범성에 근거하여 최소한 취업규칙과 동등한 효력과 지위를 가지며, 개별근로자의 권리의무를 직접 변동시킨다고 해석하는 것이 타당하다고 본다. 그리고 근로자대표의 서면합의는 원칙적으로 단체협약 보다 상위의 규범적 효력을 가지지 않는다고 해석하는 것이 타당하다. 다만, 근로자의 과반수로 조직된 노동조합이 근로자대표로서 체결한 서면합의는 그 양식이 단체협약으로서의 양태를 띠는지 여부나 당사자가 서면합의로 단체협약을 대체할 의욕을 가지고 있었는지 여부와 관계없이 그 소속 조합원에게 자동적으로 효력이 미친다고 보는 것이 타당하다고 본다.

(2) 실무상의 주요 법적쟁점

1) 일부 근로자를 대상으로 하는 유연근무제 도입시 근로자대표 선출 단위

유연근무제를 사업 또는 사업장 전체의 근로자를 대상으로 도입하는 경우에는 근로자대표의 선출단위도 사업 및 사업장을 기준으로 하여야 한다는 점은 당연하다. 그러나 일부 부서 및 근로자를 대상으로만 도입하고자 하는 경우에 근로자대표 선출단위가 문제이다.

고용노동부는 동일사업 또는 사업장내의 일부 부서에만 적용하고자 하더라도 근로자대표는 반드시 사업 또는 사업장단위로 선정하여야 한다는 입장이다.[94] 그

84) 최영호, "1개월 단위 탄력적 근로시간제의 해석", 「노동법연구」 제15호, 서울대학교 노동법연구회, 2003, 245쪽 ; 도재형, "근로기준법상 근로자대표 및 서면 합의 제도", 「노동법학」 제24호, 한국노동법학회, 2011, 102쪽.

85) 김인재, "근로기준법상 근로자대표의 법적 지위", 「노동법연구」 제8호, 서울대학교 노동법연구회, 1999, 248쪽 ; 김기선・강련승, "노동관계법상 근로자대표제의 규율현황 및 입법과제", 국회입법조사처 정책연구용역보고서, 2016, 45쪽.

86) 최영호, "1개월 단위 탄력적 근로시간제의 해석", 「노동법연구」 제15호, 서울대학교 노동법연구회, 2003, 248쪽.

87) 근기 68207-1584, 2003.12.9. ; 근기 68207-630, 1997.5.13. 다만, 최근 행정해석은 "노사협의회 근로자 위원이 근로시간제도에 대한 대표권을 행사하는 것에 대하여 전체근로자 과반수 의사를 대표하는 자로 선정된 경우가 아니라면 근로자대표로 볼 수 없을 것"이라는 모호한 입장을 취하고 있는바, 근로자위원이 선출 과정에서 과반 이상의 득표를 얻은 경우에는 근로자대표로 볼 수 있다는 취지로 보인다.

88) 대법원 2004.10.15. 선고 2001두1154 판결

89) 박은정, "집단적 의사결정주체로서의 근로자대표", 「노동리뷰」2015년 3월호, 한국노동연구원, 2015, 11쪽 ; 김기선・강련승, "노동관계법상 근로자대표제의 규율현황 및 입법과제", 국회입법조사처 정책연구용역보고서, 2016, 46쪽 ; 도재형, "근로기준법상 근로자대표 및 서면 합의 제도", 「노동법학」 제24호, 한국노동법학회, 2011, 105쪽.

90) 도재형, "근로기준법상 근로자대표 및 서면 합의 제도", 「노동법학」 제24호, 한국노동법학회, 2011, 106쪽.

91) 박지순, "한국형 근로자대표제도의 구상", 「노동법논총」 제42집, 한국비교노동법학회, 2018, 8쪽.

92) 근로기준법 제15조(이 법을 위반한 근로계약)는 법이 정하는 기준에 미치지 못하는 근로조건을 정한 근로계약은 그 부분에 한하여 무효로 하고, 무효로 된 부분은 법이 정하는 기준에 따른다고 규정하고 있다.

93) 김재훈, "개별적 근로관계법상 근로자대표의 법적 고찰", 「노동법학」 제24호, 한국노동법학회, 2007, 188쪽.

러나 이러한 고용노동부의 해석은 타당한 것으로 보이지 않는다. 예를 들어 사무직 근로자만을 대상으로 선택적 근로시간제를 도입하는 경우에도 전체 근로자의 과반수 이상이지만 생산직 근로자가 절대다수의 조합원으로 구성된 노동조합이 서면합의의 주체가 되어야 한다는 것은 불합리하다.

따라서 일부 부서 내지 근로자만을 대상으로 유연근무제를 도입하는 경우에는 일부 근로자에게 적용되는 취업규칙 변경 주체 판단 법리[95]를 준용하여 원칙적으로 적용대상자를 선출단위로 보는 것이 타당하다고 본다.

2) 서면합의시 취업규칙 변경 필요성

근로자대표와 유연근무제도에 대하여 서면합의를 한 경우 취업규칙을 변경하여야 하는지 여부에 대하여 법률상 정함은 없다. 이에 취업규칙 변경 필요성에 대하여는 학설상 다툼이 있다. 이것은 서면합의의 효력에 관한 문제이다.[96]

고용노동부 매뉴얼은 유연근무제 도입・운영 관련 내용을 반영하여 취업규칙을 변경하여야 한다고 설명하고 있다.[97] 그러나 서면합의에도 불구하고 취업규칙을 반드시 변경하여야 유효하게 유연근무제를 도입할 수 있다고 해석하면 서면합의제도의 취지가 상실된다. 그리고 선택적근로시간제나 재량근로시간제가 일부 근로만을 대상으로 하는 경우가 많다는 점을 고려할 때 취업규칙을 변경하여야 한다는 것은 현실적 측면에서도 타당하지 않다.

실무적으로는 취업규칙에 근로자대표와의 서면합의로 각 유연근무제를 시행할 수 있다는 내용의 근거 규정을 두고, 구체적인 도입에 있어서는 근로자대표와 서면합의를 체결하는 것이 바람직하다.

---

94) 근로기준팀-8048, 2007.11.29.

95) 일부 근로자에게 적용되는 취업규칙의 변경 주체 법리에 대한 내용은 42쪽의 근로조건결정제도 연구 ❶ '취업규칙 변경 제도' 참조

96) 서면합의 법적 효력에 관하여는 112쪽의 근로조건결정제도 연구 ❷ '근로자대표제도' 참조

97) 고용노동부, 「유연근무제 Q&A」, 2017. 18쪽. 다만, 취업규칙 변경을 유연근무제 도입의 요건으로 해석하고 있는 것인지 여부는 명확하지 않다.

3) 취업규칙에 유연근무제 근거조항만 있는 경우 임의시행 가능 여부

취업규칙에 "필요한 경우 탄력적근로시간제를 도입한다", "선택적근로시간제를 시행할 수 있다" 등의 근거조항이 있는 경우에 근로자대표와의 서면합의 없이 제도를 도입할 수 있는지 여부가 문제된다.

근로기준법 제51조(탄력적근로시간제) 제2항 및 동법 제52조(선택적근로시간제)는 서면대표의 구체적인 합의내용을 명시하고 있다. 따라서 취업규칙에 정해진 시행근거만으로는 도입이 불가능하다고 볼 것이다.

반면에 2주 단위 탄력적근로시간제는 '취업규칙에서 정하는 바'에 따라 도입되므로 근거조항만으로 시행이 가능한 지가 쟁점이 될 수 있다. 이에 대하여 고용노동부 행정해석[98]은 "취업규칙에 단순히 2주 이내의 탄력적 근로시간제를 도입한다는 선언적 규정만을 명시하여 놓고 사용자가 필요한 시기에 임의로 제도를 도입한 경우, 근로기준법 제51조 제1항의 '취업규칙 등에서 정하는 바'에 따라 적법하게 도입된 것으로 볼 수 없다"고 한다. 근로시간이 근로조건으로서 가지는 중요성, 유연근무제에 대한 근로기준법 규정의 전반적인 취지를 고려할 때 고용노동부 해석은 타당하다고 본다.

4) 근로계약서 변경 필요 여부

근로기준법 제17조(근로조건의 명시)는 근로계약 체결시 근로시간을 필수적으로 명시하도록 정하고 있다. 여기에서 근로자대표와의 서면합의로 유연근무제를 도입한 경우 그 서면합의가 적용되는 근로자들의 근로계약서를 변경하여야 하는지 여부가 문제된다. 이에 대하여 고용노동부는 업무매뉴얼에 근로계약서를 변경하여야 한다는 입장이다. 법원은 기본적으로 취업규칙 변경에도 불구하고 근로계약서가 유리한 내용을 기술하고 있는 경우 근로계약서가 우선 적용된다는 입장인바, 이러한 법원의 태도를 유추적용하면, 근로자대표와 서면합의를 하였다고 하더라도 근로계약서의 내용이 유리한 경우에는 근로계약서가 적용되는 것으로 해석될 여지가 있다.

98) 임금근로시간과-1497, 2019.10.18.

유연근무제 적용이 기존 근로시간제도에 비하여 유리한 지 아니면 불리한 지에 대하여는 구체적 사정을 보고 판단하여야 할 것이나, 법적안정성을 고려하면 근로자대표와의 서면합의 이후 그 내용을 반영하여 근로계약서를 다시 작성하는 것이 바람직할 것으로 본다.

실무적으로 근로자가 유연근무제 적용에 대한 신청서나 동의서를 작성・제출하는 경우가 통상적인데, 이러한 신청서 내지 동의서를 제출한 경우에는 근로계약서를 변경하지 않았다고 하더라도 근로자대표의 서면합의로 도입된 유연근무제의 적용을 받는다고 보는데 무리가 없을 것이다.

3. 유연근무제 도입 운영원칙

(1) 명확한 도입목적 설정

유연근무제 도입을 위해서는 먼저 도입하고자 하는 목적이 무엇인지가 명확하게 설정되어야 한다.

산업현장에서는 여전히 근무시간을 단축하거나 아니면 연장근로제한 위반을 회피하기 위해 유연근무제를 실시하는 경우가 많다. 그러나 유연근무제 유형별로 각각 다른 제도적 취지와 목적을 가지고 있으므로 그 목적에 맞는 제도가 도입되어야 한다. 유연근무제를 도입하고자 하는 목적이 일・가정 양립을 위한 것이라면 시차출근제, 재택근무제 등을 우선적으로 고려할 수 있다. 반면에 장시간근로를 해소하기 위한 것이라면 탄력적근로시간제, 선택적근로시간제 등의 도입을 검토할 수 있다. 목적에 부합하지 않는 유연근무제를 도입할 경우 제도도입의 효과를 기대하기 어려울 뿐만 아니라 오히려 근로자들의 불만이 증가될 수 있다.

(2) 근무시간 관련 제도 및 현황 분석

앞서 본 것처럼 유연근무제의 유형은 매우 다양하다. 따라서 기업들이 유연근무제 도입을 검토하면서 접하는 가장 기본적인 이슈는 과연 어떤 유연근무제를 도입하여야 하는가라는 문제이다. 다른 회사에서 많이 시행하는 제도라고 해서 우리 회사에서도 무조건 효과적인 것은 아니다. 우리 회사에 적합한 유연근무제 도입을 위해서는 우선 회사의 근무시간 관련 제도 및 현황에 대한 정확한 분석이 선행되어야 한다.

적합한 유연근무제 유형 도입 및 제도 설계를 위해서는 부서별·개인별 실제 근무시간 실태 및 그 원인, 연차휴가 사용률, 성(性)비 및 보육자녀 현황 등에 대한 조사 및 분석을 통하여 문제점과 개선점을 파악하고 그 결과를 바탕으로 조직에서 가장 요구되는 유연근무제를 도입하여야 한다.

[그림 9] 근로시간 분석 사례

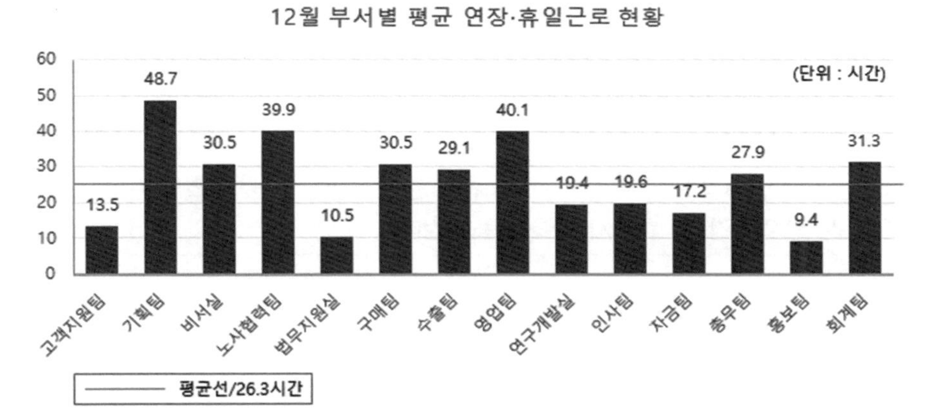

(3) 법적 요건의 준수

탄력적근로시간제 및 선택적근로시간제 등 도입시 근로기준법이 규정하고 있는 근로자대표와의 서면합의 요건을 준수하는 것이 중요하다. 한편, 학설 상으로는 서면합의의 효력에 대하여 견해의 다툼이 있으나, 고용노동부가 근로계약 및 취업규칙의 변경이 필요하다는 입장이므로 법적 안정성을 확보하기 위해서는 근로계약서 및 취업규칙을 변경하는 것이 바람직하다.

그리고 근로자대표와의 서면합의는 단체협약을 개폐하는 효력이 인정되지 않는다. 따라서 단체협약에 유연근무제에 대한 정함이 전혀 없고 노동조합이 아닌 근로자대표와의 서면합의로 도입하고자 하는 경우, 조합원에 대하여 적용하기 위해서는 노동조합과 별도의 합의서를 체결하는 것이 필요하다.

한편, 유연근무제도 설계시 근로자의 동의나 신청 절차를 명확하게 구비함으로써 사후적인 법적분쟁 소지를 예방할 필요가 있다.

[그림 10] 탄력적근로시간제 합의서 예시

탄력적근로시간제 합의서

주식회사 ○○ 대표이사 ________와 근로자대표 ________는 3월 단위 탄력적근로시간제에 관하여 다음과 같이 합의한다.

제1조(목적) 이 합의서는 근로기준법 제51조제2항에 따라 3월 단위 탄력적근로시간제를 실시하는데 필요한 사항을 정하는 것을 목적으로 한다.

제2조(적용대상자) 이 합의서의 내용은 전체 생산직 근로자에 적용한다.

제3조(단위기간) 이 합의서의 단위기간은 매분기 초일부터 매분기 말일까지로 한다.

제4조(근로시간) 3월 단위 탄력적 근로시간제 단위기간에 있어서 1일의 근로시간, 시업시간, 종업시간 및 휴게시간은 다음과 같다.

구분		1일 근로시간	시업시간	종업시간	휴게시간
○월	1일~말일	7시간(월~금)	09:00	17:00	12:00~13:00
○월	1일~말일	8시간(월~금)	09:00	18:00	12:00~13:00
○월	1일~말일	9시간(월~금)	09:00	19:00	12:00~13:00

제5조(휴일) 단위기간 중 주 2일(토・일요일)은 휴무하되, 휴일은 일요일로 한다.

제6조(적용제외) 연소근로자(15세 이상 18세 미만)와 임신 중인 여성근로자에게는 본 합의를 적용하지 아니한다.

제7조(연장근로 가산임금) 근로일별 근로하기로 정한 시간을 초과한 경우 통상임금의 50%를 가산임금으로 지급한다.

제7조(연장・야간・휴일근로) 연장・야간・휴일근로에 대해서는 근로기준법 제56조 및 취업규칙 제○○조에 따라 가산하여 지급한다.

제8조(유효기간) 이 합의서의 유효기간은 ○○○○년 ○월 ○일부터 1년간으로 한다.

20○○. ○. ○.

주식회사 ○○ 대표이사 ____________(인)　근로자대표 ____________(인)

[표 17] 재택근무제규정 예시[99)]

제○장 총 칙

제○조(목적) 이 지침은 000 직원의 재택근무 운영에 관한 사항을 규정함으로써 자율적, 창의적인 업무수행 및 일과 가정의 양립을 실현하는 것을 목적으로 한다.

제○조(정의) 이 지침에서 사용하는 용어의 정의는 다음과 같다.

1. "전일제근무"는 1일 09시부터 18시까지 8시간 근무하는 것을 의미한다.
2. "재택근무"란 부여받은 업무를 자택 등 지정된 장소에서 수행하는 근무유형을 말한다.

제○조(적용범위) 재택근무와 관련하여 법령, 단체협약 또는 다른 규정에 특별히 정한 것을 제외하고는 이 지침에 의한다.

제○조(기본원칙) ① 회사는 재택근무에 대한 직원의 권리로 인정하여 적극 실시하되, 소속부서에 차질이 없는 범위 내에서 시행하여야 한다.

② 회사는 재택근무자가 재택근무로 인해 보수·복리후생·승진·전보·교육훈련·근무성적평정 등에서 차별을 받지 않도록 하여야 한다.

③ 업무성격 및 부서 특성에 맞는 범위 내에 자율적으로 실시하고 회사는 재택근무가 활성화될 수 있도록 노력하여야 한다.

④ 소속부서장, 승인권자 및 신청직원은 재택근무로 인해 복무기강이 해이해지지 않도록 복무관리에 철저를 기해야 한다.

제○장 재택근무의 신청 및 해지 등

제○조(재택근무의 시작·종료일) 재택근무의 시작일은 특별한 사유가 없는 한 신청승인일로 하고, 해지 승인일을 종료일로 한다.

제○조(출·퇴근 등록) 재택근무 대상자는 전자적인 방법으로 매일 출·퇴근 등록을 하여야 한다. 다만, 전자시스템 오류 등 출·퇴근 등록이 안 될 경우 서식에 의거 수기 등록을 할 수 있다.

99) 고용노동부, 「재택근무 가이드라인」, 2020.4.

제○조(재택근무의 신청) 재택근무를 신청 및 변경하려는 직원은 별지 제○호 서식에 따라 재택근무 시작 전일까지 승인권자에게 승인을 요청하여야 한다.

제○조(재택근무의 승인) ① 승인권자는 업무상황을 종합적으로 고려하여 업무 수행에 지장이 없는 범위 내에서 재택근무를 승인하여야 한다. 다만, 해당 직원이 상급자의 정당한 직무명령에 따르지 않을 목적 등의 사유로 신청하는 때에는 승인하지 아니할 수 있다.

② 다수의 직원이 재택근무를 신청하여 업무 수행에 지장이 있을 때에는 육아 및 질병 치료를 목적으로 하는 직원을 우선하여 승인할 수 있다.

③ 재택근무의 승인을 위하여 필요한 경우 신청자의 분장 업무를 조정하거나 변경할 수 있으며, 신청자가 분장 업무의 변경을 거부한 경우 신청을 철회한 것으로 본다.

④ 부서 서무담당자는 재택근무의 신청이 승인된 경우 다음 각 호에 따라 처리하여야 한다.

예) 전사적자원관리시스템("ERP/계획근무시간/근무유형 입력")에 승인사항 입력

⑤ 전보 등 인사발령으로 인해 승인권자의 변동이 있는 경우 기존 재택근무의 승인은 별도의 신청절차 없이 유효한 것으로 본다.

제○조(재택근무의 해지) ① 재택근무는 소속직원의 해지 신청에 대해 승인권자의 승인으로 해지된다. 다만, 직원 복무관리에 문제가 있다고 판단되는 다음 각 호의 어느 하나에 해당하는 경우에는 소속직원의 해지신청 없이 소속부서장이나 승인권자가 직권으로 해지할 수 있다.

1. 신청자의 업무성과가 저해되는 경우
2. 근무를 태만하거나 조직화합을 저해하는 행위를 하는 경우
3. 영리행위 등 재택근무 신청 목적에 맞지 않게 활용하는 경우

② 재택근무의 해지 신청은 별지 제○호 서식에 따른다.

제○장 재택근무 세부기준

제○조(운영기준) ① 재택근무의 기간은 1주일 이상을 원칙으로 하되, 1일 단위로도 할 수 있다.

② 재택근무의 근무시간과 휴게시간은 전일제 근무자와 동일하게 적용한다. 다만 수행업무에 따라 근로시간을 별도로 정할 수 있으며, 근로자대표와의 서면 합의로 근로시간을 따로 정한 경우에는 이에 따른다.

③ 재택근무자가 연장, 야간, 휴일근로를 하고자 하는 경우에는 사전에 부서장의 승인을 받아야 하며, 이때에는 통상임금의 50%를 가산하여 지급한다.

④ 회사는 업무회의, 업무지시, 업무수행평가, 교육, 행사 등의 사유로 인하여 회사 출근이 필요한 경우에는 사전에 재택근무자에게 이에 알려야 하며, 재택근무자는 월 정기 출근일이 정해져 있는 경우에는 이를 준수하여야 한다.

⑤ 원활한 업무협조 및 근무자의 고립감 해소 등을 위하여 주 1일 이상은 사무실에서 근무하게 할 수 있다. 다만, 이는 업무 특성 및 근무지와의 거리 등 여러 사항을 고려하여 결정한다.

제○조(실시분야) ① 근무 가능 업무는 다음 각 호와 같다.

1. 고객(국민)과의 대면접촉이 거의 없는 업무
2. 결재 · 보고가 적은 독립성이 강한 업무, 부서 또는 기관 간 업무협조가 적어 조직운영의 독립성이 높은 업무
3. 업무실적 평가의 계량화가 쉬운 업무
4. 승인권자가 업무특성 및 부서 근무여건을 고려하여 정한 경우

② 근무 허가가 불가능한 경우는 다음 각 호와 같다.

1. 해당 업무의 보안대책이 미흡하여 재택근무를 수행하는 경우 심각한 보안위험이 예상되는 경우
2. 고객상담 및 서류접수, 안전점검, 장비점검, 사고처리 등 해당 업무의 수행을 위하여 반드시 특정의 장소에 항상 위치하여야 하는 경우(해당 업무를 재택근무로 수행할 때 현저히 그 위험성이 증가하는 경우를 포함)
3. 그 밖에 사업 목적을 달성하는 것에 심각한 지장이 발생할 수 있는 경우

제○조(보안 및 교육) ① 재택근무자는 업무 정보가 외부로 유출되지 않도록 주의하여야 하며, 별지 제○호의 보안서약서를 작성하여 신청서와 함께 승인권자에게 제출하여야 한다.

② 승인권자는 보안 등 재택근무자가 지켜야 할 사항에 대해 사전교육을 실시하여야 한다.

제○조(복무관리) ① 재택근무자는 출 · 퇴근시간 등 복무 사항을 준수하여야 하며, 승인권자는 필요한 경우 유선 등을 통해 근무상황을 확인할 수 있다.

② 재택근무자는 업무수행 중 개인적인 사정을 이유로 임의로 근무장소를 이탈할 수 없으며, 자택 또는 신청한 근무지 이외의 장소에서 근무가 필요한 경우에는 사전에 승인권자의 승인을 받아야 한다. 다만, 관리자의 사전승인을 얻는 것이 곤란한

경우에는 근무지 변경 후 즉시 관리자에게 보고하여야 한다.

③ 재택근무자는 재택근무 수행 중 긴급상황 발생 시 승인권자에게 이를 즉시 보고하고 적절한 지시를 받아 대처하여야 한다.

④ 재택근무자는 업무 계획 및 실적을 전자적인 방법으로 주 1회 이상 승인권자에게 보고하여야 한다.

제○조(장비 및 비용의 지원) ① 회사는 재택근무가 가능하도록 업무수행에 필요한 사항들에 대해 지원한다. 다만, 주택관리비, 전기·전화요금, 난방비용, 수도요금 등은 지원하지 아니할 수 있다.

② 제1항에 따른 장비 및 비용의 지원에 관한 세부사항은 회사가 별도로 정한다.

---

(4) 시행효과에 대한 점검

근무시간제도는 사업장의 생산성 및 업무효율에 직접적으로 영향을 미치는 한편 근로자들의 직무만족도에도 영향을 미치는 매우 중요한 제도이다.

따라서 유연근무제 시행 이후 생산에 미치는 영향, 업무효율성에의 효과, 근로자들의 인식 변화, 비용 상의 효과, 다른 제도와의 정합성 등에 대하여 분석하고 점검하는 것이 매우 중요하다. 점검 결과 부정적 영향 내지 효과를 유발하는 부분에 대하여는 신속하게 개선하고 보완함으로써 제도적 유용성을 높여야 한다.

주요 관련 행정해석

✓ 근로자대표와의 서면합의를 통한 2주단위 탄력적근로시간제 도입 시 취업규칙 변경 필요 여부

(근기 68207-1584, 2003.12.9.)

근로기준법 제50조 제1항은 사용자가 취업규칙으로 '2주(이내) 단위의 탄력적 근로시간제'를 도입할 수 있도록 규정하고 있고, 동법 동조 제2항은 사용자가 근로자대표와의 서면합의에 의하여 '1월(이내) 탄력적 근로시간제'는 단위기간의 상한을 1월로 제한할 뿐 반드시 2주를 초과하는 단위기간을 정하도록 하고 있지는 않으므로 사용자는 근로자대표와의 서면합의가 있을 경우 취업규칙의 규정이 없더라도 2주를 단위기간으로 하여 탄력적근로시간제를 실시할 수 있다고 사료됨.

✓ **근로자 개인별 서면동의에 의한 3개월단위 탄력적근로시간제 도입의 유효성**

(근로조건지도과-1167, 2008.4.29.)

'근로기준법' 제51조 제2항에 의한 3개월 이내 단위의 탄력적근로시간제를 도입하려면 근로자 대표와의 서면합의를 법적 요건으로 하고 있는바, 사용자와 서면합의 할 수 있는 근로자 대표는 "그 사업 또는 사업장에 근로자 과반수로 조직된 노동조합이 있는 경우에는 그 노동조합, 근로자의 과반수로 조직된 노동조합이 없는 경우에는 근로자의 과반수를 대표하는 자"를 말합니다. 따라서 3개월 이내 단위 탄력적근로시간제를 도입하면서 근로자대표와의 서면합의가 아닌 대상 근로자 과반수의 개별적 서면 동의를 받는 경우에는 법적요건을 충족하지 못한 것으로 보아야 할 것입니다.

✓ **서면합의에 의한 3개월단위 탄력적근로시간제 도입 시 유효기간 문제**

(근로기준정책과-3971, 2016.6.24.)

교대제 근로형태의 경우에도 3월 이내 일정한 단위기간을 평균한 근로시간이 주 40시간을 넘지 않는 범위 내에서 탄력적 근로시간제 도입·운영이 가능할 것입니다. 다만, 단위기간을 평균하여 주 40시간을 초과하거나 단위기간 내 근로일별 정해진 근로시간을 초과하여 근로한 경우에는 연장근로에 해당되므로 이에 대하여는 연장근로수당이 지급되어야 할 것입니다.

사용자는 3월단위 탄력적근로시간제 도입을 위한 노사 서면합의 시 그 유효기간을 정하여야 합니다. 이때 서면합의 유효기간의 길이에 대하여는 특별히 제한하고 있지 않으므로 당사자가 협의하여 정할 수 있습니다. 이와 관련 탄력적근로시간제 운영을 위한 서면합의 유효기간 만료이전 노사합의로 그 유효기간을 연장할 수 있으며, 유효기간 경과를 대비하여 서면합의의 효력연장에 대하여 자동갱신 조항을 정하는 것도 가능할 것으로 판단됩니다.

✓ **근로자대표 선출 방법 및 노사협의회 근로자위원의 대표권 행사 타당성 여부**

(근로기준정책과-2872, 2015.7.1.)

근로자대표를 선정하는 근로자 범위와 관련하여 노동조합이 근로자 과반수를 조직하고 있는지 여부를 판단함에 있어 근로자의 범위와 근로자대표 선출에 참여하는 근로자의 범위는 당해 사업 또는 사업장의 전체 근로자에서 사용자(법 제2조 제1항 제2호)를 제외한 인원을 기준으로 함. 근로자대표의 선정 등과 관련하여 근로자의 범위는 근로시간제도 도입 당시 근로자수를 기준으로 판단하여야 할 것인바, 종전 근로자 과반수로 조직된 노동조합이 있더라도 탄력적 근로시간제 등을 도입할 당시에 근로자 과반수에 미달하게 되었다면 근로자대표의 지위가 유지되는 것으로 보기는 어렵다 할 것임.

한편, 사업 또는 사업장의 근로자 과반수로 조직된 노동조합이 없는 경우 근로자의 과반수를 대표하는 자를 선정하여야 하며 그 선정방법에 대하여는 특별한 제한을 정하고 있지 아니하나, 전체 근로자에게 대표권 행사내용을 주지시킨 상태에서 근로자 과반수의 의사를 모으는 방법으로 선출하는 것이 바람직할 것임. 따라서 「근로자 참여 및 협력증진에 관한 법률」에 따른 노사협의회 근로자위원이 근로시간제도에 대한 대표권을 행사하는 것에 대하여 전체근로자 과반수 의사를 대표하는 자로 선정된 경우가 아니라면 근로자대표로 볼 수 없을 것임.

✓ 취업규칙에 2주단위 탄력적근로시간제를 시행할 수 있다는 선언적 규정만 있는 경우 요건 충족 여부

(임금근로시간과-1497, 2019.10.18.)

2주 이내 탄력적근로시간제는 취업규칙(취업규칙에 준하는 것을 포함)에서 정하는 바에 따라 도입이 가능하고, 이 경우 취업규칙에 반드시 단위기간의 근로일과 그 근로일별 근로시간 등을 정해야 한다는 명시적인 규정은 없으나, 취업규칙에 단순히 2주 이내의 탄력적 근로시간제를 도입한다는 선언적 규정만을 명시하여 놓고 사용자가 필요한 시기에 임의로 제도를 도입한 경우, 근로기준법 제51조제1항의 '취업규칙 등에서 정하는 바'에 따라 적법하게 도입된 것으로 볼 수 없고, 향후 노·사간 다툼의 소지가 발생하지 않도록 대상 근로자의 범위, 유효기간 등을 취업규칙에 명시하는 것이 바람직할 것이며, 또한 근로자가 자신의 근로를 미리 예상할 수 있도록 적절한 조치를 위해야 할 것입니다.

✓ 사용자가 업무수행 방법에 대하여 구체적인 지시를 한 경우 재량근로시간 인정 여부

(근로개선정책과-6390, 2012.11.28.)

재량근로시간제란 근로기준법 제58조 제3항의 규정에 따라 업무의 성질에 비추어 업무 수행 방법을 근로자의 재량에 위임할 필요가 있는 업무로서 사용자가 근로자대표와 서면 합의로 정한 근로시간을 소정근로시간으로 인정하는 제도이며, 서면합의에는 대상 업무 및 사용자가 업무의 수행 수단 및 시간 배분 등에 관해 근로자에게 구체적인 지시를 하지 아니한다는 내용, 근로시간의 산정은 그 서면합의로 정하는 바에 따른다는 내용이 명시되어야 합니다.

근로자 개인의 재량으로 선택한 업무수행 수단 및 시간배분 방법으로 인해 서면합의로 정한 근로시간을 초과한 경우에는 법정근로수당을 청구할 수 없을 것입니다. 다만, 서면합의했음에도 사용자가 업무수행 방법에 대해 구체적인 지시를 하고 출・퇴근 시간을 통제한다면, 이는 재량근로로 볼 수 없으므로 실근로시간에 따라 근로시간을 산정해야 하고 법정근로시간을 초과한 경우에는 법정 근로수당을 지급해야 할 것입니다.

Ⅳ 교대제근로 도입・변경

1. 교대제근로의 의의

(1) 교대제근로의 개념

교대제근로는 i) 동일한 업무에 대해 근로자들을 ii) 2개조 이상으로 조직하고 전체 근로를 iii) 두 개 이상의 시간계열로 구분하여 일정한 기일마다 근로시간대를 순환하는 근무제도를 말한다.[100] 교대제근로는 연속공정 등 업무의 성격, 경영효율성 증대 등 다양한 이유에서 도입될 수 있다. 교대제근로는 도입형태에 따라 정도의 차이는 있으나 근로자의 생활리듬 및 문화적 생활 등에 부정적인 영향을 미치게 된다. 이에 기업이익 측면의 효과와 근로자에 대한 배려가 적절하게 조화를 이루는 방식으로 도입하는 것이 필요하다.

(2) 교대제근로 형태

교대제근로 형태는 크게 2조 격일제, 2조 2교대, 3조 2교대, 3조 3교대, 4조 3교대 등이 있다. 2조 격일제를 제외하고 교대제근로 형태별로 1주 근무일수, 운영주기 등에 따라 다양한 유형의 근무표가 구성될 수 있다.

대기업에 비하여 상대적으로 구인이 어렵고 생산효율에 치중할 수밖에 없는

100) 최영남・전순영, “교대제근로 방식 개편 소고”, 「2014년 한국산학기술학회 추계 학술대회논문집」, 한국산학기술학회, 2014, 906쪽.

중소기업에서는 연중무휴 가동 방식의 주야 맞교대, 3조 3교대를 도입하는 경우가 많은 실정이었다. 그러나 근로기준법 개정으로 1주 최대 근로시간이 52시간으로 단축되고 사회적으로 '일과 삶의 균형(work and Life Balance)'의 중요성이 강조되면서 점차 5일 가동방식의 3조 2교대 또는 4조 3교대 형태로 도입비중이 옮겨지고 있다.[101]

2. 교대제근로 도입 · 변경의 법률문제

(1) 기본 법률사항

1) 법정근로조건 적용

근로기준법 등 노동관계법령은 교대제근로에 대하여 별도의 규정을 두고 있지 않다. 따라서 교대제근로 운영 하에서도 아래의 〈표 18〉과 같이 근로기준법이 정하는 기본적인 법정근로조건이 당연히 준수되어야 한다.

[표 18] 교대제근로에서의 법정근로조건 적용

구분	적용 내용
근로시간 · 휴게	• 소정근로시간은 법정기준근로시간(1일 8시간, 1주 40시간) 이내 가능 • 1일은 역일상 1일로 0시~24시까지이나, 계속 근무가 2역일에 걸친 경우에는 시업시각이 속한 날의 1일 근로로 취급 • 근로시간 4시간에 30분 이상, 8시간에 1시간 이상 휴게시간 부여
연장근로	• 연장근로를 위해서는 당사자 합의 필요 • 1주 12시간을 초과하는 연장근로시간 불가능 * 운수업 등 근로시간 및 휴게시간 특례사업(근로기준법 제59조)은 연장근로 제한 없음
야간근로	• 야간근로(오후 10시부터 오전 6시까지 사이의 근로)에 대하여 가산임금(통상임금 50% 이상) 지급 • 역일(曆日)을 달리하여 다음날까지 근무가 이어지는 경우 전일의 연속근로로 보아 가산임금 지급[102] • 연소근로자와 임산부의 야간근로는 본인의 동의와 고용노동부장관 인가 필요

101) 교대제근로 형태의 자세한 내용에 대하여는 고용노동부 '교대제 근로자 근로기준법 적용지침(근기 68201-574)' 참조

주휴일	• 1주일에 1회 이상 유급휴일 부여[103] • 교대조별로 각기 다른 날에 주휴일을 부여할 수 있으나, 미리 예측 가능하도록 지정되어야 함[104] • 주휴일은 0시부터 24시까지 역일(曆日)단위로 주되, 교대제 운영을 위해 불가피한 경우 1주일에 1회 이상 계속하여 24시간의 휴식이 부여되면 주휴일을 부여한 것으로 간주 • 주휴일을 특정한 날로 지정한 상태에서 휴일의 사전대체가 규칙적으로 이루어짐으로써 결과적으로 주휴일 취지에 맞게 운영되어도 유효함[105]
휴가	• 계속근로 1년에 8할 이상 출근한 경우 15일의 연차유급휴가 부여(2년 단위로 1일씩 가산, 25일 한도) • 생리휴가, 산전·후휴가 등 법정휴가의 청구가 있는 경우 각각 부여

2) 취업규칙 등에의 제도화

근로기준법 제93조(취업규칙의 작성·신고)는 교대근로에 관한 사항을 필수적 기재사항으로 규정하고 있다. 그리고 동법 제17조(근로조건의 명시) 및 시행령 제8조(명시하여야 할 근로조건)는 취업규칙 기재사항을 근로계약 체결 시의 명시 사항으로 규정하고 있다.

따라서 교대제근로를 도입하거나 변경하는 경우에는 법률이 정하는 바에 따라 취업규칙 변경절차를 거쳐야 하며,[106] 근로계약을 체결할 때에는 교대제근로에 대하여 명시하여야 한다.

(2) 실무상의 주요 법적쟁점

1) 교대제근로의 단체교섭 대상 해당 여부

노동조합법은 단체교섭의 대상에 대하여 명시적인 규정을 두고 있지 않다. 따라서 특정 사항이 인사·경영권에 해당하여 비교섭대상인지 아니면 교섭대상에

102) 근기 68207-811, 2002.2.27.

103) 대법원 1991.7.26. 선고 90다카11626 판결 ; 근기 68207-671, 2001.2.28.

104) 근기 68207-761, 1994.5.9.

105) 근기 68207-761, 1994.5.9.

106) 근기 68207-1732, 1994.11.4.

해당하는지를 두고 쟁점이 되는 경우가 많다. 이러한 점에서 교대제근로가 의무적 단체교섭대상에 해당하는지 여부가 문제된다.

노동조합법 제2조(정의) 제5호는 노사간에 임금·근로시간·복지·해고 기타 대우 등 근로조건의 결정에 관한 주장의 불일치로 인하여 발생한 분쟁상태를 노동쟁의로 규정하고 있다. 따라서 근로조건의 결정에 관한 사항에 해당하면 당연히 의무적 단체교섭 대상이 된다. 취업규칙에의 필수적 기재사항인 교대제근로는 전형적인 근로조건의 결정사항에 해당한다고 보아야 하므로 특별한 사정이 없는 한 단체교섭의 대상에 해당한다.[107)]

2) 통상근무에서 교대제근로로의 변경이 불이익변경에 해당하는지 여부

주간 또는 야간에 고정적으로 정해진 시간 동안 근로를 제공하는 통상의 근로자를 교대제근로로 변경하는 것이 근로조건의 불이익변경에 해당하는지 여부가 문제된다.

통상근무를 하다가 교대제근로로 변경되면 생활리듬의 저해 등이 불가피하게 수반된다. 따라서 통상근무자를 교대제근로로 전환하는 것은 근로조건의 불이익변경에 해당된다.[108)] 이에 근로계약의 변경없이 사용자가 일방적으로 개별근로자의 근무형태를 교대제근로로 변경할 수 없다. 마찬가지로 취업규칙 상의 통상근무제를 교대제근로로 변경하기 위해서는 불이익변경 절차에 의한 취업규칙 변경이 필요하다.

3) 교대제근로에서 주간근로로의 변경이 불이익변경에 해당하는지 여부

통상 교대제근로에 대하여는 휴일근로수당 또는 야간근로수당 등이 지급된다. 따라서 교대제근로를 하던 근로자가 주간근무로 전환되면 결과적으로 수령임금이 줄어들게 된다. 이에 교대제근로를 주간근무로 변경하는 것이 불이익변경에 해당하는지 여부가 문제된다.

---

107) 노조 68107-638, 2002.7.29.

108) 근기 68207-935, 2003.7.23.

주간근무로 전환되면 생활리듬이 안정화된다는 측면에서 법정수당이 줄어들더라도 불이익변경으로 보기는 어렵다.[109] 다만, 교대제근로에서 주간근무로 전환되면서 소정근로시간에 대한 통상임금이 저하된다면 불이익변경에 해당한다고 보아야 한다.

4) 교대제근로 변경으로 연장근로수당 감소시 불이익변경 해당 여부

특정 교대제근로 형태에서 다른 교대제근로 형태로 변경하는 것이 취업규칙 불이익변경에 해당하는지 여부는 변경 취지 및 경위, 변경되는 교대제근로 형태의 주요 내용 등 제반사정을 종합적으로 고려하여야 판단하여야 한다.

그러나 교대제근로 형태 변경으로 연장근로가 줄어들어 연장근로수당이 지급되지 않음으로써 실질수령임금액이 줄어들었다는 사정만으로는 불이익변경에 해당하는 것으로 보기 어렵다.[110] 다만, 근무형태의 변경으로 소정근로시간 자체가 줄어들고 이로 인하여 소정근로에 대한 기존 임금이 감소한다면 불이익변경으로 볼 여지가 있다.

5) 교대제근로 변경에 따른 법정수당 감소분의 임금보전 대상 해당 여부

교대제근로 형태를 변경하면서 연장근로 및 야간근로가 줄어들어 임금수령액이 줄어들 수 있다. 이 경우 사용자가 줄어든 임금을 보전해 주어야 할 의무가 있는지 여부가 문제된다. 단체교섭을 통하여 교대제근로 형태를 변경하는 경우 노동조합은 통상적으로 임금보전을 요구한다. 상기한 바와 같이 소정근로시간에 대한 임금이 줄어들지 않는다면 교대제근로 형태 변경으로 법정수당이 줄어들었다고 하더라도 불이익변경에 해당하지 않는다.

한편, 교대제근로 형태 변경에 관한 직접적인 해석은 아니나, 고용노동부[111]는 근로기준법 상의 법정근로시간 단축에 따라 주 48시간(연장근로 4시간 포함)에

109) 근기 68207-691, 2003.6.11.

110) 근기 68207-1732, 1994.11.4.

111) 근로기준과-1736, 2004.4.9.

서 주 40시간 근무로 변경하는 경우, 연장근로시간(4시간)의 단축은 당사자가 임의로 단축하는 시간이므로 개정 근로기준법 부칙 제4조(임금보전 및 단체협약의 변경 등) 제1항[112]의 임금보전의 대상에 해당하지 않는다는 입장이다. 이러한 고용노동부 해석 취지에 비추어 보더라도, 사용자에게 교대근무제 형태 변경에 따른 법정수당 감소분을 보전해야 할 법률적 의무가 있다고 보기 어렵다.

6) 교대수당이 통상임금에 해당하는지 여부

교대제근로를 시행하고 있는 사업장에서 교대수당을 지급하고 있는 경우가 종종 있다. 이와 같이 교대근무에 따라 지급하는 수당이 통상임금에 해당하는지 여부가 문제된다. 교대수당이 통상임금에 해당하는지 여부에 대하여는 일률적으로 판단할 수 없으며, 그 수당의 성격 및 지급요건 등을 종합적으로 고려하여 판단하여야 한다.

교대수당이 교대제근로를 하는 모든 근로자에 대하여 정기적으로 고정금액을 지급하는 것이라면 통상임금에 해당할 여지가 매우 크다. 반면에 교대제근로 모든 근로자에게 일률적으로 지급되는 것이 아니라 야간조 근무를 한 근로자에 대하여만 지급되는 경우에는 야간근로에 대한 대가로서의 성격을 가질 뿐 소정근로에 대한 대가로 보기 어려우므로 통상임금에 해당하지 않는 것으로 해석된다.

법원[113]은 4조 3교대 근무자 중에서 해당 월에 심야조 근무를 한 근로자들에게만 지급된 야간교대수당의 통상임금 해당 여부가 문제된 사건에서 "야간교대수당은 심야조 근무, 즉 야간근로에 대한 대가로서 지급되는 것으로, 이를 피고 근로자들이 통상적으로 제공하기로 정한 근로, 즉 소정근로에 대한 대가로 평가할 수는 없으므로 통상임금에 해당한다고 볼 수 없다"고 판시하였다.

---

112) 2003.9.15. 개정 근로기준법은 법정근로시간은 1주 44시간에서 40시간으로 단축하면서, 부칙 제4조(임금보전 및 단체협약 변경 등) 제1항에서 기존의 임금수준 및 시간당 통상임금이 저하되지 않도록 하여야 한다고 규정하였다.

113) 광주고등법원 2019.10.16. 선고 2013나10115 판결

3. 교대제근로 도입 · 변경 운영원칙

(1) 사업장 특성에 맞는 교대제 설계

교대제근로는 기본적으로 근로시간 운영에 관한 제도이지만 생산시설, 보유 인원수, 임금제도, 복지제도 운영 시스템 등 경영활동에 영향을 미치는 많은 부분들과 밀접하게 연결되어 있다. 따라서 한번 잘 못 도입되면 예상하지 못했던 비효율 및 비용지출을 초래하게 된다. 이에 교대제근로를 도입 내지 변경함에 있어서는 매우 신중하여야 하며, 체계적인 분석을 통하여 사업장 특성에 맞는 최적의 형태를 도입하여야 한다. 교대제근로를 설계함에 있어 고려하여야 할 요소는 〈표 19〉「교대제근로 도입 및 변경 관련 고려요소」와 같다.

한편, 교대근무제 도입방안은 〈그림 11〉「교대제근로 설계 절차」와 같이 크게 ① 근무형태 변경(안) 설계, ② 작업량 및 생산물량 확보 방안 검토, ③ 임금체계 개편 및 임금보전(안) 수립, ④ 최종 교대근무제 도입(안) 확정의 순으로 진행된다.

교대근무제 시행에서 기본적인 원칙은 생산에 부정적인 영향을 미치지 않아야 한다는 것이다. 따라서 근무형태 변경(안) 설계에 있어 생산안정성이 모든 의사결정의 최우선 기준이 되며, 동시에 근로자보호가 고려된다. 근무형태 변경(안)은 복수로 설계하는 것이 바람직하다.

근무형태 변경(안)이 확정되면 작업량 및 생산물량 확보 방안에 대하여 검토한다. 이것은 교대근무제 개편으로 작업시간이 줄어듦에 따라 저하된 생산여력을 어떻게 만회할 것인가 하는 문제이다. 이와 관련하여 시간당생산성 향상 가능성 및 방법, 설비자동화 가능성 및 그에 대한 투자 여력, 필요한 추가 인력수 등을 검토하고, 거기에 소요되는 재원을 분석한다. 예상되는 재원은 임금보전 여부 및 수준을 결정하는 기준이 된다.

다음으로 근무형태의 변경은 근로자들의 임금에 영향을 미치게 되므로 임금보전 여부 및 수준에 대한 방안을 수립한다. 임금보전과 연계하여 임금체계를 변경할 필요성이 있는지 등에 대하여도 함께 검토한다. 마지막으로 앞의 3단계를 종합하여 도입(안)을 최종 확정한다.

[표 19] 교대제근로 도입 및 변경 관련 고려요소

쟁점	고려사항
생산물량	• 교대제 변경으로 근로시간이 단축되는 경우, 기존의 생산물량을 유지할 수 있는지 여부가 가장 기본적인 쟁점임. • 특정 교대제 변경으로 인하여 생산물량의 대폭적인 감소가 불가피하거나, 거래처에서 요구하는 공급시간을 맞추기 어려울 경우 해당 교대제로의 변경이 불가능함. • 생산물량이 줄어들게 되면 기업의 성장이 어렵고, 근로자들의 근로조건 개선도 제약될 수밖에 없음.
생산성	• 기존의 생산량을 확보(유지)할 수 있는 가장 기본적인 방안으로서 시간당 생산성(UPH)를 향상시킬 수 있는지 여부가 매우 중요함. 즉, 교대제 변경으로 근로시간이 축소될 경우 생산유지를 위해 생산성(UPH) 향상이 전제되어야 함. • 따라서 특정 교대제로의 변경으로 인한 근로시간 축소시, 우선 시간당 생산성 증가가 가능한지에 대한 분석이 필요함. • 생산방식 특성상 시간당 생산성(UPH) 증가가 어려울 경우 교대제 변경에 따른 과도한 근로시간 단축이 불가능함.
생산설비 특성	• 생산설비의 특성도 교대제 변경에 있어 중요한 고려사항에 해당함. • 생산설비 특성상 설비가동의 일시적 중단이 생산효율을 급격하게 떨어뜨릴 경우 설비가동의 일시적 중단을 전제로 하는 교대제 형태로의 변경이 어려움. • 예를 들어 제철소와 같이 용광로의 가동을 중단할 경우 생산활동 재개에 있어 막대한 비효율이 초래될 경우, 가동이 중단되는 형태의 교대제 변경은 도입이 어려움(24시간 생산유지 필요).
시설투자	• 교대제 변경으로 근로시간이 단축될 경우 생산설비 자동화, 라인 신설 및 인력채용 등을 통한 생산물량 확보 여부가 쟁점이 됨. • 장소 및 시설 여건상 또는 재정 여건상 설비 자동화 및 라인 신설 등이 불가능할 경우 교대제 변경에 따른 근로시간 단축이 제약됨. • 한편, 설비 자동화 및 라인 증설이 어려운 상태에서 신규채용을 하더라도 변경계획 중인 라인에 투입하기 어려운 경우 해당 교대제로의 변경이 어려움.
임금보전	• 교대제 변경으로 근로시간이 단축될 경우 월급제 형태의 임금체계가 아닌 경우(시간급 임금지급 방식인 경우) 근로자들의 실질수령임금 하락이 발생함. • 근로자들이 임금하락을 수용(감내)하지 않는 상황에서 임금을 보전 해줄 수 있는 회사의 재정적 여력이 없는 경우에 교대제 변경을 통한 근로시간 단축이 어려움.
근로시간 방식	• 주간연속 2교대, 4조 3교대 등으로 교대제 형태를 변경하는 경우, 교대제 형태별로 다양한 방식으로 근로시간을 결정할 수 있음. • 따라서 생산효율성 측면과 근로자의 생활보장 측면을 동시에 고려하여 사업장 특성에 가장 적합한 근로시간을 정하는 것이 필요함.

복리후생 제도	• 교대제가 변경되는 경우, 통상 통근버스 운영, 식당 운영, 휴게실 운영 등 복리후생 부분의 변경이 수반 됨. • 따라서 교대제 형태 변경에 있어 복리후생 부분이 해당 변경 교대제 특성에 맞게 운영될 수 있는지 여부에 대한 검토가 필요함.

[그림 11] 교대근무제 설계 절차

단계	추진사항	주요 검토사항
1	근무형태(안) 설계 (복수방안 설계)	• 근무형태 : 3조 2교대, 4조 3교대 등 • 근무주기 및 근무시간표 • 휴일 운영
2	작업량 및 생산물량 방안 검토	• 생산성 향상 가능 여부 및 방법 • 설비 자동화 및 투자 필요성 및 여력 • 근무형태(안) 별 추가소요 인원(공정별, 라인별)

3	임금체계 개편(안) 및 임금보전(안) 수립	• 임금변화(감소)율
		• 임금체계 개편 필요성 및 방법(예 : 시급제 → 월급제)
		• 기존 임금대비 임금보전율
		  * 설비투자비, 추가인원 인건비 고려
		• 임금보전 방법
		  * 임금체계 개편시 연계 검토

4	최종 교대근무제 도입(안) 확정	• 1~3단계 종합 최종 교대근무제 * 복지제도 등 관련 제도 운영(안) 포함

(2) 임금보전에 대한 합리적 결정

2004년 법정근로시간 단축, 2019년 연장근로시간 제한 등 법률적 허용 근로시간은 지속적으로 줄어들고 있다. 이러한 법개정 동향은 특별한 사정이 없는 한 계속될 것이다. 이에 사업장의 교대근무제 변경도 실근로시간 특히 연장근로시간을 줄이는 형태로 이루어지는 것이 통상적이다.

교대근무제 시행으로 연장근로시간 및 야간근로시간이 줄어들면 법정수당이 축소되어 근로자들이 수령하는 실질임금이 하락하게 된다. 따라서 노동조합이나 근로자들은 일반적으로 교대근무제 변경으로 인하여 하락하는 임금분에 대한 보전을 요구한다. 교대근로제 변경에도 불구하고 기존의 생산성 및 생산량이 유지된다면 임금보전 문제는 큰 쟁점이 되지 않는다. 그러나 생산성 및 생산량이 감소하는 경우에는 노사간 매우 민감한 문제로 부각될 수밖에 없다.

임금보전을 하지 않을 경우 근로자들의 조직몰입도 및 직무만족도가 저하되어 생산성이 더욱 악화될 수 있으며, 이직증가 및 노사갈등을 유발할 수 있다. 반면에 임금보전을 할 경우에는 사업장의 인건비 부담이 증가하게 된다. 사업장마다 사정과 여건에 차이가 있으므로 임금보전에 대한 일률적인 정답이 있을 수는 없다. 다만, 인적자원관리 측면과 재정적 측면을 동시에 고려하여 가장 합리적인 결정을 내리는 것이 중요하다. 임금보전과 관련된 주요 의사결정 사항은 〈표 20〉「교대근무제 변경시 임금보전 관련 의사결정 사항」과 같다.

[표 20] 교대근무제 변경시 임금보전 관련 의사결정 사항

결정사항	주요 내용
임금보전 여부	• 연장 및 야간근로 단축에 따른 실질임금 감소분을 보전할 것인지 여부
임금보전 수준	• 임금보전을 한다면 어느 정도 보전할 것인지 여부 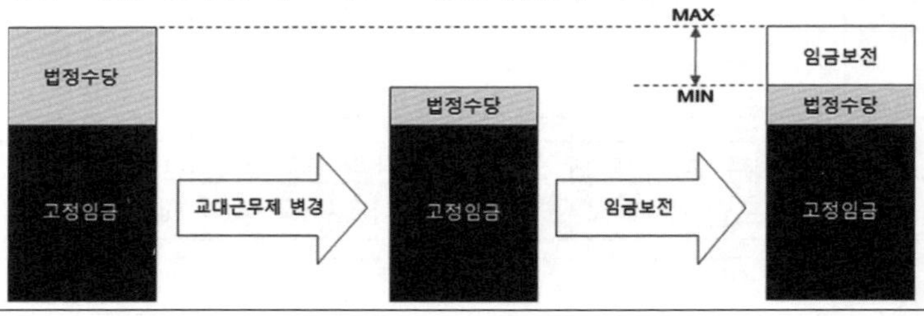
임금보전 방법	• 어떤 방법으로 보전할 것인지 여부 – 보전 방식 : 기본급 산입, 기존 수당 증액, 별도의 수당 신설 등 – 보전금액의 통상임금 포함 여부 – 보전항목의 명칭, 지급조건 – 단일항목 또는 복수항목 등

(3) 도입 및 변경시 법적 절차 준수

앞서 기술한 것처럼 교대근로제는 취업규칙의 필수적 기재사항이고 근로계약시 명시하여야 할 중요한 근로조건에 해당한다. 따라서 도입 내지 변경에 있어 그 법적 절차를 준수하는 것이 중요하다. 일단 도입 내지 변경된 교대근무제가 절차적 위법으로 인하여 무효가 되면 조직문화 및 비용 측면에서 큰 손실이 발생하게 된다.

따라서 도입 또는 변경하고자 하는 교대근로제가 불이익변경에 해당하는지 여부를 면밀하게 검토한 후, 검토 결과에 맞는 절차를 진행하여야 한다.

(4) 시범운영 활용

교대근무제를 도입하거나 변경한 사업장의 사례를 보면 설계된 교대근무제를 정식으로 시행하기 이전에 일정기간 시범운영을 거치는 경우가 많다. 교대근무제는 생산, 인사노무관리 등 다른 경영활동과의 관련성이 크기 때문에 일단 제도화되면 다시 변경하기가 쉽지 않고, 이 과정에서 불필요한 손실이 초래될 수 있다. 따라서 설계된 교대근로제의 공식적인 도입에 앞서 시범운영을 거치는 것은 매우 합리적 조치이다. 시범운영을 통해 발견된 문제점을 보완하고 개선하면 보다 사업장에 적합한 교대근로제를 도입할 수 있을 것이다.

(5) 운영과정 상의 관리 강화

교대근무제는 상당히 시스템적인 제도이다. 따라서 한번 도입되면 근로시간 운영에의 변동성이 그다지 크지 않다. 그러나 산업현장에서 갑작스런 작업량 증가에 따른 추가 연장근로 실시(주로 주말특근), 휴가자 대체를 위한 연속근로 등으로 근로시간제한(주 52시간)을 위반하는 경우를 종종 볼 수 있다. 이것은 그것 자체가 법위반이라는 문제가 있을 뿐만 아니라 근로자의 건강보호 및 산업재해 방지, 근로자의 삶의 질 측면에서도 바람직하지 않다.

따라서 교대제근로 도입 이후에도 생산관리 강화, 예비인력의 운용, 보상휴가제 등의 실시 등을 통해 그러한 사례가 발생하지 않도록 철저히 관리하는 것이 바람직하다.

주요 관련 판례 및 행정해석

✓ **교대제근로에서 연장근로시간 판단 방법**

(근기 68207-811, 2002.2.27.)

교대제 형태를 취하더라도 1주간 44시간, 1일 8시간을 초과하는 연장근로에 대해서는 근로기준법 제55조의 규정에 의한 가산임금을 지급해야 함. 이때, 소정근로시간을 초과하는 계속 근로로써 역일을 달리하여 그 다음날까지 이어지는 경우에도 전일의 근로의 연속으로 보아 동법 동조에 의한 가산임금을 지급해야 함.

교대조의 변경으로 인하여 전일의 근로와 다음날의 근로가 연속하여 이어지는 경우라면(예 : 귀 질의에서 야간근무 후 바로 주간근무로 이어지는 경우) 계속근로가 인정되는 한 전일의 근로의 연속으로 보아 8시간을 초과하는 부분에 대하여는 근로기준법 제55조에 의한 연장근로가산수당을 지급해야 함이 타당하다고 사료됨.

✓ **교대제근로 형태 변경의 단체교섭 대상 해당 여부**

(노조 68107-638, 2002.7.29.)

「교대근무자의 근무형태를 4조 3교대에서 5조 3교대로 변경」은 근로조건의 결정에 관한 사항으로 볼 수 있으므로 달리 볼 사정이 없는 한 단체교섭의 대상이 된다고 보아야 할 것임.

✓ **통상근로를 교대제근로로 변경하는 것이 불이익변경에 해당하는지 여부**

(근기 68207- 935, 2003.7.23.)

취업규칙에서 통상근무자와 교대제근로자의 근무형태에 관하여만 규정하고 있는 상태에서 개별 근로계약으로 근무형태를 결정하고 장기간 근무해왔다면 개별근로계약의 변경 없이 사용자가 일방적으로 근무형태를 변경할 수는 없다고 사료됨.

다만, 취업규칙 개정을 통해 직종별 근무형태를 새로이 정하여 통상근무를 하여 온 특정 직종 근로자를 교대제근로자로 변경하는 것은 가능할 것이나, 이 경우에는 생활리듬의 파괴 등을 고려할 때 근로자에게 불이익한 변경에 해당하므로 근로기준법 제97조에 의한 불이익변경절차를 거쳐야 할 것임. 다만 변경된 취업규칙의 내용이 단체협약에 반할 경우에는 효력이 없다고 사료됨.

✓ **교대제근로를 주간근로로 전환하는 것이 불이익변경에 해당하는지 여부**

(근기 68207-691, 2003.6.11)

취업규칙(인사관리규정)에 정하여진 보직 및 전보 규정에 따라 교대제근로자를 주간근무자로 배치전환하였다면 결과적으로 야간근로수당이나 휴일근로수당이 발생하지 않는데 따른 금전적 손실이 있다고 하더라도 이를 불이익처분이라 보기는 어려울 것임. 다만, 단체협약으로 근로자의 배치전환시 사전에 노조와 충분히 협의토록 하고 있다면 이를 준수하여야 할 것임.

✓ 3조 3교대제를 4조 3교대제로 변경하는 것이 불이익변경에 해당하는지 여부

(근기 68207-1732, 1994.11.4.)

교대제 근로형태의 변경이 근로기준법 제95조 제1항 단서규정의 "근로자에게 불이익하게 변경하는 경우"에 해당하는지 여부는 그 변경의 취지와 경위, 취업규칙의 각 규정의 전체적인 체제 등 제반사정을 종합하여 구체적으로 판단되어져야 할 것이나, 교대제 근로형태를 3조 3교대제에서 4조 3교대제로 변경하는 경우, 실근로시간의 단축으로 연장근로가 줄게 되어 기존 3조 3교대제하에서 지급받던 연장근로수당이 감소하게 되나, 소정근로시간이 단축되고, 소정의 근로에 대한 기존의 임금은 감소되지 않는다면 이와 같은 제반사정을 볼 때 근로조건의 변경내용이 근로자에게 불이익한 변경에 해당하는 것으로 볼 수는 없음.

✓ 주 40시간제 시행에 따른 임금보전의 범위(연장근로시간의 보전범위 포함 여부)

(근로기준과-1736, 2004.4.9.)

사용자는 2003.9.15. 개정된 근로기준법이 시행되더라도 '이 법 시행으로 인하여' 근로자의 '기존의 임금수준 및 시간당 통상임금'이 저하되지 아니하도록 하여야 할 것인 바, 귀 질의와 같이 종전법을 적용받고 있을 때 1주 48시간(연장근로 4시간 포함)을 근로하다가 개정법 시행 이후부터 1주 40시간 근로로 변경하는 경우, 단축된 근로시간 중 소정근로 4시간은 '이 법 시행으로 인하여' 단축되는 근로시간이지만, 연장근로 4시간은 '이 법 시행으로 인하여' 단축되는 근로시간이 아니라 당사자가 임의로 단축하는 시간이므로 동법 부칙 제4조 제1항에 규정된 임금보전 대상으로 보기 어렵다고 사료됨.

✓ 심야조 근무시 지급되는 야간교대수당의 통상임금 해당 여부

(광주고등법원 2019.10.16. 선고 2013나10115 판결)

위에서 인정한 사실 및 앞서 든 증거들에 변론 전체의 취지를 종합하여 인정되는 다음과 같은 사정들에 비추어 보면, 피고가 지급한 야간교대수당은 심야조 근무, 즉 야간근로에 대한 대가로서 지급되는 것으로, 이를 피고 근로자들이 통상적으로 제공하기로 정한 근로, 즉 소정근로에 대한 대가로 평가할 수는 없으므로, 통상임금에 해당한다고 볼 수 없다.

① 피고는 4조 3교대에 속한 근로자 전체에 야간교대수당을 지급한 것이 아니라 4조 3교대에 속한 근로자 중 해당 월에 심야조 근무를 한 근로자들에게만 야간교대수당을 지급하였다. 즉 4조 3교대에 속한 피고의 근로자 대부분이 실제 야간교대수당을 지급받고 있으나, 이는 4조 3교대에 속한 피고의 근로자의 경우 특별한 사정이 없는 한 원칙적으로 월에 일정 일수의 심야조 근무를 하게 되기 때문인 것이지, 해당 근로자의 근무형태가 4조 3교대인 것 자체 때문은 아니다.

② 통상임금은 근로자가 근로계약에 따라 소정근로시간에 통상적으로 제공하기로 정한 근로에 대한 대가로서 연장·야간근로 및 휴일근로에 대하여 100분의 50 이상 가산임금의 지급 기준이 되는 임금이므로, 근로기준법에서 상정하고 있는 소정근로, 즉 연장·야간근로 및 휴일근로가 아닌 근로에 대한 대가라고 할 것이다. 그리고 어떠한 임금이 소정근로의 대가인지는 소정근로시간에 통상적으로 제공하기로 정한 근로자의 근로의 가치를 어떻게 평가하고 그에 대하여 얼마의 금품을 지급하기로 정했는지를 기준으로 전체적으로 판단하여야 한다. 이 사건 단체협약 제65조는 야간근로에 대하여는 통상임금의 50% 이상을 가산하여 지급한다고 규정하는데, 4조 3교대의 심야조 근무자가 제공하는 야간근로에 위와 같이 가산임금이 지급되는 것은 소정근로가 야간에 이루어진다는 예외적인 조건이 추가되어 있기 때문으로, 위 가산임금은 소정근로에 대한 대가가 아니어서 통상임금에 포함되지 않는다(야간근로에 대한 가산임금의 지급기준이 되는 통상임금은 야간근로 조건에 따라 추가 지급된 임금이나 수당을 제외한 소정근로에 대한 임금만을 기준으로 하여야 하는 점에 비추어 보면 더욱 그러하다). 비록 이 사건 야간교대수당이 야간근무시간에 비례하여 지급되는 것은 아니나 야간근로에 대한 대가 또는 야간교대근무의 어려움을 고려하여 지급된다는 점에서 위 야간근로에 대하여 지급되는 가산임금과 본질적으로 차이가 없으므로, 야간근로에 대한 가산임금과 동일하게 소정근로의 대가에 해당한다고 보기 어렵다.

제3절

노동력재배치를 통한 고용조정

I 개 설

인사이동은 업무상 필요성에 의하여 근로자의 업무내용 및 근무장소, 소속 등을 변경하는 것을 말한다. 인사이동은 크게 사내이동과 사외이동으로 구별된다. 실무적으로 및 판례 상으로 용어가 혼용되는 경향이 있으나, 사내이동으로는 전배[114), 전직, 전근 등이 있고, 사외이동으로는 대표적으로 전출, 전적이 있다. 인사이동은 근로관계에 미치는 영향의 정도가 차이가 있기 때문에 그 정당성 요건에 있어서도 차이가 있다.

핵심적인 사업 내지 업무에 인력을 집중적으로 이동시키거나, 외부인력의 활용을 위하여 내부인력을 이동시키는 것은 고용조정의 일환으로 볼 수 있다. 다만, 근로자 개인의 사정을 고려한 개별적 인사이동까지 고용조정으로 보기는 어렵다.

한편, 기업경쟁력 강화를 위하여 저성과자 관리의 중요성이 부각되고 있다. 저성과자관리제도 자체가 인사이동에 해당하는 것은 아니지만, 통상적인 저성과자 관리제도는 그 프로그램 내에 인사이동을 포함하게 된다. 따라서 저성과자관리 또한 노동력 재배치의 일환으로 볼 수 있으며, 이를 통해 역량을 개발하여 조직 내 기여가치를 높인다는 측면에서 고용조정의 하나로 볼 수 있다.

114) 산업현장에서는 전보 또는 배치전환 등으로 부르기도 한다.

Ⅱ 사내이동

1. 사내이동 유형

사내이동의 통상적인 유형은 〈표 21〉「사내이동의 개념 및 사례」와 같다.

[표 21] 사내이동의 개념 및 사례

구분	개념
전배	• 동일 사업장 내에서 직종의 변경 없이 부서 간 또는 부서 내에서의 이동배치
전직	• 다른 직종 업무로의 변경
전근	• 직종의 변경은 없으나 지역을 달리 하는 사업장으로의 이동배치

2. 사내이동의 법률문제

전배는 업무의 성격과 업무장소의 변동이 없으므로 인사이동 중에서 사용자의 재량권이 가장 넓게 인정된다. 따라서 업무상 필요성이 인정되면 권리남용에 해당하는 특별한 사정이 없는 한 정당성이 인정된다.[115)]

그러나 업무의 성격(직종) 또는 근무장소가 변경되는 전직 내지 전근은 전배에 비교하여 상대적으로 법적 요건이 강화된다. 근로기준법 및 동법시행령은 근로계약 체결시 취업의 장소와 종사하여야 할 업무에 관한 사항을 명시하도록 정하고 있다. 동 규정의 취지는 사용자가 근로계약 체결 후에 임의로 근무장소와 종사할 업무를 변경하는 것을 제한하기 위한 것이다. 즉, 근무장소와 종사하여야 할 업무는 근로계약 체결시 명시된 조건으로서 이를 변경하는 것은 계약 내용의 변경에 해당한다. 따라서 전직과 전근을 위해서는 원칙적으로 근로자의 동의를 필요로 한다.

115) 대법원 1995.8.11. 선고 10778 판결

관련조문

근로기준법 제17조(근로조건의 명시)

① 사용자는 근로계약을 체결할 때에 근로자에게 다음 각 호의 사항을 명시하여야 한다. 근로계약 체결 후 다음 각 호의 사항을 변경하는 경우에도 또한 같다.

1. 임금
2. 소정근로시간
3. 제55조에 따른 휴일
4. 제60조에 따른 연차 유급휴가
5. 그 밖에 대통령령으로 정하는 근로조건

근로기준법시행령 제8조(명시하여야 할 근로조건)

법 제17조 제1항 제5호에서 "대통령령으로 정하는 근로조건"이란 다음 각 호의 사항을 말한다.

1. 취업의 장소와 종사하여야 할 업무에 관한 사항
2. 법 제93조제1호부터 제12호까지의 규정에서 정한 사항
3. 사업장의 부속 기숙사에 근로자를 기숙하게 하는 경우에는 기숙사 규칙에서 정한 사항

근로기준법 제23조(해고 등의 제한)

① 사용자는 근로자에게 정당한 이유 없이 해고, 휴직, 정직, 전직, 감봉, 그 밖의 징벌(懲罰)(이하 "부당해고등"이라 한다)을 하지 못한다.

대법원은 사내이동이 권리남용에 해당하는지 여부는 그 업무상 필요성과 전배로 인한 근로자의 생활상의 불이익을 비교교량하고 근로자 측과의 협의 등 전배과정에서 신의칙상 요구되는 절차를 거쳤는지 여부를 종합적으로 고려하여야 한다는 입장이다.[116] 즉 근로자 본인과 성실한 협의절차를 거쳤는지 여부를 정당한 인사권 행사인지 여부를 판단하는 하나의 요소로 인정하고 있다. 다만, 근로자 본인과 협의하지 않았다는 사정만으로 권리남용에 해당하여 당연히 무효가 되는 것은 아니라는 입장이다.[117]

116) 대법원 2000.4.11. 선고 99두2963 판결

주요 관련 판례

✓ 전직 및 전보에 있어서의 사용자의 권리남용 판단 방법

(대법원 1994.5.10. 선고 93다47677 판결)

근로자에 대한 전직이나 전보는 피용자가 제공하여야 할 근로의 종류와 내용 또는 장소 등에 변경을 가져온다는 점에서 피용자에게 불이익한 처분이 될 수 있으나, 원칙적으로 사용자(인사권자)의 권한에 속하므로 업무상 필요한 범위 안에서는 상당한 재량을 인정하여야 하고, 이것이 근로기준법 제27조 제1항 또는 제105조에 위반하거나 권리남용에 해당하는 등 특별한 사정이 없는 한 무효라고 할 수는 없다. 전직처분이 정당한 인사권의 범위 내에 속하는지 여부는 전직명령의 업무상의 필요성과 전직에 따른 근로자의 생활상 불이익과의 비교교량, 근로자 본인과의 협의 등 그 전직처분을 하는 과정에서 신의칙상 요구되는 절차를 거쳤는지의 여부에 의하여 결정되어야 한다.

✓ 업무상의 필요와 생활상 불이익의 비교

(대법원 1996.12.20. 선고 95누18345 판결)

원심은 피고보조참가인(이하, 단순히 참가인이라고 한다.)의 그 판시와 같은 근무경력과 이 사건 전보명령 이전에도 원고 회사 반월공장으로부터 참가인을 보내줄 것을 요청받은 점 등을 들어서 위 반월공장에서 참가인을 필요로 하였을 뿐만 아니라 참가인이 서울본사에서 팀장과 업무상 및 개인적 마찰을 빚고 있었고, 원고가 참가인이 노동조합에 가입하기 이전부터 참가인을 반월공장에 전보시키려고 시도하였으며, 이 사건 전보 령 당시를 기준으로 참가인이 전보로 인하여 생활상의 불이익을 입게 되었다고 볼 수 없는 점 등의 사실을 인정한 다음, 참가인에 대한 이 사건 전보명령은 참가인의 반월공장에서의 근무적임성과 서울본사에서의 업무상 및 개인적 마찰 등을 고려한 경영상의 필요에 의한 것이라고 판단하였는바 기록에 의하여 살펴보면 원심의 이와 같은 사실인정은 정당한 것으로 보이고, 사실이 원심이 확정한 바와 같다면 업무상의 필요에 의한 이 사건 전보에 따른 생활상의 불이익이 참가인이 통상 감수하여야 할 정도를 현저하게 벗어난 것이라고도 할 수 없어 위에서 본 법리에 비추어 이 사건 전보명령은 정당한 것이라 할 것이고, 따라서 그것이 부당노동행위에 해당한다고 할 수 없다.

117) 대법원 1995.10.13. 선고 94다52928 판결 ; 대법원 1997.7.22. 선고 97다18165 판결 등

Ⅲ 전출 및 전적

1. 전출 및 전적의 개념

전출[118)]은 근로자가 원 소속(전출기업) 사업주과 근로계약 관계를 유지하면서 다른 기업(사용기업 : 협력회사・계열회사 등)에서 근무하는 것을 말한다.[119)] 그러나 전출의 경우에도 사용자가 영리를 목적으로 반복해서 소속 근로자를 반복해서 전출하는 경우에는 근로자파견에 해당될 수 있다.[120)]

'전적'은 원래의 소속기업(이하 'A기업')과의 근로계약관계를 종료하고 다른 기업(이하 'B기업')과 새로이 근로계약을 체결하여 그 기업의 업무에 종사하는 것을 말한다. 외형상 근로자가 A기업에서 B기업으로 옮겨 업무에 종사하는 것은 전출과 동일하나, A기업과의 근로계약관계를 종료시키고 B기업과 근로계약관계를 성립시킨다는 점에서 A기업과의 근로계약관계가 유지되고 B기업과는 부분적인 근로관계가 성립될 뿐인 전출과는 다르다. 원래기업과 근로자의 관계는 전적대상기업과의 근로계약체결을 정지조건으로 하는 근로계약의 합의해지에 해당한다. 따라서 전적대상기업이 해당 근로자의 고용을 거부하면 원래기업과 근로자 사이의 근로계약은 종료되지 않는다.[121)]

이러한 전출이나 전적을 통해 근로자를 계열사, 관계사 등 다른 법인으로 고용관계 내지 근로관계를 이전하는 것도 고용조정의 일환이 될 수 있다.

118) 산업현장에서는 '사외파견', '파견근무' 등의 표현을 주로 사용한다.

119) 전출은 외형적으로 근로자파견과 유사하나, 근로자파견은 파견사업주가 사업적 영리를 목적으로 하는 반면에 전출은 경영・기술지도, 근로자 능력개별, 고용조정 등의 목적에 이루어진다는 점에 차이가 있으며, 근로자와 전출기업 사업주 사이에는 휴직에 대한 합의가 있어야 하고, 사용사업주와는 소정의 조건으로 근로를 제공한다는 근로계약이 있어야 전출이 성립한다는 점에서 구별된다.

120) 차별개선과-2172, 2008.11.27.

121) 하갑래, 「근로기준법」 전정 제29판, ㈜중앙경제, 2017, 755쪽 ; 김형배, 「새로 쓴 노동법」 제25판 전면개정판, 박영사, 568쪽.

[그림 12] 근로자파견과 전출의 비교

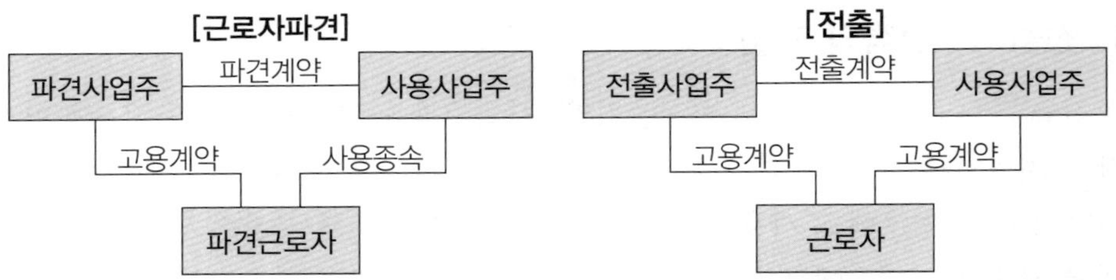

2. 전출 및 전적의 법률문제

(1) 기본 법률사항

전출은 사용자, 근무장소 등 근로조건의 중대한 변경을 수반하므로 원칙적으로 당해 근로자의 동의가 있어야 한다. 고용노동부는 근로자의 동의는 개별적 동의만을 의미하는 것은 아니며 사전의 포괄적 동의가 있으면 가능하다는 입장이다. 다만 포괄적인 사전동의를 받는 경우에는 전출기업을 특정하고 그 기업에서 종사하여야 할 업무에 관한 사항 등의 기본적인 근로조건을 명시하여 동의를 얻어야 된다고 한다.[122)]

전적은 근로계약상의 사용자 지위의 양도를 통해 이루어지므로 민법 제657조(권리의무의 전속성) 제1항이 정하고 있는 근로계약의 일신전속성에 따라 원칙적으로 근로자의 동의가 있어야 한다.[123)]

이와 같이 사외이동에 있어 근로자의 동의를 요건으로 하는 이유는 근로관계에 있어서 업무지휘권의 주체가 변경됨으로 인하여 근로자가 받을 불이익을 방지하려는 데에 있다.[124)]

122) 근기 68207-1549, 2000.5.20, 동 행정해석은 모자기업간에 기본협정서를 체결하고, 근로자 채용시 근무기간 · 수행할 직무 등을 명기하고 경영상 필요한 경우 전출근무시킬 수 있다는 내용으로 사전에 포괄적인 동의를 받는다면 이 경우 근로기준법 제24조 위반문제는 발생하지 않는다고 한다.

123) 근기 68207-2613, 2002.7.29. 민법 제657조(권리의무의 전속성) 제1항은 사용자는 노무자의 동의없이 그 권리를 제3자에게 양도하지 못한다고 규정하고 있다.

(2) 실무상의 주요 법적쟁점

1) 관행으로 제도화된 전적의 유효성

대법원은 다른 계열기업으로 근로자를 전적시키는 관행이 있고 그와 같은 관행이 기업 내에서 사실상의 제도로 확립되어 있어 근로계약의 내용을 이루는 것으로 인정되는 경우에는 근로자의 동의를 얻지 않고 다른 계열기업으로 전적시킬 수 있다고 한다. 다만, 판례[125]는 근로계약의 내용으로 인정되기 위해서는 「그와 같은 관행이 해당 기업에서 일반적으로 근로관계를 규율하는 규범적인 사실로서 명확히 승인되거나 기업구성원이 이에 대한 이의를 제기함이 없이 당연한 것으로서 받아들여야 한다」고 하여 매우 엄격하게 해석하고 있다.

그러나 근로관계의 일신전속성과 근로관계의 변경으로 근로자가 입을 수 있는 불측의 불이익 가능성을 고려하면 그러한 경우에도 근로자의 동의 없는 전적이 정당화될 수 없다고 보는 것이 타당하다.[126]

한편, 대법원[127]은 미리 전적할 계열기업을 특정하고 그 기업에서 종사하여야 할 업무에 관한 사항 등의 기본적인 근로조건을 명시하여 사전동의를 얻은 경우에는 유효하게 전적시킬 수 있다고 한다. 그러나 이 경우에도 “기업간 인사이동을 명할 수 있다”, “회사의 인사명령에 따른다” 등의 포괄적 약정은 유효요건으로서 인정하기 어렵다고 본다.

2) 전적 및 전출시 계속근로 문제

전출 및 전적 시 원래 소속기업에서의 근속기간이 승계되는지 여부가 문제된다. 계속근로 문제는 퇴직금 및 연차유급휴가 산정과 관계가 있기 때문에 매우 민감한 사항이라고 할 수 있다.

대법원[128]은 근로자가 모회사로부터 자회사로, 다시 자회사로부터 모회사로 전

---

124) 대법원 1993.1.26. 선고 92누8200 판결

125) 대법원 1996.5.10. 선고 95다42270 판결 ; 대법원 1996.12.23. 선고 95다29970 판결 ; 대법원 2002.4.23. 선고 2000다50701 판결 ; 대법원 2006.1.12. 선고 2005두9873 판결 등

126) 같은 견해로 하갑래, 「근로기준법」 전정 제29판, ㈜중앙경제, 2017, 755쪽.

127) 대법원 1993.1.26. 선고 92누8200 판결

출되는 경우에 근로자가 자의에 의하여 계속근로관계를 단절할 의사로써 모회사 또는 자회사에 사직서를 제출하고 퇴직금을 지급받은 다음 자회사 또는 모회사에 다시 입사하였다면 전자와의 근로관계는 일단 단절될 것이지만, 그것이 근로자의 자의에 의한 것이 아니라 모회사의 경영방침에 의한 일방적인 결정에 따라 퇴직과 재입사의 형식을 거친 것에 불과하다면 이러한 형식을 거쳐서 퇴직금을 지급받았더라도 근로자에게 근로관계를 단절할 의사가 있었다고 할 수 없으므로 계속근로관계도 단절되지 않는다는 입장이다.

반면에 전적에 있어서는 특별한 사정이 없는 한 전적근로자와 원래기업과의 근로관계는 단절되는 것이고 이적하게 될 기업이 당해 근로자의 원래기업과의 근로관계를 승계하는 것은 아니라고 한다.[129] 다만, 당사자 사이에 종전 기업과의 근로관계를 승계하기로 하는 특약이 있거나 이적하게 될 기업의 취업규칙 등에 종전 기업에서의 근속기간을 통산하도록 하는 규정이 있는 등의 특별한 사정이 있는 경우에는 당해 근로자의 종전기업과의 근로관계는 단절되지 않고 이적하게 될 기업이 당해 근로자의 종전기업과의 근로관계를 승계한다는 입장이다.[130]

전출과 전적의 개념 및 요건, 계속근로 인정 여부를 다시 정리하면 〈표 22〉와 같다.

[표 22] 전출과 전적의 비교

구분	전출	전적
개념	• 원 소속(전출기업) 사업주와 근로계약 관계를 유지하면서 다른 기업(사용기업 : 자회사 · 계열회사 등)에서 근무하는 것	• 원래의 소속기업과의 근로계약관계를 종료하고 다른 기업과 새로이 근로계약을 체결하여 그 기업의 업무에 종사하는 것
요건	• 근로자 동의 원칙	• 근로자 동의 원칙
계속근로	• 근로자 자의에 의한 사직과 재입사의 경우 단절 • 사직과 재입사가 경영방침에 따른 것일 경우(비진의 의사표시에 해당하는 경우) 계속근로 해당	• 원칙 단절 • 당사자간 특약 있는 경우 계속근로 해당

128) 대법원 1997.10.24. 선고 96다 12276 판결

129) 대법원 1996.5.10. 선고 95다42270 판결 ; 대법원 1996.12.23. 선고 95다29970 판결 등

130) 대법원 1997.12.26. 선고 97다17575 판결

3) 해외파견수당의 통상임금 또는 평균임금 해당 여부

기업들의 해외법인 설립이 증가하면서 국내법인 근로자가 해외법인에 전출(사외파견)되는 사례가 늘어나고 있다. 해외파견은 타국으로의 특수한 전출이므로 통상적으로 해외파견 근로자에 대하여 해외파견수당 등 별도의 금품을 지급하는 경우가 많다. 이와 관련하여 해외파견 근로자에게 지급하는 해외파견수당 등이 통상임금 또는 평균임금에 해당하는지 여부가 문제된다.

고용노동부[131]는 해외근무자에게 특별히 지급되는 금품(수당)의 임금성 여부에 대하여 기본적으로 "해외근무라는 특수한 근무에 따라 임시로 지급되는 임금에 해당하므로 평균임금에 해당하지 않는다"는 입장을 유지하여 왔다.

그러나 대법원[132]은 필리핀에서 근무하는 근로자에게 지급된 해외지역수당의 통상임금 및 평균임금 해당 여부가 문제된 사안에서 ① 해외근무를 전제로 근로계약이 체결된 점, ② 해외지역수당이 기본연봉에 포함된 임금의 구성항목 중 일부에 해당하는 점, ③ 회사가 출·입국관련 비용(항공료 등)을 부담하고, 식사, 숙소, 비품, 근무복 등을 제공하기로 되어 있어 근로자들이 해외근무를 함에 따라 추가적인 실비가 발생할 여지가 크지 않은 점, ④ 해외지역수당이 국내 급여계좌에서 송금된 점 등을 근거로 통상임금 및 평균임금에 해당한다고 판시한 바 있다.

반면에 하급심[133]은 위의 대법원 판례에도 불구하고, 이라크에 근무하는 근로자에 대한 해외현장근무수당의 평균임금 해당 여부가 문제된 사안에서 ① 근로자들이 국내에서 채용되어 이라크로 파견된 점, ② 해외현장근무규정 상에 해외근무국의 특수성, 물가수준, 생계비, 타사 수준, 관련 부서의 요청 등을 감안하여 해외현장수당이 조정할 수 있다고 규정하고 있는 점, ③ 해외 현장별 위험도, 물가수준, 해외 근무국의 특수성 등을 고려하여 파견근무지를 4등급으로 나누어 정액 해외현장수당의 액수를 달리한 점 등을 근거로 해외현장근무수당을 실비변상적 금품으로 인정하여 평균임금에 해당하지 않는다고 판시하였다.

---

131) 재보 68607-776, 1993.8.5. ; 임금 68207-389, 1994.7.1. ; 임금근로시간정책팀-1498, 2006.6.26.

132) 대법원 2014.10.27. 선고 2013다59333 판결

133) 서울남부지방법원 2017.2.17. 선고 2015가합110363 판결

고용노동부 행정해석 및 법원 판결의 취지를 고려할 때, 해외근무자에 대하여 지급하는 특별한 수당이 통상임금 및 평균임금에 해당하는지 여부는 일률적으로 판단되어질 수 없고, 근로자의 채용 및 평소 근무 특성, 해당 수당의 지급 사유 및 근거, 기준 등을 종합적으로 고려하여 그것이 해외근무라는 특수한 사정에 따른 실비변상적 성격을 가지는지 아니면 근로의 대가에 해당하는 성격을 가지는지 여부에 따라 결정된다고 볼 것이다.

3. 인사이동의 운영원칙[134)]

(1) 적정한 인력의 선정

인사이동의 기본원칙은 적재적소에 인력을 배치하는 것이다. 인사이동의 목적은 여러 가지가 있을 수 있으나, 인사이동의 목적이 고용조정 차원에서 이루어지는 것일 경우에는 '적재적소의 원칙'이 보다 철저하게 유지되어야 한다. 인사이동을 통해 기존 사업 또는 업무는 효율화되었으나, 근로자가 새롭게 이동한 사업 또는 업무의 효율성이 저하된다면 고용조정의 효과를 얻지 못할 뿐만 아니라 오히려 부정적인 결과를 초래하기 때문이다.

따라서 근로자의 역량 및 적성과 새로운 직무 내지 직종 등의 적합성에 대하여 철저한 검토가 선행되어야 하며, 이를 통해 최적의 인력을 선정하는 것이 매우 중요하다.

(2) 정당성 요건의 충족

인사이동을 실시함에 있어서는 판례상 정립된 정당성 요건을 필히 충족하는 것이 필요하다. 인사이동은 근로조건과도 밀접한 관계가 있는 중요한 고용 상의 문제이므로 법적 분쟁의 대상이 되는 경우가 많다.

인사이동이 사후적으로 부당한 것으로 인정될 경우 인원의 재배치, 근로자와의 신뢰관계 훼손, 조직 내 갈등 등 문제를 초래하게 되므로 시행에 앞서 충분한

134) 사내이동을 포함하여 기술한다.

법률적 검토가 이루어져야 한다.

전환배치는 인사이동 중 사용자의 재량권이 가장 폭넓게 인정된다. 그러나 전환배치도 정당성이 인정되기 위해서는 일정한 요건이 충족되어야 한다. 즉, 전환배치의 업무상 필요성이 존재하여야 하며, 전환배치에 따르는 근로자의 생활상 불이익이 업무상 필요성에 비하여 과도하지 않아야 한다. 따라서 전환배치 전에 이러한 요건이 충족되는지 여부를 검토하는 것이 필수적으로 요구된다. 그리고 근로자와 협의는 그 자체가 법률적 유효요건은 아니라고 하더라도, 신의칙 상 그리고 근로자의 수용성을 높이는 차원에서 실시하는 것이 바람직하다. 한편, 사내이동 중 전근 및 전직과 사외이동은 원칙적으로 근로자의 동의가 요구되므로 근로자의 동의 하에 시행하는 것이 법률 분쟁을 방지할 수 있다.

(3) 전출 및 전적 조건의 명확화

사외이동 즉 전출 또는 전적시 이동 이후 종종 회사와 근로자간에 근로조건에 대한 법적 분쟁이 발생하는 경우가 있다. 근로조건에 대한 분쟁이 발생하는 경우 필연적으로 전출 또는 전적 자체의 정당성 문제로 연결된다.

따라서 전출이나 전적을 시행함에 있어 임금수준, 연차유급휴가 및 퇴직금 산정을 위한 계속근로의 인정 여부, 전출 시 이전 사업장으로의 복귀 시기 내지 조건 등이 명확하게 확정되어야 한다. 사외이동 시 조건을 명확하게 하기 위하여 그러한 내용이 포함된 서면으로 동의서를 작성하는 것이 바람직하다.

(4) 고용관계 서류의 작성

전적은 기존기업과의 근로관계를 종료(합의해지)하고 전적대상기업과 새로운 고용관계를 맺는 것이다. 이러한 법률관계를 명확하게 하고 사후 분쟁의 소지를 예방하기 위해서는 기존기업에서는 취업규칙이나 인사규정에 정해진 대로 근로관계 종료절차를 진행하는 것이 바람직하다. 특히, 사직서를 작성, 제출할 필요가 있다. 그리고 전적대상기업과는 반드시 근로계약서를 체결하여야 한다.

한편, 근로기준법 제17조(근로조건의 명시) 및 시행령 제8조(명시하여야 할 근로조건)는 취업의 장소와 종사하여야 할 업무에 관한 사항이 변경되는 경우에도 반드시 명시하도록 의무화하고 있으므로, 인사이동으로 근무장소 및 종사업무가 변경되는 경우에는 법령준수 차원에서 뿐만 아니라 법적 분쟁을 예방한다는 측면에서 다시 근로계약서를 작성할 필요가 있다.

주요 관련 판례 및 행정해석

✓ 전적의 개념 및 정당성 요건

(대법원 1996.4.26. 선고 95누1972 판결)

전적은 근로자를 고용된 기업으로부터 다른 기업으로 적을 옮겨 다른 기업의 업무에 종사하게 하는 것으로서, 종래에 종사하던 기업과 간의 근로계약을 합의 해지하고 이적하게 될 기업과 간에 새로운 근로계약을 체결하는 것이거나 근로계약상의 사용자의 지위를 양도하는 것이므로, 사용자가 근로자의 동의를 얻지 아니하고 다른 회사로 전적시키는 관행이 있어서 그 관행이 근로계약의 내용을 이루고 있다는 등의 특별한 사정이 없는 한, 근로자의 동의를 얻어야 효력이 생기는 것이다.

✓ 전출 및 전적의 개념 및 정당성 요건

(근기 68207-2613, 2002.7.29.)

일반적으로 전적은 근로자가 원래기업과의 고용관계를 합의해지하고 새로운 기업과 근로계약을 체결하는 것을 말하며, 전출은 원래 기업의 신분을 그대로 유지하면서 다른 기업의 지휘·감독을 받아 근로를 제공하는 형태의 인사이동을 말함. 전출이든 전적이든 근로계약의 변경을 초래하는 것으로 원칙적으로 당해 근로자의 동의가 있어야 함.

✓ 근로자의 동의를 필요로 하지 않는 전적관행의 인정기준

(대법원 1993.1.26. 선고 92다11695 판결)

근로자를 그가 고용된 기업으로부터 다른 기업으로 적을 옮겨 다른 기업의 업무에 종사하게 하는 이른바 전적은 종래에 종사하던 기업과 사이의 근로계약을 합의해지하고 이적하게 될 기업과 사이에 새로운 근로계약을 체결하는 것이거나 근로계약상의 사용자의 지위를 양도하는 것이므로, 동일기업 내의 인사이동인 전근이나 전보와 달라 특별한 사정이 없는 한 근로자의 동의를 얻어야 효력이 생기는 것인바, 사용자가 근로자의 동의를 얻지 아니하고 기업그룹 내의 다른 계열회사로 근로자를 전적시키는 관행이 있어서 그 관행이 근로계약의 내용을 이루고 있다고 인정하기 위하여는 그와 같은 관행이 기업사회에서 일반적으로 근로관계를 규율하는 규범적인 사실로서 명확히 승인되거나, 기업의 구성원이 일반적으로 아무런 이의도 제기하지 아니한 채 당연한 것으로 받아들여 기업 내에서 사실상의 제도로서 확립되어 있지 않으면 안된다.

✓ 전출 시 계속근로 여부 판단 방법

(대법원 1997.3.28. 선고 95다 51397 판결)

근로자가 모회사로부터 자회사로, 다시 자회사로부터 모회사로 전출되는 경우에 근로자가 자의에 의하여 계속근로관계를 단절할 의사로써 모회사 또는 자회사에 사직서를 제출하고 퇴직금을 지급받은 다음 자회사 또는 모회사에 다시 입사하였다면 전자와의 근로관계는 일단 단절될 것이지만, 그것이 근로자의 자의에 의한 것이 아니라 모회사의 경영방침에 의한 일방적인 결정에 따라 퇴직과 재입사의 형식을 거친 것에 불과하다면 이러한 형식을 거쳐서 퇴직금을 지급받았더라도 근로자에게 근로관계를 단절할 의사가 있었다고 할 수 없고 따라서 계속근로관계도 단절되지 않는다.

✓ 전적 시 근로관계 승계(계속근로 인정) 여부

(대법원 1997.12.26. 선고 97다17575 판결)

근로자를 그가 고용된 기업으로부터 다른 기업으로 적을 옮겨 다른 기업의 업무에 종사하게 하는 이른바 전적은 종전 기업과의 근로관계를 합의 해지하고 이적하게 될 기업과 사이에 새로운 근로계약을 체결하는 것이므로, 유효한 전적이 이루어진 경우에 있어서는 당해 근로자의 종전 기업과의 근토관계는 단절되고 이적하게 될 기업이 당해 근로자의 종전 기업과의 근로관계를 승계하는 것은 아님이 원칙이나, 당사자 사이에 종전 기업과의 근로관계를 승계하기로 하는 특약이 있거나 이적하게 될 기업의 취업규칙 등에 종전 기업에서의 근속기간을 통산하도록 하는 규정이 있는 등의 특별한 사정이 있는 경우에는 당해 근로자의 종전 기업과의 근로관계는 단절되지 않고 이적하게 될 기업이 당해 근로자의 종전 기업과의 근로관계를 승계한다.

✓ 회사방침에 따라 입퇴사 절차를 거친 전적의 계속근로 인정 여부

(대법원 1997.10.24. 선고 96다12276 판결)

근로자가 현재 근무하는 회사와 직전에 근무하였던 회사가 별개의 법인이고, 근로자가 직전 회사에 입사하여 근무하다가 퇴사하고 퇴직금을 수령한 후 현재 회사에 입사하였다고 하더라도, 이는 근로자의 자의에 의한 것이 아니라 직전 회사의 경영 방침에 의한 일방적인 결정에 따라 앞으로 직전 회사로 복귀할 것을 조건으로 하여 형식적으로 거친 것에 불과하고, 현재 회사는 직전 회사의 일부 부서를 물적 기반으로 하여 설립된 회사로서 그 인사권과 경영권을 직전 회사가 행사하고 있는 경우, 근로자의 직전 회사와 현재 회사에서의 근로관계는 실질적으로 계속되었으므로 현재 회사에서 퇴사한 근로자의 퇴직금을 산정함에 있어서 그 근속기간은 근로자가 직전 회사에 입사한 날부터 기산하여야 한다.

Ⅳ 저성과자관리

1. 저성과자관리의 의의

(1) 저성과자 개념 및 관리 필요성

저성과자의 정의에 대하여는 법률에의 정함이 없을 뿐만 아니라, 경영학적으로도 통일된 개념이 존재하는 것은 아니다. 다만, 저성과자란 다년간 담당 업무에서 다른 구성원들에 비해 낮은 업무성과를 창출하거나 해당 직무수행에 필요한 역량을 충족시키지 못하는 한계인력을 의미하는 것으로 볼 수 있다.[135)]

저성과자를 방치하게 되면 여러 가지 조직적 문제점이 초래될 수 있다. 저성과자가 수행하여야 할 업무가 다른 근로자에게 부과되어 업무과부하 및 그로 인한 스트레스를 유발하게 되며, 저성과자가 포함된 부서의 평가절하로 인하여 조직 내 팀워크가 손상될 수 있다. 그리고 고성과자에게도 부정적인 영향을 미쳐 그들의 조직몰입도 및 직무만족도를 떨어뜨리게 된다. 이로 인하여 조직 전반에 무사안일주의가 팽배해지고 조직역량의 저평준화 현상이 나타나게 된다. 결국, 조직

135) 대법원은 고용유지지원금제도에서의 고용유지조치기간 중 이루어진 저성과자 퇴출프로그램이 문제된 사안(고용유지지원금부지급결정취소소송)에서, 저성과자 퇴출프로그램에 따른 근로자들의 퇴직을 인력의 정예화를 통하여 조직에 활력을 부여하고 구성원의 업무능력 향상을 도모하는 인사관리차원의 활동으로 보았다(동 판결은 고용유지지원금 부지급사유에 해당하지 않는다고 판시함). 대법원 2012.12.13. 선고 2011두25340 판결

전체의 성과와 발전을 저해하게 된다.

따라서 저성과자에 대한 적극적인 관리가 요구된다. 이것은 노동력의 효율성을 높이고, 이를 통해 조직의 성과를 향상시키기 위한 것으로서 인력구조 개선 차원의 고용조정에 해당한다.

[그림 13] 저성과자 개념

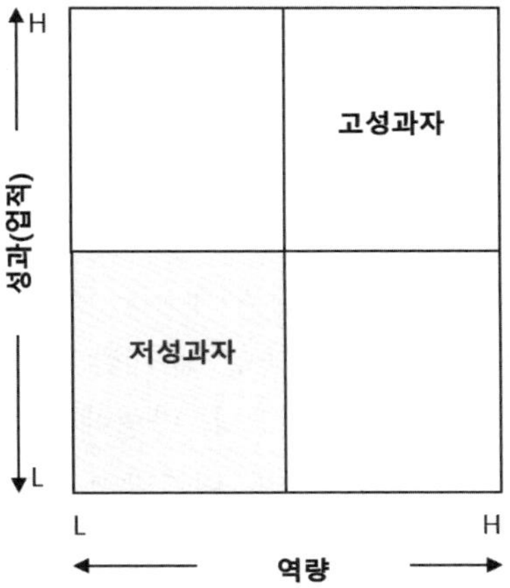

(2) 저성과자관리의 접근법

저성과자관리의 접근법은 통상적으로 퇴출관리법과 역량개발관리법으로 구분된다. 퇴출관리법은 기본적으로 저성과자의 조직 내 퇴출을 목적으로 하는 것으로 권고사직, 해고, 전직지원 등이 제도상의 주된 프로그램을 구성한다. 반면에 역량개발관리법은 저성과자의 역량 및 경력을 개발하는 것을 주된 목적으로 하는 것으로서 전환배치, 교육 등이 제도의 중심을 이룬다.

그러나 실제 제도화 및 실행 과정에서는 하나의 접근법만으로 이루어지기 보다는 여러 프로그램이 종합적으로 연계되어 시행된다.

[그림 14] 저성과자관리 접근법

역량개발 관리법	⇨	고용조건 변경 대기발령, 전환배치	경력개선(성과향상지원) 면담, 교육
퇴출 관리법	⇨	전직지원 전직지원프로그램	퇴출 권고사직, 통상해고

(3) 주요 구성 프로그램

사업장마다 업종 및 직무, 인적 구조 등이 다르므로 저성과자관리에 하나의 정형화된 프로그램이 존재하는 것은 아니다. 특히, 사업장이 추구하는 저성과자관리 목표에 따라 저성과자관리 프로그램의 내용도 달라진다. 즉, 저성과자관리 목표가 퇴출에 있는 경우에는 아무래도 육성 및 개발 측면 보다는 대기발령이나 권고사직, 면직 등에 무게중심이 놓이게 된다. 반면에 역량개발이 목적인 경우에는 면담, 교육, 전환배치 등이 중심이 되며, 대기발령이나 권고사직 등은 부수적인 내용으로 구성된다.

일반적인 저성과자 관리 프로그램은 크게 ① 선정기준에 따른 저성과자 선정, ② 전환배치 및 교육 등을 통한 역량개발(역량개선의 기회 제공), ③ 권고사직, 전직지원 등 자율적인 근로관계 종료 조치, ④ 역량개선의 여지가 없는 경우 면직조치 등으로 구성된다. 이러한 기본적 골격 내에서 사업장 사정에 맞추어 각 단계의 시행절차, 역량개발의 방법 및 그 정도 등이 구체화되어 프로그램으로 짜여 진다.

저성과자관리 프로그램의 일반적인 절차는 아래 〈그림 15〉「일반적인 저성과자관리 프로그램」과 같다.

[그림 15] 일반적인 저성과자관리 프로그램

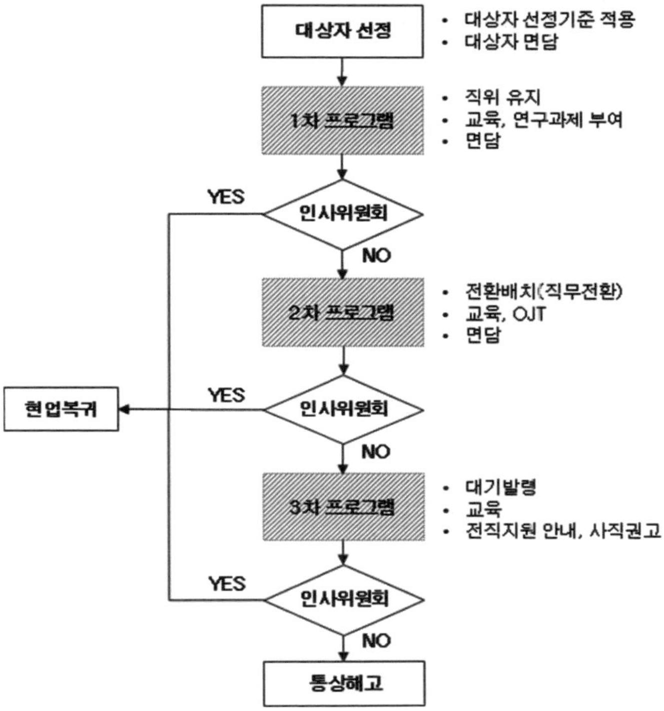

2. 저성과자관리의 법률문제

(1) 기본 법률사항

저성과자관리 그 자체는 인적자원관리제도의 일환이므로 법적 규제대상은 아니다. 그러나 근로기준법 제23조(해고 등의 제한) 제1항은 정당한 이유없이 해고, 휴직, 정직, 전직, 감봉 그 밖의 징벌을 하지 못한다고 규정하고 있으므로, 저성과자관리 프로그램 내에서 이루어지는 전환배치, 대기발령, 권고사직, 해고 등은 그러한 법적 제한을 받는다.

정부는 2016.1.22. 통상해고(저성과자 해고)의 세부적인 지침 내용을 담은 「공정인사 지침」을 발표하였다. 동 지침은 비록 문재인 정부 들어 바로 폐기되었으나, 내용적으로 보면 축적된 다양한 판례를 기반으로 저성과자에 대한 통상해고의 정당성 요건을 구체적으로 제시한 것으로 평가할 수 있다.

공정인사 지침에 의하면, 저성과자에 대한 해고가 정당하기 위해서는 ① 저성과를 해고사유로 정하는 근거규정의 존재 ② 객관적인 평가를 기준으로 하는 저성과자 선정, ③ 배치전환 및 교육 등 고용유지(역량개발)를 위한 충분한 노력, ④ 업무능력 결여 및 저성과 지속 등 요건이 충족되어야 한다.

[표 23] 일반해고 관련 공정인사지침 주요 내용

구분	주요 내용	
해고 사유 등 명확한 근거 규정	• 취업규칙 또는 단체협약 등에 업무능력 결여, 근무성적 부진 등을 해고사유로 명시 • 취업규칙 변경 시 근로자의 동의 또는 의견청취 절차 필요 ※ 기존 근거 규정을 구체화하는 것일 경우 불이익변경 미해당, 해고사유를 신설 또는 추가하는 것일 경우 불이익변경 해당	
객관적·합리적 기준에 의한 평가	평가대상	• 근로자의 업무능력이나 근무성적에 국한
	평가요소	• 개인의 업무수행능력을 평가할 수 있는 항목으로 설계
	평가항목	• 구체적으로 평가항목을 정의하고 세분화하여 설계
	근로자 참여	• 평가기준 등에 대하여 노동조합, 노사협의회, 근로자대표 등의 의견 반영
	평가방법	• 계량적 평가를 원칙으로 하되, 불가피하게 비계량, 상대평가를 활용하는 경우에도 계량·절대평가로 상호 보완
	평가의 실행	• 평가의 일관성·공정성을 기할 수 있는 평가자를 선정, 사전에 정한 평가기준과 절차 준수, 평가결과 공개, 이의제기 절차 등을 통해 신뢰성 제고
업무능력 결여, 근무성적 부진자 선정	• 수회의 평가에서 업무능력 부족이 상당기간 지속적으로 나타나야 함. • 평가결과가 낮은 경우에도 업무 외의 사정 및 근로자 상황 등을 고려(합리적 제외기준 마련)	
교육훈련, 배치전환 등 고용 유지 노력	• 근로자 해고에 앞서 근로자의 업무능력을 향상시킬 수 있는 교육훈련 프로그램을 설계하고 훈련기회를 제공하거나, 업무능력을 개선할 수 있는 배치전환 기회를 제공하여야 해고의 정당성을 인정받을 수 있음. • 배치전환 시 달성 가능한 목표를 부여하고 장기적으로 이를 평가하여 피드백 제공	
해고대상자의 판단	• 공정하고 객관적인 평가를 토대로 교육훈련, 배치전환 기회 제공 • 개선의 여지가 없는지, 업무에 상당한 지장을 초래하는지 여부 등을 종합적으로 고려하여 판단	

(2) 주요 구성 프로그램 별 정당성 요건

1) 전환배치

전환배치는 업무의 성격과 업무장소의 변동이 없으므로 인사이동 중에서 사용자의 재량권이 가장 넓게 인정된다. 따라서 업무상 필요성이 인정되면 권리남용에 해당하는 특별한 사정이 없는 한 정당성이 인정된다. 전환배치가 정당한 인사권의 범위내에 속하는지 여부는 전환배치의 업무상의 필요성과 그에 따른 근로자의 생활상 불이익과의 비교교량, 근로자 본인과의 협의 등 그 인사명령을 하는 과정에서 신의칙상 요구되는 절차를 거쳤는지의 여부에 의하여 결정된다.[136)]

따라서 저성과자를 전환배치하는 것은 특별한 사정이 없는 한 정당성이 인정된다. 그러나 그 필요성에 비하여 근로자가 입는 생활상 불이익이 너무 큰 경우에는 그 정당성이 부정될 수 있다.

한편, 직종을 변경하는 전직, 근무지 변경을 수반하는 전근이 근로자의 동의 없이 이루어지는 경우에는 그것이 저성과자관리제도 내 프로그램이라고 하더라도 정당성이 인정되기 어렵다.

2) 대기발령

대기발령은 통상 징계성 대기발령과 인사명령에 해당하는 대기발령으로 구분된다. 인사명령으로서의 대기발령의 정당성 판단기준은 전환배치의 정당성 판단기준과 거의 동일하다.

대법원[137)]은 인사명령으로서의 대기발령은 인사권자인 사용자의 고유권한에 속하는 것이므로 상당한 재량을 인정하면서, 정당한 인사권 범위 내에 있는지 여부는 대기발령의 업무상 필요성과 그에 따른 근로자의 생활상의 불이익과의 비교·교량하여 판단하여야 한다는 입장이다.

한편, 대법원[138)]은 직무수행능력 부족이나 근무태도 불량이 대기발령 사유인

---

136) 대법원 1994.5.10. 선고 93다47677 판결

137) 대법원 2002.12.26. 선고 2000두8011 판결

138) 대법원 2002.8.23. 선고 2000두9113 판결

경우에는 객관적인 자료에 의해 그 사유가 존재함이 입증되어야 하나, 직무수행 혹은 근무태도 자체가 근로자의 능력 및 태도에 대한 일반적·추상적인 평가를 전제로 하는 것이므로 인사고과결과, 업무실적, 출결상황, 상급자 혹은 동료 근로자들의 당해 근로자에 대한 평가 등의 자료를 모두 종합하여 당해 근로자의 직무수행능력이 부족하거나 근무태도가 불량한 것으로 판단된다면, 대기발령이 정당한 것이라고 보아야 한다고 판시하였다.

3) 권고사직

권고사직은 사용자가 근로자에게 퇴직할 것을 권유하고 근로자가 이에 응하여 사직서를 제출함으로써 퇴직하는 것을 말한다. 권고사직은 근로계약의 합의해지에 해당하는 것이므로 법률에서 명시적으로 규율하고 있지는 않다. 그러나 그 유효성과 관련하여 의사표시에 관한 민법의 적용을 받는다.

따라서 ① 사용자의 강요나 폭행에 의해 사직서가 작성된 경우,[139] ② 사용자가 일괄적인 사직서 제출을 종용하여 사직서를 제출한 경우, ③ 사직서 제출이 사직할 의사가 없음에도 형식적으로 제출한 것이고, 사용자도 이를 알았거나 알 수 있었던 비진의 의사표시에 해당하는 경우에는 사직서 제출이 효력이 없으며, 그 사직서에 기한 퇴직조치는 부당한 해고에 해당하게 된다.

근로자가 사용자의 권고를 수용하여 사직원을 제출함으로써 근로계약해지를 청약한 경우에는 사용자의 승낙 의사표시가 근로자에게 도달하여야 합의해지의 효력이 발생한다.[140] 따라서 근로자는 사용자의 승낙 의사표시가 본인에게 도달하기 전까지 사직 의사표시를 철회할 수 있다.

---

139) 대법원 1992.3.13. 선고 91누1004 판결

140) 근로자의 사직의 의사표시가 근로계약관계 해지 청약이 아니라 단독행위로서 사용자의 승낙이 없이도 사직의 효력이 발생하는 일방적 의사표시에 해당할 수 있다. 이는 구체적인 사안에 따라 판단되어 진다.

4) 직권면직 및 자동(당연)퇴직

사용자의 직권면직은 근로자의 의사에 반하여 근로관계를 종료시키는 것으로서 그 법적 성격은 해고에 해당한다. 따라서서 업무능력 부족 내지 성과부진을 사유로 한 직권면직은 해고제한의 법리가 그대로 적용되므로 정당한 이유가 있어야 유효하다.

한편, 취업규칙이나 인사규정 등에 일정한 사유가 발생하면 자동적으로 퇴직한 것으로 보는 규정을 두고 있는 경우가 많다. 이러한 규정에 대하여 대법원[141]은 근로자의 사망, 정년, 근로계약기간의 만료 등 근로관계의 자동소멸사유로 보이는 경우를 제외한 당연퇴직처분은 근로기준법 제23조(해고 등의 제한)의 제한을 받는 해고에 해당한다는 입장이다.

따라서 취업규칙 등에 "업무능력이 부족하거나 업무성과가 부진하여 더 이상 근로관계를 유지하기 어려운 경우"와 유사한 내용으로 직권면직 또는 자동퇴직의 사유로 정하고 있다고 하더라도, 근로관계 종료가 당연히 유효한 것으로 인정되는 것은 아니며, 근로기준법 제23조의 정당한 이유가 존재하는지 여부에 따라 그 유효성이 결정된다.

(3) 실무상의 주요 법적쟁점

1) 저성과자관리제도 도입시 취업규칙 변경 절차 필요 여부

저성과자관리를 하나의 제도로서 도입하고자 하는 경우에는 취업규칙 변경 절차를 거쳐야 할 것으로 본다. 다만, 그 방법은 도입하고자 하는 저성성과관리제도의 내용에 따라 결정될 것이다.

도입하려는 저성과자관리제도를 구성하는 각 프로그램(대기발령, 교육, 직권면직 등)의 근거가 되는 규정이 이미 취업규칙이나 인사구정에 존재하는 경우에는 집단적 의견청취만으로 가능하다고 본다.[142]

---

141) 대법원 2007.10.25. 선고 2007두2067 판결

142) 이 경우 사용자는 저성과자관리를 별도로 제도화하지 않고, 기존 규정을 적용하여 운영하는 것도 가능할 것이다.

그러나 저성과자관리제도를 구성하는 프로그램의 근거가 되는 규정이 존재하지 않는 경우에는 사실상 새로운 제도의 신설에 해당하므로 취업규칙 변경절차에 따른 집단적 동의를 받아야 할 것으로 해석된다. 그리고 저성과자관리제도에 저성과자에 대한 대기발령이나 직권면직이 포함되어 있으나, 사규 상의 대기발령 및 직권면직 조항에 업무능력 부족이나 성과부진이 그 사유로 포함되어 있지 않은 경우에도 마찬가지로 집단적 동의를 받아야 할 것이다.

2) 대기발령 기간의 제한 여부

대기발령은 그 본질이 직위에서 배제되는 것이므로 근로자 입장에서 보면 매우 불안한 지위에 놓이는 것이다. 이에 대기발령의 기간에 제한이 있는지 여부가 문제된다.

대법원[143]은 정당한 사유에 의한 대기발령이라고 하더라도 그 기간은 합리적인 범위 내에서 이루어져야 한다는 입장이다. 즉, 근로자가 상당한 기간에 걸쳐 근로의 제공을 할 수 없다거나, 근로제공을 하는 것이 매우 부적당한 경우가 아닌데도 사회통념상 합리성이 없을 정도로 부당하게 장기간 동안 대기발령 조치를 유지하는 것은 특별한 사정이 없는 한 정당한 이유가 있다고 보기 어려우므로 그와 같은 조치는 무효에 해당한다고 한다.

3) 대기발령 후 직권면직의 유효성

취업규칙이나 인사규정에 대기발령 이후 일정기간이 경과하기까지 직무를 부여받지 못하면 자동적으로 면직되도록 규정하고 있는 경우가 있다. 이러한 규정에 의한 자동면직은 근로자의 의사에 반하여 근로관계를 종료시키는 것이므로 법적 성격은 해고에 해당한다. 따라서 근로기준법 제23조(해고 등의 제한) 제1항의 규제를 받는다.[144]

대기발령 기간 동안 그 사유가 소멸된 경우에는 원칙적으로 직무를 부여하여

143) 대법원 2007.2.23. 선고 2005다3991 판결

144) 대법원 1995.12.5, 94다43351 판결 ; 대법원 2002.8.23. 선고 2000두9113 판결

야 하므로, 대기발령 기간 동안 직무수행능력 회복, 근무태도 개선 등 대기발령 사유가 소멸되었음에도 불구하고 직위를 부여하지 않아 자동면직된 경우에는 인사권(또는 징계권) 남용에 해당할 수 있다. 그리고 직권면직의 원인이 된 대기발령 자체가 부당한 경우에는 그 직권면직도 부당한 것으로 인정된다.

따라서 대기발령 이후 대기발령 사유의 해소 여부를 확인하는 절차 없이 일정기간을 방치하고 자동적으로 면직(해고)하는 방식의 관리제도는 그 정당성을 인정받기 어렵다.

4) 대기발령에 대한 무효확인의 법률상 이익 인정 여부

대기발령 후 일정기간이 경과하여 직권면직된 경우 해고무효확인의 소송과 별도로 대기발령에 대한 무효확인을 구하는 것이 법률상 이익이 존재하는지 여부가 문제된다.

최근 대법원[145]은 대기처분과 자동해임처분은 상호 독립된 별개의 처분임을 전제하면서 ① 대기처분으로 근로자가 대기처분 기간 동안 승진·승급에 제한을 받고 임금이 감액되는 등 인사와 급여에서 불이익을 입었다는 점 ② 근로자가 대기처분 이후 자동해임처분에 따라 해고되었더라도 해고의 효력을 둘러싸고 법률적인 다툼이 있어 해고가 정당한지 여부가 아직 확정되지 않았다는 점 ③ 대기처분이 적법한지 여부가 이 사건 자동해임처분 사유에도 직접 영향을 주게 된다는 점 등을 사유로 대기처분의 무효를 다투는 것에 법률상 이익이 존재한다고 인정하였다.

따라서 대기발령 후 일정기간 보직을 부여받지 못하여 직권면직된 경우 직권면직의 정당성이 다투어지고 있다면 대기발령도 별도의 무효확인을 구할 소송의 대상이 될 수 있다.

5) 저성과자관리제도와 직장 내 괴롭힘 문제

근로기준법 개정으로 2019.7.16.부터 사업장 내 직장 내 괴롭힘 금지가 시행되었다. 근로기준법 제76조의2(직장 내 괴롭힘의 금지)는 「직장에서의 지위 또는

145) 대법원 2018.5.30. 선고 2014다9632 판결

관계 등의 우위를 이용하여 업무상 적정범위를 넘어 다른 근로자에게 신체적·정신적 고통을 주거나 근무환경을 악화시키는 행위」를 직장 내 괴롭힘으로 정의하고 있다.

즉, 직장 내 괴롭힘 해당하기 위해서는 ① 직장에서 지위 또는 관계 등의 우의를 이용하여, ② 업무상 적정범위를 넘어, ③ 신체적·정신적 고통을 주거나 근무환경을 악화시키는 행위이어야 한다. 여기에서 "업무상 적정범위를 넘어"의 의미는 괴롭힘으로 보이는 행위의 필요성이 없는 경우, 필요성은 인정되나 그 필요성에 비하여 그 정도가 사회통념상 상당성이 없는 경우를 말한다.

직장 내 괴롭힘 금지와 관련하여 저성과자관리제도 운영이 직장 내 괴롭힘에 해당하는지 여부가 쟁점이 될 가능성이 크다. 저성과자관리제도 운영 자체가 직장 내 괴롭힘에 해당하는 것으로 보기는 어렵다고 본다. 그러나 ① 대상자의 역량이나 성과 정도에 비추어 저성과자관리제도를 적용할 필요성이 인정되지 않거나 ② 대상자 선정기준의 합리성이 인정되고 근로자가 그 기준에 해당한다고 하더라도 제도의 프로그램 적용 상에서 그 필요성의 정도를 넘어 근무환경을 악화시키는 것으로 인정되면 직장 내 괴롭힘에 해당할 여지가 있다.[146)]

3. 저성과자관리 운영원칙

(1) 저성과자관리의 명확한 목표 설정

먼저 저성과자관리를 시행하는 목표가 무엇인지를 명확하게 할 필요가 있다. 이것은 저성과자관리 접근법과 관련된 문제이다. 상당수의 기업들이 저성과자를 관리하는 목표를 저성과자의 퇴출에 두고 있는 것이 사실이지만, 반드시 그런 것

146) 참고로 고용노동부의 직장 내 괴롭힘 관련 설명자료는 ① 정당한 이유 없이 업무능력이나 성과를 인정하지 않거나 조롱하는 행위, ② 정당한 이유 없이 훈련, 승진, 보상, 일상적인 대우 등에서 차별하는 행위, ③ 근로계약서 등에 명시되어 있지 않은 힘든 업무를 반복적으로 부여하는 행위, ④ 근로계약서 등에 명시되어 있지 않은 허드렛일만 시키거나 일을 거의 주지 않는 행위, ⑤ 정당한 이유 없이 부서이동 또는 퇴사를 강요하는 행위, ⑥ 업무에 필요한 컴퓨터, 전화 등을 주지 않는 행위 등을 직장 내 괴롭힘 행위로 예시하고 있다(고용노동부, 「직장 내 괴롭힘 판단 및 예방·대응 매뉴얼」, 2019.5. 32쪽).

만은 아니다. 저성과자 관리가 오로지 근로자의 역량을 개발하는 데에 초점이 맞추어 질 수 있다. 그리고 퇴출을 목적으로 하고 있는 경우에도 인위적인 퇴출은 배제하면서 자발적 퇴직에 그 목표를 둘 수도 있다.

저성과자관리 목표는 최고경영진의 고용에 대한 경영이념, 조직문화, 저성과자 보유 정도, 근로자의 역량 개발 및 활용을 위한 내부 조건, 노사관계 등을 종합적으로 고려하여 결정하는 것이 바람직하다.

(2) 합리적인 저성과자관리 프로그램의 설계

1) 목표에 맞는 프로그램 설계

저성과자관리 목적에 맞는 프로그램을 설계하여야 한다. 실질적으로 역량개발에 목적을 두고 있으면서도 퇴출프로그램이 중심이 되도록 설계하는 것은 바람직하지 않으며, 오히려 조직 내 부정적 인식을 조성할 수 있다. 한편, 퇴출에 목적을 두고 있음에도 프로그램이 역량개발 중심으로 구성되면 사실상 목적을 달성하기 어렵다. 저성과자관리 목표가 고려되지 않은 채 다른 사업장의 제도가 무분별하게 도입되지 않도록 하여야 한다.

2) 규정과의 정합성 유지

저성과자 관리제도가 설계되면 시행에 앞서 내부 규정과의 정합성에 대하여 반드시 검토하여야 한다. 이것은 제도의 법적안정성을 확보하는데 있어 아주 기본적이면서 매우 중요한 작업이다.

먼저 저성과자관리제도의 주요 프로그램과 관련된 내부 규정의 존재 여부를 확인하여야 한다. 관련 규정이 존재하는 경우 프로그램과의 일치성 및 개정 필요성에 대하여 검토하여야 한다. 그리고 관련 규정이 존재하지 않을 경우에는 신설 필요성에 대하여 확인한다. 다음으로 설계된 관리제도에 맞는 개정 및 제정 조항을 작성하고, 마지막으로 그 개정 및 제정이 불이익변경에 해당하는지 여부에 대하여 법률적으로 검토한다.

특히, 저성과자관리제도가 해고에 의한 퇴출을 포함하고 있는 경우에는 취업규칙 등에 업무능력 부족 및 근무성적 부진 등이 반드시 해고(면직)사유로 명시되어야 한다. 그렇지 않을 경우 저성과 등을 이유로 한 해고는 원칙적으로 정당성을 인정받기 어렵다는 점에 유의하여야 한다.

3) 평가와 선정 기준의 공정성 확보

통상적인 저성과자관리제도는 평가와 선정이 반복적으로 이루어지는 일련의 과정으로 운영된다. 최초 저성과자 선정을 시작으로 전환배치 및 교육 후 역량과 성과의 변화를 평가하여야 하며, 현업복귀 대상자 또는 계속적(또는 추가적) 프로그램 적용대상자를 선정하여야 한다. 그리고 업무역량 및 성과개선의 가능성을 평가하여야 한다.

모든 평가와 선정의 기준은 최대한 객관적이고 공정하여야 한다. 평가와 선정 기준의 공정성이 부정되면 저성과자관리제도 내의 프로그램(전환배치, 대기발령, 해고 등) 적용의 정당성을 인정받기 어렵다.

특히, 저성과자 선정은 관리제도의 시작에 해당하므로 공정성을 확보하는 것이 매우 중요하다. 선정은 기본적으로 신뢰도와 타당도가 확보된 평가제도에 의하여야 한다. 평가의 신뢰도는 저성과의 기간과 관련된다. 업무역량 결여와 저성과는 상당기간 지속된 것이어야 하며 일시적인 것이어서는 안된다. 한편 타당도는 평가의 내용과 관련된 것으로서 평가요소는 저성과자의 역량과 성과를 측정할 수 있는 것이어야 한다.

그리고 상대평가 결과는 근로자의 본질적 역량을 객관적으로 반영하지 못하므로 최대한 절대평가 방식이 타당하며, 다면평가는 평가결과에 대한 외부적 신뢰성을 높일 수 있다.

4) 충분한 개선 기회 제공

저성과자관리제도의 접근법이 역량개발관리법인지 퇴출관리법인지에 관계없이 저성과자에게 충분한 개선기회, 즉 업무역량 및 성과 개선의 기회를 제공하여야 한다.

저성과자관리가 역량개발에 목적을 두고 있음에도 불구하고 충분한 개선기회를 제공하지 않는 것은 제도적 효용성을 상실한 것이다. 그리고 퇴출에 목적을 두고 있다고 하더라도, 고용관계 유지 여부의 타당성을 판단하기 위하여 충분한 개선기회를 제공한 후 그 개선정도를 확인하고 그에 합당한 조치를 취하는 것은 인적자원관리와 법적안정성 측면 모두에서 매우 중요하다.

5) 대상자와의 적극적 소통 유지

저성과자관리제도 운영 과정에서 대상자와 적극적인 소통을 유지하는 것이 매우 중요하다. 대상자 선정 시에도 일방적인 통보로 그치는 것이 아니라 적용 기준 및 결과에 대하여 적극적으로 설명해 줄 필요가 있다. 그리고 개선목표를 설정하는 경우에는 근로자의 의견을 반영하여 목표를 설정하는 것이 바람직하다.

개선활동이나 교육수행에 대한 평가결과도 적극적으로 피드백해 주고 근로자의 입장을 청취할 필요가 있다. 특히, 전환배치, 대기발령 등 인사조치를 하는 경우에는 근로자와 실질적인 협의 절차를 거치는 것이 필요하다.

이와 같은 저성과자와의 적극적인 소통 유지는 근로자의 수용성 및 법적안정성 확보 측면에서 필수적으로 요구되는 프로세스이다.

(3) 저성과자관리제도 운영에 대한 내부 공감대 형성

저성과자관리제도는 저성과자의 역량을 개발하고 노동력의 효율성을 제고하는 긍정적 효과가 있지만, 저성과자로 선정된 근로자의 사기를 떨어뜨리고 조직 내 위화감이 조성되는 등 조직문화 차원에서는 부정적인 측면이 있는 것도 사실이다.

따라서 저성과자관리제도를 도입함에 있어 내부 구성원들의 공감대를 최대한 확보하는 것이 바람직하다. 저성과자 관리의 필요성 및 취지에 대하여 충분히 설명하고 이해를 구할 필요가 있다. 이 과정에서 근로자들이 퇴출을 목적으로 하는 제도라는 확고한 인식을 가지지 않도록 하는 것이 가장 중요하다.

저성과자관리제도의 프로그램을 개발하는 과정에서 근로자들의 의견을 적극적으로 수용하고 의사결정에 참여토록 하는 것은 긍정적인 공감대를 형성하는데 도움이 될 수 있다.

(4) 운영 과정에서의 적법성 유지

저성과자관리제도는 그 프로그램의 특성 상 사후적으로 법적분쟁으로 이어지는 경우가 많다. 법적분쟁에서 부당한 것으로 인정되면 근로자들의 회사에 대한 신뢰가 떨어지고, 오히려 유능한 인력이 이직하는 등의 문제를 초래하게 된다.

따라서 제도설계 과정에서 법적 타당성에 대하여 충분히 검토하여야 함은 물론이고, 운영 과정에서도 그 적법성이 유지될 수 있도록 철저하게 관리하는 것이 매우 중요하다. 기본적으로는 설계된 제도대로 적용·운용하는 것이 필요하다. 예정되지 않은 예외를 양산하는 것은 제도의 안정성을 저해할 뿐만 아니라 결과적으로 법적안정성을 훼손시키게 된다.

특히, 퇴출프로그램을 적용할 때에는 매우 신중을 기하는 것이 바람직하다. 즉, 사직권고에 있어서는 근로자의 자발적 의사가 기본이 될 수 있도록 할 필요가 있으며, 해고(면직)에 있어서는 사회통념상 고용관계를 유지하기 어려울 정도에 이르렀는지에 대하여 사전에 충분한 법적 검토를 거치는 것이 매우 중요하다.

주요 관련 판례

✓ 저성과자 퇴출프로그램의 의미

(대법원 2012.12.13. 선고 2011두25340 판결)

원심은, 구 고용보험법시행령(2010.7.12. 대통령령 제22269호로 개정되기 전의 것) 제19조제1항에 규정된 고용유지조치기간 중 원고의 근로자들인 안○○ 등이 퇴직한 것은 원고가 시행하는 저성과자 퇴출프로그램에 따라 인력의 정예화를 통하여 조직에 활력을 부여하고 구성원의 업무능력 향상을 도모하는 인사관리차원에서 이루어진 것일 뿐이고 회사 내 잉여노동력의 발생으로 인한 '고용조정이 불가피한 상황'과는 관계없이 이루어진 것으로서 근로자의 수를 감축하기 위한 수단으로 보이지 않으므로 이러한 사정은 고용유지지원금 부지급사유에 해당한다고 할 수 없다는 이유로 이 사건 고용유지지원금 부지급처분이 위법하다고 판단하였다. 기록에 비추어 보면, 이러한 원심의 판단은 정당한 것으로 수긍이 가고, 거기에 고용유지지원금 지급에 관한 법리를 오해한 잘못이 없다.

✓ 유휴인력활용지침의 취업규칙 해당 여부

(대법원 2007.11.30. 선고 2005두13247 판결)

원고 은행의 유휴인력활용지침은 원고 은행이 후선으로 배치한 3급 이상 직원의 인사관리에 관한 사항을 정한 것으로서, 그러한 직원을 인사부 대기조사역, 인사부 조사역, 업무추진역 또는 관리역으로 발령하고, 그 중 업무추진역 및 관리역에 대하여는 개인별 연봉에 따라 목표 실적을 부여한 후 분기별 평가를 통해 확인된 목표달성률에 의하여 격려, 주의, 경고 등의 조치를 하며, 통산 3회 또는 연속 2회의 경고를 받은 직원에 대하여는 인사상 불이익한 조치를 할 수 있도록 하고 있는 바, 위 지침은 후선으로 배치한 3급 이상 직원의 업무수행에 따른 표창과 제재 등의 근로조건에 관한 준칙의 내용을 담고 있으므로 근로기준법 소정의 취업규칙에 해당한다고 할 것이다.

✓ 당연퇴직 처분이 근로기준법 상 해고에 해당하는지 여부

(대법원 2007.10.25. 선고 2007두2067 판결)

사용자가 어떤 사유의 발생을 당연퇴직 또는 면직사유로 규정하고 그 절차를 통상의 해고나 징계해고와 달리한 경우에 그 당연퇴직사유가 근로자의 사망이나 정년, 근로계약기간의 만료 등 근로관계의 자동소멸사유로 보이는 경우를 제외하고는 이에 따른 당연퇴직처분은 구 근로기준법 제30조 소정의 제한을 받는 해고라고 할 것이고, 위와 같이 취업규칙 등에 당연퇴직사유로서 근로관계의 자동소멸사유에 해당하지 아니하는 사유를 규정한 경우 그 의미는 그 규정 취지나 다른 당연퇴직사유의 내용 등에 비추어 합리적으로 판단하여야 한다.

✓ 직위해제 이후 당연퇴직 처리의 해고 해당 여부 및 정당성 판단 방법

(대법원 1995.12.5. 선고 94다43351 판결)

근로자가 지역의료보험조합의 운영규정에 정한 사유에 해당한다고 하여 직위해제 처분을 받은 다음 그 후 3월이 경과하도록 직위를 부여받지 못하였다는 이유로 같은 운영규정에 근거하여 당연퇴직 처리가 이루어진 것이라면, 이와 같은 직위해제 처분에 이은 당연퇴직 처리는 이를 일체로서 관찰할 때 근로자의 의사에 반하여 사용자의 일방적 의사에 따라 근로계약 관계를 종료시키는 것으로서 실질상 해고에 해당하고, 따라서 그 처분에 있어서는 근로기준법에 의한 제한을 받는다.

지역의료보험조합 운영규정에 의한 직위해제 처분과 당연퇴직 처리의 관계를 살펴보면, 그 운영규정상 직위해제 처분을 받은 자는 직위해제 처분 자체의 효력에 의하여 일정한 조건하에 당연퇴직 처리를 당할 수 있는 상당한 개연성을 가지게 되고 반면 당연퇴직 처리는 직위해제 후 3월간 직위를 부여받음이 없이 직위해제 상태가 계속됨으로 인하여 이루어지는 처분이므로, 일단 직위해제 처분이 정당하게 내려진 경우라면 그 후 3월의 기간 동안 직무수행 능력의 회복이나 근무태도 개선 등 직위해제 사유가 소멸되어 마땅히 직위를 부여하여야 할 사정이 있음에도 합리적인 이유 없이 직위를 부여하지 아니하는 등의 경우가 아닌 한, 당연퇴직 처리 그 자체가 인사권 내지 징계권의 남용에 해당한다고 볼 수는 없다.

✓ 대기발령 이후 직권면직 처리의 해고 해당 여부 및 정당성 판단 방법

(대법원 2002.8.23. 선고 2000두9113 판결)

인사규정 등에 대기발령 또는 직위해제 처분 후 일정기간이 경과하도록 복직발령을 받지 못하거나 직위를 부여받지 못하는 경우에는 당연퇴직 또는 직권면직된다는 규정을 두는 경우, 그 규정에 의하여 직위해제 처분에 이은 당연퇴직 또는 면직은 이를 일체로서 관찰할 때 근로자의 의사에 반하여 사용자의 일방적인 의사에 따라 근로계약 관계를 종료시키는 것으로서 실질상 해고에 해당한다할 것이고 그 처분에 있어서는 근로기준법에 의한 제한을 받는다고 보아야 할 것인 바, 일단 대기발령 또는 직위해제 처분이 정당하고 그 대기발령 또는 직위해제 처분 당시에 이미 근로자에게 사회 통념상 근로관계를 지속시킬 수 없을 정도로 귀책사유가 있어 해고의 요건이 존재하는 경우에는 대기발령 또는 직위해제 처분 후 직무수행능력의 회복이나 근무태도 개선 등 직위해제 사유가 소멸되어 마땅히 직위를 부여하여야 할 사정이 있음에도 합리적인 이유없이 직위를 부여하지 않는 등의 경우가 아닌 한, 대기발령 또는 직권해지 처분에 이은 당연퇴직 또는 면직처리 그 자체가 인사권 내지 징계권 남용에 해당한다고 볼 수는 없다.

✓ 대기처분 이후 자동해임 사건에서 대기처분이 별도의 소의 이익이 있는지 여부

(대법원 2018.5.30. 선고 2014다9632 판결)

이 사건 자동해임처분은 징계처분인 대기처분과 독립된 별개의 처분으로, 근로자인 원고의 의사에 반하여 사용자인 피고의 일방적 의사에 따라 근로계약관계를 종료시키는 해고에 해당하므로, 원심의 이 부분 전제 판단은 잘못이나, 이 사건 대기처분으로 원고는 대기처분 기간 동안 승진·승급에 제한을 받고 임금이 감액되는 등 인사와 급여에서 불이익을 입었고, 원고가 이 사건 대기처분 이후 이 사건 자동해임처분에 따라 해고되었더라도 해고의 효력을 둘러싸고 법률적인 다툼이 있어 해고가 정당한지가 아직 확정되지 않았으며, 더군다나 이 사건 자동해임처분이 이 사건 대기처분 후 6개월 동안의 보직 미부여를 이유로 삼고 있는 것이어서 이 사건 대기처분이 적법한지 여부가 이 사건 자동해임처분 사유에도 직접 영향을 주게 되므로, 그렇다면 여전히 이러한 불이익을 받는 상태에 있는 원고로서는 이 사건 자동해임처분과 별개로 이 사건 대기처분의 무효 여부에 관한 확인 판결을 받음으로써 유효·적절하게 자신의 현재의 권리 또는 법률상 지위에 대한 위험이나 불안을 제거할 수 있다고 보아야 한다.

✓ 대기발령의 정당성 판단 기준

(대법원 2007.2.23. 선고 2005다3991 판결)

사용자가 대기발령 근거규정에 의하여 일정한 대기발령 사유의 발생에 따라 근로자에게 대기발령을 한 것이 정당한 경우라고 하더라도 당해 대기발령 규정의 설정 목적과 그 실제 기능, 대기발령 유지의 합리성 여부 및 그로 인하여 근로자가 받게 될 신분상·경제상의 불이익 등 구체적인 사정을 모두 참작하여 그 기간은 합리적인 범위 내에서 이루어져야 하는 것이고, 만일 대기발령을 받은 근로자가 상당한 기간에 걸쳐 근로의 제공을 할 수 없다거나, 근로제공을 함이 매우 부적당한 경우가 아닌데도 사회통념상 합리성이 없을 정도로 부당하게 장기간 동안 대기발령 조치를 유지하는 것은 특별한 사정이 없는 한 정당한 이유가 있다고 보기 어려우므로 그와 같은 조치는 무효라고 보아야 할 것이다.

✓ 대기발령 시 근로자 본인과의 협의절차 진행 여부의 효력

(대법원 2002.12.26. 선고 2000두8011 판결)

대기발령이 정당한 인사권의 범위 내에 속하는지 여부는 대기발령의 업무상의 필요성과 그에 따른 근로자의 생활상의 불이익과의 비교교량, 근로자와의 협의 등 대기발령을 하는 과정에서 신의칙상 요구되는 절차를 거쳤는지의 여부 등에 의하여 결정되어야 하며, 근로자 본인과 성실한 협의절차를 거쳤는지의 여부는 정당한 인사권의 행사인지의 여부를 판단하는 하나의 요소라고는 할 수 있으나 그러한 절차를 거치지 아니하였다는 사정만으로 대기발령이 권리남용에 해당되어 당연히 무효가 된다고는 볼 수 없다.

✓ 저성과자 선정에 있어 다면평가제도의 의미

(서울고등법원 2012.8.23. 선고 2011누25458 판결)

다면평가제도는 하향식의 일방적 평가를 탈피하여 상급자 외에 하급자 또는 동료에 의한 평가를 포함함으로써 평가의 공정성을 높이기 위한 제도로서 종래의 평가방식에 비하여 공정성이나 객관성을 확보할 수 있다는 나름의 장점이 있다. 비록 다면평가제도가 개인적 친밀도에 따른 영향이나 근거 없는 악의적 평가 등의 문제로 잘못 운용될 여지가 없다고 할 수는 없으나, 그러한 추상적 위험성이 현실화되어 원고에 대한 평가에 어떠한 잘못이 있다는 사정에 관하여 아무런 증거가 없는 이 사건에 있어서 원고가 주장하는 바와 같은 추상적 위험성만으로는 다면평가에 의한 근무성적 평가와 그에 근거한 저성과자 선정에 합리성이나 타당성이 없다고 볼 수는 없다.

✓ 업무능력 판단에 있어 상대평가방식의 의미

(서울행정법원 2006.1.27. 선고 2005구합23879 판결)

회사의 인사고과제도는 절대평가방식이 아닌 상대평가방식이므로 단지 인사고과에서 최하위등급을 받았다는 것만으로 참가인의 업무능력이 객관적으로 불량하다고 단정할 수 없는 점, 감리업무의 특성상 발생할 수밖에 없는 시공사와의 의견충돌 및 업무상 마찰을 해결하는 과정에서 참가인의 독선적이고 비협조적인 성격으로 인하여 시공사와의 업무처리 과정이 원만하게 이루어지지 못한 경우가 있었던 것으로 보이나 이것이 참가인의 업무미숙, 근무태만, 기타 비위행위로 인한 것이라고 볼 만한 정황은 없는 점, 인사평정과정에서 드러난 소속 부서장 및 담당 임원들의 의견 또한 참가인의 기술적인 업무능력, 전문성 등은 인정되나 참가인의 대인관계상의 문제로 인하여 잦은 업무상 마찰이 발생하고 있는 것으로 파악하고 있었던 점, 참가인 또한 그러한 문제점을 인식하고 자신을 설계파트로 전보시켜 줄 것을 요청하기도 하였으나 원고 회사가 이를 거절하고 참가인에게 별도의 프로젝트를 부여하지 않았던 사정 등 제반 정황을 고려하여 볼 때 참가인이 4회 연속 최하위 등급의 인사고과를 받았다는 사정만으로는 참가인의 근무성적이 사회통념상 고용관계를 유지할 수 없을 정도로 객관적으로 불량한 정도에 이르렀다고 보여지지는 않으므로 원고 회사가 이를 이유로 참가인을 징계면직한 것은 사용자의 인사권을 남용한 것이다.

주요 관련 판례

✓ 저성과자관리제도 관련 주요 판례(1)

서울고등법원 2016.4.14. 선고 2015누50520 판결(상고기각 확정)

[사건 개요]

- 인사규정 제31조 제4호에 "직무수행능력이 현저히 부족한 때"를 해고사유로 규정
- 2009년 최초로 성과부진자 관리방안 수립, 매년 개선·보완
- 2013년 부실근무자 관리체계를 보완하여 시행

- 6개월을 단위로 한 1, 2차 평가를 가지고 직권면직 여부를 결정하는 방식에서 3개월의 1차 평가만으로 바로 직권면직할 수 있도록 변경함.
- 2013년 변경된 부실근무자 관리방안에 따라 근로자 면직처분

[법원 판단]

1. 취업규칙에 해당하는 부실근무자 관리방안 중 선정 후 관리 프로그램의 2단계 프로그램이 "징계 후 현업에 복귀시키고 현업 복귀 후 6개월이 지난 후(징계처분기간 포함) 1차 평가를 하고 그로부터 6개월이 지난 후 2차 평가를 하여 부적합 판단을 받으면 3단계 프로그램을 실시"하도록 되어 있었음에 비하여 부실근무자 관리체계 보완의 선정 후 관리 프로그램 중 2단계 프로그램은 "징계 후 현업에 복귀시키고 현업 복귀 후 3개월이 지난 다음 다시 평가를 하여 부적합 판단을 받으면 3단계 프로그램을 실시"하도록 변경됨으로써 6개월을 단위로 한 1, 2차 평가에서 3개월의 1차 평가만으로 바로 직권면직할 수 있도록 변경되었는바, 부실근무자 관리체계 보완이 기존의 부실근무자 관리방안에 비하여 근로자에게 불이익하게 변경된 부분과 비교하여 보면 부실근무자 관리체계 보완이 기존의 부실근무자 관리방안에 비하여 근로자에게 불이익하게 변경되었음은 충분히 인정할 수 있다.

2. 부실근무자 관리방안에 관하여는 참가인이 참가인 노동조합의 동의를 받았으나 부실근무자 관리체계 보완에 대하여는 참가인 노동조합의 동의가 없었던바, 참가인 노동조합의 동의를 얻은 부실근무자 관리방안은 참가인의 취업규칙인 인사규정의 구체적인 내용이 되었다고 봄이 상당하고, 참가인이 이를 부실근무자 관리체계 보완으로 불이익하게 변경하는 이상 근로기준법 제94조 제1항 단서의 규정에 따라 참가인 근로자 과반수로 조직된 노동조합의 동의를 받아야 함에도 참가인은 이를 받지 않았는바, 부실근무자 관리체계 보완은 그 효력을 인정하기 어렵다.

또한 부실근무자 관리체계 보완으로의 변경이 사회통념상 합리성이 있다고 인정할 수는 없다.

3. 그렇다면 '부실근무자 관리체계 보완'은 근로기준법 제94조제1항 단서에 위반되어 무효이고 이에 근거하여 이루어진 이 사건 직권면직도 무효이다.

✓ 저성과자관리제도 관련 주요 판례(2)

서울행정법원 2016.7.14. 선고 2015구합12830 판결

[사건 개요]

- 취업규칙 제25조(해고)에 "근무성적 또는 업무능률이 현저하게 낮을 때"를 해고 사유로 규정

- 2011년까지는 절대평가 방식으로 상·중·하의 3등급으로 인사평가, 2012년부터는 상대평가 방식으로 S, A, B, C, D 5등급 평가
- 해당 근로자는 2010년도 성과 평가에서는 '중' 등급을 받았으나, 2011년도 성과 평가에서는 '하' 등급을 받았고, 2012년도, 2013년도 성과 평가에서는 각각 'D' 등급을 받음.
- 역량향상 과정에 따라 2014.3.24.부터 2014.4.4.까지 1차 집체교육을 이수한 다음 2014.6.까지 현업에서 협력사 실사·평가·진단 업무, 부품 개발 라이브러리(Library) 등록 업무 등 과업 수행
- 교육 및 과업 수행에 대한 평가 결과 역량이 향상되었다는 판단을 받지 못함.
- 2014.9.1.부터 2014.9.5.까지 2차 집체교육을 이수한 다음 2014.11.까지 재차 현업에서 위와 같은 과업을 계속 수행
- 2014년도에도 성과 평과에서 'D' 등급 받음.
- 대기발령 이후 2015.3.3. 원고(근로자)에게 '대기발령 사유 미해소'를 사유로 취업규칙 제25조를 근거로 하여 해고처분

[법원 판단]

원고는 2011년부터 2014년까지 지속적으로 최하 등급의 근무성적을 받았을 뿐 아니라 낮은 업무능률을 보여주었다고 봄이 타당하고, 그런데도 원고는 근무시간에 업무 이외의 일을 하거나 자신에게 주어진 통상적인 업무에 대해 사소한 일이라며 불만을 제기하는 등 성실하지 못하게 업무를 수행하여 근무성적이나 업무능률을 개선하려는 의지와 노력을 보이지 않았을 뿐만 아니라 실제로도 상급자들로부터 계속해서 업무 역량·능력, 창의성, 주도성, 소통 능력 등이 많이 부족하다는 평가를 받고 이 사건 역량향상 과정에서도 역량이 향상되었다는 평가를 받지 못하는 등 근무성적이나 업무능률이 개선될 여지를 보이지 않았다고 봄이 타당하며, 나아가 위와 같은 원고의 낮은 근무성적과 업무능률 및 불성실성과 개선 불가능성으로 인하여 참가인의 부서 중 원고를 필요로 하거나 받아들이려는 곳이 없었을 뿐만 아니라 원고 스스로도 참가인 측에 회사를 나갈 생각임을 밝히는 등 서로 간에 근로관계의 바탕을 이루는 신뢰가 깨어지는 상황에 이르렀다고 봄이 타당하다.

그렇다면 원고에게는 사회통념상 고용관계를 계속할 수 없을 정도로 근로자인 원고에게 책임이 있는 사유로서 이 사건 참가인의 취업규칙 제25조에서 해고 사유로 정한 '사원의 근무성적 또는 업무능률이 현저하게 낮을 때'에 해당하는 사유가 있다고 보아야 한다. 따라서 참가인은 위 취업규칙 조항에 근거하여 원고를 해고할 수 있으므로, 참가인의 원고에 대한 이 사건 해고는 정당하다.

✓ **저성과자관리제도 관련 주요 판례(3)**

부산지방법원 2017.2.2. 선고 2015가합49630 판결

[사건 개요]

- 근로자는 2004년 ○○○○자동차에 정규직 지점장으로 채용되어 계속 지점장으로 근무
- 근로자는 2012년 희망퇴직 대상자 포함 이후 고객불만상담업무로 발령됨.
- 2012년 역량평가(업무성과 외에 상사가 주관적으로 부여하는 고과)에서 최하등급을 받음.
- 2013년 8주간의 역량향상교육을 이수함.
- "법인영업담당(신설)"이라는 직책으로 발령
- 2013년 업적평가(정량평가)에서 38.4점, 2차 역량평가(정성평가)에서 −38.4점을 받음.
- 2014년 역량평가 최하등급을 받음.
- 2015년 직무성적 불량으로 통상해고 조치됨.

[법원 판단]

A씨가 2012년부터 2014년까지 근무했던 부서는 원래 A씨 같은 영업직군 사원에게는 일반적으로 맡기지 않는 업무였을뿐만 아니라 그 전에 업무를 맡았던 사원 5명이 희망퇴직으로 회사를 그만둔 점을 고려할 때 업무 자체가 실적이 저조할 수 밖에 없는 부분이 많은 것으로 보이며, 사측이 A씨의 업무능력을 개선할 수 있는 배치전환의 기회를 제공하는 등의 노력을 충분히 했다고 보기 어렵다.

또 A씨는 2013년 정량평가인 업적평가에서 38.4점을 받았는데 정성평가로만 이뤄지는 2차 역량평가에서 업적평가를 모두 상쇄하는 −38.4점을 받아 0점이 되었는데 정성평가로 인한 감점이 다른 매니저급에 비해 A씨에 대해서만 유독 클뿐만 아니라 정성평가는 평가자의 자의가 개입되기 쉽고 A씨가 2011년 대리점 선정절차에 문제를 제기하고 징계를 받은 뒤인 2012년부터 최하등급으로 평가된 것에 비춰볼 때 2012년 이후 A씨의 역량평가시 평가자의 자의가 개입되었다고 볼 여지도 있다.

역량향상교육을 수료하지 못하긴 하였으나 수료 기준인 80점에 다소 부족한 74~79점을 받았으므로 현저히 불성실하게 이수한 것이라 볼 수 없고, 그 이후에도 추가로 교육기회를 제공한 것도 아니므로 교육기회를 충분히 제공했다고 보기 어렵다.

※ 법원은 "피고(회사)가 면직처분의 근거로 들고 있는 고용노동부 공정인사 지침(저성과자 해고 지침)에 따르더라도"라고 하여 이 지침에 따른 해고가 정당해지는 것인지에 대한 판단은 별론으로, 고용노동부의 지침에 따른 기준을 가정적(假定的)으로 적용해보더라도 해고가 부당하다고 판시함.

제4절
인원조정을 통한 고용조정

I 개 설

인원조정을 통한 고용조정이라고 하면 통상 다수의 근로자와의 근로관계를 종료함으로써 인원을 감축하는 것으로 이해되며, 그 방법으로는 경영상 해고나 희망퇴직을 의미한다. 그러나 휴직과 휴업도 일시적이나마 다수의 인원을 사업 또는 사업장 내에서 배제한다는 측면에서 인원조정을 통한 고용조정의 범주에 포함할 수 있다.

휴직 및 휴업은 노무제공을 정지하는 것이므로 임금 등 근로조건에 큰 영향을 미치게 되고 경영상 해고 및 희망퇴직은 근로관계 자체가 종료되는 것이므로 많은 중요한 법적쟁점이 존재한다. 또한 근로자들의 만족도 내지 사기, 노사갈등과 같은 조직적 문제를 발생시킨다. 따라서 그 시행과 운영에 있어 철저한 법적, 관리상의 검토 및 분석이 요구된다.

근로기준법 제24조(경영상 이유에 의한 해고의 제한) 제4항은 일정한 규모 이상의 인원을 해고하고자 하는 경우 신고하도록 정하고 있다. 그리고 고용정책기본법 제33조(대량고용변동의 신고) 제1항은 일정규모 이상의 고용량 변동이 있는 경우 신고하도록 규정하고 있다.

고용노동부 제출자료에 의하면 〈표 24〉에서 보는 바와 같이 2015년 이후 경영상 해고 계획 신고 규모는 줄어드는 반면 대량고용조정 신고 규모는 늘어나는 양상을 보이고 있다. 대량고용조정이 반드시 희망퇴직만을 의미하는 것은 아니지만, 현실적으로 대부분 희망퇴직이 주를 이룰 것으로 보인다. 따라서 인원을 궁극적으로 감축하는 방법으로 경영상 해고 보다 희망퇴직을 활용하는 양상을 보이고 있다고 할 수 있다. 이것은 아마도 경영상 해고가 희망퇴직에 비하여 법적요건이 까다롭고 분쟁의 가능성이 크기 때문인 것으로 생각된다.

이하에서는 인원조정을 통한 고용조정으로서 휴직과 휴업, 희망퇴직, 경영상 해고의 법적문제와 안정적 시행을 위한 운영원칙에 대하여 살펴본다.

[표 24] 2015~2019년 경영상 해고 계획 및 대량고용조정 신고 현황[147)]

(단위 : 개소, 명, %)

구분	경영상 해고			대량고용조정		
	사업장수	근로자수	예정인원	사업장수	근로자수	예정인원
2015년	38	5,547	1,934 (34.9)	54	28,721	7,772 (27.1)
2016년	34	4,388	1,659 (37.8)	171	52,741	16,011 (30.4)
2017년	28	2,797	969 (34.6)	326	72,179	25,430 (35.2)
2018년	18	3,368	1,065 (31.6)	384	74,635	29,132 (39.0)
2019년 8월	26	2,103	1,247 (59.3)	202	29,670	12,761 (43.0)
합계	152	18,203	6,874 (37.8)	1,137	257,946	91,106 (35.3)

Ⅱ 휴직과 휴업

1. 휴직 및 휴업의 개념

노동관계법령상 휴업의 개념에 대하여 명시적으로 정의하고 있지는 않다. 다만, 통상적으로 사용자와 근로자 사이에 근로계약관계는 존재하면서 사업의 전부 또는 일부에 대하여 사용자의 책임있는 사유로 인해 사용자가 근로자로부터 근로의 제공을 받을 수 없게 된 경우를 말한다.[148)]

147) 2019.10.3.자 한정애 의원(더불어민주당) 보도자료 수정

148) 고용노동부, 휴업수당 해석 기준, 2009.2.

한편, 근로기준법 제23조(해고 등의 제한) 제1항은 정당한 이유 없는 휴직을 금지하고 있으나, 휴직의 개념에 대하여도 구체적인 정함을 두고 있지 않다. 이에 휴업과 휴직에 대하여 실무상 혼란이 존재하고 있으며, 판례나 학설 상으로도 휴업의 범위, 휴직과의 관계 등 문제가 완전히 정립되어 있지 못하다.

대법원[149]은 "근로기준법 제46조 제1항에서 정하는 '휴업'에는 개개의 근로자가 근로계약에 따라 근로를 제공할 의사가 있는데도 그 의사에 반하여 취업이 거부되거나 불가능하게 된 경우도 포함되므로, 이는 '휴직'을 포함하는 광의의 개념인데, 근로기준법 제23조 제1항에서 정하는 '휴직'은 어떤 근로자를 그 직무에 종사하게 하는 것이 불가능하거나 적당하지 아니한 사유가 발생한 때에 그 근로자의 지위를 그대로 두면서 일정한 기간 그 직무에 종사하는 것을 금지시키는 사용자의 처분을 말하는 것이고, '대기발령'은 근로자가 현재의 직위 또는 직무를 장래에 계속 담당하게 되면 업무상 장애 등이 예상되는 경우에 이를 예방하기 위하여 일시적으로 당해 근로자에게 직위를 부여하지 아니함으로써 직무에 종사하지 못하도록 하는 잠정적인 조치를 의미하므로, 대기발령은 근로기준법 제23조 제1항에서 정한 '휴직'에 해당한다고 볼 수 있다. 따라서 사용자가 자신의 귀책사유에 해당하는 경영상의 필요에 따라 개별 근로자들에 대하여 대기발령을 하였다면 이는 근로기준법 제46조 제1항에서 정한 휴업을 실시한 경우에 해당하므로 사용자는 그 근로자들에게 휴업수당을 지급할 의무가 있다"고 판시하고 있다.

즉, 대법원은 휴업에 대하여 경영상 이유에 의한 휴직, 대기발령을 포함한 광의의 개념으로 파악하고 있는 것으로 볼 수 있다. 이러한 대법원의 취지를 고려하면 사용자의 책임있는 사유로 인한 휴업과 휴직은 사실상 동일한 개념으로 이해할 수 있다.

149) 대법원 2013.10.11. 선고 2012다12870 판결

2. 휴직 및 휴업의 법률문제

(1) 기본 법률사항

1) 휴업수당의 지급

사용자는 자신의 책임있는 사유로 휴업하는 경우 휴업기간 동안 근로자에게 평균임금 100분의 70이상의 수당을 지급하여야 한다. 다만 평균임금 100분의 70에 해당하는 금액이 통상임금을 초과하는 경우에는 통상임금을 지급할 수 있다. 이를 휴업수당이라고 한다. 근로자에게 귀책사유가 없음에도 불구하고 근로를 제공하지 못함으로써 입게 되는 임금상실의 위험으로부터 근로자를 보호하기 위한 것이다.

한편, 근로기준법 제46조(휴업수당) 제2항은 사용자에게 귀책사유가 있더라도 '부득이한 사유로 사업을 계속하는 것이 불가능하여 노동위원회의 승인을 받은 경우'에는 평균임금 100분의 70 또는 통상임금 이하로 휴업수당을 지급할 수 있다고 정하고 있다.

그리고 휴업기간 중 근로자가 임금의 일부를 지급받은 경우에는 휴업기간에 해당하는 평균임금에서 이미 지급된 임금을 뺀 나머지 금액에 100분의 70을 곱하여 휴업수당을 산정한다. 통상임금을 휴업수당으로 지급하는 경우에는 통상임금에서 휴업한 기간 중 지급받은 임금을 뺀 금액을 지급한다(근로기준법시행령 제26조). 휴업수당 산정례는 〈표 25〉와 같다.

관련조문

근로기준법 제23조(해고 등의 제한)

① 사용자는 근로자에게 정당한 이유 없이 해고, 휴직, 정직, 전직, 감봉, 그 밖의 징벌(懲罰)(이하 "부당해고등"이라 한다)을 하지 못한다.

근로기준법 제28조(부당해고등의 구제신청)

① 사용자가 근로자에게 부당해고등을 하면 근로자는 노동위원회에 구제를 신청할 수 있다.

② 제1항에 따른 구제신청은 부당해고등이 있었던 날부터 3개월 이내에 하여야 한다.

근로기준법 제46조(휴업수당)

① 사용자의 귀책사유로 휴업하는 경우에 사용자는 휴업기간 동안 그 근로자에게 평균임금의 100분의 70 이상의 수당을 지급하여야 한다. 다만, 평균임금의 100분의 70에 해당하는 금액이 통상임금을 초과하는 경우에는 통상임금을 휴업수당으로 지급할 수 있다.

② 제1항에도 불구하고 부득이한 사유로 사업을 계속하는 것이 불가능하여 노동위원회의 승인을 받은 경우에는 제1항의 기준에 못 미치는 휴업수당을 지급할 수 있다.

[표 25] 휴업수당 산정 예시

(1) A기업이 1개월간 휴업을 실시하면서 임금의 일부로 100만원을 지급한 경우 소속 근로자 甲의 평균임금이 200만원, 월 통상임금이 150만원이라면 휴업수당으로 70만원 지급
평균임금 200만원×70%=140만원 〈 통상임금 150만원 → 평균임금으로 지급
평균임금 200만원-지급받은 임금 100만원=100만원×70%=70만원

(2) B기업이 1개월간 휴업을 실시하면서 임금의 일부로 100만원을 지급한 경우 소속 근로자 乙의 평균임금이 200만원, 월 통상임금이 130만원이라면 휴업수당으로 30만원 지급
평균임금 200만원×70%=140만원 〉 통상임금 130만원 → 통상임금으로 지급
통상임금 130만원-지급받은 임금 100만원=30만원

2) 사용자의 귀책사유

사용자의 귀책사유는 민법상의 귀책사유인 고의·과실 이외에도 사용자의 세력범위 안에서 발생한 경영장애까지 해당되는 것으로 폭넓게 해석되고 있다.

판매부진과 자금난[150], 원도급업체의 공사중단에 따른 하도급업체의 조업중

150) 기준 145.9-11203, 1968.11.30. ; 대법원 1963.2.21. 선고 62다912 판결 ; 중앙노동위원회 2018

단[151], 원자재 부족[152], 전력회사의 전력공급 중단[153], 공사현장에 대한 작업중지명령[154], 행정청으로의 업무정지처분[155] 등이 사용자의 귀책사유로 인정된다. 천재지변은 원칙적으로 사용자의 귀책사유에 해당하지 않으나, 사용자가 사회통념상 요구되는 대피 또는 방제 시설을 게을리 하여 발생한 사고는 사용자의 귀책사유에 해당할 수 있다. 화재의 경우에도 제3자의 방화인 경우에는 사용자의 귀책사유에 해당하지 않으나, 시설관리 소홀로 인하여 발생한 화재는 사용자의 귀책사유에 해당한다. 화재의 원인을 알 수 없는 경우에도 사용자의 귀책사유에 해당하는 것으로 인정될 여지가 크다.

한편, 2020년 코로나19 감염 확산에 따른 휴업과 관련하여 휴업수당 지급여부가 사회적으로 크게 이슈화되었는데, 고용노동부[156]는 근로자 중 확진환자, 유증상자 또는 접촉자가 발생하여 추가 감염방지를 위한 소독·방역 등을 위하여 휴업하는 경우에는 사용자의 귀책사유에 해당하지 않으나, 그러한 사정이 없음에도 사용자가 자체적으로 휴업을 실시하는 경우에는 사용자의 귀책사유에 해당한다고 보았다. 그리고 감염 확산에 따른 부품공급 중단, 예약취소·매출감소 등에 의한 휴업 역시 사용자의 귀책사유에 해당하는 것으로 보았다.

휴업과 관련하여 사용자의 귀책사유를 인정하거나 불인정한 주요 사례를 살펴보면 〈표 26〉과 같다.

휴업3, 2018.11.21.(퇴직금 부담과 매출 부진에 따른 휴업 사례)

151) 대법원 1970.5.26. 선고 70다523·524 판결 ; 경기지방노동위원회 2009.2.2. 2008휴업4(완성차업체의 가동 중단으로 인한 협력업체 휴업 사례)

152) 보로 제537호, 1957.7.4.

153) 기준 1455.9-8444, 1968.9.7. ; 법무 811-8509, 1979.4.6.

154) 경기지방노동위원회 2018.8.6. 2018휴업2

155) 중앙노동위원회 2019.11.5. 2019휴업3

156) 고용노동부, 코로나19 관련 노동관계법 주요 Q&A, 2020. 1~2쪽.

[표 26] 사용자 귀책사유 인정 및 불인정 주요 사례

구분	사례
인정	• 원청사에 대한 작업중지명령(대법원 2019.9.10. 선고 2019도96604 판결) • 행정청의 업무정지 처분(중노위 2019휴업3, 2019.11.5.) • 퇴직금 부담과 매출 부진(중노위 2018휴업3, 2018.11.21.) • 공사현장에 대한 작업중지명령(경기지노위 2018휴업2, 2018.8.6) • 경영상 필요에 의한 대기발령(대법원 2013.10.11. 선고 2012다12870 판결) • 원청사의 도급계약해지(인천지노위 2009휴업4, 2009.7.6.) • 완성차업체의 가동중단(경기지노위 2008휴업4, 2009.2.2.) • 학교급식소 개축공사(근로조건지도과-2225, 2008.12.22.) • 시장불황과 생산량 감축(근기 68207-106, 1999.9.21.) • 갱내 붕괴사고(근기 1455-28040, 1982.10.18.) • 사용자 귀책사유에 의한 화재로 인한 공장이전(법무 811-3396, 1980.2.13) • 배급유통기구의 차질에 의한 작업량감소(대판 68다1972, 1969.3.4.) • 판매부진과 자금난(기준 145.9-11203, 1968.11.30.) • 원자재의 부족(보로 제537호, 1957.7.4.)
불인정	• 징계로서의 정직·출근정지(근기 68207-1977, 2002.5.21.) • 부당해고 또는 무효인 해고(대법원 86도611, 1986.10.14.) • 천재·지변(근로기준과-802, 2010.2.16.) • 파업 기간(근기 68207-2060, 2001.6.28) • 전력회사의 공사관계 등 외부적 사유에 의한 정전(법무811-8509, 1979.4.6.)

3) 휴업수당 감액

사용자의 귀책사유에 의해 휴업하는 경우에도 ① 부득이한 사유로 사업을 계속하는 것이 불가능한 경우에 해당하여 ② 노동위원회의 승인을 받아 평균임금 100분의 70 또는 통상임금 미만으로 휴업수당을 지급할 수 있다.

여기에서 '부득이한 사유'는 당해 사업의 외부사정에 기인한 사유를 말한다. 그러나 고용노동부는 경영악화 등을 초래한 원인이 순수하게 외부의 요인에 의해서만 발생하는 것은 아니므로 ① 내·외부 사정을 종합적으로 살펴 ② 사용자가 경영정상화를 위해 선량한 관리자로서 최선을 다하고 ③ 그것이 사회통념상 인정될 수 있는 경우에는 부득이한 사유가 인정된다고 한다. 그리고 '사업계속이 불가능하다는 것'은 사용자로서 노력을 다하여도 조업을 일시 중지할 수밖에 없는 경우로써 기업도산이나 폐업 등에 이르는 상황을 요하는 것은 아니라고 한다.[157]

부득이한 사유에 대한 입증책임은 휴업수당 지급책임을 면하려는 사용자에게 있다. 사용자의 휴업수당 감액승인 신청이 있으면 노동위원회는 〈표 27〉의 사항을 고려하여 30일 이내에 심의·의결한다.

노동위원회의 주요 휴업수당 감액승인 결정 사례는 〈표 28〉과 같다.

[표 27] 노동위원회의 휴업수당 감액승인 심의 고려사항

① 기업 외적인 요인과 내적인 요인 등을 종합적으로 고려

▲ 기업 외적인 요인 : 거래처 상황, 전반적인 사회·경제적 상황, 당해 업종·지역경제의 사정, 금융시장 상황 등

▲ 기업 내적인 요인 : 생산량, 매출액, 재고량, 영업실적, 채무상황, 인건비 변동상태, 근무시간 축소, 적자부분의 계속성 여부, 주가 변동상황, 사업규모의 축소조정, 사업지속 노력정도 등

② 사용자가 선량한 관리자로서 최선을 다하였음에도 부득이하게 휴업할 수밖에 없는 상황이 초래된 것이 사회통념상 인정될 수 있는지 여부

③ 법정기준(평균임금 70%) 이상을 지급하는 것이 기업회생에 걸림돌로 작용하여 기업도산으로 근로자 보호에 역행할 소지가 있는지 여부

④ 그 밖에 성실한 노사협의 또는 당사자 동의가 있었는지 여부

▲ 사용자가 승인신청에 앞서 반드시 노사협의나 합의 등의 절차를 거쳐야 하는 것은 아니지만, 휴업결정에 앞서 기업도산 방지, 해고회피 노력의 일환으로 근로자대표, 해당 근로자 등과 성실한 협의 등을 거친 경우 기준미달 휴업수당 지급 필요성이 있는 것으로 일응 인정할 수 있을 것임

157) 고용노동부, 휴업수당 해석 기준, 2009.2.

[표 28] 휴업수당 감액승인 결정 사례

[서울지방노동위원회 2019휴업4 2020.1.20]

가. ① 서울회생법원이 신청인에 대한 회생절차 개시 결정 시, 신청인의 재정 위기가 초래된 이유로 '무리한 병원 시설 확장', '출산율 저하로 인한 의료수익의 감소' 및 '의료수익 대비 과도한 인건비 발생' 등을 들고 있고 이는 신청인의 주장과 부합함, ② 신청인의 재정 위기로 인해 실시한 휴업은 천재지변 등 불가항력적인 사유에 해당한다고 보기 어려움. 이러한 사정들을 종합하면, 휴업은 사용자의 귀책사유로 인한 경우에 해당함. 나. ① 신청인의 부채는 증가 추세에 있고 자산과 매출액은 감소 추세에 있으며, 매월 약 6억 원 이상의 적자가 발생하고 있음, ② 신청인은 교섭대표노조와 희망퇴직 실시, 임금 삭감, 상여율 하향 조정, 일부 후생복리 항목 폐지 등에 합의하고 자산을 매각하는 등 자구노력을 실시하였음에도 체불금품이 80억 원에 이르는 등 경영 사정은 좋지 않은 것으로 보임, ③ 신청인은 재정 위기로 인해 구조조정이 불가피한 상황에서 해고 회피 노력의 일환으로 휴업을 실시한 것으로 보임. 이러한 사정들을 종합하면, 휴업은 경영상 해고 회피 노력의 일환으로 실시된 것으로서 부득이한 사유로 사업계속이 불가능한 경우에 해당함. 다. 신청인의 재정 위기로 인한 도산 위험과 도산 시 근로자 보호에 역행할 우려가 있으며, 휴업 및 휴업조건에 대하여 교섭대표노조가 찬성하고 있는 점 등을 고려하여 근로기준법에서 정한 기준에 미달하는 휴업수당(평균임금의 25%) 지급을 승인하는 것이 타당함.

[서울지방노동위원회 2017휴업1 2017.6.12]

신청인은 중국인 단체관광객 유치 전담여행사로 중국 정부의 한국관광 제한 조치로 인한 경영상 어려움으로 3개월간 무급으로 휴업할 예정이며, 이는 기준 미달의 휴업수당 지급 승인 요건에 해당한다고 주장하는바, 이에 대해 살펴보면, ① 신청인은 중국전담여행사로 영업 대상 중 중국인 관광객 비중이 99%를 차지하고 있는 점, ② 중국 정부의 한국관광 제한 조치로 인하여 2017.3.15. 이후 중국인 단체관광객의 한국관광이 중단된 상태이며, 이로 인해 매출이 전혀 발생하지 않고 있는 점, ③ 매출액이 2014년부터 지속적으로 감소하고 있고, 2015년부터 당기순손실 상태로 전환되는 등 재무구조가 악화되고 있다고 보이는 점, ④ 신청인은 여유자금에서 근로자들에 대한 휴업수당을 계속 지급하여 여유자금이 부족해지면 향후 한국관광 제한 조치가 해제되더라도 정상적으로 영업을 하기 어렵다고 진술하고 있는바, 이를 신뢰할만하다고 보이는 점, ⑤ 한국관광 제한 조치 이후 동남아시아 등을 대상으로 신규 거래처 확보를 위해 노력하고 있으나, 여행업의 특성을 고려할 때 즉시 매출로 이어지기 어렵다고 보이는 점 등을 종합하면 신청인이 2017.7.1.부터 같은 해 9.30.까지 실시하는 휴업은 부득이한 사유로 사업을 계속하는 것이 불가능한 경우에 해당하므로, 휴업기간 동안 휴업수당을 무급으로 하는 것이 불가피하다고 판단됨.

[경북지방노동위원회 2015휴업1, 2015.3.23.]

당해 사업장은 조리원의 부주의로 인한 화재로 급식실이 전소되어 급식실 준공 시까지 부득이 급식실을 운영할 수 없는 상태인 점, 급식을 한시적으로 외부급식업체에 위탁하여 휴업수당 재원 등이 전혀 없는 점, 휴업 대상 근로자 전원이 기준 미달의 휴업수당(무급)을 지급받는 것에 대하여 합의한 점, 휴업 대상 근로자 중 희망자에 한해 휴업기간 동안 타사 취업을 알선한 점 등으로 볼 때 당해 사업장의 휴업조치는 부득이한 사유로 사업계속이 불가능한 것으로 판단됨.

[서울지방노동위원회 2013휴업2 2013.10.23.]

세계 휴대전화 단말기 시장의 경쟁 심화와 일부 과점업체들의 시장 분점으로 인하여 향후 시장 재편이 불가피한 점, 이 사건 신청인은 2011년에 3조원에 이르던 매출액이 2012년에는 2조 2천억 원, 2013년 상반기에는 약 7천 8백억 원으로 급속하게 감소하고 있고, 2011년 869억 원에 이르던 당기순이익이 2012년에는 1,788억 원, 2013년에는 상반기에만 약 1,170억 원의 당기순손실로 전환되어 이어지고 있는 점, 이 사건 신청인은 2013.8.경 과장급 이상 임원들의 급여를 10~35% 삭감하고 운영자금 마련 등을 위하여 전환사채를 발행하여 ○○, ○○○○, 채권은행단으로부터 총 1,565억 원의 자금을 조달받았으나 2013.9.월 이후로는 영업수입 외에 자금을 조달하지 못한 점 등을 종합적으로 고려해 볼 때 이 사건 휴업은 부득이한 사유로 사업을 계속하는 것이 불가능한 경우에 해당됨.

[인천지방노동위원회 2009휴업1, 2009.6.1]

이 사건 휴업은 비록 원청사의 도급 계약해지로 인해 발생한 잉여인력에 대하여 불가피하게 휴업을 실시하였다 하더라도 이는 향후 자동차 시장의 회생 가능성을 염두에 두고 신청인 스스로 선택한 사용자의 세력범위 내에서 발생한 경영 장애로서 신청인의 귀책사유로 인해 실시되는 것이므로 근로기준법에서 정한 휴업수당 지급 대상이 된다 할 것이며, 2008.12.부터 2009.5.까지 원청사의 사정에 의해 무급휴직 또는 휴업을 실시하고 있으나 사내 하청업체의 특성상 12명의 원청사 도급비 외에는 매출처가 없는 점, 신청인의 재무구조가 137백만원이나 적자상태이며, 계약해지로 인해 매출액이 80% 이상 감소가 인정되는 점, 고용유지지원금을 지원받는다 하더라도 매월 39백만원을 추가 부담하여야 하는 점, 노사협의회를 통해 잉여인력 대부분이 무급휴직에 동의하는 등 노사가 함께 위기를 극복하고자 노력하는 사정, ○○의 파산 보호 신청에도 불구하고 원청사는 굿컴퍼니(GOOD COMPANY)그룹에 포함되어 회생 가능성이 높은 점 등을 종합하여 감안할 때 근로기준법 제46조 제2항의 요건에 충족된다 할 것임.

[경기지방노동위원회 2008휴업4, 2009.2.2.]

완성차업체의 가동 중단으로 협력업체인 사용자가 부득이 생산직 근로자들에 대하여 휴업을 실시하였더라도 이는 사용자의 세력범위 내에서 발생한 경영 장애임은 사실이나, 완성차업체의 조업 중단은 필연적으로 사용자의 공장 가동을 한시적으로 중단할 수밖에 없어 이는 부득이한 사유로 사업계속이 불가능한 경우에 해당한다고 할 것이며, 전면휴업이 아닌 부분휴업(격주 근무)으로 해당자들의 실질적인 임금 감소 폭이 크지 않을 뿐더러, 노사협의회의 의결 및 해당 근로자들의 동의까지 받았다면 그 요건을 충족하였다 할 것임.

[부산지방노동위원회 2008휴업1, 2008.7.28.]

위탁업체인 ○○병원이 병원증축공사로 인하여 부득이 장례식장을 운영할 수 없는 상태에서 수입이 전혀 발생하지 않은 점, 휴업근로자들 모두 기준 미달의 휴업수당을 지급받는 것에 대하여 동의한 점 등으로 볼 때 당해 사업장의 휴업조치는 부득이한 사유로 사업계속이 불가능한 것으로 판단됨.

[경기지방노동위원회 1998휴업1, 1998.5.21.]

신청인 회사는 자본금 대비 지나치게 높은 부채비율과 과도한 외화 차입으로 인하여 금융비용이 과다하게 지출되고 있고, 또한 자동차 부품을 제조, 완성품회사에 납품하므로 생산량은 완성품회사와 밀접한 관계가 있을진데, IMF체제라는 특수 상황에서 국내 자동차 내수 판매가 50% 정도 감소하여 생산가동률이 40% 수준대로 떨어지고 이로 인하여 1998. 1/4 분기 신청인 회사의 생산량은 전년 동기보다 20% 정도 감소하여 휴업라인이 증가하고 유휴인력이 증가하게 되어, 신청인 회사는 과장급 이상에게 지원하던 유류지급을 중지하고 업무용 차량의 일부를 매각하는 등 자구노력을 함과 동시 노동조합측과 위기극복을 위한 노사협의회를 개최하여 희망퇴직제 시행과 함께 부분휴업을 시행하기로 하고 그 휴업수당으로 통상임금의 70%를 지급하기로 합의하고 기준미달의 휴업수당 지급승인 신청을 한 사실은 신청인이 소속 근로자에 대한 해고를 회피하고 기업의 도산을 방지하기 위한 불가피한 조치로서 부득이한 사유로 사업계속이 불가능한 경우에 해당된다 할 것임.

(2) 실무상의 주요 법적쟁점

1) 일부휴업 가능 여부

휴업은 반드시 사업장 전체에 대하여 실시하여야 하는 것은 아니며 사업장의 일부에 대하여 또는 특정근로자에 대하여 실시할 수 있다. 물론 부분 휴업 근로자에 대하여는 휴업수당이 지급되어야 한다. 그리고 1일 소정근로시간 중 일부 근로시간에 대한 단축도 휴업으로 인정된다.[158]

2) 노동조합과 무급휴직 합의 후 근로자들의 개별적 동의 필요 여부

대법원[159]은 휴업에 대하여 개개의 근로자가 근로계약에 따라 근로를 제공할 의사가 있음에도 그 의사에 반하여 취업이 거부되거나 불가능하게 된 경우도 포함되므로 휴직을 포함한 광의의 개념으로 해석하고 있다.

근로계약 상의 이행문제는 원칙적으로 개별적 권리분쟁 사항이라고 할 수 있다. 따라서 회사와 노동조합이 무급휴직 실시에 합의하였다고 하더라도 개별 근로자의 동의 또는 신청이 없는 상태에서 강제적으로 휴직을 실시할 경우 이것은 사실상 휴업에 해당하므로 휴업수당을 지급하여야 한다.[160]

158) 근기 68207-148, 2002.2.5.

159) 대법원 2013.10.11. 선고 2012다12870 판결 ; 대법원 2009.9.10. 선고 2007두10440 판결

160) 근로기준정책과-3283, 2018.5.18.

3) 휴업과 근로기준법 제23조(해고 등의 제한)의 관계

근로기준법 제23조(해고 등의 제한) 제1항은 사용자는 근로자에게 정당한 이유 없이 해고, 휴직, 정직, 전직, 감봉, 그 밖의 징벌(이하 "부당해고등"이라 한다)을 하지 못한다고 규정하고 있다. 그리고 제28조(부당해고등의 구제신청) 제1항은 부당해고 등을 당한 근로자는 노동위원회에 구제를 신청할 수 있다고 정하고 있다. 이와 관련하여 사용자의 휴업이 근로기준법 제23조의 규율대상에 해당하는지 여부가 문제된다.

고용노동부[161]는 사용자의 귀책사유로 인한 휴업은 제23조의 해고 등 기타 징벌과는 관계가 없으나, 예외적으로 휴업조치가 특정 근로자에게 불이익을 주기 위한 징계의 일환으로 이루어진 경우에는 제23조 위반에 해당할 수 있다고 해석하였다. 그러나 대법원[162]은 사용자가 그의 귀책사유에 해당하는 경영상의 필요에 따라 개별 근로자들에 대하여 휴업을 실시한 경우 근로기준법 제23조 제1항에서 정하는 '휴직'에 해당하는 불이익한 처분에 해당한다고 판시하고 있다.

대법원 입장에 의할 경우 근로기준법 제46조에 의한 휴업이라고 하더라도 그것이 일부(또는 개별) 근로자에 대하여 이루어진 경우 제23조의 휴직에 해당하여 노동위원회 구제신청 대상으로 인정될 여지가 크다.

4) 휴업기간 중 출근명령시 출근의무 여부

휴업기간 중 일시적으로 휴업사유가 해소되어 즉 회사업무가 가능하게 되어 사용자가 개별 근로자에게 출근하도록 사전에 통지하였고, 근로자가 이를 알고 있음에도 불구하고 특별한 이유 없이 출근을 거부한 경우에는 결근에 해당한다.[163] 즉, 휴업기간 중 사용자가 출근을 명령한 경우 근로자는 원칙적으로 출근할 의무가 있다.

---

161) 근기 68207-1977, 2002.5.21.

162) 대법원 2009.9.10. 선고 2007두10440 판결

163) 근기 68207-4004, 2001.11.23.

5) 대기발령과 휴업수당

대기발령은 근로자의 노무제공이 정지된다는 면에서 휴업과 유사하다. 이에 대기발령의 경우에도 휴업수당을 지급하여야 하는지가 문제된다.[164)]

대법원[165)]은 근로기준법 제46조(휴업수당) 제1항의 휴업이 휴직을 포함하는 광의의 개념이고 대기발령은 근로기준법 제23조(해고 등의 제한) 제1항의 휴직에 해당하므로 사용자가 자신의 귀책사유에 해당하는 경영상의 필요에 따라 개별 근로자들에게 대기발령을 하였다면 휴업수당을 지급할 의무가 있다는 입장이다.

대법원 판결 취지와 마찬가지로 징계로서의 조치가 아니라 고용조정 또는 해고회피의 방법으로 행해진 대기발령은 근로기준법 제46조 제1항의 휴업에 해당한다는 행정해석[166)]이 있으며, 영업양수도에서 양도회사 퇴사를 거부한 근로자들에 대한 자택대기발령이 사용자의 귀책사유에 의한 휴업에 해당한다고 본 재결례[167)]가 있다.

대법원 및 고용노동부 행정해석, 재결례의 취지에 비추어 볼 때, 사용자가 취한 조치가 대기발령이라고 하더라도 그 사유가 사용자의 귀책사유에 해당하는 경영상 필요에 의한 경우에는 휴업으로 인정되고 휴업수당 지급의무가 발생한다.

6) 쟁의행위와 휴업수당

노동조합의 쟁의행위는 사용자의 귀책사유로 인한 휴업에 해당하지 않으므로 휴업수당 지급의무가 발생하지 않는다. 따라서 사용자의 귀책사유로 인한 휴업기간 중에 쟁의행위가 개시되었다면 쟁의행위 개시 이후 기간에 대하여는 휴업수당을 지급할 의무가 없다.[168)] 다만, 파업불참자나 비조합원이 근로를 희망하는 경

---

164) 산업현장에서는 대기발령을 징계가 아닌 인사조치의 일환으로 운영하는 경우가 많기 때문에 대기발령 기간 중에 일정한 급여를 지급하는 것이 일반적이다. 따라서 휴업수당 지급 여부가 쟁점이 되는 경우는 드물다.

165) 대법원 2013.10.11. 선고 2012다12870 판결

166) 근로기준과-4533, 2005.8.31.

167) 중앙노동위원회 2018.8.10. 중앙2018휴업1

168) 근기 68207-109, 2001.1.11.

우, 근로 희망자만으로 조업을 할 수 없으면 휴업수당 지급의무가 없으나, 조업을 할 수 있음에도 불구하고 사용자가 이를 거부한 경우에는 사용자의 귀책사유로 인한 휴업에 해당하므로 휴업수당을 지급하여야 한다.[169]

7) 경영상 해고를 대신한 무급휴직에 대한 휴업수당 지급의무 여부

경영상 해고 절차에 따라 해고대상자가 선정된 이후 해고회피노력의 일환으로 무급휴직을 실시하는 경우가 있을 수 있다. 이 경우 무급휴직에 대하여 휴업수당을 지급하여야 하는지 여부가 문제된다.

고용노동부 행정해석[170]은 사용자가 해고할 수 있음에도 불구하고 해고하지 않고 무급휴직을 실시한 것은 결과적으로 근로자에게 유리한 것이므로 근로자의 무급휴직 신청 여부와 관계없이 휴업수당을 지급할 의무가 있다고 보기 어렵다는 입장이다. 그러나 해고대상자로 선정되기 이전의 무급휴직에 대하여는 적용되지 않는다.

이러한 고용노동부의 해석은 타당한 것으로 보이나, 경영상 해고 자체가 근로자의 책임 없는 사유에 의한 것임을 고려할 때 과연 법원에서도 동일한 입장을 취할 것인지에 대하여는 지켜볼 필요가 있다.

3. 휴업 및 휴직 운영원칙

(1) 내부 공감대 형성

휴업수당 이하로 임금이 지급되는 휴직은 근로자들의 입장에서 보면 임금이 크게 줄어들거나 아예 받지 못하는 것이므로 수용성이 매우 낮은 고용조정 유형에 해당한다. 절차적으로도 노동조합과의 합의가 있다고 하더라도 동의하지 않는 개별 직원에 대해서까지 일괄적으로 시행할 수 없다.

이에 휴업수당 이하로 임금이 지급되는 휴직을 추진하였다가 시행하지 못하게

---

169) 임금근로시간정책팀-2978, 2006.10.10.

170) 근기 68207-780, 2001.3.8. ; 근기 68207-388, 1999.2.13.

되면 조직분위기가 더욱 악화되고 생산성 및 조직몰입 저하로 이어져 경영여건이 더욱 악화될 수 있다.

따라서 무급휴직 등을 추진하기 위해서는 사전에 충분한 분위기 조성이 중요하다. 무급휴직을 시행할 수밖에 없는 불가피한 사정, 시행 기간 등에 대하여 충분히 내부 공감대를 형성하여야 한다. 이러한 공감대를 토대로 노동조합의 동의를 이끌어내고 그 다음으로 근로자들의 동의를 구하여야 한다.

노동조합의 동의가 무급휴직을 위한 필수요건은 아니다. 그러나 노동조합의 선제적 동의는 근로자들의 수용성을 높이고 개별적 동의를 얻는데 긍정적인 영향을 미친다.

(2) 내부 공정성 유지

사업장 전체가 휴업 또는 휴직을 하는 경우에는 내부 공정성의 문제는 발생하지 않는다. 그러나 일부에 대하여만 휴업 또는 휴직을 하는 경우, 휴업 또는 휴직을 하는 근로자들의 불만이 발생하게 된다. 특히 휴업과 휴직이 일부 근로자에게만 집중, 장기화되는 경우 상대적 불만이 커진다. 그리고 제조업의 경우 평소 임금에서 연장근로수당 등 법정수당이 차지하는 비중이 커서 휴업수당으로 통상임금을 적용하여야 하는 경우가 종종 발생하는데, 이 경우 오히려 근무하는 근로자들의 불만이 발생할 수 있다.

따라서 부분 또는 일부 휴업 내지 휴직을 실시하는 경우 내부 공정성이 최대한 유지될 수 있도록 하는 것이 필요하다. 사업장마다 업무 및 생산 여건에 차이가 있으므로, 완전한 공정성을 유지하기는 어렵다. 그러나 순환 휴업 내지 휴직, 법정교육 시행을 통한 휴업 및 휴직 시간 최소화, 휴업 미대상 업무의 근무시간 조정 등을 통해 근로자들의 수령 임금의 격차를 최소화할 수 있는 방법을 적극적으로 검토하여야 한다.

(3) 휴업수당 감액 승인신청 활용

사용자의 귀책사유에 의해 휴업하는 경우에도 ① 부득이한 사유로 사업을 계속하는 것이 불가능한 경우에 해당하여 ② 노동위원회의 승인을 받아 평균임금

100분의 70 또는 통상임금 미만으로 휴업수당을 지급할 수 있다. 그러나 노동위원회의 감액승인률이 그다지 높지 않은 것이 현실이다. 이것은 휴업수당 감액은 곧 근로자들이 수령할 수 있는 임금의 감액을 의미한다는 현실적인 문제에 기인하는 것이다.

그렇다고 하더라도 휴업이 경영상 위기 상황에서 이루어지는 경우가 대부분임을 고려할 때, 사용자는 휴업수당 감액승인제도를 적극적으로 활용할 필요가 있다. 여기에서 '부득이한 사유로 사업을 계속하는 것이 불가능한 경우'에 대하여는 사용자에게 입증책임이 있으므로 감액승인 신청 전에 그 사정을 입증할 수 있는 객관적인 자료를 충분히 구비하는 것이 매우 중요하다.

(4) 적극적인 고용유지지원금제도 활용

고용유지지원금제도는 생산량감소·재고량 증가 등으로 고용조정이 불가피하게 된 사업주가 사전에 계획서를 고용센터에 제출한 후 휴업(근로시간 조정, 교대제 개편)·휴직과 같은 고용유지조치를 실시하고 그 기간 동안 근로자에게 임금 또는 수당 등을 지급하면 정부에서 정해진 지원금을 지급하는 제도이다. 다만, 고용유지조치 기간과 그 이후 1개월까지 당해 사업장 소속 근로자를 고용조정으로 이직시키지 않는 것을 전제로 한다.

휴업 내지 휴직을 실시하는 경우 동 지원금제도를 적극적으로 활용할 필요가 있다. 산업현장에서 흔히 잘못 이해하고 있는 것은 일단 휴업 및 휴직을 실시한 이후에 지원금을 신청하는 것으로 알고 있다는 점이다. 동 제도를 활용하기 위해서는 절차 상 먼저 고용유지조치계획을 신고하고, 동 조치계획에 의거하여 휴업 및 휴직을 실시하여야 한다.

한편, 그리고 동 제도는 고용유지조치 기간 이후 1개월까지 근로자를 고용조정으로 이직시키지 않는 것을 전제로 하는 것이므로 휴업 및 휴직이 경영상 해고의 해고회피노력 차원에서 이루어지는 것이고 이후 희망퇴직이나 경영상 해고가 예정된 경우에는 활용에 제약이 존재한다는 점에 주의하여야 한다.

[그림 16] 고용유지지원금 지원 절차

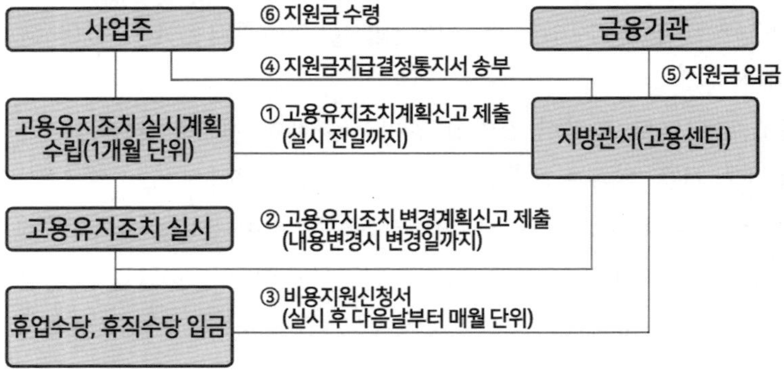

주요 관련 판례 및 행정해석

✓ 무급휴직 시 근로자 개인의 동의 필요 여부

(근로기준정책과-3283, 2018.5.18.)

근로기준법에는 '휴직'의 정의 또는 절차 등에 대하여 별도 규정은 없으나, 노사가 무급휴직 실시를 합의하였다 하더라도 개별 노동자의 동의(또는 신청) 없이 휴직을 강제한다면 이는 사실상의 '휴업'에 해당하므로 근기법 제46조 제1항에 따라 휴업수당 지급의무가 발생한다.

✓ 명칭이 대기명령, 휴직이나 사용자의 귀책사유로 인한 경우 휴업수당 지급 여부

(근기 68207-148, 2002.2.5.)

근로기준법 제45조에 의하여 사용자의 귀책사유로 인한 휴업의 경우에는 동조에 의한 휴업수당을 지급해야 하며, 대기명령, 휴직 등의 명칭으로 근로자의 신청이나 동의없이 의사에 반하여 노무수령을 거부하더라도 실질적으로 동법 동조에 의한 휴업으로서의 요건을 갖춘 경우에는 휴업수당을 지급해야 할 것으로 사료됨.

✓ 휴업이 근로기준법 제23조(해고 등의 제한) 휴직에 해당하는지 여부

(대법원 2009.9.10. 선고 2007두10440 판결)

1. 구 근로기준법 제45조제1항에서 정하는 "휴업"에는 개개의 근로자가 근로계약에 따라 근로를 제공할 의사가 있음에도 불구하고 그 의사에 반하여 취업이 거부되거나 또는 불가능하게 된 경우도 포함되므로, 이는 "휴직"을 포함하는 광의의

개념이라 할 것이다. 한편 구 근로기준법 제30조제1항은 "사용자는 근로자에 대하여 정당한 이유 없이 해고, 휴직, 정직, 전직, 감봉 기타 징벌을 하지 못한다"라고 규정하고 있고, 여기서 "휴직"이라 함은 어떤 근로자를 그 직무에 종사하게 하는 것이 불능이거나 또는 적당하지 아니한 사유가 발생한 때에 그 근로자의 지위를 그대로 두면서, 일정한 기간 그 직무에 종사하는 것을 금지시키는 사용자의 처분을 말한다. 그렇다면 사용자가 그의 귀책사유에 해당하는 경영상의 필요에 따라 개별 근로자들에 대하여 구 근로기준법 제45조 제1항에 의한 휴업을 실시한 경우, 이러한 휴업 역시 구 근로기준법 제30조 제1항에서 정하는 "휴직"에 해당하는 불이익한 처분에 해당한다고 할 것이다.

2. 기업이 그 활동을 계속적으로 유지하기 위해서는 노동력을 재배치하거나 그 수급을 조절하는 것이 필요불가결하므로, 휴직명령을 포함한 인사명령은 원칙적으로 인사권자인 사용자의 고유권한에 속한다 할 것이고, 따라서 이러한 인사명령에 대하여는 업무상 필요한 범위 안에서 사용자에게 상당한 재량을 인정하여야 하고, 그것이 근로자에 대하여 정당한 이유없이 해고·휴직·정직·감봉 기타 징벌을 하지 못하도록 하는 구 근로기준법 제30조제1항에 위배되거나 권리남용에 해당하는 등 특별한 사정이 없는 한 무효라고 할 수 없으며, 경영상의 필요를 이유로 하여 휴직명령이 취해진 경우 그 휴직명령이 정당한 인사권의 범위 내에 속하는지 여부는 당해 휴직명령 등의 경영상의 필요성과 그로 인하여 근로자가 받게 될 신분상·경제상의 불이익을 비교·교량하고, 휴직명령 대상자 선정의 기준이 합리적이어야 하며, 근로자가 속하는 노동조합과의 협의 등 그 휴직명령을 하는 과정에서 신의칙상 요구되는 절차를 거쳤는지 여부를 종합적으로 고려하여 결정하여야 한다.

✓ 휴업기간 중 사용자의 출근통지 시 근로자의 출근의무

(근기 68207-4004, 2001.11.23.)

사용자의 귀책사유로 인한 휴업기간 중이라 하더라도 일시적으로 회사가동이 가능하게 되어 개별근로자에게 출근하도록 사전에 통지하였고, 이를 알고 있음에도 불구하고 특별한 이유없이 출근을 거부한 경우에는 이를 결근으로 처리할 수 있을 것으로 사료됨.

✓ 쟁의행위 기간 중 휴업수당 지급의무

(근기 68207-109, 2001.1.11.)

근로기준법 제45조의 휴업에는 개개의 근로자가 근로계약에 따라 근로를 제공할 의사가 있음에도 불구하고 그 의사에 반하여 취업이 거부되거나 또는 불가능하게 된 경우도 포함되는 바, 근로자가 노동조합의 조합원으로서 쟁의행위에 참가한 경우에는 사용자에 대하여 근로의 제공을 거부하는 것으로써 근로를 제공할 의사가 있는 것으로 볼 수 없으므로 쟁의행위 기간은 근로기준법 제45조에 규정한 사용자의 귀책사유로 인한 휴업기간으로 볼 수 없음. 따라서 사용자의 귀책사유로 인한 휴업기간 중 쟁의행위가 개시되었다면 쟁의행위 개시 이후 기간에 대해서는 사용자는 휴업수당을 지급할 의무가 없음.

✓ 대기발령이 제23조(해고 등의 제한) 휴직에 해당하는지 여부 및 휴업수당 지급의무

(대법원 2013.10.11. 선고 2012다12870 판결)

근로기준법 제46조 제1항에서 정하는 '휴업'에는 개개의 근로자가 근로계약에 따라 근로를 제공할 의사가 있는데도 그 의사에 반하여 취업이 거부되거나 불가능하게 된 경우도 포함되므로, 이는 '휴직'을 포함하는 광의의 개념인데, 근로기준법 제23조제1항에서 정하는 '휴직'은 어떤 근로자를 그 직무에 종사하게 하는 것이 불가능하거나 적당하지 아니한 사유가 발생한 때에 그 근로자의 지위를 그대로 두면서 일정한 기간 그 직무에 종사하는 것을 금지시키는 사용자의 처분을 말하는 것이고, '대기발령'은 근로자가 현재의 직위 또는 직무를 장래에 계속 담당하게 되면 업무상 장애 등이 예상되는 경우에 이를 예방하기 위하여 일시적으로 당해 근로자에게 직위를 부여하지 아니함으로써 직무에 종사하지 못하도록 하는 잠정적인 조치를 의미하므로, 대기발령은 근로기준법 제23조 제1항에서 정한 '휴직'에 해당한다고 볼 수 있다. 따라서 사용자가 자신의 귀책사유에 해당하는 경영상의 필요에 따라 개별 근로자들에 대하여 대기발령을 하였다면 이는 근로기준법 제46조 제1항에서 정한 휴업을 실시한 경우에 해당하므로 사용자는 그 근로자들에게 휴업수당을 지급할 의무가 있다.

✓ 대기발령 사유에 따른 휴업 해당 여부 판단방법

(근로기준과-4533, 2005.8.31.)

근로기준법 제45조에 의하여 사용자의 귀책사유로 인하여 휴업할 경우에는 동조에 의한 휴업수당을 지급해야 하며, 대기발령·휴직 등의 명칭으로 근로자의 신청이나 동의 없이 근로자의 의사에 반하여 노무수령을 거부하더라도 실질적으로 동법 동조에 의한 휴업으로서의 요건을 갖춘 경우에는 휴업수당을 지급해야 함. 다만, 근로자의 귀책사유에 기하여 회사의 취업규칙 등에 따라 징계의 종류로서 대기발령 조치를 한 경우에는 동법 동조의 휴업으로 볼 수는 없을 것임.

잉여인력의 조정 또는 해고회피의 방법으로 일부 근로자에게 대기발령을 명하기로 하고, 그 대상자 선정기준을 업무성과·징계를 받은 전력 등으로 하여 결과적으로 징계를 받은 사람이 다시 대기발령조치가 된 경우, 그 대기발령은 징계로서의 조치가 아니라 고용조정 또는 해고회피의 방법으로 이루어 진 것이라 할 수 있으므로 동법 동조의 휴업으로 볼 수 있을 것임. 그러나 업무부진에 대한 징계조치로서 이루어 진 것이라면 동법 동조의 휴업으로 보기는 어려울 것이라 사료됨.

✓ 영업양수도 시 근로관계 승계 거부에 따른 자택대기발령의 휴업 해당 여부

(중앙노동위원회 중앙2018휴업1, 2018.8.10.)

사용자가 자신의 귀책사유에 해당하는 경영상의 필요에 따라 개별 근로자들에 대하여 대기발령을 하였다면 이는 근로기준법에서 정한 휴업을 실시한 경우에 해당하므로 사용자는 그 근로자들에게 휴업수당을 지급할 의무가 있다. 이 사건 사용자가 이 사건 호텔의 식음업장(4개소)에 대해 이 사건 영업 양도·양수 계약을 체결하고, 식음업장 소속 근로자들에게 이 사건 회사를 퇴사하고 양수회사 소속 근로자로 근무하라는 요구를 하였고, 이를 거부하는 이 사건 휴업수당 지급대상 근로자들을 자택대기발령을 한 점, 이 사건 사용자가 자택대기발령을 하게 된 이유가 사용자의 경영상 판단에 의한 이 사건 영업 양도·양수 계약에 의하여 자택대기발령을 하게 된 것이므로 이 사건 사용자의 세력범위 내에서 발생한 것이므로 불가항력적인 경우는 아닌 점 등을 종합하여 보면 이 사건 휴업은 이 사건 사용자의 귀책사유에 의한 것으로 판단된다.

✓ 선정된 해고대상자에 대하여 해고회피노력의 일환으로 휴직을 실시하는 경우 휴업수당 지급의무 여부

(근기 68207-388, 1999.2.13.)

사용자가 경영상의 이유로 무급휴직을 실시하는 유형은 다음 2가지로 구분될 수 있음.

가. 근로기준법 제31조 제1항 내지 제3항의 규정을 준수하는 등의 엄격한 요건과 절차에 따라 무급휴직자를 선정하지 아니하고 단지 노사가 무급휴직 실시에 합의한 후, 근로자의 신청에 따라 휴직을 실시하는 경우

나. 근로기준법 제31조에서 정한 요건과 절차에 따라 먼저 경영상 해고대상자를 선정한 후, 해고회피노력의 일환으로 해고대상자에 대해 사용자가 무급휴직을 실시하는 경우

위 ‘가’의 경우에는 근로자대표와 무급휴직 실시에 합의했다 하더라도 개별근로

자의 신청없이 특정근로자에게 휴직을 강제했다면 이는 사실상의 휴업으로서 사용자는 당해 근로자에게 근로기준법 제45조의 휴업수당을 지급하여야 할 것임. 그러나 '나'의 경우에 있어서는 선정된 해고대상자를 사용자가 해고할 수 있음에도 해고 대신 무급휴직을 실시한 것으로서 이는 결과적으로 근로자에게 유리한 것으로 보아야 할 것이고 따라서 이러한 경우에는 근로자의 무급휴직 신청여부에 관계없이 근로기준법 제45조의 휴업수당을 지급할 의무가 사용자에게 있다고 보기는 어려울 것임.

따라서 귀 질의상 무급휴직이 위 나. 형태로 실시되었다면 사용자가 무급휴직 근로자에 대해 휴업수당을 지급치 않더라도 이를 법위반으로 볼 수는 없음.

Ⅲ 희망퇴직

1. 희망퇴직의 의의

(1) 희망퇴직의 개념

희망퇴직은 전체 직원 또는 일정한 집단을 이루는 다수의 직원을 대상으로 자발적으로 퇴직할 사람을 모집하고 퇴직을 신청한 직원과의 고용관계를 종료하는 것을 말한다. 희망퇴직과 유사한 개념으로 '명예퇴직'이 있는데, 명예퇴직은 통상 퇴직을 앞둔 직원에 대하여 퇴직시기를 앞당겨 퇴직시키는 것을 말한다. 희망퇴직과 명예퇴직을 구분하는 견해도 있으나, 사용자와 근로자 사이의 합의에 의한 근로계약 해지라는 점에서 큰 차이는 없다. 다만, 희망퇴직이 특정한 사정이 발생하는 경우 일시적으로 이루어지는 반면에 명예퇴직은 내부 규정으로 제도화되어 있는 경우가 많다.

그리고 근로자에게 사직을 권유하고 근로자가 이에 응하여 사직서를 제출함으로써 퇴직하는 것을 '권고사직'이라고 하는데, 운영의 중심이 집단적·공개적인지 아니면 개별적·비공개적인지에 차이가 있으나, 희망퇴직 시행 과정에서 사용자가 근로자들을 대상으로 희망퇴직 신청을 권유하거나 설득하는 경우가 일반적인 점을 고려하면, 법리적 측면에서는 둘 간의 구별도 큰 의미가 없다.

(2) 경영상 해고와의 관계

희망퇴직은 통상적으로 다수의 근로자를 일시에 감축하기 위하여 시행되게 되는데, 이러한 목적 측면에서는 경영상해고(정리해고)와 동일하다고 볼 수 있다. 그러나 후에 서술하는 것처럼 근로기준법상 경영상 해고의 요건이 매우 까다롭고, 경영상해고를 하는 경우 자칫 노사분쟁이 발생할 가능성이 매우 높기 때문에 많은 기업들이 정리해고 대신에 희망퇴직을 활용하고 있다.

기업이 희망퇴직을 시행하는 경우 일반적으로 근로자들의 자발적 사직서 제출를 유도하기 위하여 희망퇴직위로금과 같은 반대급부를 제공하게 되는데, 근로자들이 회사가 제시하는 희망퇴직의 조건을 고려하여 자발적으로 사직서 제출 여부를 선택하기 때문에 정리해고를 할 경우 예상되는 부작용 및 갈등에 대한 부담을 덜 수 있다. 이처럼 희망퇴직이 정리해고에 대한 대체수단으로서 정리해고를 전제하지 않은 상태에서 독립적으로 진행되는 경우도 있으나, 많은 경우에는 경영상 해고를 전제로 해고회피노력의 차원에서 진행된다.

경영상 해고를 전제로 한 희망퇴직의 시기는 세 가지로 구분할 수 있다. 첫째는 경영상해고 협의 절차 통보 이전에 희망퇴직을 시행하는 것이고, 둘째는 경영상해고 협의 절차가 개시된 이후부터 해고대상자들에게 경영상해고 예고 통보가 이루어지기 전까지 그 사이 동안 시행하는 것이다. 그리고 마지막으로는 경영상 해고 예고통보가 있은 후부터 경영상해고일(효력발생일) 이전 사이에 시행하는 것이다. 경영상해고 절차를 개시한 이후에 희망퇴직을 시행하는 것은 해고처분에 대한 근로자들의 부담이 존재하기 때문에 희망퇴직 신청을 촉진하는 효과가 있지만, 그 만큼 노사분쟁 발생 가능성이 커지는 위험이 있다.

통상 경영상 해고일 이전에 희망퇴직을 통해 감원 목표가 달성된 경우 경영상 해고 절차를 중단하게 되지만, 희망퇴직 인원이 100%는 아니더라도 거의 감원 목표 수준에 이른 경우에는 경영상 해고 후의 소송 부담, 노사갈등, 근로자들의 사기저하 등을 고려하여 경영상 해고를 실시하지 않는 경우도 있다.

(3) 희망퇴직 절차

희망퇴직 절차에 정해진 룰(rule)이 있는 아니므로 희망퇴직의 목적, 해당 기업의 조직문화 및 경영여건 등에 따라 가장 효과적인 방법을 찾아 진행하면 된다. 일반적으로는 〈그림 17〉 「희망퇴직 시행 절차」에서 보는 바와 같이 계획 수립, 퇴직조건 설계, 시행 공고 및 신청, 퇴직 조치, 사후조치 순으로 진행된다.

[그림 17] 희망퇴직 시행 절차

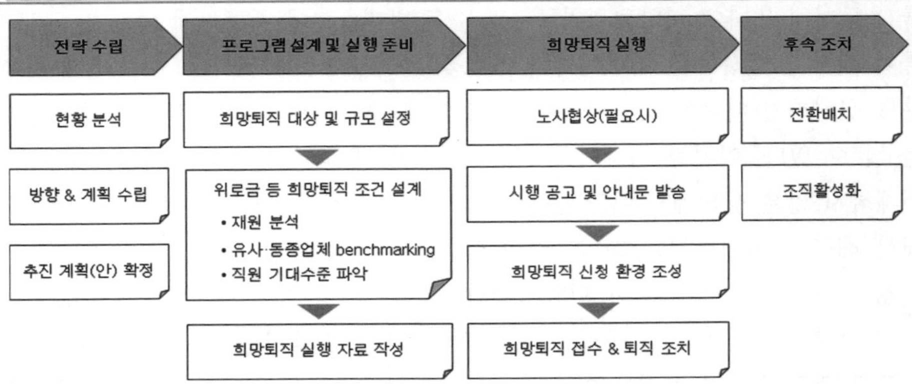

2. 희망퇴직 관련 법률문제

(1) 기본 법률사항

1) 희망퇴직 신청의 유효요건

희망퇴직에서 사용자의 희망퇴직 모집 공고는 청약의 유인에 해당하고 근로자의 희망퇴직 신청은 근로계약 해지의 청약에 해당한다. 그리고 사용자의 희망퇴직 신청 승인은 청약에 대한 승낙에 해당한다. 따라서 사직에 관한 일반적인 법리가 그대로 적용된다.

즉, 민법 제107조(진의아닌 의사표시)[171] 및 제110조(사기, 강박에 의한 의사표

171) 민법 제107조(진의 아닌 의사표시)

시)[172]에 따라 근로자가 사직할 의사가 없었고 사용자도 이를 알거나 알 수 있었다고 인정되는 경우에는 근로자의 희망퇴직 신청은 진의 아닌 의사표시로 무효가 되며, 사용자의 사기나 강박에 의한 경우에는 취소될 수 있다. 이와 같은 진의 아닌 희망퇴직 신청, 사기나 강박에 의한 희망퇴직 신청에 근거한 퇴직조치는 부당해고에 해당되게 된다.

대법원 판결 중에는 희망퇴직을 하지 않을 수 없도록 부당한 영향력을 행사하여 희망퇴직을 신청하도록 하여 수리한 것이므로 부당해고에 해당한다고 판시한 사례가 있으며,[173] 반면에 사용자의 희망퇴직 종용 및 불이익 고지 등의 행위가 있었더라도 근로자가 제반 사정을 종합적으로 고려하여 당시 상황으로서는 희망퇴직을 신청하는 것이 최선이라고 판단한 결과 사직원을 제출한 것이라면 부당해고에 해당하지 않는다고 판시한 사례도 있다.[174] 결국, 근로자의 희망퇴직이 유효한 근로계약 합의해지에 해당하는지 여부는 구체적인 사안에 따라 개별적으로 판단된다.

2) 희망퇴직 신청의 철회

근로자의 일방적인 사직 의사표시는 사용자에게 도달함으로써 효력이 발생하고 도달한 이후에는 그 의사표시를 철회할 수 없다. 그러나 근로자가 희망퇴직 신청을 통해 사직원을 제출하여 근로계약의 해지를 청약한 경우에는 사용자가 그 청약에 대하여 승낙하여 그 승낙의 의사표시가 근로자에게 도달하기 전까지 근로자는 청약의 의사표시를 철회할 수 있다.[175] 다만, 근로자의 사직 의사표시

---

① 의사표시는 표의자가 진의아님을 알고 한 것이라도 그 효력이 있다. 그러나 상대방이 표의자의 진의아님을 알았거나 이를 알 수 있었을 경우에는 무효로 한다.
② 전항의 의사표시의 무효는 선의의 제삼자에게 대항하지 못한다.

172) 민법 제110조(사기, 강박에 의한 의사표시)
① 사기나 강박에 의한 의사표시는 취소할 수 있다.
② 상대방 있는 의사표시에 관하여 제삼자가 사기나 강박을 행한 경우에는 상대방이 그 사실을 알았거나 알 수 있었을 경우에 한하여 그 의사표시를 취소할 수 있다.
③ 전2항의 의사표시의 취소는 선의의 제삼자에게 대항하지 못한다.

173) 대법원 2002.10.25. 선고 2002두6552 판결

174) 대법원 2003.4.22. 선고 2002다65066 판결

철회가 사용자에게 예측할 수 없는 손해를 주는 등 신의칙에 반한다고 인정되는 특별한 사정이 있는 경우에 한하여 그 철회가 허용되지 않는다.[176)]

3) 대량 고용변동 신고

고용정책기본법 제33조(대량 고용변동의 신고 등)은 대통령령으로 정하는 기준에 해당하는 고용량의 변동이 있는 경우 사업주로 하여금 직업안정기관의 장에게 신고하도록 정하고 있으며, 동 사항을 위반하는 경우 과태료 300만원을 부과하고 있다(고용정책기본법 제42조).

관련조문

고용정책기본법 제33조(대량 고용변동의 신고 등)

① 사업주는 생산설비의 자동화, 신설 또는 증설이나 사업규모의 축소, 조정 등으로 인한 고용량(雇傭量)의 변동이 대통령령으로 정하는 기준에 해당하는 경우에는 그 고용량의 변동에 관한 사항을 직업안정기관의 장에게 신고하여야 한다. 다만, 「근로기준법」 제24조 제4항에 따른 신고를 한 경우에는 그러하지 아니하다.

② 직업안정기관의 장은 제1항에 따라 신고를 받으면 구인·구직정보를 확보하여 직업소개를 확대하고, 직업훈련기관으로 하여금 직업훈련을 실시하게 하는 등 실업자의 재취업 촉진 또는 해당 사업의 인력확보에 필요한 조치를 하여야 한다.

고용정책기본법시행령 제31조(대량 고용변동의 신고기준 등)

법 제33조 제1항 본문에서 “대통령령으로 정하는 기준”이란 1개월 이내에 이직하는 근로자의 수가 다음 각 호의 구분에 따른 기준에 해당하는 경우를 말한다. 다만, 이직하는 근로자가 고용노동부령으로 정하는 기준에 해당하는 경우는 제외한다.

1. 상시 근로자 300명 미만을 사용하는 사업 또는 사업장 : 30명 이상
2. 상시 근로자 300명 이상을 사용하는 사업 또는 사업장 : 상시 근로자 총수의 100분의 10 이상

175) 대법원 2003.4.25. 선고 2002다11458 판결

176) 대법원 2000.9.5. 선고 99두8657 판결

고용정책기본법시행규칙 제2조(대량 고용변동의 신고 등)

① 「고용정책기본법시행령」 제31조 각 호 외의 부분 단서에서 "이직하는 근로자가 고용노동부령으로 정하는 기준에 해당하는 경우"란 이직하는 근로자가 다음 각 호의 어느 하나에 해당하는 경우를 말한다.

1. 일용근로자 또는 기간을 정하여 고용된 사람(일용근로자 또는 6개월 미만의 기간을 정하여 고용된 사람으로서 6개월을 초과하여 계속 고용되고 있는 사람 또는 6개월을 초과하는 기간을 정하여 고용된 사람으로서 해당 기간을 초과하여 계속 고용되고 있는 사람은 제외한다)
2. 수습 사용된 날부터 3개월 이내의 사람
3. 자기의 사정 또는 귀책사유로 이직하는 사람
4. 상시 근무를 요하지 아니하는 사람으로 고용된 사람
5. 천재지변이나 그 밖의 부득이한 사유로 인하여 사업의 계속이 불가능하게 되어 이직하는 사람

② 법 제33조 제1항에 따른 고용량의 변동신고는 그 고용량의 변동이 있는 날의 30일 전에 별지 제2호 서식에 따라 관할 직업안정기관의 장에게 신고하여야 한다. 이 경우 이직하는 사람의 이직일이 동일하지 아니한 경우에는 최초의 이직자가 이직하는 날의 30일 전에 신고하여야 한다.

(2) 실무상의 주요 법적쟁점

1) 희망퇴직과 취업규칙 제 · 개정

취업규칙에 희망퇴직 요건이나 조건 등 희망퇴직과 관련된 조항을 신설하는 것이 불이익변경에 해당하는지 여부가 문제가 된다. '불이익변경'이라 함은 근로자가 가지고 있던 기득의 권리나 이익을 박탈하여 근로조건을 낮추거나 복무규율을 강화하는 것을 말한다.[177] 희망퇴직은 근로자의 사직의 의사와 이를 수리하는 사용자의 의사가 합치되어 이루어지는 근로관계의 합의해지로서 사용자의 일방적 의사표시에 의한 해고와는 다르다. 따라서 희망퇴직 조항의 신설로 인해 근로자의 기득의 권리나 이익이 침해된다고 보기는 어려우므로 불이익변경에 해당

177) 하갑래, 「근로기준법」 제28판, ㈜중앙경제, 2016. 154쪽.

하지 않는다.[178)]

그러나 이미 취업규칙에 정해진 희망퇴직 보상기준은 근로자 전체에 적용될 근로조건에 관한 준칙에 해당하므로 그것을 하향하는 것은 불이익변경에 해당한다. 법원[179)]은 특별위로금을 규정한 보수규정 제44조에 근거하여 적용되어 오던 명예퇴직자 위로금 지급기준을 변경한 사안에서 "명예퇴직자 모두에게 지급되던 특별위로금을 더 이상 지급하지 않기로 한 특별위로금 부지급 결정은 취업규칙인 보수규정 제44조를 근로자에게 불리하게 변경한 것으로 보아야 한다"고 판시한 바 있다.

2) 명예퇴직규정의 희망퇴직 적용 여부

명예퇴직도 희망퇴직과 마찬가지로 그 개념이나 요건 등에 대하여 법률에의 정함이 없다. 통상적으로 명예퇴직제는 정년연령에 도달하기 전에 근속년수나 연령 등 일정한 기준을 충족한 근로자를 그의 자발적 의사에 따라 규정상의 퇴직금 이외에 별도의 가산금을 추가로 지급하는 등 우대조치를 하여 퇴직시키는 제도를 말한다.[180)]

통상적으로 명예퇴직은 인사규정 또는 별도의 규정에 그 요건 및 조건이 정해져 있다. 반면에 희망퇴직은 감원을 위해 그 대상과 요건, 조건을 특별히 시행하는 것이다. 따라서 희망퇴직 시행시 사규 상의 명예퇴직 규정이 당연히 적용되는 것은 아니라고 해석된다.

고용노동부 행정해석[181)]도 단체협약에 희망퇴직에 대하여 구조조정을 사유로 하는 퇴직으로 규정하고 있고 인사규정에 명예퇴직 규정을 두고 있는 경우 노사간 희망퇴직을 명예퇴직에 준하여 처리한다는 별도의 특약이 없는 한, 인사규정상의 명예퇴직에 관한 규정이 목적과 요건이 다른 희망퇴직의 경우에까지 적용된다고 보기는 어렵다는 입장이다.

---

178) 근로기준과-3404, 2009.9.7.

179) 부산지방법원 2014.10.10. 선고 2014가합42311 판결

180) 고진수 외 3인, 「명예퇴직제」, 중앙경제사, 1996, 22~23쪽.

181) 근로개선정책과-6780, 2012.12.11.

3) 희망퇴직 신청(사직원 제출)의 선별적 수리 문제

인원감축이 필요하여 희망퇴직을 시행하더라도 사용자 입장에서 능력이 있는 근로자가 희망퇴직위로금을 받고 퇴직하여 타 회사로 이직하는 것은 바람직하지 않다. 그리고 반대로 회사를 상대로 소송을 진행 중이거나 비위행위로 감사를 받고 있는 근로자의 경우에도 근로관계를 유지할 필요성이 있을 수 있다. 이에 사용자가 다수의 희망퇴직 신청자 중에서 일부 근로자에 대하여는 희망퇴직 신청을 승낙하고 일부 근로자에 대하여는 희망퇴직 신청을 반려하는 것이 가능한지 여부가 문제이다.

이에 대하여 대법원[182]은 "회사의 취업규칙 등에서 명예퇴직 신청자격이 있는 근로자의 신청만으로 명예퇴직이 이루어진다는 취지의 규정을 두고 있는 경우와 같이 특단의 사정이 없는 한, 명예퇴직은 그 성질상 근르자의 명예퇴직 신청과 사용자의 승낙이 있는 경우에 비로소 성립된다고 보아야 하므로, 피고 회사의 명예퇴직규정에 신청기간이 명시되어 있지 않다거나 신청자 중에서 피고가 명예퇴직자를 선발한다는 내용이 명시되어 있지 않다 하여도, 근로자들의 명예퇴직 신청을 심사하여 수리 여부를 결정할 권한은 피고에게 유보되어 있다고 봄이 상당하나, 피고의 이와 같은 심사·결정 재량권은 명예퇴직제도가 도입된 배경과 경위, 다른 대상자와의 형평성 등을 고려하여 합리적인 범위 내에서 적절하게 제한적으로 행사되어야 하고 객관적인 자격을 갖춘 근로자의 명예퇴직 신청에 대하여 부당한 사유를 내세워 수리를 거부하는 등으로 이를 남용하여서는 아니 된다"고 판시한 바 있다.

그리고 하급심 중 근로자의 신청만으로 희망퇴직이 이뤄진다는 취지의 취업규칙이 없는 한 수리 여부에 대한 결정권한은 원칙적으로 사용자에게 유보돼 있다고 판시한 사례가 있다.[183]

희망퇴직 신청에 의한 근로계약 합의해지는 근로자의 희망퇴직 신청에 의한 사직원 제출이라는 청약의 의사표시에 대하여 사용자가 승낙의 의사표시가 있는

---

182) 대법원 1999.12.21. 선고 99다42933 판결

183) 서울중앙지방법원 2015.9.1. 선고 2015가단5018629 판결

경우에 유효하다. 따라서 근로자의 사직원을 수리할 것인지 여부는 근로자의 신청만으로 희망퇴직이 이루어진다는 규정이나 특별한 사정이 존재하지 않는 한 원칙적으로 사용자의 재량에 맡겨져 있는 것으로 보아야 할 것이다.

4) 일부 근로자를 대상으로 한 희망퇴직 가능 여부

현행 노동관계법은 희망퇴직에 대하여 특별히 제한하는 규정을 두고 있지 않다. 따라서 특정 직종 내지 직급 등 일부 근로자를 대상으로 하는 희망퇴직 시행도 가능하다. 다만, 경영상 해고 절차가 개시된 이후에 해고회피노력의 일환으로 희망퇴직을 시행하는 경우에는 경영상 해고가 전체 근로자를 대상으로 실시하는 것이 원칙이라는 점을 고려하면 전체 근로자를 대상으로 실시하는 것이 바람직하다.

5) 희망퇴직신청 권유의 부당성 여부

희망퇴직을 권유하는 과정에서 희망퇴직을 신청하지 않을 경우에 발생할 수 있는 근로자측의 불리한 사정 또는 불이익에 대하여 설명하는 것이 일반적이다. 그와 같은 방식의 권유가 있었다고 하여 희망퇴직이 일률적으로 부당한 것으로 인정되는 것은 아니다.

대법원[184]은 희망퇴직을 권유하는 과정에서 향후 불이익이 있을 것이라는 것을 암시하였다고 하더라도 근로자의 자기판단 하에 희망퇴직원을 제출하여 사용자가 이를 수락함으로써 퇴직처분이 이루어진 경우에는 해고에 해당한다고 볼 수 없다는 입장이다. 그러나 원래 사직의 의사가 없는 참가인으로 하여금 희망퇴직을 하지 않을 수 없도록 부당한 영향력을 행사하여 희망퇴직을 신청하도록 하여 이를 수리한 경우에는 해고에 해당하고 그 해고에 정당한 사유가 인정되지 않는 한 부당해고에 해당한다.[185]

결국 사용자의 권유에 의한 희망퇴직 신청이 해고로 볼 수 있는지 여부는 사용

184) 대법원 2004.6.25. 선고 2002다68058 판결
185) 대법원 2002.10.25. 선고 2002두6552 판결

자의 권유에 수반된 불이익 고지 등이 강요나 부당한 압력에 이르는 것이어서 사직의 의사가 없는 근로자로 하여금 어쩔 수 없이 희망퇴직을 신청하게 한 것인지 여부에 달려 있다.

6) 단체교섭 대상 여부

단체교섭은 노동조합이 사용자 또는 사용자단체와 임금·근로시간·후생·해고 기타 대우 등에 관하여 단결력을 배경으로 교섭하는 것을 말한다. 사용자는 정당한 이유 없이 단체교섭을 거부하거나 해태하지 못한다. 그러나 구체적으로 어느 범위까지 단체교섭의 대상이 되는지는 명확하지 않다. 일반적으로 단체교섭 사항이 되지 위해서는 ① 사용자가 처리·처분할 수 있어야 하고, ② 집단적 성격을 가져야 하며, ③ 근로조건과 관련이 있어야 한다고 한다.[186)]

희망퇴직 또는 명예퇴직의 조건 및 위로금 수준을 단체협약에 규정하고자 하는 경우 그것은 근로자의 대우에 관한 사항으로서 단체교섭의 대상에 해당한다. 그러나 단체협약에 희망퇴직이나 명예퇴직 관련 조항이 없는 상태에서 희망퇴직이나 명예퇴직의 시행 여부는 사용자가 재량을 가지는 인사·경영권에 해당하는 사항으로서 단체교섭의 대상에 해당하지 않는다고 본다.[187)]

하지만 노사가 임의로 단체교섭을 진행하여 단체협약을 체결할 수 있다. 대법원은 정리해고 등 구조조정의 실시 여부는 고도의 경영상 결단에 속하는 사항으로서 원칙적으로 단체교섭의 대상이 될 수 없다는 입장이다.[188)] 다만 사용자의 경영권에 속하는 사항이라도 임의로 단체교섭을 진행할 수 있다고 한다.[189)] 따라서 사용자의 희망퇴직 시행 자체를 저지하기 위한 노동조합의 쟁의행위는 적법한 쟁의행위로 볼 수 없다. 하급심 판례는 경영상 이유에 의한 해고를 회피하기 위

186) 고용노동부, 「집단적 노사관계 업무매뉴얼」, 2016. 168쪽.

187) 단체협약에 희망퇴직이나 명예퇴직 시행 조건이나 기준이 정해져 있고 그러한 조건 등이 충족되었음에도 불구하고 사용자가 희망퇴직 등을 실시하지 않는 것은 단체협약 이행의 문제에 해당한다.

188) 대법원 2001.4.24. 선고 99도4893 판결 ; 대법원 2002.2.26. 선고 99도5380 판결

189) 대법원 2014.3.27. 선고 2011두20406 판결

한 퇴직희망제의 시행을 저지할 목적으로 한 파업은 그 목적이 위법하여 정당행위에 해당하지 않는다고 판시한 바 있다.[190)]

7) 노동조합에 대한 희망퇴직 신청권 위임 문제

희망퇴직은 사용자와 개별 근로자가 합의에 의하여 근로계약을 해지하는 것으로서 희망퇴직을 신청할 것인지 여부는 개별 근로자의 일신전속적 권리에 해당한다. 따라서 노동조합에 대하여 희망퇴직 신청권을 위임하는 것은 유효하지 않다.

고용노동부는 근로자의 일신전속적 권리에 해당하는 연봉액 협상과 관련하여, 개별 조합원의 위임에 기초하여 노동조합이 개별 조합원의 연봉액의 협상을 요구하는 것에 대하여 사용자가 이를 거부・해태하는 행위를 노동조합법 제81조(부당노동행위) 제3호에서 규정하고 있는 사용자의 부당노동행위로 보기는 어렵다는 입장이다.[191)]

8) 임금채권 청산 합의의 효력

근로자가 퇴직하는 경우에는 근로기준법 제36조(금품 청산)에 따라 사용자는 퇴직일로부터 14일 이내에 금품을 청산하여야 한다. 그러나 희망퇴직을 시행하면서 신청자에 대하여 퇴직위로금을 지급하는 대신 근무한 기간 동안의 임금채권은 모두 정산된 것으로 한다는 취지의 확인서 내지 약정서를 작성하는 경우가 많다. 이러한 확인 내지 약정의 성격은 임금채권의 반납 내지 포기로 볼 수 있는데 근로기준법은 제36조(금품 청산)에서 근로자가 퇴직하는 경우 14일 이내에 금품을 청산하도록 규정하고 있으므로 그 유효성 여부가 문제된다.

지급청구권이 발생한 임금 등 채권은 근로자의 사적 재산이므로 그 처분권한이 근로자에게 맡겨져 있다.[192)] 희망퇴직 신청 및 사용자의 승낙에 의한 근로계약

190) 대전지법 1998.8.13. 선고 98노2805 판결
191) 노조68107-85, 2003.3.3.
192) 대법원 2002.4.12. 선고 2001다41384 판결

합의해지로 인하여 근무기간 동안의 임금 등 채권이 확정된 상황에서 근로자가 희망퇴직위로금을 수령하면서 임금 등 채권을 반납 내지 포기하는 것은 가능하다고 하겠다. 그러나 그것이 유효하기 위해서는 근로자의 자의적인 결정이 전제되어야 하며, 근로자들의 개별적이고 명확한 동의 내지 수권이 없는 노동조합의 집단적인 임금채권 반납 내지 포기 행위는 인정될 수 없다.

이와 관련하여 희망퇴직을 하면서 "퇴직금 및 위로금을 수령함으로써 본인이 ○○○○○중앙회에 대하여 가지고 있는 모든 임금채권이 정산, 정리됨을 확인합니다"라는 내용의 동의서를 작성한 사례에서, 고용노동부는 동의서 내용은 위로금 등을 지급받음으로써 여타의 임금채권은 반납한다는 의사표시로 볼 수 있으며, 임금채권의 반납의사는 반드시 명시적으로 확정적인 금액에 대해 표시해야만 하는 것은 아니고 퇴직으로 인한 금품청산을 위해 정산하는 경우 추가적인 임금채권이 발생할 수 있는 상황에서 다액의 위로금을 받는 것을 조건으로 이를 반납하는 것도 가능하다고 해석하였다.[193]

그러나 사안 별로 희망퇴직위로금 수준 및 근로자가 보유한 임금 등 채권의 내용이 일률적이지 않으므로 희망퇴직위로금 수령에 따른 포괄적인 임금 등 채권 반납이 항상 유효한 것으로 단정할 수는 없다고 생각된다.

9) 희망퇴직 근로자의 실업급여 수급자격 문제

근로자가 퇴직일 이전 18개월 동안 고용보험 가입기간이 통산하여 180일 이상이고 근로의 의사와 능력이 있음에도 불구하고 취업하지 못한 상태에 있는 경우에는 이직일 당시의 연령 및 피보험기간에 따라 최대 90일 내지 240일까지 구직급여를 지급받을 수 있다.[194]

고용보험법시행규칙 제101조(이직 사유에 따른 수급자격의 제한 기준) 제2항 및 동 시행규칙 별표2는 수급자격이 제한되지 않는 정당한 이직 사유에 대하여 정하고 있다. 동 별표2에 의하면 사업의 양도・인수・합병, 일부 사업의 폐지나

193) 근기 68207-3040, 2001.9.10.

194) 고용보험법 제40조(구직급여의 수급 요건), 제50조(소정급여일수 및 피보험기간) 제1항 별표1

업종전환, 직제개편에 따른 조직의 폐지·축소, 신기술의 도입 및 기술혁신 등에 따른 작업형태의 변경, 경영의 악화, 인사적체, 그 밖에 이에 준하는 사유가 발생한 사정으로 사용자로부터 퇴직을 권고받거나 임원감축이 불가피하여 고용조정계획에 따라 실시하는 퇴직희망자 모집으로 이직하는 경우에는 수급자격이 제한되지 않는다.

고용노동부 행정해석은 회사의 고용조정계획 등 경영상 필요에 의한 인원감축을 위하여 사용자의 권유에 의한 희망(명예)퇴직으로 이직하는 경우에는 수급자격이 인정되나 구체적인 인원감축계획, 향후 인사상 불이익 조치예정, 인원감축의 불가피성에 대한 공고조치 없이 단체협약이나 취업규칙 등에 정해진 요건·절차 및 기준에 따라 관례적·일상적으로 이루어지는 명예퇴직의 경우에는 '기타 개인사정에 의한 이직'에 해당하여 수급자격이 인정되지 않는다고 한다.[195]

3. 희망퇴직 운영원칙

(1) 희망퇴직 시행 목적 및 이유 설정

희망퇴직이 시행되는 경우 근로자들의 가장 큰 관심은 희망퇴직위로금 수준 등 희망퇴직에 따른 반대급부(희망퇴직 조건)에 놓여진다. 그러나 그 보다 앞서 근로자들은 회사가 희망퇴직을 시행하는 목적과 이유가 무엇인지에 대하여 생각하게 되고, 그에 대한 답변을 요구한다.

회사가 희망퇴직 시행 목적 및 이유에 대한 내부의 궁금증에 대해 명확한 답변을 주지 못하면 희망퇴직에 대한 공감대를 형성할 수 없다. 그렇게 되면 근로자들의 불만은 높아지고 아무리 희망퇴직 조건이 좋다고 하더라도 기대했던 것만큼 희망퇴직 시행의 효과를 얻을 수 없다. 따라서 회사는 시행하기에 앞서 희망퇴직을 시행하는 목적과 이유를 명확하게 설정하여야 한다.

195) 고용지원실업급여과-353, 2010.7.30.

(2) 구체적인 시행계획 수립

희망퇴직 목적과 이유가 명확하게 설정되면 그에 맞게 희망퇴직 대상범위, 희망퇴직 조건, 시행 일정 및 방법 등에 대한 구체적인 계획을 수립하여야 한다. 희망퇴직을 시행하는 목적과 이유에 맞지 않는 대상범위 및 조건 설정, 시행방법 선택 등은 고용조정의 효과보다 오히려 조직적 또는 법률적 문제를 일으킬 가능성이 크다는 점에 주의하여야 한다.

(3) 합리적인 희망퇴직 대상범위 설정

희망퇴직 대상이 반드시 전직원을 대상으로 할 필요는 없다. 즉, 일정한 직급 이상을 대상으로 할 수 있으며, 특정 사업부나 직종에 속한 근로자만을 대상으로 할 수도 있다. 다만, 희망퇴직이 전 직원을 대상으로 하는 경영상 해고의 해고회피노력의 일환으로 시행되는 경우에는 원칙적으로 전직원을 대상으로 하는 것이 타당하다. 한편, 특정집단을 희망퇴직 대상자로 할 경우에도 해당 집단에서 어떤 근로자를 주된 희망퇴직 대상자로 할 것인지에 대하여 그 범위가 설정되어야 한다.

(4) 효과적인 희망퇴직 조건 설정

근로자 입장에서 보면 희망퇴직은 자신이 근무하던 직장을 떠난다는 의미이다. 따라서 희망퇴직을 결정하는 것은 매우 어려운 일이고, 현실적으로 퇴직위로금 수준 등 희망퇴직 조건이 의사결정에 큰 영향을 미칠 수밖에 없다. 따라서 희망퇴직 대상범위에 맞는 희망퇴직 조건을 정하는 것이 매우 중요하다.

희망퇴직 대상범위에 고근속년자가 많이 포함된 경우에는 고근속년자를 배려하는 조건을 설정하는 것이 합리적이다. 그리고 희망퇴직 주요 대상자가 차장급 이상의 관리자를 희망퇴직의 대상으로 할 경우에는 희망퇴직위로금과 함께 전직지원제도나 일정기간의 학자금지원 등을 희망퇴직 조건으로 하는 것이 효과적이다.

그리고 처음 희망퇴직을 시행하는 사업장에서는 최초 적용된 희망퇴직 조건이 향후 희망퇴직의 기준으로서 작용하기 때문에 희망퇴직 조건 설정에 특히 주의를 기울여야 한다. 또한 단기적으로 수회에 걸쳐 희망퇴직을 시행하는 경우, 일반적으로 회차가 증가할수록 희망퇴직 조건을 낮게 설정하는 것이 통상적이다. 그 이유는 희망퇴직 조건 향상에 대한 근로자들의 기대심리로 희망퇴직 시행의 효과가 낮아지기 때문이다. 그러나 사업장마다의 여건이 다르므로 반드시 정형적인 원칙에 해당하는 것은 아니다.

희망퇴직위로금 사례를 보면 〈표 29〉~〈표 31〉과 같다.

[표 29] 희망퇴직위로금 사례 ①: 근속년수 기준

근속년수	D사	S사	B사	A사
5년	〈10년 미만〉 통상×39개월	통상×10개월	통상×12개월	평균×5개월
		통상×25개월	통상×18개월	
10년 15년	〈10년 이상〉 통상×42개월 〈12년 이상〉 통상×45개월	통상×31개월	통상×24개월	평균×7개월
20년	〈15년 이상〉 통상×48개월	통상×40개월	통상×30개월	〈15년 이상〉 평균×9개월
		통상×45개월	통상×40개월	
기타	• 정년 2년 미만 : 통상×16개월 • 정년 3년 미만 : 통상×32개월 • 퇴직 후 학자금 3년간 지원	–	–	–

[표 30] 희망퇴직위로금 사례 ②: 정년 기준

정년 잔여기간	지급기준
1년 미만	기본급×(잔여 개월수÷2)
1년 이상 ~ 3년 미만	기본급×14개월
3년 이상 ~ 5년 미만	기본급×16개월
5년 이상 ~ 8년 미만	기본급×18개월
8년 이상 ~ 10년 미만	기본급×22개월
10년 이상 ~ 15년 미만	기본급×18개월
15년 이상 ~	기본급×14개월

※ 학자금 : 지원기간 1년(현대 2년제 / 4년제 대학교 재학 중인 자녀 1인 한함)
※ 퇴직자 전직프로그램 지원 : 1인당 300만원 교육비 지원

[표 31] 희망퇴직위로금 사례 ③ : 연령 · 근속 혼합

연령 계수 (A)		근속 계수 (B)		비 고
52세 이상 56세 미만	7개월	20년 이상	10개월	* 가급금액 =통상임금 ×가급계수 * 가급계수 =연령계수(A) +근속계수(B)
49세 이상 52세 미만	8개월	16년 이상 20년 미만	9개월	
46세 이상 49세 미만	9개월	12년 이상 16년 미만	8개월	
42세 이상 46세 미만	10개월	8년 이상 12년 미만	7개월	
38세 이상 42세 미만	9개월	8년 미만	3개월	
35세 이상 42세 미만	8개월			
35세 미만	3개월			

(5) 내부 공감대 형성 및 신뢰 확보

희망퇴직 절차 개시 이후, 사업장 내에서 희망퇴직 시행에 대한 반감이 주류를 형성하게 되면 고용조정으로서의 목표를 달성할 수 없을 뿐만 아니라 오히려 근로자들의 불만이 증가하고 조직분위기가 악화된다. 그리고 노사갈등의 원인이 될 수 있다. 따라서 희망퇴직을 시행함에 있어서는 경영현황 및 희망퇴직 필요성에 대한 홍보, 소통 강화 등 공감대 형성을 위한 적극적인 노력이 반드시 함께 이루어져야 한다.

그리고 희망퇴직 시행 과정에서 근로자들에게 신뢰감을 주는 것이 매우 중요하다. 근로자들이 희망퇴직 이유, 희망퇴직 조건 등에 대하여 확신을 가지지 못하면 성공적인 희망퇴직 시행 결과를 기대하기 어렵고, 시행 이후에도 법적분쟁의 원인이 될 수 있다. 따라서 희망퇴직 절차에서는 명확성을 유지하는 것이 매우 중요하다. 그러한 차원에서 시행공고, 절차 안내, 신청, 접수 및 수리 통보 등은 최대한 서면으로 이루어질 수 있도록 하는 것이 바람직하다.

[그림 18] 희망퇴직 시행공고(예시)

희망퇴직 시행 공고

회사는 전 세계적인 코로나19 감염 확산에 따라 국내외 경제 악화로 인하여 매출액 감소, 영업이익 적자, 유휴인력 발생 등 심각한 경영위기에 직면하고 있습니다. 이에 경영위기 극복을 위하여 부득이 아래와 같이 희망퇴직을 시행합니다.

– 아 래 –

1. 대상 : 기능직(생산직) 사원
2. 희망퇴직 신청 일시 : 2020. . . 09:00 ~ 2020. . . 17:00
3. 희망퇴직 조건

정년 잔여기간	지급기준
1년 미만	기본급×(잔여 개월수÷2)
1년 이상 ~ 3년 미만	기본급×14개월
3년 이상 ~ 5년 미만	기본급×16개월
5년 이상 ~ 8년 미만	기본급×18개월
8년 이상 ~ 10년 미만	기본급×22개월
10년 이상 ~ 15년 미만	기본급×18개월
15년 이상 ~	기본급×14개월

※ 학자금 : 지원기간 1년(현대 2년제 / 4년제 대학교 재학 중인 자녀 1인 한함)

※ 퇴직자 전직프로그램 지원 : 1인당 300만원 교육비 지원

4. 희망퇴직일 : 20 . . .부
5. 희망퇴직 신청 방법 : 희망퇴직 신청 서류 작성 후 인사팀 또는 부서장에게 직접 또는 우편제출
6. 문의 : 인사팀 (연락처 : ○○○–○○○○)

2020. ○. ○.

(주)○○○○

(6) 핵심인력 유출 방지

희망퇴직을 시행하는 경우 핵심인력의 유출은 어느 정도 감안할 수밖에 없다. 그러나 핵심인력이 퇴직함으로써 기업의 경쟁력이 더욱 악화될 경우 남아 있는 인력의 고용은 그만큼 더 불안해진다. 따라서 희망퇴직 시행계획을 수립하는 과정에서 핵심인력의 유출을 방지하기 위한 방안을 마련하는 것이 필요하다.

기본적으로 핵심인력의 희망퇴직 신청을 승낙하지 않음으로써 유출을 방지할 수 있으나, 승낙거부 사례가 많아지면 희망퇴직 시행에 대한 근로자들의 불신 및 불만이 증가할 수 있다. 따라서 핵심인력에 대한 적극적인 소통 및 비전 제시를 통해 핵심인력의 희망퇴직 신청 자체를 최소화하는 것이 바람직하다.

(7) 합리적인 권유와 설득

일반적으로 희망퇴직 시행 과정에서 대상 근로자들에 대한 면담이 진행된다. 희망퇴직은 법리적으로 권고사직과 유사한 성격을 갖는다. 따라서 면담과정에서 어느 정도의 신청권유는 불가피하다. 그러나 그것이 강요 내지 강박의 수준에 이르러서는 안 된다. 희망퇴직 신청이 강요한 의한 것일 경우 사후적으로 법적분쟁의 원인이 될 수 있으며, 강요에 의한 의사표시로 인정되어 희망퇴직이 취소될 수 있다. 그것은 단순히 부당해고의 문제를 넘어 조직에 대한 구성원들의 신뢰를 떨어뜨리고 조직 내 갈등을 유발하는 원인으로 작용하게 된다.

따라서 면담은 희망퇴직 시행의 불가피성에 대해 이해를 구하고 인식을 공유하며, 희망퇴직 신청의 필요성을 합리적으로 설득하는 과정이어야 한다. 이를 위해서는 면담에서 설명할 내용, 예상되는 질문과 그에 답변 등이 사전에 구체화되어 있어야 한다.

(8) 희망퇴직 시행 이후 업무공백 최소화

희망퇴직은 특정인에 대한 권고사직과는 달리 확정되지 않은 다수의 근로자를 대상으로 실시하는 것이다. 따라서 어떤 근로자가 희망퇴직을 신청할지 예측할 수 없다. 따라서 특정 부서 및 직무에서 다수의 근로자가 퇴직을 하게 되면 업무상 공백이 발생할 수 있다. 다수 인원이 아니더라도 희망퇴직을 신청한 근로자가 평소 대체가 쉽지 않은 직무를 수행해 온 경우에도 업무상 차질이 발생할 수 있다.

따라서 사전에 정확한 계획을 수립하는 것은 어렵다고 하더라도, 핵심적이거나 고유한 업무를 수행해 온 근로자가 희망퇴직을 하였을 경우에 대비한 업무대체 방안 정도는 사전에 검토해 두는 것이 필요하다.

그리고 희망퇴직 시행 과정에서 신청일과 퇴직일 사이에 간격이 존재하는 경우가 통상적이므로 그 기간 동안에 업무공백을 최소화하기 위한 계획을 세워야 한다. 업무대체 과정에서 전환배치 등 인사이동이 필요할 수 있고 인사이동에는 소정의 절차가 필요하다는 점을 고려할 때 업무조정 계획은 최대한 빠르게 수립하는 것이 바람직하다.

주요 관련 판례 및 행정해석

✓ 진의 아닌 의사표시에 있어 '진의'의 의미 및 명예퇴직 신청의 철회 가능 여부

(대법원 2003.4.25. 선고 2002다11458 판결)

진의 아닌 의사표시에 있어서의 '진의'란 특정한 내용의 의사표시를 하고자 하는 표의자의 생각을 말하는 것이지 표의자가 진정으로 마음 속에서 바라는 사항을 뜻하는 것은 아니므로 표의자가 의사표시의 내용을 진정으로 마음 속에서 바라지는 아니하였다고 하더라도 당시의 상황에서는 그것이 최선이라고 판단하여 그 의사표시를 하였을 경우에는 이를 내심의 효과의사가 결여된 진의 아닌 의사표시라고 할 수 없다.

명예퇴직은 근로자가 명예퇴직의 신청(청약)을 하면 사용자가 요건을 심사한 후 이를 승인(승낙)함으로써 합의에 의하여 근로관계를 종료시키는 것으로, 명예퇴직의 신청은 근로계약에 대한 합의해지의 청약에 불과하여 이에 대한 사용자의 승낙이 있어 근로계약이 합의해지되기 전에는 근로자가 임의로 그 청약의 의사표시를 철회할 수 있다.

✓ 부당한 영향력을 행사하여 희망퇴직을 신청하도록 하고 이를 수리한 경우 근로관계 종료의 법적 성격

(대법원 2002.10.25. 선고 2002두6552 판결)

사용자가 근로자로부터 사직서를 제출 받고 이를 수리하는 의원면직의 형식을 취하여 근로계약관계를 종료시킨 경우, 사직의 의사 없는 근로자로 하여금 어쩔 수 없이 사직서를 작성, 제출하게 하였다면 실질적으로 사용자의 일방적인 의사에 의하여 근로계약관계를 종료시키는 것이어서 해고에 해당한다 할 것이다.

원심이 유지한 제1심판결 이유에 의하면, 원심은 판시 사실을 적법히 확정한 다음, 그 인정 사실에 비추어 피고보조참가인은 원래 사직의 의사가 없었음에도 원고 회사로부터 뚜렷한 사유 없이 대기발령을 받고 희망퇴직신청을 하지 아니할 경우 직권면직을 당할 것이라는 통보를 받게 되자 직권면직처리 될 경우 입게 될 경제적 불이익 등을 우려하여 어쩔 수 없이 희망퇴직신청서를 작성, 제출하였다고 보여진다고 판단하고, 희망퇴직신청서 제출 당시 참가인에게 사직에 관한 내심의 효과의사가 있었고, 희망퇴직자로 심사, 확정되었다 하더라도 원고 회사가 원래 사직의 의사가 없는 참가인으로 하여금 희망퇴직을 하지 않을 수 없도록 부당한 영향력을 행사하여 희망퇴직을 신청하도록 하여 이를 수리한 이상, 위와 같은 행위는 실질적으로 사용자의 일방적 의사에 의하여 근로계약관계를 종료시키는 해고에 해당하고, 원고 회사의 희망퇴직신청 수리에 따라 참가인이 일시적인 혜택을 부여받았다 하여 달리 볼 것은 아니며, 참가인을 해고시킬 만한 정당한 이유가 인정되지 아니하는 이상 참가인에 대한 해고는 부당해고라는 이유로 이 사건 청구를 배척하였다.

기록과 위 법리에 의하여 원심판결 이유를 살펴보니, 원심의 이와 같은 사실인정과 판단은 수긍할 수 있고, 거기에 상고이유에서 주장하는 바와 같은 채증법칙을 위배하여 사실을 오인한 잘못이나 의사표시해석에 관한 법리오해의 위법이 없다.

✓ 적극적인 권유에 의한 희망퇴직 신청의 효력

(대법원 2003.4.11. 선고 2002다60528 판결)

원심은 그 채용 증거들을 종합하여 그 판시와 같은 사실들을 인정한 다음, 피고 회사에서는 노동조합과 사전협의를 거쳐 희망퇴직자들에게 퇴직금 등의 지급조건을 우대하여 주는 내용으로 희망퇴직제를 실시하기로 한 뒤, 원고들에게 희망퇴직 의사를 물어 원고들의 명시적인 퇴직의사에 기하여 면직처분을 하였고, 그 과정에서 희망퇴직제의 실패로 정리해고를 시행할 경우 적용될 연령이나 근속기간 등의 정리기준을 고려할 때에 정리해고 대상자에 포함될 가능성이 상당한 원고들에게 희망퇴직을 적극적으로 권유한 것에 지나지 않는 점 등에 비추어 보면, 원고들이 사직의 의사가 없었음에도 불구하고 피고 회사측의 강요에 의하여 공포심을 느낀 결과 어쩔 수 없이 사직서를 제출하였다고 보기 어려운 반면, 원고들은 당시 희망퇴직의 권고를 선뜻 받아들일 수는 없었다고 할지라도 그 당시의 경제상황, 피고

회사의 구조조정계획, 피고 회사가 제시하는 희망퇴직의 조건, 정리해고를 시행할 경우 정리기준에 따라 정리해고 대상자에 포함될 가능성, 퇴직할 경우와 계속 근무할 경우의 이해득실 등 제반 사항을 종합적으로 고려하여 심사숙고한 결과 사직서를 제출하였다고 봄이 상당하고, 따라서, 원고들과 피고 회사 사이의 근로계약은 원고들이 피고 회사에 대하여 사직서를 제출하고 피고회사가 이를 수리하여 원고들을 면직함으로써 합의해지에 의하여 종료되었다고 할 것이고, 원고들의 이 사건 퇴직을 실질적으로 정리해고에 해당하는 것으로 볼 수 없는 이상, 원고들이 주장하는 바와 같은 정리해고의 실질적 요건이 구비되었는지 여부는 원고들과 피고 회사 사이의 근로계약의 합의해지의 효력을 좌우할 수 없다는 이유로 원고들의 이 사건 청구를 모두 기각하였는바, 위에서 본 법리 및 기록에 비추어 관계 증거들을 살펴보면, 원심의 위와 같은 사실인정 및 판단은 정당하다고 수긍이 되고, 거기에 상고이유에서 주장하는 바와 같이 채증법칙 위배로 인하여 사실을 오인하거나 정리해고에 관한 법리를 오해한 위법이 없다 할 것이다.

✓ 일정한 불이익 고지가 수반된 종용에 의한 희망퇴직 신청의 효력

(대법원 2003.4.22. 선고 2002다65066 판결)

피고회사가 원고들의 의사와 무관하게 원고들을 퇴직대상자로 선정한 후 간부사원들을 통하여 원고들에게 희망퇴직을 종용하면서 퇴직하지 않을 경우 보직이 변경되는 등으로 퇴직금이 감소하거나 정리해고를 통하여 강제적으로 퇴직당하는 불이익을 입을 수 있다는 취지의 설명을 하였다는 사정만으로는 원고들이 사직의 의사가 없었음에도 불구하고 피고회사의 위법한 강요행위로 공포심을 느낀 결과 사직원을 제출하였다고 인정하기 부족하고 달리 이를 인정할 만한 증거가 없으며, 오히려 원고들은 사직을 선뜻 받아들일 수는 없었다 할지라도 그 당시의 경제상황, 피고회사의 구조조정계획, 피고회사가 제시하는 희망퇴직의 조건, 퇴직할 경우와 계속 근무할 경우에 있어서의 이해관계 등을 종합적으로 고려하여 당시의 상황으로서는 그것이 최선이라고 판단한 결과 사직원을 제출한 것으로 봄이 상당하고, 따라서 원고들과 피고회사 사이의 근로관계는 원고들이 피고회사의 권유에 따라 사직의 의사표시를 하고 피고회사가 이를 받아들임으로써 유효하게 합의해지 되었으므로 원고들의 퇴직이 해고에 해당하지 않는다고 판단하여 원고들의 강박에 의한 의사표시 취소 주장 및 정리해고로서의 무효 주장을 모두 배척하였다. 기록에 비추어 살펴보면, 원심의 사실인정과 판단은 모두 정당하고 이에 상고이유에서 주장하는 바와 같은 채증법칙 위배로 인한 사실오인 및 법리오해 등의 위법이 있다고 할 수 없다.

✓ 희망퇴직이 인사규정 상의 명예퇴직에 해당하는지 여부

(근로개선정책과-6780, 2012.12.11.)

임단협 제23조 제3항에는 '희망퇴직'에 대해 구조조정을 사유로 하는 퇴직임을 규정하고 있으며, 20년 이상 근속하고 정년이 1년 이상 남은 근로자를 대상으로 하는 인사규정상 '명예퇴직'과는 그 목적과 요건을 달리하고 있음. 따라서 노사 간 '희망퇴직'을 '명예퇴직'에 준하여 처리한다는 별도의 특약이 없는 한, 인사규정상 '명예퇴직'에 관한 규정이 목적과 요건이 다른 희망퇴직의 경우까지 적용된다고 보기 어려움.

✓ 희망퇴직 조항 신설이 불이익변경에 해당하는지 여부

(근로기준과-3404, 2009.9.7.)

취업규칙 개정내용(희망퇴직)으로 인해 기존의 근로조건이 직접적으로 저하되는 등의 사정이 존재한다면 취업규칙의 불이익변경에 해당하여 근로기준법 제94조의 규정에 의한 동의를 얻어야 유효하다고 할 것이지만, 일반적으로 희망퇴직은 근로자의 사직의 의사와 이를 수리하는 사용자의 의사가 합치되어 이루어지는 근로관계의 합의해지로서 사용자의 일방적 의사표시에 의한 해고와는 다르므로 희망퇴직 조항의 신설로 인해 근로자의 기득의 권리나 이익이 침해된다고 보기는 어렵다고 사료됨.

✓ 명예퇴직의 실업급여 수급자격 유무 판단기준

(고용지원실업급여과-353, 2010.7.30.)

회사의 인력감축계획 수립목적이 경영악화 타파를 위해 실제로 인력을 감축하려는 것이 아닌, 퇴직자 인건비를 활용해 신규채용을 도모하는 등 인력구조개편을 위한 것이며, 연차적인 감축인원만 정해져 있을 뿐, 명예퇴직 대상자 선정 기준, 기관별·직급별 목표인원 할당 등 구체적인 감축 계획이 없고, 명예퇴직을 신청하지 않은 직원에 대해 경영상 해고, 보직 제한 등 인사상 불이익 조치가 예정되어 있지 않음에도 명예퇴직을 하였다면 이는 자기 스스로 이직하였다고 사료됨.

이와는 달리 악화된 사업장의 경영상태를 개선하기 위해 인력감축계획을 수립하고, 이에 따른 목표인원을 반드시 감축해야만 하는 관계로 명예퇴직자 선정기준에 해당하는 자가 이에 응하지 않을 경우 불가피하게 경영상 해고, 보직 제한 등의 인사상 불이익 조치가 예정되어 있는 상황에서, 명예퇴직을 하였다면 이는 실질적으로 회사의 경영상 필요에 의한 인원감축을 위하여 사업주의 권유로 명예퇴직 한 것으로 보아 '기타 회사사정에 의한 퇴직'으로 판단하여야 할 것임.

Ⅳ 경영상 해고

1. 경영상 해고 의의

경영상 해고는 사용자가 긴박한 경영상의 필요(경제적, 산업구조적, 기술적 성격에 기인한 기업합리화 계획 등)에 따라 재직 근로자를 감축시키거나 그 인원구성을 바꾸기 위해 일정한 요건 아래 단행하는 해고를 말한다.[196]

경영상 해고는 근로자의 귀책사유 없이 사용자에게 발생하는 경영상 사정을 이유로 하여 이루어지기 때문에 보다 엄격한 요건이 요구된다. 이에 근로기준법 제24조(경영상 이유에 의한 해고의 제한)는 경영상 해고의 요건에 대하여 비교적 구체적으로 명시하고 있다. 경영상 해고는 통상 다수의 근로자와의 근로관계를 일시에 종료하는 것으로서 여러 고용조정 방안 중에서 가장 종국적인 방안에 해당한다.

판례[197]는 사업의 폐지를 위하여 해산한 기업이 청산과정에서 근로자를 해고하는 것은 기업경영의 자유에 속하는 것으로서 통상해고로 봄이 상당하다고 하여 경영상 해고와 청산과정에서의 해고를 구별하고 있다.

[표 32] 경영상 해고 · 희망퇴직 · 권고사직 비교

구분	경영상 해고	희망퇴직	권고사직
이유	회사 경영상 이유	회사 경영상 이유	회사 경영상 이유, 근로자 사정
대상	공정한 선정기준에 의한 해고대상자	퇴직희망자(연령, 재직기간 등 대상범위 설정 가능)	조직부적응자, 하위고과자, 직무소멸자
방식	대상자에게 해고통보	회사 내 공지 근로자의 신청과 회사의 승낙	대상자에 대한 자발적 사직 권유

196) 한인상, “경영상 해고 관련 판례 및 입법 동향 분석”, 「노동법논총」 제41집, 한국비교노동법학회, 2017, 121쪽.

197) 대법원 2001.11.13. 선고 2001다27975 판결 ; 대법원 2003.4.25. 선고 2003다7005 판결. 이러한 판례의 태도에 대한 비판적 견해로는 조용만, “경영상 해고의 제한에 관한 판례 법리의 재정립”, 「노동법학」 제64호, 한국노동법학회, 2017, 165~166쪽.

2. 경영상 해고의 법률문제

(1) 기본 법률사항

1) 경영상 해고의 요건

가. 개설

경영상 해고가 정당하기 위해서는 긴박한 경영상의 필요성, 해고회피 노력, 합리적이고 공정한 기준에 의한 해고대상자의 선정, 근로자대표와의 성실한 협의 네 가지 요건이 충족되어야 한다.[198] 근로기준법 제24조(경영상 이유에 의한 해고의 제한)가 각 요건을 명시하고 있으므로, 원칙적으로 네 가지 요건이 모두 충족되어야 경영상 해고의 정당성이 인정된다.

그러나 이러한 네 가지 요건의 구체적 내용은 확정적・고정적이지 않다. 따라서 요건을 갖추었는지 여부는 각 사건 별로 개별적 사정들과 당시의 경제・사회상황 등을 종합적으로 고려하여 판단되어진다.[199]

관련조문

근로기준법 제24조(경영상 이유에 의한 해고의 제한)

① 사용자가 경영상 이유에 의하여 근로자를 해고하려면 긴박한 경영상의 필요가 있어야 한다. 이 경우 경영악화를 방지하기 위한 사업의 양도・인수・합병은 긴박한 경영상의 필요가 있는 것으로 본다.

② 제1항의 경우에 사용자는 해고를 피하기 위한 노력을 다하여야 하며, 합리적이고 공정한 해고의 기준을 정하고 이에 따라 그 대상자를 선정하여야 한다. 이 경우 남녀의 성을 이유로 차별하여서는 아니 된다.

③ 사용자는 제2항에 따른 해고를 피하기 위한 방법과 해고의 기준 등에 관하여 그 사업 또는 사업장에 근로자의 과반수로 조직된 노동조합이 있는 경우에는 그 노동조합(근로자의 과반수로 조직된 노동조합이 없는 경우에는 근로자의 과반수를 대표하는 자를 말한다. 이하 "근로자대표"라 한다)에 해고를 하려는 날의 50일 전까지 통보하고 성실하게 협의하여야 한다.

④ 사용자는 제1항에 따라 대통령령으로 정하는 일정한 규모 이상의 인원을 해고

198) 동 요건은 1997년 근로기준법에 법정화되기 이전 학설 및 판례를 통해 정립되어 있었다.
199) 하갑래, 「근로기준법」 전정 제29판, ㈜중앙경제, 2017, 851쪽.

하려면 대통령령으로 정하는 바에 따라 고용노동부장관에게 신고하여야 한다.
⑤ 사용자가 제1항부터 제3항까지의 규정에 따른 요건을 갖추어 근로자를 해고한 경우에는 제23조제1항에 따른 정당한 이유가 있는 해고를 한 것으로 본다.

나. 긴박한 경영상 필요성

사용자가 경영상 해고를 하기 위해서는 긴박한 경영상의 필요성이 존재하여야 한다. 근로기준법은 경영악화를 방지를 위한 사업의 양도・인수・합병을 긴박한 경영상의 필요성이 있는 것으로 간주하고 있으나, 긴박한 경영상의 필요성에 대하여는 구체적인 내용이나 기준을 정하고 있지 않다.

법원은 1990년까지는 이른바 '도산회피설' 내지 '고도의 경영위기설'이라는 엄격한 입장을 취하였다. 즉, 대법원[200]은 "경영상 해고가 정당한 이유가 있다고 하기 위해서는 기업이 일정수의 근로자를 경영상 해고하지 않으면 경영악화로 사업을 계속할 수 없거나 적어도 기업재정상 심히 곤란한 처지에 놓일 개연성이 있을 긴박한 경영상의 필요성이 있어야 한다"는 입장이었다.

그러나 법원은 점차 그 요건을 완화하여 이른바 '객관적 합리성설'을 취하고 있으며, 객관적 합리성을 인정하는 범위도 점차 확대하는 경향을 보이고 있다. 대법원[201]은 "긴박한 경영상의 필요성은 반드시 기업의 도산을 회피하기 위한 경우로 한정할 필요가 없고, 인원삭감이 객관적으로 보아 합리성이 있는 경우에도 인정된다"고 판시하였다. 그리고 대법원[202]은 "장래에 올 수도 있는 위기에 미리 대처하기 위하여 인원삭감이 객관적으로 보아 합리성이 있다고 인정되는 경우도 포함된다"고 보았다.

이러한 법원의 경향은 지속되어 "기업의 전체 경영실적이 흑자를 기록하고 있더라도 일부 사업부문이 경영악화를 겪고 있으며, 그러한 경영악화가 구조적인 문제 등에 기인한 것으로 쉽게 개선될 가능성이 없고 해당 사업부문을 그대로 유

200) 대법원 1990.1.12. 선고 88다카34094 판결
201) 대법원 1991.12.10. 선고 91다8647 판결
202) 대법원 2002.7.9. 선고 2001다29452 판결 ; 대법원 2002.7.9. 선고 2000두9373 판결

지할 경우 결국 기업 전체의 경영상황이 악화될 우려가 있는 등 장래 위기에 대처할 필요가 있다면, 해당 사업부문을 축소 또는 폐지하고 이로 인하여 발생하는 잉여인력을 감축하는 것이 객관적으로 보아 불합리한 것이라고 볼 수 없다"[203], "상당기간 신규 설비 및 기술 개발에 투자하지 못함으로써 비롯된 계속적·구조적 요인에 따라 발생한 경영위기는 외부적 경영여건의 변화로 잠시 재무상태 또는 영업실적이 악화되었다거나 단기간 내에 쉽게 개선될 수 있는 부분적 일시적 위기가 아니므로 인원 감축 등을 통해 경영위기를 극복할 긴박한 경영상의 필요가 있다"[204]고 판시하였다.

긴박한 경영상의 필요성에 대한 주요 인정사례와 부정사례는 〈표 33〉 및 〈표 34〉와 같다.

[표 33] 긴박한 경영상 필요성 인정사례

- 정리해고 시점에서 부채비율 증가, 당기순손실 누적, 매출액 감소 등의 사정이 있는 경우(대법원 2011.1.27. 선고 2008두13972 판결)
- 당기순손실이 지속될 뿐만 아니라 비용 중 인건비의 비율이 높고 유휴인력이 상당수 존재하는 사정 등이 있는 경우(대법원 2008.8.21. 선고 2008두7663 판결)
- 비록 손익계산서상 결손이 발생한 경우가 아니라 하더라도, 전년도 대비 순이익의 대폭 감소, 비효율적 영업구조, 시장점유율의 하락 등의 사정을 종합적으로 고려하여 장래 도래할 수 있는 위기에 대처하기 위한 경우(대법원 2008.7.10. 선고 2008두5056 판결)
- 사업체의 일부 영업부문 적자로 총 영업이익이 감소되어 향후 계속하여 경상손실이 가중될 것으로 보여 이러한 영업부문에 관하여 구조개선을 할 객관적 합리성이 있는 경우(대법원 2009.5.14. 선고 2009두 3897 판결)
- 리무진운영의 수급업체가 도급업체의 감차방침 및 수송인원 감소 등으로 적자발생이 예상되자 정리해고를 실시한 사안에서, 장래에 올 수 있는 위기에 대처하기 위하여 인원삭감이 객관적 합리성이 있는 경우(대법원 2003.9.26. 선고 2001두

203) 대법원 2012.2.23. 선고 2010다3735 판결

204) 대법원 2014.11.13. 선고 2014다20875 판결 ; 대법원 2015.5.28. 선고 2012두25873 판결

10776 판결)

- 누적적자로 인해 경영이 악화된 상황에서 인력감축을 통한 생산성 향상이 필요한 경우(대법원 2011.1.27. 선고 2008두13972 판결)
- 지속적으로 적자가 누적되어 구조조정을 실시한 결과 일시적인 흑자로 돌아서거나 기업 전체 경영실적이 흑자를 기록하고 있더라도 일부 사업부문이 경영악화를 겪고 있어 향후 계속적인 구조조정이 필요한 경우(대법원 2010.2.11. 선고 2009두19595 판결 ; 대법원 2012.2.23. 선고 2010다3735 판결 등)
- 경영합리화 조치의 일환으로 소유 건물과 그 건물의 관리업무를 수행하던 자회사를 매각하고 건물관리업무를 외주용역으로 전환하면서 인력조정을 실시한 것으로 인원삭감에 객관적 합리성이 있는 경우(대법원 2012.6.28. 선고 2010다38007 판결)
- 기술집약적인 산업으로서 상당기간 신규 설비 및 기술 개발에 투자하지 못하여 경영위기가 온 경우(대법원 2014.11.13. 선고 2014다 20875 · 20882 판결 ; 대법원 2014.11.13. 선고 2012다14517 판결)

[표 34] 긴박한 경영상 필요성 부정사례

- 정리해고 실시 전년도에 당기순손실이 발생한 사실은 인정되나, 그 이전에는 지속적으로 당기순이익이 발생하였고, 유동비율 · 부채비율 · 시장점유율 등 다른 지표들이 안정적인 경우(대법원 2012.2.23. 선고 2009두15401 판결)
- 수년간 매출액 감소로 인한 누적적자가 발생하였던 점은 인정되나, 유동비율 · 부채비율 · 이익잉여금 등이 안정적인 상황이고 인원삭감에 앞서 임금삭감 여지가 있는 점 등이 있는 경우(대법원 2009.11.4. 선고 2009두15838 판결)
- 일부 사업부문은 영업손실을 기록하였으나 법인 전체로는 영업이익이 발생하였고, 성과급 지급 및 신규인력을 채용한 경우(대법원 2015.5.28. 선고 2012두25873 판결)
- 재무제표상 적자가 누적되는 상황이라 하더라도 적자발생의 주된 원인이 인건비가 아닌 관리비 등 기타 비용이며, 일부 업무의 외주용역 전환 후에도 특별한 개선이 없는 경우(서울행정법원 2007.2.15. 선고 2006구합14179 판결)

• 경영상 위기의 일반적인 상황에 반하는 간접사실들이 다수 있는 경우로 재무제표상 자본이 잠식된 상황이라 하더라도, 사업확장, 자금 대여, 계속된 신규사원 채용 등의 사정이 존재하는 경우(대법원 1995.11.24. 선고 94누10931 판결)

다. 해고회피노력

사용자는 경영상 해고를 피하기 위해 노력하여야 한다. 이러한 해고회피노력은 사용자가 근로자의 해고범위를 최소화하기 위하여 경영방침이나 작업방식 합리화, 신규채용 금지, 일시휴직 및 희망퇴직 활용, 전근, 임금삭감·동결 등의 가능한 조치를 취하는 것을 말한다.

해고회피노력의 방법과 정도의 판단기준은 획일적·고정적인 것이 아니라 당해 사용자의 경영위기의 정도, 정리해고를 실시해야 하는 경영상의 이유, 사업의 내용과 규모 등에 따라 달라질 수 있다. 그러나 회사의 경영사정과 인력운영 상황을 고려할 때, 해고를 회피하기 위한 적극적인 조치를 최대한 시행해야 하며, 일부 조치만 시행한 경우에는 해고회피노력을 다한 것으로 인정되지 않는다.

해고회피노력에 대한 주요 인정사례와 부정사례는 〈표 35〉 및 〈표 36〉과 같다.

[표 35] 해고회피노력 인정사례

• 원칙적으로 경영방침이나 작업방식의 합리화, 신규채용의 중지, 일시휴직 및 희망퇴직의 활용 및 전근 등의 가능한 모든 조치를 취한 경우(대법원 1992.12.22. 선고 92다14779 판결, 대법원 2011.1.27. 선고 2008두13972 판결)
• 자회사를 매각하면서 자회사 소속 근로자들에게 특별퇴직 프로그램을 실시하고, 특별퇴직 위로금으로 최대 30개월분의 평균임금에 상당하는 금원을 지급하며 자회사를 인수한 매수회사에 최소 2년간 고용이 보장되도록 조치한 경우(대법원 2012.6.28. 선고 2010다38007 판결)
• 정리해고대상자를 인사관리가 별도로 이루어지는 다른 사업부문에 배치전환하지는 않았으나, 임원진 등의 임금 일부 반납, 비품 처분, 부동산매각추진 등 비용절감을 위한 조치를 취하고, 관계 계열사에 해고 대상 직원의 우선채용협조를 요청하는 한편 당초 해고 대상 예정인원을 감축하는 경우(대법원 2011.1.27. 선고

2008두13972 판결)

- 무급휴직을 실시하지는 않았으나, 근로자에 대한 무급휴직 실시로 인해 오히려 손실이 확대될 수 있는 사정이 존재하는 경우(대법원 2008.9.25. 선고 2008두12887 판결)
- 정리해고 당시에는 고용보험법에 따른 지원을 받을 수 있는 무급휴직을 실시하지 않고 있다가 정리해고 이후 무급휴직을 실시하였으나, 정리해고에 앞서 부분 휴업, 임금 동결, 순환휴직, 사내협력업체 인원 축소, 임직원 복지 중단, 희망퇴직 등의 조치를 실시한 사정 등이 있는 경우(대법원 2014.11.13. 선고 2014다20875, 20882 판결)
- 근로자에 대하여 배치전환을 실시하지는 않았으나, 근로자가 담당하고 있던 업무의 대체가능성이 낮아 배치전환이 사실상 곤란한 사정이 있는 경우(대법원 2007.2.9. 선고 2006두18812 판결 ; 대법원 2011.1.27. 선고 2008두13972 판결)
- 정리해고를 전·후하여 비록 연장근로를 실시한 사실이 있다고 하더라도 한시적인 특정 제품의 생산량 증대에 기인한 것이어서 해고회피노력이 부정되지 않는 경우(대법원 2011.9.8. 선고 2009두14682 판결)
- 사용자가 근로자들에게 현재의 경영현황을 설명하고 연차휴가 사용과 연말 상여금 지급보류 등 근로자들의 협조를 구하면서 수차례 노사협의회와 노사실무회의를 거치는 등 노동조합과 성실한 협의를 한 경우(대법원 2013.6.13. 선고 2011다60193 판결)
- 해고를 회피하기 위한 방법에 관하여 노동조합 또는 근로자대표와 성실하게 협의하여 정리해고 실시에 관한 합의에 도달하였고, 이러한 사정이 해고회피노력의 판단에 참작되는 경우(대법원 2008.8.21. 선고 2008두7663 판결)
- 공동주택 관리방식을 기존 자치관리에서 위탁관리로 변경함에 따라 관리업체로 하여금 근로자들의 기존 임금수준 및 근속기간을 보장하면서 근로자들을 고용승계하도록 한 경우(대법원 2011.3.24. 선고 2010다92148 판결 ; 대법원 2015.4.23. 선고 2015두35727 판결)
- 정리해고에 앞서 부분휴업, 임금 동결, 순환휴직, 사내협력업체 인원 축소, 임직원 복지 중단, 희망퇴직 등의 조치를 실시하고, 정리해고된 근로자 중 기능직 근로자들에 한정하여 무급휴직, 희망퇴직, 영업직 전직 등으로 전환하기로 하는 '노사합의서'를 작성한 경우(대법원 2014.11.13. 선고 2012다14517 판결)

[표 36] 해고회피노력 부정사례

- 사용자가 제시하는 여러 해고회피노력이 구체적이지 못하고 정리해고를 하는 과정에서 그 노력을 성실하게 이행하지 아니한 사정이 인정될 경우(서울행정법원 2009.1.16. 선고 2008구합12382 판결)
- 사용자가 해고회피노력의 일환으로 실시한 명예퇴직으로 인해 이미 구조조정 목표치를 달성하였고 수익성이 호전되었으며 승진 및 신규채용을 실시하고 있는 상황에서 근로자를 추가로 정리해고하는 경우(대법원 2004.1.15. 선고 2003두11339 판결)
- 사용자가 경영방침이나 작업방식의 합리화를 통해 적자를 개선할 여지가 있음에도 그러한 노력을 하지 않은 경우(서울행정법원 2007.2.15. 선고 2006구합14179 판결)
- 기존의 명예퇴직 희망자만으로 추가적인 인원감축이 필요 없고, 직원 급여삭감을 일시적으로 실시하였으며, 자금사정이 악화된 상태에서 정규직 전환을 조건으로 계약직을 채용한 등의 사정이 있는 경우(서울고등법원 2009.10.8. 선고 2009누9606 판결)
- 사용자가 실제 해고범위를 최소화하기 위한 조치를 취하지 아니하고 전직 희망자 파악이나 다른 업체로의 취업소개 등에 그친 경우(대법원 2008.9.11. 선고 2008두11495 판결)
- 희망퇴직의 실시 외에 휴직제도의 시행, 조업기간의 단축, 전환배치, 임금동결 등 다른 해고회피노력을 다하지 아니한 경우(대법원 2009.6.25. 선고 2009두6063 판결)
- 사용자의 주주 지위에 있는 재단법인에 지속적으로 상당한 액수의 장학금을 지급한 사정이 있는 경우(대법원 2009.11.4. 선고 2009두15838 판결)
- 정리해고가 이루어진 이후에 취해진 조치는 해고회피노력에 해당하지 않고, 정리해고 전 이미 10년 동안 신규채용을 중단해왔다면 신규채용 중단이 해고회피노력에 해당하지 않으며, 정리해고 실시일 이전으로부터 상당한 시간적 간격이 있는 조치 역시 해고회피노력으로 볼 수 없음(대법원 2015.2.12. 선고 2014두13867 판결)
- 사용자가 사실상 기한이 없는 무급휴직을 권고한 것 외의 별다른 해고회피 대안

을 제시하지 않고, 정리해고 방침을 공표한 후 1주일 만에 정리해고를 한 경우(대법원 2012.9.27. 선고 2012두12808 판결)

- 사용자가 비정기 승진을 단행하고, 대표이사 추가선임 후 보수를 지급한 경우(서울고등법원 2011.5.12. 선고 2010누32800 판결)
- 사용자가 경영난의 주된 원인을 해결하지 않고 특정부서에 초점을 맞춰 정리해고를 하고, 사용자의 자산매각 등의 자구노력이나 휴직조치에 대한 노력이 없을 경우(서울고등법원 2010.7.21. 선고 2009누33807 판결)
- 집합건물의 관리방법이 자치관리에서 위탁관리로 변경되면서 이루어진 정리해고 과정에서 사용자의 해고회피노력의 일환으로 다른 업체와 사이에 그 소속 근로자들의 고용승계에 관한 합의를 하였다고 하더라도, 고용승계과정에서 임금 등 근로조건이 해당 근로자로서 받아들이기 어려울 정도로 악화되는 경우에는 고용승계에 관한 약정이 있었다는 점만으로 해고회피노력을 다하였다고 평가하기는 어려움(서울행정법원 2012.4.12. 선고 2011구합39776 판결)

라. 공정한 해고대상자 선정기준

긴박한 경영상의 필요성이 인정되고 사용자가 해고회피노력을 다하였다고 하더라도 해고대상자는 합리적이고 공정한 기준에 의하여 선정되어야 한다. 단체협약이나 취업규칙 등에 해고대상자 선정기준이 정해져 있는 경우는 거의 없으나, 단체협약이나 취업규칙 등에 미리 정해져 있으면 사회통념상 합리성이 인정되는 한 그 기준에 따라야 한다.

해고대상자 선정의 공정성을 확보하기 위해서는 사용자측 입장(기업이익 측면)과 근로자측 입장(근로자보호 측면)이 동시에 고려되어야 한다. 일반적으로 근로자의 근무성적, 업무능력, 근무태도 및 입사시기 등을 종합적으로 고려한 경우 합리성 및 공정성이 인정된다. 기업이익 측면과 근로자보호 측면의 주요 기준은 〈표 37〉「주요 해고대상자 선정기준」과 같다.

그러나 합리적이고 공정한 해고대상자 선정기준은 해고회피노력과 마찬가지로 획일적·고정적인 것이 아니며 사용자의 경영위기 정도와 경영상 해고를 실시하여야 하는 경영상의 사정 등에 따라 달라진다. 대법원[205]은 노동조합 또는 근로자대표와 성실하게 협의한 사정도 해고대상자 선정기준의 공정성 여부를 판단하는

데 참작하고 있다.

해고대상자 선정기준의 공정성에 대한 주요 인정사례와 부정사례는 〈표 38〉 및 〈표 39〉와 같다.

[표 37] 주요 해고대상자 선정기준

근로자보호 측면	기업이익 측면
• 근로자의 연령 • 가족부양 의무 • 근속연한 • 재산소유 상태 • 다른 가족의 소득 • 근로자의 건강상태, 건강악화 원인 • 산업재해, 직업성 질병 여부 등	• 평소의 근무실적(결근, 지각, 상벌 등) • 기능의 숙련도 • 전직의 가능성 • 근로능력, 경험, 기능 ; 자질과 자격 • 기업에의 불이익 유무

[표 38] 해고대상자 선정기준 공정성 인정사례

- 원칙적으로 노동조합과 합의에 의해 정리해고 대상자 수와 선정기준을 결정하였고, 그 기준이 근무성적, 업무능력, 근무태도 및 입사시기 등을 종합적으로 고려한 경우(대법원 2008.9.11. 선고 2008두9935 판결)
- 사용자의 선정기준이 지나치게 자의적이거나 불합리한 것이 아닌 한 그 선정기준 및 방법에 대해 사용자에게 상당한 재량을 인정함(대법원 2007.11.15. 선고 2007두16844 판결 ; 대법원 2011.1.27. 선고 2008두13972 판결)
- 일부 사업 철수에 따른 보직 미부여자를 정리해고 대상자로 선정하는 것은 어느 정도 불가피할 수 있음(대법원 2010.2.11. 선고 2009두19595 판결)
- 정리해고 당시 인사대기 및 무보직 상태이었기 때문에 근무평점 항목에서 '0'점을 받을 수밖에 없었던 경우에도 근무평점 항목의 배점이 크지 않고, 결과적으로 근무평점에 의하여 정리해고의 대상자 선정 여부가 좌우된 것도 아닌 경우, 정리해고 대상 선정기준이 공정성을 상실한 것은 아니라고 봄(대법원 2013.11.28. 선고 2013두17565 판결)

205) 대법원 2002.7.9. 선고 2001다2010 판결

- 합리적이고 공정한 해고대상자 선정기준에 관하여 노동조합 스스로 의견을 제시하지 않았다거나 근로자가 해고기준과 관련한 충분한 자료를 제출하지 않은 경우에는 이를 노동조합이나 근로자의 귀책사유로 봄(대법원 2008.12.24. 선고 2008두16346 판결)
- 사용자가 정리해고 선정기준을 징계사실 유무, 부양가족 여부 등으로 정한 경우, 정당하지 않은 조합활동에 대하여 감점하고, 연말정산시 부양가족 신고를 하지 아니한 근로자에 대하여 부양가족이 없는 것으로 보아 점수를 산정한 것은 부당하지 않음(대법원 2011.9.8. 선고 2009두14682 판결)
- 정리해고 대상자가 모두 조합원이었으나, 노동조합이 해고자 선정기준 등에 관한 사용자와의 협의를 거부하여 사용자가 정리해고 대상자를 잉여인력이 발생한 생산직 근로자로 결정하였을 뿐이고, 단체협약의 유니온숍 조항이 있어 생산직 근로자들이 모두 조합원이기 때문에 결과적으로 해고대상자가 모두 조합원이 된 경우에는 해고대상자 선정기준이 불합리하다거나 불공정하다고 보기는 어렵다고 판단함(대법원 2013.6.13. 선고 2011다60193 판결)

[표 39] 해고대상자 선정기준 공정성 부정사례

- 해고대상자 선정기준이 객관적이지 못하고 사용자가 그 대상자를 임의로 정할 수 있도록 추상적으로만 정하고 있는 경우(서울고등법원 2010.11.30. 선고 2010누5020 판결)
- 정리해고 대상자를 선별함에 있어 근로자의 연령, 근속기간, 부양의무의 유무, 재산, 건강상태 등 근로자 각자의 주관적 사정이 전혀 고려되지 않은 경우(서울행정법원 2010.4.29. 선고 2009구합37395 판결)
- 정리해고 대상자 선정기준에 있어 사용자적 요소(업무성과, 징계 여부)와 근로자적 요소(연령, 부양의무, 근속기간)를 적절하게 고려하지 않고 근로자적 요소보다 사용자적 요소에 대한 배점비율을 현저하게 높게 정한 경우(서울고등법원 2010.11.24. 선고 2007누12738 판결)
- 사용자가 제시하고 있는 근무성적 배점기준표와 무관하게 근로자를 해고대상자로 선정한 정황이 있는 경우(서울행정법원 2009.1.16. 선고 2008구합12382 판결)

- 구체적이고 객관적인 해고대상자 선정기준 없이 생산부문 폐지계획을 이유로 생산직 근로자 전원을 정리해고 대상자로 한 경우(대법원 2009.6.25. 선고 2009두6063 판결)
- 별도의 해고기준이나 심사과정 없이, 영업이익 창출이 없다는 이유만으로 특정 직무담당자를 일률적으로 해고한 경우(서울고등법원 2007.2.14. 선고 2006누4648 판결)
- 사용자가 영위하는 주된 사업과 관련이 없는 기준으로 정리해고자를 선정하여 해고한 경우(서울행정법원 2004.12.23. 선고 2004구합26062 판결)
- 특정 근로자를 염두에 두어 직무가 없는 직원, 인건비가 높은 직원 등을 정리해고 대상자로 삼은 경우(서울고등법원 2011.5.12. 선고 2010누32800 판결)
- 파업참여자를 해고대상으로 먼저 선정한 다음 정리해고 대상기준에 포함되도록 근태기준과 적용기간을 사용자가 일방적으로 정한 경우(대법원 2011.8.25. 선고 2011두11280 판결)
- 사용자가 정리해고 대상 선정기준을 정함에 있어 개인별 평가에 징계사실 반영기간을 변경한 경우, 그 경위와 의도, 징계처분 경위와 정리해고 당시 근접성을 종합적으로 고려하여 선정기준의 공정성을 판단함(대법원 2012.12.13. 선고 2012두18530 판결)
- 사용자가 '취업규칙 등 준수 확약서' 등과 같은 문서를 작성 조건으로 정리해고자를 복직시키고 확약서 작성을 거부한 근로자들만 정리해고를 유지하는 경우, 정리해고는 확약서 작성거부를 이유로 한 해고로 그 성격이 일부 변경되는 것으로 봄(대법원 2012.12.13. 선고 2012두18530 판결)
- 정리해고 대상자 선정기준이 근무태도라는 단일한 대상을 주관적 평가와 객관적 평가로 나누어 동일하게 배점하고 주관적 평가 항목에서 점수를 현격하게 차이가 나도록 부여하는 경우, 근무태도에 대한 주관적 평가에 의하여 해고 여부가 좌우된다는 점에서 합리적이고 공정하다고 할 수 없음(대법원 2012.5.24. 선고 2011두11310 판결)
- 정리해고 대상자 선정기준을 위해 인사고과를 보완하는 업무역량 평가를 실시하면서 업무역량 평가의 구체적인 지침도 없고 근로자들 사이에 인사고과와 업무역량 평가의 순위 및 점수 차이가 큼에도 업무역량 평가가 대상자 선정에 결정적인 역할을 한 경우(대법원 2015.2.12. 선고 2014두13867 판결)

마. 근로자대표에 대한 통보 및 성실한 협의

사용자는 경영상 해고를 하고자 하는 날의 50일 전까지 경영상 해고를 피하기 위한 방법 및 해고기준 등에 대하여 근로자대표에게 통보하고 성실하게 협의하여야 한다(근로기준법 제24조 제3항).

근로자대표는 근로자 과반수 조직된 노동조합이 있는 경우에는 그 노동조합, 그 노동조합이 없는 경우에는 근로자의 과반수를 대표하는 자를 말한다. 다만, 법원은 실질적 대표성 여부에 주안점을 두고 요건충족 여부를 판단하는 경향을 보이고 있다. 즉, 대법원[206)]은 과반수 미달의 노동조합이더라도 실질적으로 근로자의 의사를 대표할 수 있다면 근로자대표로 인정할 수 있다는 입장이며, 노사협의회의 근로자대표성을 인정한 사례도 있다.[207)]

그리고 협의란 필요한 사항을 상대방에게 설명하고 의견을 들으며, 질문에 성의껏 답변하는 과정에서 수용 가능한 것은 최대한 수용하고 그렇지 못한 경우에는 그 이유를 제시하는 것을 의미한다. 따라서 고용조정 계획 및 그 기준을 일방적으로 통보하는 등 형식에 불과할 경우에는 성실하게 협의한 것으로 인정되기 어렵다.

한편, 대법원[208)]은 사전통보기간(50일 전)을 단속규정으로 보아 통보기간을 정확하게 지키지 않았더라도 다른 요건이 충족된 경우 경영상 해고가 유효한 것으로 판시한 바 있다.

---

206) 대법원 2006.1.26. 선고 2003다69393 판결 ; 대법원 2012.5.24. 선고 2010두15964 판결

207) 대법원 2004.10.15. 선고 2001두1154,1161,1178 판결. 실질적 대표성을 중시하는 법원의 태도가 합리성을 현저하게 결한 것으로 보기는 어렵지만 법률에 근로자대표의 개념이 명시적으로 규정되어 있음에도 불구하고 그 주체를 사안 별로 확대하는 것은 법적 안정성을 해한다고 판단되며, 유연근무제 등 시행과 관련하여 근로자대표제도 운영에 혼란을 초래할 수 있다고 본다. 따라서 보다 명확한 법리적 기준이 제시될 필요가 있다고 생각된다.

208) 대법원 2003.11.13. 선고 2003두4119 판결

바. 경영상 해고 신고

사용자는 1개월 동안에 일정한 규모에 해당하는 인원을 해고하고자 하는 경우 최초로 해고하려는 날의 30일 전까지 고용노동부장관에게 신고해야 한다. 사업장 규모별 신고하여야 할 인원규모 및 고용정책기본법 상의 대량고용변동 신고와의 비교내용은 〈표 40〉과 같다.

신고의무는 대량해고에 대하여 행정적으로 감독·지도하고 고용안정을 지원하기 위한 것이므로[209] 신고하지 않았다고 하여 해고의 효력이 부인되는 것은 아니다.

관련조문

근로기준법시행령 제10조(경영상의 이유에 의한 해고 계획의 신고)

① 법 제24조제4항에 따라 사용자는 1개월 동안에 다음 각 호의 어느 하나에 해당하는 인원을 해고하려면 최초로 해고하려는 날의 30일 전까지 고용노동부장관에게 신고하여야 한다.

1. 상시 근로자수가 99명 이하인 사업 또는 사업장 : 10명 이상
2. 상시 근로자수가 100명 이상 999명 이하인 사업 또는 사업장 : 상시 근로자수의 10퍼센트 이상
3. 상시 근로자수가 1,000명 이상 사업 또는 사업장 : 100명 이상

② 제1항에 따른 신고를 할 때에는 다음 각 호의 사항을 포함하여야 한다.

1. 해고 사유
2. 해고 예정 인원
3. 근로자대표와 협의한 내용
4. 해고 일정

[표 40] 경영상 해고 신고제도와 대량고용변동 신고제도 비교

구분	경영상 해고 신고 (근로기준법 제24조 제4항)	다량고용변동 신고 (고용정책기본법 제27조 제1항)
개요	긴박한 경영상 이유 해고하는 경우	생산설비 자동화 등으로 대량고용 변동이 발생하는 경우

209) 하갑래, 「근로기준법」 전정 제29판, ㈜중앙경제, 2017, 866쪽.

신고 기준	• 99인 이하 : 10인 이상 • 100인 이상 999인 이하 : 10% 이상 • 1,000인 이상 : 100인 이상	• 300인 미만 : 30인 이상 이직 • 300인 이상 : 10% 이상 이직
신고 시기	최초 해고 30일 전	고용변동 30일 전
불이행 제재	없음	미신고 · 허위신고 300만원 이하 과태료

[그림 19] 경영상 해고 요건 및 절차 개요

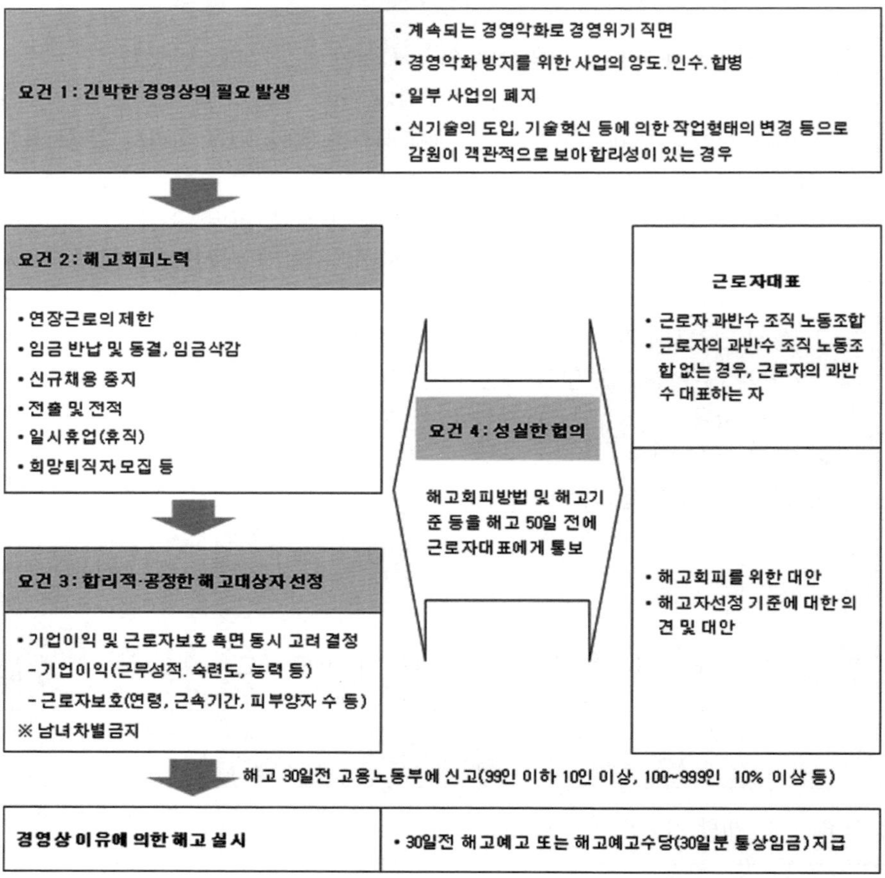

2) 우선재고용 의무

근로기준법 제25조(우선재고용 등) 제1항은 경영상 해고를 한 사용자가 경영상 해고를 한 날부터 3년 이내에 해고된 근로자가 해고 당시 담당하였던 업무와 같은 업무를 할 근로자를 채용하고자 하는 경우에는 경영상 해고된 근로자가 원하면 그 근로자를 우선적으로 고용하여야 한다고 정하고 있다. 여기에서 우선재고용 의무의 대상이 되는 '해고 당시 담당하였던 업무와 같은 업무'인지 여부는 업무성격, 직책, 근로장소, 직종 등을 종합적으로 고려하여 사회통념에 따라 판단된다.[210)]

근로기준법 제25조 제1항은 의무조항의 형식을 띠고 있으나, 위반행위에 대하여 벌칙이 적용되지 않는다. 그러나 사용자가 의무를 위반하는 경우 근로자는 고용의무확인 또는 이행의 소를 제기할 수 있으며, 민사상 손해배상을 청구할 수 있다.[211)]

(2) 실무상의 주요 법적쟁점

1) 사업장이 여러 개인 경우 긴박한 경영상 필요성 판단 기준

대법원[212)]은 여러 개의 사업장이 존재하는 하나의 법인에서 특정 사업장이 적자라고 하더라도 경영상해고의 긴박한 경영상 필요성 판단은 법인 전체를 기준으로 하여야 한다는 입장이다. 즉, 하나의 사업장이 영업이익 적자를 기록하고 있더라도 법인 전체가 영업이익 흑자를 기록하고 있다면, 원칙적으로 경영상 해고를 위한 긴박한 필요성이 인정되지 않는다고 한다. 다만, 한 법인의 사업부문이 다른 사업부문과 인적・물적・장소적으로 분리・독립되어 있고 재무 및 회계도 분리되어 있을 뿐만 아니라 노동조합도 각 사업부문별로 조직되어 있고, 경영여건도 서로 달리하고 있다면 그 사업부문만을 따로 떼어 긴박한 경영상의 필요 여부를 판단할 수 있다는 입장이다.[213)]

---

210) 하갑래, 「근로기준법」 전정 제29판, ㈜중앙경제, 2017, 867쪽.

211) 김형배, 「새로 쓴 노동법」 제25판(전면개정판), 박영사, 2016, 718쪽.

212) 대법원 2015.5.28. 선고 2012두25873 판결

이와 같은 대법원 입장 비추어 보면, 하나의 법인체에 여러 개의 사업장이 존재하는 경우, 각 사업장이 완전히 독립된 사업체로 인정되지 않는 이상 경영상 해고는 특정 사업장이 아닌 법인 전체를 기준으로 하여 긴박한 경영상 필요성 여부를 판단하여야 한다. 즉, 경영이 악화된 사업장의 영업이 상당히 독립적이며, 재무・인사노무 부분에서 별개로 운영되고, 사업 및 업무의 특성상 근로자간 상호 순환이 전혀 불가능한 경우 등의 사정이 존재할 경우에는 특정 사업장만을 기준으로 긴박한 경영상의 필요성 여부를 판단할 여지도 있으나, 그렇지 않은 경우에는 전체 법인체의 경영상황이 경영상 해고의 기준이 된다.

2) 특정 사업장(사업부문)을 폐지할 경우 해고대상자 범위 문제

대법원[214)]은 특정 사업장을 폐쇄하였다고 하더라도 해당 사업장이 완전한 별개의 독립된 사업체로 인정되지 않는 이상 그 특정 사업장 근로자만이 경영상해고의 대상이 되는 것은 아니며 전체 근로자를 대상으로 하여야 한다는 입장이다. 따라서 해당 사업장이 독립적인 사업체로서의 수준에 이르지 않는 이상 경영상 해고의 대상은 원칙적으로 해당 사업장의 근로자만이 해당하는 것이 아니라 법인 전체 근로자가 해당하는 것으로 보아야 할 것이다.

3) 감원목표 달성 여부에 따른 경영상 해고의 효력

대법원[215)]은 "이미 원고가 최종 감원목표를 상회하여 감원한 상황에서 참가인들을 추가로 정리해고 하였다면, 이는 노사협의회 협의 및 노동조합과의 협의를 위반한 것으로서 객관적으로 보아 합리성이 있다거나 해고를 피하기 위한 노력을 다한 경우에 해당한다고 보기 어렵다"고 판시하고 있다.

따라서 해고회피노력을 통하여 감원수가 근로자대표에게 경영상 해고 협의를 통보하면서 제시한 해고인원 또는 협의 과정에서 합의된 인원을 이미 초과하였

---

213) 대법원 2006.9.22. 선고 2005다30580 판결

214) 대법원 1993.1.26. 선고 92누3076 판결

215) 대법원 2017.6.29. 선고 2016두52194 판결 ; 대법원 2019.11.28. 선고 2018두44647 판결

음에도 불구하고, 경영상 해고를 한 경우에는 그 정당성이 인정되기 어렵다.

한편, 법원 판결[216] 중 노사간에 120명을 감원하기로 합의한 상황에서 희망퇴직 및 명예퇴직을 통해 116명 퇴사한 사건에서 "구조조정 선정 대상자 대부분이 희망퇴직, 명예퇴직을 했다는 사정만으로는 긴박한 경영상의 필요성 때문에 이미 구조조정 대상자로 선정되었던 원고들을 해고할 사유가 소멸했다고 볼 것은 아니다"라고 판시한 사례가 있다. 다만, 동 사건은 노사 간에 감원수를 최소화하는 취지에서 120명을 감원하기로 명시적으로 합의한 사안으로서, 판시 내용이 모든 경영상 해고에 일반적으로 적용되기는 어려울 것으로 본다. 즉, 감원목표에 거의 해당하는 인원이 희망퇴직 등으로 퇴사한 경우 추가로 경영상 해고를 하여야 할 긴박한 경영상 필요성이 존재하는지 여부는 사안의 구체적 사정에 따라 결정될 것으로 보인다.

4) 긴박한 경영상 필요성의 판단시점

경영상 해고 시점에는 긴박한 경영상 필요성이 존재하였으나, 경영상 해고 이후 긴박한 경영상 필요성이 해소된 경우 그 경영상 해고가 정당한 지 여부가 문제된다. 경영상 해고 관련 분쟁이 장기화되는 경우 분쟁 과정에서 이러한 사정이 쟁점이 되는 경우가 종종 있다.

이와 관련하여 대법원[217]은 긴박한 경영상 필요성 여부는 해고회피조치를 취할 무렵부터 경영상 해고조치를 할 때까지의 제반사정을 종합적으로 고려하여 판단하여야 한다는 입장이다. 그리고 최근 대법원[218]은 긴박한 경영상 필요성 여부는 원칙적으로 경영상 해고 당시를 기준으로 하여야 하고 경영상 해고 이후의 사정은 해고 당시의 경영상태를 판단하는 간접적 요소에 해당한다고 판시하였다.

따라서 경영상 해고의 긴박한 필요성 여부는 원칙적으로 경영상 해고를 하는 당시 시점을 기준으로 판단하여야 할 것이다. 다만, 경영상 해고 이후 경영상태가

216) 서울고등법원 2019.6.5. 선고 2018누63503 판결. 대법원에서 상고기각으로 확정되었다(대법원 2019.10.18. 선고 20196두45166 판결)

217) 대법원 2008.11.27. 선고 2008두16711 판결

218) 대법원 2013.6.13. 선고 2011다60193 판결

호전된 양상이 해고 당시의 긴박한 필요성 여부를 판단하는 간접적 판단요소로 작용될 수 있을 것이다.

5) 회사가 소멸하는 경우 경영상 해고 필요성

경영상 해고는 기업의 유지·존속을 전제로 하여 인원을 줄이기 위하여 일정한 요건 아래 근로자 중 일부를 해고하는 것이다. 따라서 회사의 해산, 사업 전체의 폐지 등으로 기업이 소멸함에 따라 근로자를 해고하는 것은 경영상 해고에 해당하지 않는다.[219] 따라서 경영상 해고 절차를 필요로 하지 않는다. 이때의 해고는 통상해고에 해당한다.[220]

6) 해고회피노력의 시기

근로자대표에게 경영상 해고 협의를 통보한 이후에 행해진 해고회피노력만이 유효한 것으로 인정되는지 여부가 문제된다. 해고회피노력 시기에 대한 명시적인 대법원 판결은 확인되지 않으나, 근로자대표에 대한 협의 통보 이전에 행해진 경영합리화 조치도 해고회피노력으로 인정될 수 있다.

그러나 해고회피노력 유형에 해당하는 조치가 경영상 해고와 시간적으로 상당한 간격이 존재하는 등 해당 경영상 해고를 회피하기 위해 이루어진 것으로 보기 어려울 경우에는 유효한 해고회피노력으로 인정되지 않는다고 볼 것이다. 또한

---

219) 대법원 2004.3.12. 선고 2003다44363 판결 ; 대법원 2011.3.24. 선고 2010다92148 판결

220) 위장폐업에 해당하는 경우에는 근로자들에 대한 해고처분은 부당해고가 되어 무효가 되며, 근로자들은 구회사(위장폐업한 회사) 내지는 그와 실질적으로 동일성을 유지하고 있는 신설회사에 대하여 계속 근로하였을 경우 그 반대급부로 받을 수 있는 임금의 지급을 구할 수 있음은 물론이고, 아울러 위장폐업에 의한 부당해고가 불법행위에 해당함을 이유로 손해배상을 청구할 수 있다(대법원 2011.3.10. 선고 2010다13282 판결).
위장폐업이란 기업이 진실한 기업폐지의 의사가 없이 단지 근로자들이 노동조합을 결성하려고 하는 것에 대응하거나 노동조합의 활동을 혐오하여 이를 와해시키기 위한 수단으로서 기업을 해산하고 조합원 전원을 해고한 다음 새로운 기업을 설립하는 등의 방법으로 기업의 실체가 존속하면서 조합원을 배제한 채 기업활동을 계속하는 경우를 말한다. 그러나 경영자가 노사분규로 인한 생산성의 급격한 저하 등으로 경영의욕을 상실하여 실질적으로 폐업하는 것은 직업선택의 자유나 영업의 자유를 남용한 것이 아니어서 위장폐업에 해당하지 않는다(서울행정법원 2006.4.18. 선고 2005구합34015 판결).

경영상 해고 이후의 조치는 해고회피노력으로 인정되지 않는다.[221)]

7) 이른바 '고용안정협약'의 효력

노사간에 조합원의 고용유지를 위하여 단체협약에 고용을 보장하거나 경영상 해고를 제한하는 규정을 두는 경우가 있다. 기존의 판례는 경영권에 해당하는 사항에 대한 노사간 '합의' 규정에 대하여 단체협약 상의 다른 규정과의 체계적 해석을 통하여 그 의미를 '협의'로 해석하는 경우가 많았다. 그러나 최근 대법원[222)]은 단체협약에 경영상 해고에 관하여 사전 협의와 의도적으로 구분되는 용어로 노사간 사전 합의를 요하도록 규정하였다면 이는 사전에 노사간 합의하도록 규정한 것으로 해석하여야 한다는 입장을 취하고 있다.

또한 대법원[223)]은 노사간에 "회사는 향후 인위적인 구조조정을 실시하지 않고 고용을 보장하기 위해 최선의 노력을 다할 것을 확약한다"는 확약서를 작성한 사안에서 사용자가 노동조합과의 협상에 따라 정리해고를 제한하기로 하는 내용의 단체협약을 체결하였다면 특별한 사정이 없는 한 그 단체협약이 강행법규나 사회질서에 위배된다고 볼 수 없고, 나아가 이는 근로조건 기타 근로자에 대한 대우에 관하여 정한 것으로서 그에 반하여 이루어지는 정리해고는 원칙적으로 정당한 해고라고 볼 수 없다고 하면서 해당 확약서를 체결 당시 예상하지 못하였던 심각한 재정적 위기에 처하여 고용보장에 관한 확약의 효력을 유지하는 것이 객관적으로 부당한 상황에 이르렀다고 보기는 어려우므로 고용보장에 관한 확약에 반하여 이루어진 경영상 해고로 부당하다고 판시하였다.

다만, 법원[224)]은 고용안정협약의 효력에 대하여 단체협약을 체결할 당시의 사정이 현저하게 변경되어 사용자에게 그와 같은 단체협약의 이행을 강요한다면 심각한 재정적 위기에 처하여 협약의 효력을 유지하는 것이 객관적으로 부당한 상황에 이르는 경우에는 사용자가 단체협약에 의한 제한에서 벗어나 정리해고를 할

221) 대법원 2015.2.12. 선고 2014두13867 판결

222) 대법원 2012.6.28. 선고 2010다38007 판결

223) 대법원 2014.3.27. 선고 2011두20406 판결

224) 대법원 2011.3.26. 선고 2011두7526 판결 ; 대법원 2014.3.27. 선고 2011두20406 판결

수 있을 것이라고 보아 단체협약에 사법상의 사정변경의 원칙을 적용하고 있다.

그러나 경영상 해고 제한 또는 고용보장 규정에 대하여 그 규범적 효력을 강하게 인정하는 최근 판결의 경향을 고려할 때, 사정변경의 인정 여부에 대하여는 매우 엄격한 기준이 적용될 것으로 보인다.

8) 경영상 해고와 해고예고

경영상 해고 시 근로자대표에 대한 협의통보 기간과 30일 전 해고예고는 별개의 제도이다. 따라서 경영상 해고의 경우에도 해고일 30일 전까지 해고예고를 하거나 그렇지 않은 경우에는 30일분 이상의 통상임금을 지급하여야 한다.[225)]

이와 관련하여 경영상 해고 50일 전에 근로자대표에게 해고계획을 통보한 후 해고예고수당을 지급하고 바로 해고하는 것은 성실협의의무 위반에 해당한다는 견해[226)]가 있다. 근로기준법에서 근로자대표에게 사전에 통보하고 협의하도록 정하고 있는 것은 경영상 해고의 실질적 요건의 충족을 담보함과 동시에 불가피한 경영상 해고라고 하더라도 사용자와 근로자 쌍방의 이해 속에서 실시되는 것이 바람직하다는 취지임을 감안할 때[227)] 타당한 견해라고 본다.

9) 경영상 해고 이후의 무급휴직시 휴업수당 지급의무

경영상 해고 대상자가 선정된 이후 해고회피노력의 일환으로 무급휴직을 하는 경우에 휴업수당을 지급하여야 하는지 여부가 문제된다.

고용노동부 행정해석[228)]은 근로기준법이 정하는 요건과 절차에 따라 선정된 해고대상자에 대하여 사용자가 해고를 할 수 있음에도 해고회피노력의 일환으로서 해고 대신 무급휴직을 실시한다면 이는 결과적으로 근로자에게 유리한 것이므로 휴업수당을 지급하지 않더라도 근로기준법 위반에 해당하지 않는다는 입장이다.

---

225) 근기 01254-1391, 1987.1.28.

226) 하갑래, 「근로기준법」 전정 제29판, ㈜중앙경제, 2017, 863쪽.

227) 대법원 2002.7.9. 선고 2001다29452 판결

228) 근기 68207-780, 2001.3.8. ; 근기 68207-388, 1999.2.13.

10) 경영상 해고 요건의 입증책임

해고의 정당성에 대하여는 정당함을 주장하는 자에게 입증책임이 있다. 대법원은 경영상 해고에 있어서도 이와 같은 입증책임의 법리를 그대로 적용하고 있다. 즉, 대법원[229)]은 "해고의 정당성에 관한 증명책임은 이를 주장하는 사용자가 부담하므로, 정리해고에서도 사용자가 정리해고의 정당성을 비롯한 정리해고의 요건을 모두 증명해야 한다"는 입장이다.

따라서 경영상 해고에 대하여 부당해고구제신청이 있거나 소송이 제기되는 경우 근로기준법 제24조(경영상 이유에 의한 해고의 제한)가 정하는 네 가지 요건을 충족한다는 점에 대하여는 사용자가 이를 입증하여야 한다.

11) 단체협약 상 부당해고시 가산보상 규정의 경영상 해고 적용 문제

사용자의 해고처분이 부당한 것으로 판정되어 근로자가 복직하는 경우 사용자는 해고된 기간 동안의 임금상당액을 지급하여야 한다. 이와 관련하여 단체협약에 부당해고로 복직하는 경우 임금상당액에 더하여 일정한 금액을 추가로 보상하기로 하는 규정(부당해고시 가산보상규정)을 두는 경우가 있다. 이러한 가산보상 규정이 경영상 해고에 대하여도 적용되는지가 문제된다.

대법원[230)]은 부당해고시 가산보상은 개별적인 징계 또는 해고를 대상으로 하는 것이고 경영상 해고에 대해서까지 적용되는 것이 아니라고 판시하였다. 동 판결이 이와 같이 본 가장 결정적인 근거는 가산보상규정이 판단의 대상이 된 단체협약 상 개별적 인사를 규정한 장(章)에 위치하고 있기 때문이었다.

따라서 대상판결은 단체협약 상의 부당해고 가산보상규정의 법률적 효력을 보편적으로 판시한 것으로 보기는 어렵다. 즉, 부당해고시 가산보상규정은 일반적으로는 경영상 해고에 적용될 여지가 작지만, 단체협약 해석 상 가산보상규정이 모든 해고처분을 대상으로 하고 있는 것으로 볼 수 있는 경우에는 경영상 해고에도 적용될 여지가 있다.

---

229) 대법원 2019.11.28. 선고 2018두44647 판결

230) 대법원 2017.3.22. 선고 2016다26532 판결

3. 경영상 해고 운영원칙

(1) 경영상 해고 시행 여부에 대한 신중한 결정

경영상 해고의 목적은 기본적으로 긴박한 경영위기를 극복하기 위한 것이다. 그리고 그 결과는 다수 근로자의 귀책 없는 고용상실로 나타난다. 이에 경영상 해고 시행 여부는 목적과 결과 측면에서 그 어느 고용조정보다도 신중하게 결정되어야 한다.

경영상 해고가 추진 중에 중단되거나 법적분쟁에서 무효로 인정되면 사용자와 근로자들 사이의 회복하기 어려운 신뢰상실과 노사갈등이 초래된다. 또한 큰 재정적 부담을 발생시키는 등 많은 부정적 결과를 가져온다. 이러한 결과는 더욱 심각한 경영악화를 초래할 수도 있다.

한편, 근로기준법이 다른 근로관계 종료 유형보다 경영상 해고의 요건을 자세히 규정하고 있는 것은 경영상 해고의 중요성을 고려하여 엄격한 제한을 두기 위한 것이다. 그 만큼 경영상 해고의 법적 정당성은 엄격한 기준에 따라 판단된다는 점을 잊지 말아야 한다. 따라서 경영상 해고 시행 여부는 충분한 내부 협의 및 전문가 자문 등을 통해서 매우 신중하게 결정되어야 한다.

(2) 계획 수립 및 계획서 작성

경영상 해고를 추진함에 있어서는 그 시행에 앞서 반드시 체계적이고 구체적인 계획을 수립하고, 이를 계획서로 작성해 두어야 한다. 경영상 해고 계획서에는 포괄적인 추진사항만이 아니라 추진사항 별로 진행되어야 할 사항 그리고 세부일정이 구체적으로 기술되어야 한다.

또한 경영상 해고 절차를 진행하는 과정에서 예측되는 상황과 그에 대한 조치사항도 함께 검토되어야 하며, 각 진행사항 별로 필요한 자료가 사전에 구비되어야 한다. 그리고 체계적인 시행을 위해서 전체 진행에 대한 관리체계 및 각 진행사항 별 운영주체에 대한 사항도 명확하게 설정되어야 한다.

경영상 해고 절차는 통상 3개월 내외의 기간 동안 진행되기 때문에, 미리 구체적인 계획을 수립하였다고 하더라도 계획서대로 100% 실행되기가 어렵다. 그러나 아예 계획서가 존재하지 않는 경우에는 진행과정에서마다 일일이 전략적·법적 검토를 하여야 하고 의사결정을 내려야 하며, 필요한 자료도 작성하여야 한다. 이럴 경우 오히려 시간이 더 지체되고 시행착오의 발생 가능성도 커지게 된다. 따라서 경영상 해고를 성공적으로 추진하기 위해서는 사전에 체계화된 계획서를 토대로 외부변수에 신속하면서도 탄력적으로 대처해 갈 수 있어야 한다.

[그림 20] 경영상 해고 계획서 중 일정표(예시)[231)]

구분	주요 진행사항	1W	2W	3W	4W	5W	6W	7W	8W	9W	10W	11W	12W	13W	14W	15W	16W	17W
희망 퇴직	시행계획 확정-일정/조건 등	■																
	경영합리화 조치-회고회피노력 Ⅰ	■	■	■	■	■												
	노사협의		■	■														
	시행준비			■														
	희망퇴직 신청 환경 조성			■	■													
	희망퇴직 접수(1차)				■													
	희망퇴직 접수(2차)					■												
경영상 해고	경영상 해고 계획 수립					■												
	경영상 해고 인원 확정					■												
	해고회피노력 방안 수립					■	■											
	해고대상자 선정기준 설계					■	■											
	경영상 해고 개시 준비							■										
	경영상 해고 협의 통보							■										
	노사협의							■	■	■	■	■	■	■	■	■	■	■
	해고회피노력 Ⅱ (희망퇴직 외)									■	■	■	■	■	■			
	희망퇴직 접수(1차)													■				
	희망퇴직 접수(2차)														■			
	해고대상자 선정(list-up)															■		
	경영상 해고 통보 준비															■		
	경영상 해고 계획 신고															■		
	경영상 해고 통보																■	
	희망퇴직 접수(필요시)																	■

231) 개략적인 일정표 예시로 실제 운영상에서는 보다 구체적이고 세부적으로 작성되어야 하며, 각 진행사항 별로 구체적인 상세계획서가 마련되어야 한다.

(3) 긴박한 경영상 필요성 여부에 대한 명확한 분석

통상적인 징계해고의 경우 그 해고가 정당하기 위해서는 징계사유의 존재, 적법한 징계절차, 적정한 징계양정 세 가지 요건이 충족되어야 한다. 그러나 징계사유 자체가 인정되지 않을 경우에는 징계절차와 징계양정의 적정성에 대하여는 살펴볼 여지가 없다. 경영상 해고에 있어서도 마찬가지이다.

앞서 본 것처럼 경영상 해고가 정당하기 위해서는 긴박한 경영상 필요성, 해고회피노력, 공정한 대상자 선정, 근로자대표와의 성실한 협의 네 가지 요건이 모두 충족되어야 하나, 네 가지 요건 중 가장 핵심은 긴박한 경영상 필요성 여부이다. 즉, 긴박한 경영상 필요성 여부가 존재하지 않으면 아무리 해고회피노력을 다하고 공정하게 대상자를 선정하고 근로자대표와 협의를 하였다고 하더라도 그 해고가 정당한 것으로 인정될 수 없다. 따라서 경영상 해고를 시행함에 있어서 긴박한 경영상 필요성이 존재하는지 여부에 대하여 객관적으로 분석하는 것이 절대적으로 중요하다.

긴박한 경영상 필요성이 존재하는지를 판단함에 있어, 과거에는 매출액, 영업이익, 당기순이익 등 비교적 단순한 지표가 중심이 되었으나, 최근에는 기업을 분석하는 방법이 다양화됨에 따라 기업경영 상태를 진단할 수 있는 다양한 지표와 현황에 대하여 종합적으로 분석하는 것이 요구된다. 이렇듯 종합적인 분석이 요구되는 이유는 경영상태를 최대한 정확하게 진단하고자 하는 것이지만, 경영상 해고 시행 후 법적 분쟁이 발생하게 되면 그 과정에서 대부분 쟁점이 되기 때문에 사전에 대비하는 차원이기도 하다. 긴박한 경영상 필요성이 존재하는지 여부에 대한 주요 분석대상은 〈표 41〉과 같다.

[표 41] 긴박한 경영상 필요성 분석대상

• 향후 동종 산업 전망 및 동종 업체 현황 • 회사 제품 및 서비스의 현재 및 미래 경쟁력 • 연도별 매출액 추이 • 공장 가동률 현황 • 영업이익 및 영업이익률 추이 • 순이익 및 순이익률 추이 • 원재료 증감액 및 추이 • 경제적 부가가치(EVA) 변동 추이	• 차입금 변동 추이 및 향후 상환 차입금 현황 • 부채 및 부채비율 변동 현황 • 이자보상배율(영업이익÷이자비용) 변동 현황 • 외부 신용도 변동 현황 • 연령별·직급별 인원현황 추이 • 매출액 대비 직접인건비 비율 변동 추이 • 연도별 임금상승률 • 위와 관련된 주요 경쟁사 지표

(4) 적극적인 해고회피노력 시행 및 관리

경영상 해고는 근로자측의 귀책사유가 아닌 경영상의 이유로 이루어지는 해고이므로 사용자는 당연히 경영상 해고를 피하기 위한 최대한의 노력을 다하여야 한다. 이에 근로기준법 상의 해고회피노력은 매우 중요한 요건이다. 그리고 법적 분쟁 과정에서도 긴박한 경영상 필요성 존재 여부만큼이나 중요한 쟁점이 된다. 따라서 경영상 해고를 시행함에 있어 해고회피노력의 실시 내용 및 가능성에 대하여 철저하게 관리하는 것은 매우 중요한 일이다.

판례 및 사례에서 제시되는 해고회피노력의 유형을 모두 리스트업(list up)하여 이미 시행한 것, 향후 시행 가능한 것, 시행 불가능한 것으로 구분하고, 향후 시행 가능한 것에 대하여는 구체적인 추진계획을 세우고, 시행이 불가능한 것에 대하여는 그 이유를 정리하는 것이 필요하다.

이러한 작업은 일차적으로 근로자대표와 실질적인 협의에 도움을 주며, 경영상 해고 이후 만에 하나 있을 법적분쟁에서 해고회피노력 의무 이행을 입증하는 데 있어 매우 유용한 데이터를 제공하게 된다.

(5) 공정한 해고 대상자 선정기준 마련

해고대상자 선정기준을 정하는 데에 있어 우선적으로 검토할 사항은 기업이익 측면과 근로자이익 측면을 어떻게 배분할 것인가 여부이다. 사용자 입장에서 기업이익 측면의 비중을 높이고 싶은 것은 어쩔 수 없는 현실이다. 그러나 경영상 해고가 근로자의 귀책이 아닌 경영상 이유에서 이루어지는 것임을 감안하면 근로자이익 측면도 적극적으로 고려하여야 한다. 다만, 지나치게 근로자이익 측면에 치중하여 경영상 해고 이후의 경영악화가 지속되거나 가중되는 상황이 발생해서는 안된다. 이것은 경영상 해고를 시행하는 취지에도 맞지 않을 뿐만 아니라 남아있는 근로자들의 고용안정 측면에서도 바람직하지 않다.

해고대상자 선정기준 중 기업이익 측면에서 우선적으로 고려되는 것이 인사평가결과이다. 여기에서 중요한 것은 인사평가의 공정성 문제이다. 인사평가결과를 해고대상자 선정기준 중 하나로 한다는 것은 해당 인사평가가 신뢰성 및 타당성이 있음을 전제로 하는 것이다. 인사평가 자체가 공정하지 않을 경우 인사평가를 중요한 기준으로 한 해고대상자 선정기준은 공정성을 가지기 어렵다. 따라서 해고대상자 선정기준을 마련함에 있어 인사평가의 신뢰성 및 타당성에 대하여 정확하게 진단하는 것은 필수적인 작업이다. 진단결과 인사평가의 공정성이 인정되지 않는 경우에는 해고대상자 선정기준으로 삼기 어렵다.

구체적인 해고대상자 선정기준이 정해지면 시뮬레이션을 통해 선정기준 항목별로 선정결과에 미치는 영향도를 분석해 보는 것이 필요하다. 각 선정기준이 평가결과에 완전히 고르게 영향을 미치도록 하는 것은 기술적으로 불가능하다. 그러나 다수의 선정기준 항목을 적용하였음에도 불구하고, 선정기준 중 1~2개 항목이 사실상 해고대상자를 선별하는 결과를 낳을 경우에는 해고대상자 선정기준의 타당성이 떨어진다. 따라서 다양한 시뮬레이션를 통해 해고대상자 선정기준의 공정성을 높이는 것이 매우 중요하다.

해고대상자 선정기준의 공정성을 확보하기 위한 기본적 사항에 대하여 기술하였다. 그러나 무엇보다도 중요한 것은 특정한 사람 또는 집단을 해고대상자로 먼저 선정하고 해고대상자 선정기준을 끼워 맞추는 것은 절대 바람직하지 않다는 점이다. 해고대상자는 공정한 선정기준에 의하여 결정되는 것이 원칙임을 잊지 않아야 한다. 해고대상자 선정기준을 예시하면 〈표 42〉~〈표 44〉와 같다.

[표 42] 해고대상자 선정기준 예시 ①

<table>
<tr><th colspan="2">기준</th><th colspan="6">내용 및 척도</th></tr>
<tr><td rowspan="4">경영 측면 (70점)</td><td rowspan="2">인사고과(40점)</td><td>17년 상반기</td><td>17년 하반기</td><td>18년 상반기</td><td>18년 하반기</td><td>19년 상반기</td><td>점수</td></tr>
<tr><td colspan="6">A(10%) : 40점, B(30%) : 30점, C(50%) : 20점, D(10%) : 10점</td></tr>
<tr><td>근태(10점)</td><td colspan="6">무단결근 : −5/회, 지각 · 조퇴 · 외출 : −2/회</td></tr>
<tr><td>포상/징계(20점)</td><td colspan="6">−</td></tr>
<tr><td rowspan="6">근로자 측면 (30점)</td><td>근속년수(8점)</td><td colspan="6">20년 이상 : 8점, 15년 이상~20년 미만 : 7점, 10년 이상~15년 미만 : 6점, ~10년 미만 : 5점</td></tr>
<tr><td>부양가족(2점)</td><td colspan="6">2점 1명당 1점</td></tr>
<tr><td>자격증(6점)</td><td colspan="6">자격증당 3점</td></tr>
<tr><td>장애/보훈(2점)</td><td colspan="6">−</td></tr>
<tr><td>직책(2점)</td><td colspan="6">관리 : 2점, 교대파트 : 2점, 기사 · 조정판 : 1점, 현장운전원 : 1점</td></tr>
<tr><td>제안(10점)</td><td colspan="6">20건 이상 : 10점, 10건 이상 : 8점, 5건 이상 : 6점, 3건 이상 : 4점, 2건 미만 : 2점 0건 : −2점</td></tr>
</table>

[표 43] 해고대상자 선정기준 예시 ②

기준			내용 및 척도					점수	비고
			5	4	3	2	1		
근로자 측면		연령	50세 이상	40세 이상	35~39세	30~34세	29세 이하		
		자녀수 및 연령	자녀 3인 이상 초등학교	자녀 3인 이상 중고등학교	자녀 1~2인 초등학교	자녀 1~2인 중고등학교	기타		
		부양의무	부인, 자녀, 부모, 기타 부양	부인, 자녀, 부모 부양	부인 및 자녀 부양	부인 부양	독신 및 맞벌이		
		주택소유여부	월세	-	전세	-	자가주택		
		주택 이외 기타 재산 현황	3000만원 미만	3000만원 이상	5000만원 이상	1억 이상	2억 이상		
		건강상태	매우 양호	양호	보통	나쁜편	매우 나쁜편		
기업 측면	근무 태도	근태(개인적 결근)	없음	1회	2-3회	4-5회	6회 이상		
		근면·적극성	탁월	우수	보통	약간 미흡	미흡		
		책임감	탁월	우수	보통	약간 미흡	미흡		
		성실성	탁월	우수	보통	약간 미흡	미흡		
		준법성	탁월	우수	보통	약간 미흡	미흡		
		협조성	탁월	우수	보통	약간 미흡	미흡		
	능력	숙련도·직무지식	탁월	우수	보통	약간 미흡	미흡		
		업무처리능력	탁월	우수	보통	약간 미흡	미흡		
		업무수행력	탁월	우수	보통	약간 미흡	미흡		
		업무개선	탁월	우수	보통	약간 미흡	미흡		
	비용	인건비수준	3500만원 미만	3500만원 이상	4000만원 이상	4500만원 이상	5000만원 이상		
			3년 이하	5년 이하	10년 이하	15년 이하	15년 초과		
기타 가중치		징계	정직 이상 매회 -3점, 감봉 매회 -2점, 견책 이하 매회 -1점						
		포상	포상 1회마다 3점 가산						
		자격증 소지여부	업무 관련 자격증 소지자 3점 가산						

[표 44] 해고대상자 선정기준 예시 ③

기준		내용 및 척도							비고
		구분		A	B	C	D	E	
인사고과	20.00	10.00	제1회	3.00	2.25	1.50	0.75	0	최근 2년 고과자료
			제2회	3.00	2.25	1.50	0.75	0	
			제3회	4.00	3.00	2.00	1.00	0	
		10.00	특별고과	10.00	7.50	5.00	2.50	0	
근태	30.00	무단결근-3.00×회, 유계결근-1.00×회 지각-0.20×회, 조퇴-0.20×회							최근 4년 근태
징계	15.00	정직 30일 이상-5.00×회, 정직 30일 미만-4.00×회 출근정지-3.00×회, 직책정지-2.00×회 감급-2.00×회, 견-1.00×회							최근 5년 징계

근속년수	20.00	5년 이하	10년 이상	15년 이하	20년 이상	21년 이상	-
		10.00	12.50	15.00	17.50	20.00	
포상	5.00	사장상 5.00, 공장장상 4.00, 기타 3.00					최근 5년 포상
부양가족	1.50	4인 이상 1.50, 3인 이하 0.50					-
장애	3.50	본인 3.50, 부양가족 1.00					-
보훈	2.00	-					-
보직	3.00	주임 3.00, 반장 3.00, 조장 2.00					-

(6) 근로자대표와의 성실한 협의 진행

사용자는 경영상 해고 계획을 통하여 나름대로의 감원 목표, 해고회피노력 방안, 공정한 해고대상자 선정기준을 마련하여 근로자대표와의 협의에 임하게 될 것이다. 그러나 근로자대표와 실질적인 협의를 진행하는 것은 매우 중요하다. 회사가 제시하는 해고회피노력 방안 등이 시행될 수 있도록 설득하고, 근로자대표가 제시하는 의견을 최대한 반영하여 해고회피노력을 실시하고 보다 공정한 해고대상자 선정기준이 마련되도록 할 필요가 있다.

그리고 근로자대표와의 실질적인 협의기간이 50일이 되기 전에 해고대상자를 통보하는 것은 바람직하지 않다. 따라서 50일을 초과한 충분한 협의 이후 경영상 해고를 통보하고 해고예고수당을 지급하거나, 50일 초과하여 협의를 진행한 후 법정 해고예고기간(30일 이상)이 확보되도록 하여 해고를 통보하여야 할 것이다. 추가적인 해고회피노력을 통해 경영상 해고를 최소화하는 것이 합리적이라는 점에서 후자의 방법이 보다 타당하다고 생각된다.

한편, 50일 전 통보를 단속규정으로 해석한 판결이 있으나,[232] 법적안정성 확보 측면에서 50일 전 통보는 준수하는 것이 바람직하다.

(7) 경영상 해고 이후의 조직통합

경영상 해고가 시행되면 전사적으로 조직분위기가 악화되고 경영상 해고가 되지 않은 근로자들도 회사에 대한 신뢰도 및 조직몰입도가 급격하게 떨어지게 된다. 이러한 상태가 장기화 내지 고착화되면 기업의 성과가 떨어지고 유능한 관리

232) 대법원 2003.11.13. 선고 2003두4119 판결

자가 이탈하게 되며, 다시 고용불안으로 이어지는 악순환이 이루어진다.

따라서 경영상 해고 이후 조직분위기를 신속하게 회복하는 것이 매주 중요하다. 이를 위해서는 근로자들에게 경영상 해고 이후의 회사비전을 보여주고 소통강화 및 열린경영 실천 등을 중심으로 하는 조직활성화 활동에 주력하여야 한다. 신속하고 효과적인 조직통합을 위해서는 경영상 해고 계획 단계에서부터 경영상 해고가 조직에 미치는 영향을 예측하고 어떻게 조직을 다시 통합할 것인지에 대한 기본적인 방안이 검토되어야 한다.

주요 관련 판례

✓ 경영상 해고의 정당성 요건 판단기준

(대법원 2002.7.9. 선고 2001다29452 판결)

[1] 근로기준법 제31조 제1항 내지 제3항에 의하면, 사용자가 경영상의 이유에 의하여 근로자를 해고하고자 하는 경우에는 긴박한 경영상의 필요가 있어야 하고, 해고를 피하기 위한 노력을 다하여야 하며, 합리적이고 공정한 기준에 따라 그 대상자를 선정하여야 하고, 해고를 피하기 위한 방법과 해고의 기준 등을 근로자의 과반수로 조직된 노동조합 또는 근로자대표에게 해고실시일 60일 전까지 통보하고 성실하게 협의하여야 한다. 여기서 긴박한 경영상의 필요라 함은 반드시 기업의 도산을 회피하기 위한 경우에 한정되지 아니하고, 장래에 올 수도 있는 위기에 미리 대처하기 위하여 인원삭감이 객관적으로 보아 합리성이 있다고 인정되는 경우도 포함되는 것으로 보아야 하고, 위 각 요건의 구체적 내용은 확정적·고정적인 것이 아니라 구체적 사건에서 다른 요건의 충족 정도와 관련하여 유동적으로 정해지는 것이므로 구체적 사건에서 경영상 이유에 의한 당해 해고가 위 각 요건을 모두 갖추어 정당한지 여부는 위 각 요건을 구성하는 개별사정들을 종합적으로 고려하여 판단하여야 한다.

[2] 사용자가 정리해고를 실시하기 전에 다하여야 할 해고회피노력의 방법과 정도는 확정적·고정적인 것이 아니라 당해 사용자의 경영위기의 정도, 정리해고를 실시하여야 하는 경영상의 이유, 사업의 내용과 규모, 직급별 인원상황 등에 따라 달라지는 것이고, 사용자가 해고를 회피하기 위한 방법에 관하여 노동조합 또는 근로자대표와 성실하게 협의하여 정리해고 실시에 관한 합의에 도달하였다면 이러한 사정도 해고회피노력의 판단에 참작되어야 한다.

[3] 합리적이고 공정한 해고의 기준 역시 확정적·고정적인 것은 아니고 당해 사용자가 직면한 경영위기의 강도와 정리해고를 실시하여야 하는 경영상의 이유,

정리해고를 실시한 사업 부문의 내용과 근로자의 구성, 정리해고 실시 당시의 사회경제상황 등에 따라 달라지는 것이고, 사용자가 해고의 기준에 관하여 노동조합 또는 근로자대표와 성실하게 협의하여 해고의 기준에 관한 합의에 도달하였다면 이러한 사정도 해고의 기준이 합리적이고 공정한 기준인지의 판단에 참작되어야 한다.

[4] 근로기준법 제31조 제3항이 사용자는 해고를 피하기 위한 방법 및 해고의 기준 등에 관하여 당해 사업 또는 사업장에 근로자의 과반수로 조직된 노동조합이 있는 경우에는 그 노동조합, 근로자의 과반수로 조직된 노동조합이 없는 경우에는 근로자의 과반수를 대표하는 자(근로자대표)에 대하여 미리 통보하고 성실하게 협의하여야 한다고 하여 정리해고의 절차적 요건을 규정한 것은 같은 조 제1, 2항이 규정하고 있는 정리해고의 실질적 요건의 충족을 담보함과 아울러 비록 불가피한 정리해고라 하더라도 협의과정을 통한 쌍방의 이해 속에서 실시되는 것이 바람직하다는 이유에서이다.

✓ 긴박한 경영상 필요성 정도

(대법원 2012.2.23. 선고 2010다3735 판결)

근로기준법 제24조에 의하면, 사용자가 경영상 이유에 의하여 근로자를 해고하려면 긴박한 경영상의 필요가 있어야 한다. 여기서 긴박한 경영상의 필요라 함은 반드시 기업의 도산을 회피하기 위한 경우에 한정되지 아니하고, 장래에 올 수도 있는 위기에 미리 대처하기 위하여 인원 삭감이 객관적으로 보아 합리성이 있다고 인정되는 경우도 포함된다.

✓ 수 개의 법인 또는 수 개의 사업부문 하에서의 긴박한 경영상 필요성 판단 방법

(대법원 2006.9.22. 선고 2005다30580 판결)

동종의 사업을 하는 두 개의 법인이 동시에 정리해고를 하거나 한 법인의 특정 사업부문에 한하여 정리해고를 하는 경우, 정리해고가 정당하다고 하기 위한 요건으로서 '긴박한 경영상의 필요'가 있는지 여부에 관하여는 원칙적으로 정리해고를 하는 법인별로 이를 판단하여야 할 것이나, 한 법인의 사업부문이 다른 사업부문과 인적·물적·장소적으로 분리·독립되어 있고 재무 및 회계도 분리되어 있을 뿐만 아니라 노동조합도 각 사업부문별로 조직되어 있고, 경영여건도 서로 달리하고 있다면 그 사업부문만을 따로 떼어 긴박한 경영상의 필요 여부를 판단할 수 있고, 한편 양 법인 또는 한 법인과 다른 법인의 특정 사업부문이 동종의 사업을 경영하여 그 업종이 처한 경기상황에 동시에 반응하며, 상호 인적·물적 설비가 엄격하게 분리되어 있지 않고, 노동조합도 각각이 아닌 단일노조로 구성되어 양 법인과 통일적으로 교섭하고 있는 등 사실상 하나의 법인으로 운영되어 그 경영상황이 하나의 기업으로 볼 수 있을 정도로 상호 밀접한 관련이 있는 경우에는 양 법인 또는 한 법인과 다른 법인의 특정 사업부문의 긴박한 경영상의 필요에 관하여 종합적으로 판단할 수 있다고 할 것이다.

✓ 사업부문이 완전히 독립되어 있지 않은 경우 긴박한 경영상 필요성 판단 방법

(대법원 2015.5.28. 선고 2012두25873 판결)

'긴박한 경영상의 필요'가 있는지를 판단할 때에는 법인의 어느 사업부문이 다른 사업부문과 인적·물적·장소적으로 분리·독립되어 있고 재무 및 회계가 분리되어 있으며 경영여건도 서로 달리하는 예외적인 경우가 아니라면 법인의 일부 사업부문 내지 사업소의 수지만을 기준으로 할 것이 아니라 법인 전체의 경영사정을 종합적으로 검토하여 결정하여야 한다. (중간 생략)

원심은 참가인의 서울호텔사업부와 부산호텔사업부의 재무와 회계가 분리되어 있다는 것을 전제로 서울호텔사업부만을 따로 떼어 '긴박한 경영상의 필요' 여부를 판단할 수 있다고 보았다. 그러나 참가인의 공식적인 재무제표는 서울호텔사업부와 부산호텔사업부를 포함한 법인 전체를 기준으로 작성되고 있고, 참가인이 서울호텔사업부와 부산호텔사업부가 재무적으로 분리되어 있다는 근거로 제출한 회계자료는 참가인이 회계의 편의를 위하여 내부적으로 작성한 자료에 불과한 점, 참가인 내부에는 서울호텔사업부와 부산호텔사업부 외에도 외식사업부가 있는데 참가인의 본사에는 이들 사업부 전체의 인사와 재무를 관장하는 지원담당부서가 있었던 것으로 보이는 점, 참가인은 서울호텔사업부와 부산호텔사업부 소속 직원들에게 일률적으로 성과급을 지급하기도 하였던 점 등에 비추어 보면, 참가인의 서울호텔사업부와 부산호텔사업부의 재무와 회계가 분리되어 있다고 단정하기 어렵다. 따라서 원심판시와 같이 참가인의 서울호텔사업부와 부산호텔사업부가 인적·물적·장소적으로 분리되어 있고 노동조합이 별도로 조직되어 있더라도, 서울호텔사업부만을 분리하여 '긴박한 경영상의 필요' 여부를 판단할 수 있는 경우에 해당한다고 보기는 어렵다.

✓ 일부 사업장 폐쇄의 긴박한 경영상 필요성 판단

(대법원 1992.5.12. 선고 90누9421 판결)

어떤 기업이 하나의 사업장에서 하나의 영업허가를 가지고 동종의 사업을 경영하면서 그 경영진의 사정 때문에 그 사업을 2개이상의 단위로 분할하여 그 인적,

물적 설비를 서로 독립시키고 회계를 서로 분리하여 경영하여 왔다 하더라도 그 경영주체가 동일한 인격체라면 그 회사내부의 분리경영이라는 사정이 있다하여 이를 별개의 사업체로 볼 수는 없는 것이며, 이러한 경우 여러 개의 사업단위 중 하나의 사업단위를 폐지하기로 하였다 하더라도 이는 사업축소에 해당할뿐 사업 전체의 폐지라고 할 수는 없는 것이어서 그 사업체가 폐업되었음을 전제로 하여 그 사업단위에 속한 전체 근로자를 해고할 수는 없는 것이다.

✓ 감원목표를 상회한 경영상 해고의 정당성 여부

(대법원 2017.6.29. 선고 2016두52194 판결)

원고의 사업보고서 등에서 드러나는 이 사건 정리해고 무렵의 원고 직원현황에 의하면, 원고가 참가인들에 대하여 이 사건 정리해고 조치를 취한 2014.2.9. 당시에는 이미 감원된 인원이 참가인들을 포함한 최종 정리해고 대상자 7명을 제외하고도 2013.9.30.부터 2013.12.31.까지의 기간 동안 감원된 341명과 최종 정리해고 대상자 선정기준이 공고된 후 희망퇴직을 신청한 27명, 감원목표인원수에 포함된 전환배치 직원 14명 등 모두 382명에 이르러 최종 감원목표인 350명을 상회하고 있었을 가능성이 높다.

따라서 우선 이 사건 인력구조조정 기간 동안 최종 감원목표인 350명을 초과하여 감원한 것으로 볼 수 없다고 단정한 원심의 판단은 납득하기 어렵고, 이미 원고가 최종 감원목표를 상회하여 감원한 상황에서 참가인들을 추가로 정리해고 하였다면, 이는 노사협의회 협의 및 노동조합과의 협의를 위반한 것으로서 객관적으로 보아 합리성이 있다거나 해고를 피하기 위한 노력을 다한 경우에 해당한다고 보기 어려울 것이다.

✓ 해고회피노력의 정도

(대법원 2017.11.13. 선고 2014다20875 판결)

정리해고의 요건 중 '해고를 피하기 위한 노력을 다하여야 한다'는 것은 경영방침이나 작업방식의 합리화, 신규채용의 금지, 일시휴직 및 희망퇴직의 활용 및 전근 등 사용자가 해고범위를 최소화하기 위하여 가능한 모든 조치를 취하는 것을 의미하고, 그 방법과 정도는 확정적·고정적인 것이 아니라 그 사용자의 경영위기의 정도, 정리해고를 실시하여야 하는 경영상의 이유, 사업의 내용과 규모, 직급별 인원상황 등에 따라 달라지는 것이다.

이 사건의 무급휴직 조치는 노사간 극심한 대립으로 기업의 존립 자체가 위태롭게 되자 최악의 상황을 막기 위해 고육지책으로 시행된 것으로, 회사가 무급휴직을 우선적으로 시행하지 않았다고 하여 해고회피노력을 다하지 않은 것으로 보기는 어렵다. 그리고 이 사건 회사가 정리해고에 앞서 부분휴업, 임금 동결, 순환휴직, 사내협력업체 인원 축소, 희망퇴직 등의 조치를 실시한 점을 볼 때, 이 사건 회사가 해고회피노력을 다한 것으로 볼 수 있다.

✓ 단체협약 상 정리해고 관련 합의조항의 효력 및 노조의 사전합의권 남용 판단 기준

(대법원 2012.6.28. 선고 2010다38007 판결)

단체협약의 인사협의(합의)조항에 노동조합간부의 인사에 대하여는 사전 '합의'를, 조합원의 인사에 대하여는 사전 '협의'를 하도록 용어를 구분하여 사용하고 있다면, 교섭 당시 사용자의 인사권에 대하여 노동조합간부와 조합원을 구분하여 제한의 정도를 달리 정한 것으로 보아야 하고, 그 정도는 노동조합간부에 대하여는 조합원에 대한 사전 협의의 경우보다 더 신중하게 노동조합 측의 의견을 참작하여야 한다는 정도의 차이만 있는 것으로 볼 수는 없는 것이므로, 조합원에 대한 인사권의 신중한 행사를 위하여 단순히 의견수렴절차를 거치라는 뜻의 사전 '협의'와는 달리, 노동조합간부의 인사에 대하여는 노동조합과 의견을 성실하게 교환하여 노사 간에 '의견의 합치'를 보아 인사권을 행사하여야 한다는 뜻에서 사전 '합의'를 하도록 규정한 것이라고 해석하는 것이 타당하다(대법원 1993.7.13. 선고 92다50263 판결 등 참조). 그리고 정리해고는 근로자에게 귀책사유가 없는데도 사용자의 경영상의 필요에 의하여 단행되는 것으로서, 정리해고의 대상과 범위, 해고 회피 방안 등에 관하여 노동조합의 합리적인 의사를 적절히 반영할 필요가 있고, 노사 쌍방 간의 협상에 의한 최종 합의 결과 단체협약에 정리해고에 관하여 사전 '협의'와 의도적으로 구분되는 용어를 사용하여 노사 간 사전 '합의'를 요하도록 규정하였다면, 이는 노사 간에 사전 '합의'를 하도록 규정한 것이라고 해석함이 상당하고, 다른 특별한 사정 없이 단지 정리해고의 실시 여부가 경영주체에 의한 고도의 경영상 결단에 속하는 사항이라는 사정을 들어 이를 사전 '협의'를 하도록 규정한 것이라고 해석할 수는 없다.

한편 사용자가 위와 같이 인사처분을 함에 있어 노동조합의 사전 동의나 승낙을 얻어야 한다거나 노동조합과 인사처분에 관한 논의를 하여 의견의 합치를 보아 인사처분을 하도록 단체협약 등에 규정된 경우에는 그 절차를 거치지 아니한 인사처분은 원칙적으로 무효로 보아야 할 것이지만, 이처럼 사전합의조항을 두고 있다고 하더라도 사용자의 인사권이 어떠한 경우라도 노동조합의 동의나 합의가 있어야만 행사할 수 있는 것은 아니고, 노동조합이 사전합의권을 남용하거나 스스로 사전합의권의 행사를 포기하였다고 인정되는 경우에는 사용자가 이러한 합의 없이 한 인사처분도 유효하다고 보아야 한다. 여기서 노동조합이 사전합의권을 남용한 경우라 함은 노동조합 측에 중대한 배신행위가 있고 이로 인하여 사용자 측의 절차의 흠결이 초래되었다거나 인사처분의 필요성과 합리성이 객관적으로 명백하며, 사용자가 노동조합 측과 사전 합의를 위하여 성실하고 진지한 노력을 다하였음에도 불구하고 노동조합 측이 합리적 근거나 이유제시도 없이 무작정 인사처분에 반대함으로써 사전 합의에 이르지 못하였다는 등의 사정이 있는 경우에 인정된다 할 것이다.

✓ 경영상 해고를 제한하는 단체협약이 강행법규 또는 사회질서에 위배되는지 여부

(대법원 2014.3.27. 선고 2011두20406 판결)

정리해고나 사업조직의 통폐합 등 기업의 구조조정의 실시 여부는 경영주체에 의한 고도의 경영상 결단에 속하는 사항으로서 이는 원칙적으로 단체교섭의 대상이 될 수 없으나(대법원 2002.2.26. 선고 99도5380 판결 등 참조), 사용자의 경영권에 속하는 사항이라 하더라도 그에 관하여 노사는 임의로 단체교섭을 진행하여 단체협약을 체결할 수 있고, 그 내용이 강행법규나 사회질서에 위배되지 아니하는 이상 단체협약으로서의 효력이 인정된다. 따라서 사용자가 노동조합과의 협상에 따라 정리해고를 제한하기로 하는 내용의 단체협약을 체결하였다면 특별한 사정이 없는 한 그 단체협약이 강행법규나 사회질서에 위배된다고 볼 수 없고, 나아가 이는 근로조건 기타 근로자에 대한 대우에 관하여 정한 것으로서 그에 반하여 이루어지는 정리해고는 원칙적으로 정당한 해고라고 볼 수 없다. 다만 이처럼 정리해고의 실시를 제한하는 단체협약을 두고 있더라도, 그 단체협약을 체결할 당시의 사정이 현저하게 변경되어 사용자에게 그와 같은 단체협약의 이행을 강요한다면 객관적으로 명백하게 부당한 결과에 이르는 경우에는 사용자가 단체협약에 의한 제한에서 벗어나 정리해고를 할 수 있을 것이다.

✓ 경영상 해고의 정당성에 대한 입증책임

(대법원 2019.11.28. 선고 2018두44647 판결)

근로기준법 제31조에 의하여 부당해고구제재심판정을 다투는 소송의 경우에는 해고의 정당성에 관한 증명책임은 이를 주장하는 사용자가 부담하므로(대법원 1999.4.27. 선고 99두202 판결 참조), 정리해고에서도 사용자가 정리해고의 정당성을 비롯한 정리해고의 요건을 모두 증명해야 한다.

✓ 사업 폐지에 따른 해고가 경영상 해고에 해당하는지 여부

(대법원 2011.3.24. 선고 2010다92148 판결)

정리해고는 긴급한 경영상의 필요에 의하여 기업에 종사하는 인원을 줄이기 위하여 일정한 요건 아래 근로자를 해고하는 것으로서 기업의 유지·존속을 전제로 그 소속 근로자들 중 일부를 해고하는 것을 가리키는 것이므로, 이와 달리 사용자가 사업을 폐지하면서 근로자 전원을 해고하는 것은 기업경영의 자유에 속하는 것으로서 정리해고에 해당하지 않고 그 해고에 정당한 이유가 있는 한 유효하다.

제5절
고용형태 조정을 통한 고용조정

I 개 설

고용형태의 의미에 대해서는 법률에의 정함이 없다. 그 의미를 정의하자면 사용자와 근로자가 맺고 있는 고용관계의 형태를 말한다. 고용형태는 크게 직접고용과 간접고용으로 구분할 수 있다. 직접고용은 사용자와 근로자가 직접 근로계약을 체결하는 형태를 의미하고, 간접고용은 사용자와 제3자의 계약에 의하여 그 제3자와 근로계약을 체결한 근로자가 사용자의 사업과 관련하여 노무를 제공하는 형태를 의미한다.

직접고용의 형태로는 흔히 정규직이라고 부르는 기간의 정함이 없는 근로자, 기간의 정함이 있는 근로자가 포함되며, 간접고용의 형태에는 파견근로자가 포함된다. 도급계약이나 위탁계약에 의하여 노무를 제공하는 수급사 근로자나 수탁사 근로자도 넓은 의미에서는 간접고용에 포함될 수 있다. 이러한 고용형태를 조정하는 것도 고용조정의 일환으로 볼 수 있다.

산업현장에서 고용형태 조정은 주로 정규직을 계약직, 파견근로자, 도급근로자 등 비전형 고용형태로 변경하는 양상으로 나타난다. 과거에는 인건비 절감을 목적으로 하는 경우가 많았으나, 비정규직에 대한 차별금지가 법제화된 이후에는 인력의 유연성 확보가 주된 목적이 되고 있다. 그러나 최근에는 간접고용을 직접고용으로 전환하거나 기간제 근로자를 정규직으로 전환하는 고용조정도 많이 이루어지고 있다. 공공기관의 경우에는 정부정책에 의한 이유도 있으나, 비전형 고용형태 사용에 존재하는 법률적 내지 인사노무관리 상의 제약에서 벗어나 업무의 효율성을 높이기 위한 목적에서 이루어지는 경우도 있다. 이러한 고용형태의 조정[233]은 고용관계가 가지는 일신전속성과 근로기준법 상의 근로조건 명시제도 등에 따라 사용자가 임의로 조정할 수는 없으며, 원칙적으로 근로자와의 합의를 필요로 한다.

Ⅱ 기간제근로자 사용

1. 기간제근로자의 의의

인력활용의 효율성 내지 유연성을 높이기 위하여 정규직을 사용하는 대신에 기간의 정함이 있는 근로자를 활용할 수 있다. 산업현장에서는 흔히 계약직이라는 용어가 사용되고 있다. 기간제 근로관계에 대하여는 기간제법[234]이 적용된다. 기간제법의 입법취지는 기간제근로자 등 비정규직이 정규직에 비하여 상대적으로 고용 및 근로조건 등에서 열악하기 때문에 이를 법제도적으로 보호하기 위한 것이다.

헌법재판소[235]는 기간제법의 위헌 여부가 심판대상이 된 사건에 대하여 판단하면서, “기간제 근로계약을 제한 없이 허용할 경우, 전문기술직종 등 사실상 근로자와 사용자가 대등하게 근로조건을 결정할 수 있는 분야가 아닌, 단순노무직과 같은 일반 근로자층은 단기의 근로계약 체결을 강요당하더라도 이를 거부할 수 없을 것이며, 이 경우 불안정 고용은 증가할 것이고, 정규직과의 격차는 심화될 것이다”라고 하며 합헌 결정을 하였다.

기간제근로자의 활용은 인력의 유연성 확보에 유용하나, 기간제법은 사용기간 제한, 차별처우 금지 등 여러 규제를 두고 있고 이와 관련된 법적분쟁도 증가하고 있으므로 운영에 있어 상당한 주의와 관리를 필요로 한다.

---

233) 근로자파견 및 도급 활용은 아웃소싱을 통한 고용조정으로 분류되는 경우가 많다. ① 아웃소싱이 기본적으로 내부 인력이 수행하던 업무를 외부화하는 것이라는 점, ② 법적 의미와 관계없이 사회적으로 파견근로자와 수급업체(특히, 사내수급업체) 근로자가 비정규직으로 분류되고 있는 점을 고려하여 이 책에서는 기간제근로자 사용과 함께 고용형태 조정에 포함하였다.

234) 기간제법은 원칙적으로 5인 이상 사업장에 대하여 적용되나, 기간제근로자 우선고용 노력의무, 단시간근로자의 통상근로자 전환 노력 등 일부 규정은 4인 이하 사업장에도 적용된다.

235) 헌재 2013.10.24. 2010헌마219

2. 기간제근로자 사용의 법률문제

(1) 기본 법률사항

1) 사용사유의 제한

기간제법은 기간제근로자의 사용사유를 제한하고 있지 않다. 따라서 사용사유 및 업무, 직무와 관계없이 기간의 정함이 있는 근로계약을 체결할 수 있다. 다만, 최근 비정규직 보호에 대한 사회적 목소리가 커지면서 기간제근로자 사용사유를 제한하여야 한다는 주장 및 입법적 제안이 증가하고 있다. 문재인 정부는 2017년 10월 '일자리 정책 5년 로드맵'을 발표하면서 비정규직 대책의 하나로 기간제법의 기간제한 방식을 사용사유제한으로 개편하는 방안을 제시하였다.[236)]

관련조문

기간제법 제2조(정의)

이 법에서 사용하는 용어의 정의는 다음과 같다.

1. "기간제근로자"라 함은 기간의 정함이 있는 근로계약(이하 "기간제 근로계약"이라 한다)을 체결한 근로자를 말한다.
2. "단시간근로자"라 함은「근로기준법」제2조의 단시간근로자를 말한다.
3. "차별적 처우"라 함은 다음 각 목의 사항에 있어서 합리적인 이유 없이 불리하게 처우하는 것을 말한다.
   가.「근로기준법」제2조 제1항 제5호에 따른 임금
   나. 정기상여금, 명절상여금 등 정기적으로 지급되는 상여금
   다. 경영성과에 따른 성과금
   라. 그 밖에 근로조건 및 복리후생 등에 관한 사항

기간제법 제4조(기간제근로자의 사용)

① 사용자는 2년을 초과하지 아니하는 범위 안에서(기간제 근로계약의 반복갱신 등의 경우에는 그 계속근로한 총기간이 2년을 초과하지 아니하는 범위 안에서) 기간제근로자를 사용할 수 있다. 다만, 다음 각 호의 어느 하나에 해당하는 경우에는 2년을 초과하여 기간제근로자로 사용할 수 있다.

236) 일자리위원회·관계부처 합동, "일자리정책 5년 로드맵", 2017, 41쪽.

1.~6. 생략

② 사용자가 제1항 단서의 사유가 없거나 소멸되었음에도 불구하고 2년을 초과하여 기간제근로자로 사용하는 경우에는 그 기간제근로자는 기간의 정함이 없는 근로계약을 체결한 근로자로 본다.

기간제법 제8조(차별적 처우의 금지)

① 사용자는 기간제근로자임을 이유로 당해 사업 또는 사업장에서 동종 또는 유사한 업무에 종사하는 기간의 정함이 없는 근로계약을 체결한 근로자에 비하여 차별적 처우를 하여서는 아니 된다.

② 사용자는 단시간근로자임을 이유로 당해 사업 또는 사업장의 동종 또는 유사한 업무에 종사하는 통상근로자에 비하여 차별적 처우를 하여서는 아니 된다.

2) 사용기간의 제한

기간제법은 기간제근로자의 최대 사용기간을 2년으로 제한하고 있다. 다만, 고령자, 전문직 등에 대한 사용기간제한의 예외를 규정하고 있다(기간제법 제4조 제1항). 한편, 기간제법 제4조(기간제근로자의 사용) 제2항은 2년을 초과하여 기간제근로자로 사용한 경우 기간의 정함이 없는 근로계약을 체결한 근로자로 간주하고 있다. 기간제법 상의 사용기간제한은 기간제 근로계약의 남용을 방지함으로써 근로자 지위를 보호하기 위한 것인바,[237] 그 입법취지 상 강행규정에 해당한다.

법원[238]은 전문직에 대하여 사용기간제한 예외를 인정하는 취지에 대하여, "전문직의 경우 자신이 갖는 능력을 기업측에 제공하는 입장에서 충분한 교섭력을 확보하고 있어 2년을 초과하는 장기간의 계약기간을 설정하여도 무리가 없다거나 의사·변호사 등 전문성과 직업능력이 높은 전문직종은 기간제한을 통해 보호할 필요성과 당위성이 상대적으로 낮기 때문"이라고 판시하였다.

한편, 기간제근로자의 사용기간이 2년을 초과하였다면 당해 근로자가 기간의

237) 대법원 2016.11.10. 선고 2014두45765 판결 ; 대법원 2019.10.18. 선고 2016두60508 판결

238) 서울고등법원 2015.1.15. 선고 2014누44344 판결

정함이 없는 근로자로 간주되는 것을 명시적으로 반대하더라도 법률에 의거 기간의 정함이 없는 근로계약을 체결한 근로자로 간주된다.[239] 산업현장에서는 주로 공백을 두고 다시 기간제 근로계약을 체결하는 경우 사용기간 2년을 어떻게 볼 것인지가 문제가 되고 있다. 이에 대하여는 후술한다.

[표 45] 사용기간 제한 예외사유

기간제법 제4조 제1항 단서	1. 사업의 완료 또는 특정한 업무의 완성에 필요한 기간을 정한 경우 2. 휴직·파견 등으로 결원이 발생하여 당해 근로자가 복귀할 때까지 그 업무를 대신할 필요가 있는 경우 3. 근로자가 학업, 직업훈련 등을 이수함에 따라 그 이수에 필요한 기간을 정한 경우 4. 「고령자고용촉진법」 제2조제1호의 고령자와 근로계약을 체결하는 경우 5. 전문적 지식·기술의 활용이 필요한 경우와 정부의 복지정책·실업대책 등에 따라 일자리를 제공하는 경우로서 대통령령이 정하는 경우 6. 그 밖에 제1호 내지 제5호에 준하는 합리적인 사유가 있는 경우로서 대통령령이 정하는 경우
기간제법시행령 제3조 제3항 제1호 내지 제8호	법 제4조 제1항 제6호의 "대통령령이 정하는 경우" 1. 다른 법령에서 기간제근로자의 사용 기간을 법 제4조 제1항과 달리 정하거나 별도의 기간을 정하여 근로계약을 체결할 수 있도록 한 경우 2. 국방부장관이 인정하는 군사적 전문적 지식·기술을 가지고 관련 직업에 종사하거나 「고등교육법」 제2조 제1호에 따른 대학에서 안보 및 군사학 과목을 강의하는 경우 3. 특수한 경력을 갖추고 국가안전보장, 국방·외교 또는 통일과 관련된 업무에 종사하는 경우 4. 「고등교육법」 제2조에 따른 학교(같은 법 제30조에 따른 대학원대학을 포함한다)에서 다음 각 목의 업무에 종사하는 경우 가. 「고등교육법」 제14조에 따른 강사, 조교의 업무 나. 「고등교육법시행령」 제7조에 따른 명예교수, 겸임교원, 초빙교원 등의 업무 5. 「통계법」 제22조에 따라 고시한 한국표준직업분류의 대분류 1과 대분류 2 직업에 종사하는 자의 「소득세법」 제20조 제1항에 따른 근로소득(최근 2년간의 연평균근로소득을 말한다)이 고용노동부장관이 최근 조사한 고용형태별근로실태조사의 한국표준직업분류 대분류 2 직업에 종사하는 자의 근로소득 상위 100분의 25에 해당하는 경우

239) 비정규직대책팀-1248, 2007.4.17.

	6. 「근로기준법」 제18조제3항에 따른 1주 동안의 소정근로시간이 뚜렷하게 짧은 단시간근로자를 사용하는 경우 7. 「국민체육진흥법」 제2조제4호에 따른 선수와 같은 조 제6호에 따른 체육지도자 업무에 종사하는 경우 8. 다음 각 목의 연구기관에서 연구업무에 직접 종사하는 경우 또는 실험·조사 등을 수행하는 등 연구업무에 직접 관여하여 지원하는 업무에 종사하는 경우 가~사. (생략)

3) 갱신기대권 인정법리

가. 계약기간에 관한 일반법리

대법원[240]은 근로계약기간이 단지 형식에 불과하다고 볼 만한 '특별한 사정'이 없다면 근로계약 당사자 사이의 근로관계는 그 기간이 단료함에 따라 사용자의 해고 등 별도의 조처를 기다릴 것 없이 당연히 종료된다고 판시하고 있다. 즉, 근로계약기간이 명시된 근로계약이 기간의 정함이 없는 계약으로 인정되기 위해서는 그 계약기간이 단지 형식에 불과한 것으로 볼 수 있을 정도의 특별한 사정이 있어야 한다.

나. 갱신기대권의 개념

앞서 본 바와 같이 기간이 만료하는 경우 해고 등 별도의 조치를 기다릴 것 없이 근로관계는 당연히 종료되는 것이 원칙이다. 그러나 근로자에게 계약갱신에 대한 정당한 기대권이 인정되는 경우에는 사용자가 '합리적 이유'없이 계약갱신을 거절하면 부당해고와 같이 효력이 없고 기간만료 후의 근로관계는 종전의 근로계약이 갱신된 것으로 본다. 이를 '갱신기대권 인정법리'라고 한다.

법원은 갱신기대권 인정에 있어 근로계약서나 취업규칙 등에서 계약갱신 의무나 갱신절차 내지 요건에 관한 근거규정이 있는지 여부를 중요한 기준으로 삼고 있다. 따라서 단순히 재계약이 가능하다는 규정만이 있다거나 그와 같은 취지로 말하였다는 사실만으로는 갱신기대권이 인정되는 것은 아니다.

240) 대법원 2011.11.10. 선고 2010두24128 판결 ; 대법원 2011.9.8. 선고 2009두9765 판결 등

대법원[241)]은 "임시근로계약서는 물론이고 원고 회사의 단체협약 및 취업규칙의 어디에도 기간만료에도 불구하고 일정한 요건이 충족되면 당해 근로계약이 갱신된다는 취지의 규정을 두고 있지 않을 뿐만 아니라, 계약갱신과 관련한 요건이나 절차에 관한 근거규정조차 두고 있지 않은 점 등을 종합하여 보면, 참가인에 대한 계약기간이 단지 형식에 불과하여 참가인이 사실상 기간의 정함이 없는 근로자의 지위에 있었다거나, 참가인에 대하여 임시근로계약서에 명시한 계약기간이 지나더라도 근로계약이 갱신될 수 있으리라는 정당한 기대관계가 형성되었다고 볼 수 없다"라고 판시하였다.

또한 대법원[242)]은 "근로자에 관하여 근로계약, 취업규칙, 단체협약 등에서 기간만료에도 불구하고 일정한 요건이 충족되면 당해 근로계약이 갱신된다는 취지의 규정을 둔 바 없고, 근로계약의 내용과 근로계약이 이루어지게 된 동기 및 경위, 근로자가 수행하는 업무의 내용, 그동안의 계약 갱신 또는 갱신거절의 실태를 보더라도 종전 회사나 원고 회사는 계약갱신에 관한 요건이나 절차에 관한 아무런 규율 없이 오로지 사용자인 자신들의 인력 수요 및 근로자의 근무태도에 관한 재량적 판단에 따라 근로계약의 갱신 여부를 결정하여 온 사실을 알 수 있으므로, 이러한 사정에서라면 근로계약의 갱신에 관한 기대권이 인정된다고 보기는 어렵다"고 판시한 바 있다.

한편, 대법원[243)]은 근로계약, 취업규칙, 단체협약 등에서 기간만료에도 불구하고 일정한 요건이 충족되면 당해 근로계약이 갱신된다는 취지의 규정을 두고 있거나, 그러한 규정이 없더라도 근로계약의 내용, 계약 체결의 동기 및 경위, 계약갱신의 기준 등 갱신에 관한 요건이나 절차의 설정 여부 및 그 실태, 업무의 내용 등 당해 근로관계를 둘러싼 여러 사정을 종합하여 볼 때, 근로계약 당사자 사이에 일정한 요건이 충족되면 근로계약이 갱신된다는 신뢰관계가 형성되어 있는 경우 근로자에게 갱신기대권이 인정된다고 판시하고 있다.

따라서 기간의 정함이 있는 근로계약에서 근로자에게 갱신기대권이 존재하는

241) 대법원 2011.11.10. 선고 2010두7628 판결

242) 대법원 2011.9.8. 선고 2009두9765 판결

243) 대법원 2011.4.14. 선고 2007두1729 판결 ; 대법원 2011.7.28. 선고 2009두2665 판결 등

지 여부는 일률적으로 판단하기 어렵고, 근로계약서의 내용, 업무의 내용과 성격, 기간제근로자 재계약 관행 등을 종합적으로 고려하여 판단하여야 한다. 다만, 비정규직 보호에 대한 사회적 요구가 증가하면서, 전반적으로 갱신기대권이 폭넓게 인정되고 있는 추세이다.

다. 갱신거절의 합리적 사유

기간제근로자에게 계약갱신의 정당한 기대권이 인정되는 경우 계약갱신 거절의 '합리적 이유'가 존재하여야 하는 바, 여기에서의 합리적 이유는 해고제한의 기준인 '정당한 이유'보다 완화된 기준이므로 그 유효성이 해고보다 넓게 인정된다. 즉, 법원[244]은 "원고가 참가인들에 대하여 이 사건 갱신거절을 하기 위하여는 해고 제한의 기준인 정당한 이유보다는 완화된 기준인 사회통념상 상당하다고 인정되는 합리적인 이유가 있어야 한다"고 판시하였다.

한편, 기간제근로자의 갱신기대권이 인정되어 사용자의 계약갱신 거절의 정당성이 문제된 사안은 대부분 근로계약이나 취업규칙 등에 계약갱신의 구체적 요건을 정하고 있거나 평가결과에 의하여 갱신 여부를 결정하도록 정하고 있는 경우이다. 그러한 경우에는 그 요건과 절차 및 평가 등의 객관성 및 공정성 등을 기준으로 계약갱신 거절의 합리적 이유 존재 여부를 판단하여야 한다.

기간제 근로계약의 법리적 판단체계는 〈그림 21〉과 같다.

[그림 21] 기간제 근로계약 판단체계[245]

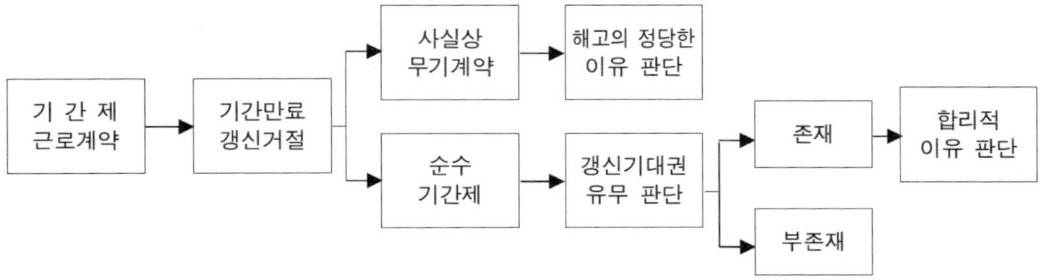

244) 서울고등법원 2010.9.30. 선고 2009누36233 판결(대법원 심리불속행 기각 확정)

245) 중앙노동위원회, 「주제별 판례 분석집-개별적 근로관계-」, 2016, 737쪽.

4) 차별처우금지

가. 개요

기간제법 제8조(차별적 처우의 금지)는 “기간제근로자임을 이유로 당해 사업 또는 사업장에서 동종 또는 유사한 업무에 종사하는 기간의 정함이 없는 근로계약을 체결한 근로자에 비하여 차별적 처우를 하여서는 아니된다”고 정하고 있다. 즉, 기간제라는 이유만으로 기간의 정함이 없는 근로자에 비하여 불합리하게 차별하는 것을 금지하고 있다.

‘차별적 처우’라 함은 임금 그 밖의 근로조건 등에 있어서 합리적인 이유 없이 불리하게 처우하는 것을 말한다(기간제법 제2조 제3호, 파견법 제2조 제7호). 기간제법은 ① 근로기준법 상의 임금 ② 정기상여금, 명절상여금 등 정기적으로 지급되는 상여금 ③ 경영성과에 따른 성과금 ④ 그밖에 근로조건 및 복리후생 등에 관한 사항을 차별처우 금지영역으로 규정하고 있다.

나. 차별처우의 성립요건 및 판단기준

차별시정의 대상이 되기 위해서는 ① 사업 또는 사업장에 비교대상근로자가 존재하여야 하며, ② 불리한 처우가 있어야 하고, ③ 불리한 처우에 합리적 이유가 없어야 한다. 기간제근로자의 비교대상근로자는 i) 당해 사업 또는 사업장에서 ii) 동종 또는 유사한 업무에 종사하는 iii) 기간의 정함이 없는 근로계약을 체결한 근로자이다(기간제법 제8조 제1항).

대법원[246]은 차별적 처우 여부에 대한 판단기준과 관련하여, “원칙적으로 기간제근로자가 불리한 처우라고 주장하는 임금의 세부 항목별로 비교대상 근로자와 비교하여 불리한 처우가 존재하는지를 판단하여야 한다. 다만 기간제근로자와 비교대상 근로자의 임금이 서로 다른 항목으로 구성되어 있거나, 기간제근로자가 특정 항목은 비교대상 근로자보다 불리한 대우를 받은 대신 다른 특정 항목은 유리한 대우를 받은 경우 등과 같이 항목별로 비교하는 것이 곤란하거나 적정하지 않은 특별한 사정이 있는 경우라면, 상호 관련된 항목들을 범주별로 구분하고 각

246) 대법원 2019.9.26. 선고 2016두47857 판결

각의 범주별로 기간제근로자가 받은 임금 액수와 비교대상 근로자가 받은 임금 액수를 비교하여 기간제근로자에게 불리한 처우가 존재하는지를 판단하여야 한다. 이러한 경우 임금의 세부 항목이 어떤 범주에 속하는지는, 비교대상 근로자가 받은 항목별 임금의 지급 근거, 대상과 그 성격, 기간제근로자가 받은 임금의 세부항목 구성과 산정기준, 특정 항목의 임금이 기간제근로자에게 지급되지 않거나 적게 지급된 이유나 경위, 임금지급 관행 등을 종합하여 합리적이고 객관적으로 판단하여야 한다"고 판시하고 있다.

차별적 처우에 대하여 합리적 이유가 인정되는 경우와 그렇지 않은 경우를 예시하면 〈표 46〉과 같다.

[표 46] 합리적 이유 인정여부 판단 예시

구분	예시
인정	• 임금 및 근로조건의 차이가 노동생산성 차이에서 비롯된 것일 경우 • 업무의 범위 및 업무환경에 따라 노동강도의 차이가 있는 경우 • 직급에 따라 권한·책임의 정도가 달라 직책수당, 직급수당 등에서 차이가 있는 경우 • 장기근속을 유도하거나 장기근속자의 공로를 보상하기 위한 목적으로 지급되는 경우 • 기본급에서의 차이가 근속년수에 따른 연공임금에 기인한 것일 경우 • 임금 등의 차이가 동종·유사업무를 수행하기 전의 경력, 실적의 차이에 따른 것일 경우 • 임금 등의 차이가 자격요건, 업무의 특수성, 의무적인 교육이수 등에 근거한 경우
불인정	• 채용절차·방법의 차이를 근거로 임금 등이 차등 지급되었으나, 실제로는 동일한 근로를 제공한 경우 • 차등지급의 근거로 업무내용, 업무량의 차이를 내세우고 있지만, 실제로는 업무내용과 무관하게 지급한 경우 • 실비변상 및 복리후생적 금품(통근비·중식비 등)에 해당되어 업무내용·업무량에 따라 차등지급될 성질의 것이 아닌데도 실제로는 차등지급한 경우 • 업무의 강도 또는 질에서의 차이에 따라 임금, 상여금 등이 차등지급 되었더라도 그 지급액의 차이가 지나치게 과도한 경우 • 성과상여금 등이 개인의 담당업무나 실적이 아닌 부서 또는 팀의 실적을 기초로 지급되었음에도 기간제근로자에게만 지급하지 않은 경우 • 각종 수당 등이 임금에 모두 포함되어 있다는 이유로 별도로 지급하지 않았으나, 근로계약서 등에는 이에 대한 구체적인 지급기준이나 환산 기준이 없는 경우

[그림 22] 차별적 처우 판단구조[247]

기간제법상 차별금지규정 적용대상 사업(장)

↓

차별처우 금지요소 고용형태(기간제근로, 단시간근로)

↓

차별처우로부터 보호받는 근로자 (차별시정신청권자)	↔	사 용 자
기간제근로자・단시간근로자		차별처우가 금지되는 사용자 차별시정 피신청인으로서의 사용자

↓

차별처우 금지영역
임금 그 밖의 근로조건 등

↓

비교주체	비교 ↔	비교대상근로자
기간제근로자 단시간근로자		(동종 또는 유사업무에 종사하는) 무기계약근로자 통상근로자

※ 차별은 둘이상의 주체와 객체간의 비교에 의해 결정되는 개념임

↓

비교결과
불리한 처우의 유무

↓

합리적 이유의 존부
기간제・단시간근로자라는 이유 이외에 객관적으로 정당화시킬 수 있는 다른 합리적 이유가 있었는지 여부

↓

차별처우 판단

↓	↓
불리한 처우에 합리적인 이유가 있는 경우 차별처우에 해당하지 않음	불리한 처우에 합리적인 이유가 없는 경우 차별처우에 해당함

247) 고용노동부, 「기간제법 업무매뉴얼」, 2011, 45쪽.

(2) 실무상의 주요 법적쟁점

1) 근로계약 공백이 있는 경우의 계속근로 인정 문제

기간제근로자로 근무하다가 기간이 만료되어 근로관계가 종료된 이후 일정기간 경과 후에 다시 기간제 근로계약을 체결한 경우(공백기간을 두고 반복하여 기간제근로계약이 체결된 경우) 사용기간이 합산되는지 여부가 문제된다. 이와 관련하여 일률적인 판단기준이 존재하는 것은 아니다.

대법원[248]은 「반복하여 체결된 기간제 근로계약 사이에 근로관계가 존재하지 않는 공백기간이 있는 경우에는, ① 그러한 공백기간을 둔 것이 기간제법 제4조 제2항의 적용을 잠탈하려는 사용자의 의도에 따른 것인지 여부, 또는 ② 이러한 공백기간의 길이와 공백기간을 전후한 총 사용기간 중 공백기간이 차지하는 비중, ③ 공백기간이 발생한 경위, ④ 공백기간을 전후한 업무내용 및 근로조건의 유사성, ⑤ 사용자가 공백기간 동안 해당 기간제근로자의 업무를 대체한 방식과 기간제근로자에 대해 취한 조치, ⑥ 공백기간에 대한 당사자의 인식, ⑦ 다른 기간제근로자들에 대한 근로계약 반복·갱신 관행 등을 종합하여 공백기간 전후의 근로관계가 단절 없이 계속되었다고 평가될 수 있는지 여부를 가린 다음 공백기간 전후의 근로기간을 합산하여 기간제법 제4조의 계속근로한 총기간을 산정할 수 있는지 판단하여야 한다」고 한다.

판례의 판단기준에 비추어 보면 공백기간이 단지 기간상의 단절에만 해당할 뿐 사실상 반복된 근로계약이 연속된 것으로 평가될 수 있는 경우에는 계약기간이 합산된다. 그러나 사용자가 공백기간 중 공개채용을 통하여 다른 기간제근로자를 사용한 사실, 공백기간 동안 해당 기간제근로자가 구직활동을 하거나 다른 사업장에서 근무한 사실, 공개채용을 통해 해당 기간제근로자가 다시 근로계약을 체결한 사실, 해당 기간제근로자의 업무에 변경이 있는 사실 등 근로관계가 단절되었다고 볼 사정이 존재하는 경우에는 기간제법 제4조(기간제근로자의 사용)의 계속근로로 인정되지 않을 것이다.

---

248) 대법원 2019.10.18. 선고 2016두60508 판결 ; 대법원 2019.10.17. 선고 2016두63705 판결

2) 사용기간제한 예외 근로자에 대한 갱신기대권법리 적용 여부

산업현장에서 고령자, 전문직 등의 경우 사용기간제한 예외에 해당하므로 갱신기대권이 적용되지 않는 것으로 알고 있는 경우가 많다. 그러나 갱신기대권법리는 기본적으로 고령자, 전문직 등 사용기간제한 예외에 해당하는 근로자에 대해서도 적용되는 법리이다. 사용기간제한 예외에 해당하지 않을 경우에는 사용기간이 2년을 초과하면 법률에 의하여 기간의 정함이 없는 근로자로 의제된다. 그러나 고령자 등 사용기간제한 예외에 해당하는 경우 2년을 초과하였다고 하여 법률에 의하여 기간의 정함이 없는 근로자로 간주되는 것은 아니지만, 갱신기대권법리는 동일하게 적용된다. 즉, 근로자에게 근로계약이 갱신될 것이라고 기대가 존재하는 경우 계약을 종료하기 위해서는 계약종료의 합리적 사유가 존재하여야 한다.

대법원[249]은 "기간제법의 입법 취지가 기간제근로자 및 단시간근로자에 대한 불합리한 차별을 시정하고 근로조건 보호를 강화하기 위한 것임을 고려하면, 기간제법 제4조 제1항 단서의 예외 사유에 해당한다는 이유만으로 갱신기대권에 관한 위 법리의 적용이 배제된다고 볼 수는 없다"고 판시하고 있다.

3) 단시간근로 근무기간이 사용기간제한 2년에 포함되는지 여부

기간제법 제4조(기간제근로자의 사용) 제1항 단서는 사용제한기간 2년을 초과하여 사용할 수 있는 예외사유를 규정하고 있다. 예외사유에 해당하는 기간제 근로계약을 체결하여 계약기간이 만료된 후 새롭게 예외사유에 해당하지 않는 기간제근로계약을 체결한 경우, 예외사유에 해당하였던 근로기간은 사용기간 제한 2년에 포함되지 않는다고 해석된다.

대법원[250]도 기간제법 제4조(기간제근로자의 사용) 제1항 단서 제6호와 기간제법시행령 제3조(기간제근로자 사용기간 제한의 예외) 제3항 제6호에서 정한 단시간근로자로 기간제 근로계약을 체결하였다가 해당 근로관계가 종료된 이후에

---

249) 대법원 2017.2.3. 선고 2016두50563 판결. 해당 사건에서 대법원은 정년이 이미 지난 상태에서 기간제 근로계약을 근로자에 대하여 근로계약 갱신기대권을 인정하였다.

250) 대법원 2014.11.27. 선고 2013다2672 판결

새롭게 제4조(기간제근로자의 사용) 제1항 단서에 해당되지 않는 통상의 기간제 근로계약을 체결한 경우에는 단시간근로자로 근무한 기간은 위 제4조(기간제근로자의 사용) 제2항의 '2년'에 포함되지 않는다는 입장이다.

4) 무기계약직에 대한 차별적 처우 인정 문제

무기계약직은 법률상의 용어가 아니다. 다만 산업현장에서는 통상적으로 기간제근로자로 근무하다가 사용기간이 2년을 초과하여 법률에 의하여 기간의 정함이 없는 근로자로 간주되나, 기존과 동일하게 기간이 정해진 근로계약을 체결하는 근로자를 의미하는 것으로 사용되고 있다.

기간제법은 차별시정신청 주체를 기간제근로자로 명시하고 있기 때문에 이른바 무기계약직은 차별시정신청 주체로 보기 어렵다. 이에 무기계약직에 대하여 법적 보호의 사각지대에 놓여있다는 사회적 이슈가 제기되어 왔다.

이러한 문제와 관련하여 최근 대법원[251]은 「사용자의 사업 또는 사업장 내에 동종 또는 유사한 업무에 종사하는 기간의 정함이 없는 근로계약을 체결한 근로자가 있다면, 다른 특별한 사정이 없는 한 그 근로자에게 적용되는 근로조건이 기간제법 제4조 제2항에 따라 기간의 정함이 없는 근로계약을 체결한 것으로 간주되는 근로자에게도 동일하게 적용된다고 해석함이 타당하다」고 판시하였다. 해당 사건에서 대법원은 기간의 정함이 없는 근로계약을 체결한 것으로 간주되는 원고들에게는 동일한 부서 내에서 같은 직책을 담당하며 동종 근로를 제공하는 정규직 근로자에게 적용되는 피고의 취업규칙 등에서 정한 근로조건이 그대로 적용된다고 보아 취업규칙 등에서 정한 기준에 따라 기본급, 상여금, 근속수당, 자가운전보조금이 지급되어야 하고 정기적인 호봉승급도 이루어져야 한다고 판시하였다.

따라서 판례의 취지 및 내용에 비추어 무기계약직과 동종 직책에서 사실상 같은 근로를 제공하는 기간의 정함이 없는 근로자, 이른바 정규직이 존재하는 경우, 정규직에게 적용되는 근로조건을 무기계약직에게 적용하지 않으면 법위반에 해

251) 대법원 2019.12.24. 선고 2015다254873 판결

당하게 된다.[252)]

5) 파견근로자로의 계속사용이 사용기간 제한 위반에 해당하는지 여부

기간제근로자로 2년간 사용한 후 다시 파견근로자로 사용하는 경우 사용기간 제한 2년을 초과한 것으로 볼 것인지가 문제된다.

이에 대하여 고용노동부[253)]는 기간제근로자로 2년을 초과하여 사용하는 경우가 아니므로 원칙적으로 기간의 정함이 없는 근로계약을 체결한 근로자가 되는 것은 아니라고 한다. 다만, 실제로는 같은 근로자를 계속 사용하면서 기간제근로자로의 사용기간 제한 2년을 면탈할 목적으로 단순히 근로계약 형태를 전환한 것에 불과하다면 기간제근로자 사용기간과 파견근로자 사용기간을 합산하여 2년 초과 여부를 계산하게 될 수도 있다고 한다.

공개채용방식에 의하는 직접고용근로자 채용과 달리 파견근로자 채용은 개별적으로 이루어지는 경우가 많다는 점에서 근로관계가 단절된 것으로 볼 수 있는 제반사정이 존재하지 않는 이상 현실적으로 2년간 사용한 기간제근로자를 파견근로자로 사용하는 것은 쉽지 않을 것으로 본다. 특히, 동일한 업무를 연속하여 수행하는 경우에는 더욱 그러할 것으로 생각된다.

6) 위탁관리계약 해지의 근로관계 종료사유 해당 여부

기간제법은 '사업의 완료 또는 특정한 업무의 완성에 필요한 기간을 정한 경우'를 사용기간 제한 2년의 예외사유로 규정하고 있다. 따라서 사업의 완료 또는 특정한 업무의 완성에 필요한 기간을 근로계약기간으로 정한 경우에는 그 사용기간이 2년을 초과하더라도 기간의 정함이 없는 근로계약을 체결한 것으로 간주되지 않는다. 문제는 근로계약기간을 2년으로 체결한 상태에서 그 기간 중 위탁관리계약이 해지된 경우 그 위탁관리계약 해지가 근로관계의 종료사유로 볼 수

---

252) 동 판결이 '무기계약직'이라는 고용형태를 근로기준법 제6조(균등한 처우)가 금지의 대상으로 삼고 있는 '사회적 신분'으로 인정한 것으로는 해석되지 않는다.

253) 고용차별개선정책과-789, 2009.7.23.

있는지 여부이다.

이와 관련하여 대법원[254]은 「사용자가 어떤 사유의 발생을 당연퇴직 또는 면직사유로 규정하고 그 절차를 통상의 해고나 징계해고와 달리한 경우에 그 당연퇴직사유가 근로자의 사망이나 정년, 근로계약기간의 만료 등 근로관계의 자동소멸사유로 보이는 경우를 제외하고는 이에 따른 당연퇴직처분은 근로기준법의 제한을 받는 해고라고 할 것이다. 따라서 사용자가 아파트의 위탁관리업무를 주요 사업으로 하는 회사로서 그 근로자와 사이에, 근로자가 근무하는 아파트의 관리주체 등과 사용자 사이의 위탁관리계약이 해지될 때에 그 근로자와 사용자 사이의 근로계약도 자동 종료되는 것으로 한다고 약정하였다고 하여 그와 같은 해지사유를 근로관계의 자동소멸사유라고 할 수는 없다」고 판시하고 있다. 즉, 근로계약기간 중에는 위탁관리계약이 해지되었다고 하더라도 근로관계가 당연히 종료하는 것이 아니라는 입장이다. 이러한 판례의 입장에 의할 경우 사용자는 다른 사업장으로의 전보 등을 통해 근로관계를 유지하거나, 권고사직이나 경영상 해고 등 별도의 근로관계 종료조치를 취하여야 한다.

그러나 사업의 특수성을 감안하여 근로계약서에 근로계약 해지사유를 명시한 것임에도 불구하고, 자동소멸사유 법리를 원용하여 계약자유의 원칙을 제한하는 것이 타당한 해석인지에 대하여는 의문이 든다.

3. 기간제근로자 사용 운영원칙

(1) 사용목적 및 원칙의 정립

기간제근로자를 사용하는 목적은 일반적으로 인건비 절감, 고용의 유연성 확보에 있다. 그리고 특별한 사업 및 직무에서 전문인력을 활용하기 위해 기간제근로자를 사용하는 경우도 있다. 기간제 근로계약을 활용함에 있어서는 우선 기간제근로자를 사용하는 목적이 무엇인지를 명확하게 설정하는 것이 매우 중요하다. 기간제근로자를 사용하고자 하는 목적에 따라 운영원칙 및 관리상 주안점이 달

254) 대법원 2017.10.31. 선고 2017다22315 판결. 해당 사건은 아파트 위탁관리업무를 주요 사업으로 하는 사업장에서 위탁관리계약이 해지된 경우이다.

라지기 때문이다.

사용목적이 인건비 절감일 경우에는 처우 측면에서 이른바 정규직과 차이를 둘 수밖에 없으므로 비교대상근로자가 존재하지 않도록 제한적인 직무 내지 직종에서 활용하여야 한다. 반면에 그 사용목적이 고용유연성 확보에 있는 경우에는 차별에 관한 사항보다 계약기간 관리에 보다 초점이 맞추어져야 한다. 이를 그림으로 나타내면 〈그림 23〉과 같다.

[그림 23] 기간제근로자 사용목적에 따른 관리 주안점

사용목적		관리 주안점
인건비 절감	⇨	비교대상 관리 (직무의 결정 및 유지 관리)
고용유연성 확보	⇨	계약기간 관리 (갱신기대권 및 갱신거절의 합리적 사유 관리)

(2) 적정한 직무의 선택

기간제근로자의 사용기간은 원칙적으로 2년으로 제한된다. 따라서 기간제근로계약 사용 직무는 원칙적으로 계약기간 종료로 근로자가 바뀌어도 업무의 연속성이 유지될 수 있는 직무이어야 한다. 근로관계가 종료될 경우 업무의 연속성을 유지할 수 없어 어쩔 수 없이 기간의 정함이 없는 근로자로 계속고용하여야 한다면 합리적인 기간제근로계약 운영형태로 단정하기 어렵다. 직무나 업무의 특성상 기간제근로자로 활용하기 보다는 처음부터 기간의 정함이 없는 근로자로 채용하여 보다 높은 소속감과 조직몰입도를 부여하고 역량에 따라 새로운 직무를 부여하는 것이 보다 효과적일 수도 있기 때문이다. 따라서 기간제근로계약을 활용하기 이전에 직무의 특성과 고용형태의 정합성에 대하여 반드시 검토해 보는 것이 중요하다.

기간제근로자 사용의 주된 목적이 인건비 절감에 있는 경우에는 비교대상근로자가 존재하지 않도록 적정한 직무가 부여되어야 한다. 노동양극화가 사회적 문제로 대두되고 비정규직 보호에 대한 사회적 요구가 증가함에 따라 전반적으로

비교대상근로자 범위가 점차 넓게 인정되고 있는 추세이다. 이에 직무의 내용이 매우 이질적이지 않는 이상 하나의 부서, 공정 내에서 비교대상성을 배제하기가 쉽지 않다. 그러므로 기간제근로자의 직무 결정에 더욱 신중하여야 한다.

(3) 직무변경에 대한 관리

산업현장에서 기간제근로자의 역량이 우수하거나 업무숙련도가 증가하는 경우 기간제근로자의 직무가 이른바 정규직이 수행하는 업무로 확대되거나 변경되는 것을 종종 볼 수 있다. 이럴 경우 기간제근로자 사용 당시 예상하지 않았던 차별적 처우 문제가 불거질 가능성이 증가하고 갱신기대권 인정 여지도 커지게 된다.

따라서 인사담당부서에서는 기간제근로자가 수행하는 직무에 대하여 수시로 점검할 필요가 있다. 그러나 기간제근로자가 다수인 경우 인사담당부서의 관리는 한계가 있다. 그러므로 현장부서에서 소속 기간제근로자의 직무 내지 주요 업무를 변경하고자 하는 경우 사전에 인사담당부서와 협의하도록 하는 내부시스템(절차)을 마련해 둘 필요가 있다. 이러한 시스템 내에서 기간제근로자의 직무를 유지할 것인지 아니면 변경할 것인지, 고용형태를 변경할 것인지, 처우를 변경할 것인지 등에 대하여 종합적인 협의가 진행되고 의사결정이 이루어져야 한다.

(4) 갱신거절의 합리적 사유 관리

사용하고자 하는 기간제근로자가 다수인 경우 전원 기간의 정함이 없는 근로자로 전환하는 것은 한계가 있으며, 인적자원관리 측면에서도 바람직하다고 할 수 없다. 그리고 기간제근로자가 소수라고 하더라도 채용 시점에서 해당 근로자의 업무역량을 100% 검증할 수 있는 것도 아니다. 따라서 기간제근로계약을 사용하는 시점에서 근로계약기간 만료 이후 기간의 정함이 없는 근로자의 전환 계획을 가지고 있다고 하더라도, 원칙적으로는 갱신기대권이 인정되지 않도록 관리하는 것이 타당하다. 갱신기대권이 인정되지 않도록 하기 위해서는 일차적으로 근로계약서 및 사규, 채용공고 등에 갱신기대를 형성하도록 하는 문구를 기재하지 않아야 하며, 계약체결 직후로 계약갱신에 대한 확정되지 않은 약속을 하지 않도록 해야 한다. 그러나 법원이 기간제근로자의 업무가 상시적인 경우, 평가에 의하여 이른바 무기계약직 또는 정규직으로 전환시키는 것이 관행으로 되어 있는 경우 등을 갱신기대권의 인정사유로 해석하고 있으며, 점차 갱신기대권 인정범위를 넓게 해석하는 경향을 보이고 있다는 점을 고려하면 갱신기대권이 인정되지 않도록 관리하는 것이 쉬운 일이 아니다. 이러한 점을 고려하면 갱신거절의 합리적 사유에 대한 관리의 중요성이 더욱 커졌다고 할 수 있다. 합리적 사유의 관리를 위해서는 기간제근로자에 대하여도 최대한 체계적이고 객관적인 평가를 실시할 필요가 있다. 그리고 사전에 정해진 기준에 부합하는 기간제근로자에 한하여 근로계약을 갱신하는 명확한 인사원칙을 정립하여야 한다. 아울러 정규직원과 마찬가지로 업무상 과실이나 비위행위에 대하여는 그 근거를 마련해 둘 필요가 있다.

(5) 기간제 근로계약 관리주체 명확화

사업 또는 사업장의 특성이나 내부적 인사관리 방침에 따라 기간제 근로계약 체결업무를 현장부서에 일임하고 있는 경우가 있다. 그러나 현장부서는 법률의 이해 측면에서 아무래도 인사담당부서에 비하여 전문성이 떨어질 수밖에 없다. 기간제 근로계약이 다양한 법률적 쟁점을 가지고 있음을 고려하면 기간제 근로계약 체결 등 관리업무는 원칙적으로 인사담당부서에서 직접 주관하는 것이 바람직하다.

(6) 차별해소를 위한 근로조건의 설정

비교대상근로자, 즉 동종 또는 유사한 업무에 종사하는 기간의 정함이 없는 근로자가 존재하지 않는 경우에는 차별적 처우의 문제는 발생하지 않는다. 그러나 최근 법원 및 노동위원회는 비교대상근로자의 인정범위를 점차 넓게 해석하고 있으며, 복리후생과 같이 근로제공과 관련이 적은 차별적 처우 사항에 대하여는 사실상 비교대상근로자에 큰 의미를 두지 않는다. 이러한 점을 고려하면, 불필요한 법적 분쟁을 방지하기 위해서는 차별해소를 위한 합리적인 근로조건을 설정하는 것이 필요하다. 다수의 기간제근로자를 사용하는 사업장에서는 복리후생제도의 종합적인 진단을 통하여 근로관계 자체로 요구되는 항목의 경우에는 그 적용 규모 내지 수준을 확대하고, 그 대신 장기근속과 관계가 있는 항목은 적용조건을 근속기간과 연동하는 방식으로 개선하는 것도 검토해 볼 필요가 있다.

주요 관련 판례 및 행정해석

✓ 기간제법의 계약자유 침해 여부

(헌법재판소 2013.10.24. 2010헌마219 · 2010헌마265(병합))

기간제 근로계약을 제한 없이 허용할 경우, 전문기술직종 등 사실상 근로자와 사용자가 대등하게 근로조건을 결정할 수 있는 분야가 아닌, 단순노무직과 같은 일반 근로자층은 단기의 근로계약 체결을 강요당하더라도 이를 거부할 수 없을 것이며, 이 경우 불안정 고용은 증가할 것이고, 정규직과의 격차는 심화될 것이다. 이러한 사태를 방지하기 위해서는 기간제근로자 사용기간을 제한하여 무기계약직으로의 전환을 유도할 수밖에 없고, 그 과정에서 불가피하게 취업 희망자의 고용을 막는 경우가 발생한다고 하더라도 기간제근로자 사용기간 제한이 전반적으로 무기계약직으로의 전환을 불러와 고용불안 해소나 근로조건 개선에 긍정적으로 작용한다면, 그러한 입법자의 선택은 존중되어야 한다.

✓ 갱신기대권 인정 사유 및 부당한 근로계약 갱신거절의 효력

(대법원 2011.11.10. 선고 2010두24128 판결)

근로계약기간의 정함이 형식에 불과한 것으로 볼 수 없는 경우에도, 근로계약, 취업규칙, 단체협약 등에서 기간만료에도 불구하고 일정한 요건이 충족되면 당해 근로계약이 갱신된다는 취지의 규정을 두고 있거나, 그러한 규정이 없더라도 근로계약의 내용과 근로계약이 이루어지게 된 동기 및 경위, 계약 갱신의 기준 등 갱신에 관한 요건이나 절차의 설정 여부 및 그 실태, 근로자가 수행하는 업무의 내용 등 당해 근로관계를 둘러싼 여러 사정을 종합하여 볼 때 근로계약 당사자 사이에 일정한 요건이 충족되면 근로계약이 갱신된다는 신뢰관계가 형성되어 있어 근로자에게 그에 따라 근로계약이 갱신될 수 있으리라는 정당한 기대권이 인정되는 때에는, 사용자가 이에 위반하여 부당하게 근로계약의 갱신을 거절하는 것은 부당해고와 마찬가지로 아무런 효력이 없고, 이 경우 기간만료 후의 근로관계는 종전의 근로계약이 갱신된 것과 동일하다고 할 것이다.

✓ 기간제 근로계약 사이에 공백기간이 존재하는 경우 계속근로 여부 판단기준

(대법원 2019.10.17. 선고 2016두63705 판결)

기간제법 규정의 형식과 내용, 입법 취지에 비추어 볼 때, 반복하여 체결된 기간제 근로계약 사이에 근로관계가 존재하지 않는 공백기간이 있는 경우에는, 공백기간의 길이와 공백기간을 전후한 총 사용기간 중 공백기간이 차지하는 비중, 공백기간이 발생한 경위, 공백기간을 전후한 업무내용과 근로조건의 유사성, 사용자가 공백기간 동안 해당 기간제근로자의 업무를 대체한 방식과 기간제근로자에 대해 취한 조치, 공백기간에 대한 당사자의 의도나 인식, 다른 기간제근로자들에 대한 근로계약 반복·갱신 관행 등을 종합하여 공백기간 전후의 근로관계가 단절 없이 계속되었다고 평가될 수 있는지 여부를 가린 다음, 공백기간 전후의 근로기간을 합산하여 기간제법 제4조의 계속근로한 총 기간을 산정할 수 있는지 판단하여야 한다.

✓ 사용자의 기간제 근로계약 갱신거절의 합리성 여부 판단기준

(대법원 2017.10.12. 선고 2015두44493 판결)

기간제 근로계약을 체결한 근로자에게 이와 같이 근로계약 갱신에 대한 정당한 기대권을 인정하는 취지는 기간제 근로계약의 남용을 방지함으로써 기간제근로자에 대한 불합리한 차별을 시정하고 기간제근로자의 근로조건 보호를 강화하려는 데에 있다. 그러므로 근로자에게 이미 형성된 갱신에 대한 정당한 기대권이 있음에도 불구하고 사용자가 이를 배제하고 근로계약의 갱신을 거절한 데에 합리적 이유가 있는지가 문제될 때에는 사용자의 사업 목적과 성격, 사업장 여건, 근로자의 지위 및 담당 직무의 내용, 근로계약 체결 경위, 근로계약의 갱신에 관한 요건이나 절차의 설정 여부와 그 운용 실태, 근로자에게 책임 있는 사유가 있는지 여부 등 당해 근로관계를 둘러싼 여러 사정을 종합하여 갱신 거부의 사유와 그 절차가 사회통념에 비추어 볼 때 객관적이고 합리적이며 공정한지를 기준으로 판단하여야 하고, 그러한 사정에 대한 증명책임은 사용자가 부담한다. 특히 사용자가 갱신에 대한 정당한 기대권을 보유한 기간제근로자들에 대하여 사전 동의 절차를 거치거나 가점 부여 등의 구체적인 기준도 마련하지 않은 채 재계약 절차가 아닌 신규채용절차를 통하여 선발되어야만 계약 갱신을 해주겠다고 주장하면서 대규모로 갱신 거절을 한 경우, 이는 근로자의 갱신에 대한 정당한 기대권을 전면적으로 배제하는 것이므로, 사용자로서 그와 같은 조치를 취하지 않으면 안 될 경영상 또는 운영상의 필요가 있는지, 그에 관한 근거 규정이 있는지, 이를 회피하거나 갱신거절의 범위를 최소화하기 위한 노력을 하였는지, 그 대상자를 합리적이고 공정한 기준에 따라 선정하기 위한 절차를 밟았는지, 그 과정에서 차별적 대우가 있었는지 여부 등을 종합적으로 살펴보아 그 주장의 당부를 판단하여야 한다.

✓ 근로자의 명시적인 반대가 있는 경우 기간의 정함이 없는 근로자로 간주되는지 여부

(비정규직대책팀-1248, 2007.4.17.)

기간제근로자를 계속 고용한 기간이 2년을 넘은 시점부터는 당해 기간제근로자가 무기계약근로자로 전환되는 것을 명시적으로 반대하는 경우에도 기간제법에 따라 동 근로자는 기간의 정함이 없는 근로계약을 체결한 근로자로 간주됨.

✓ 갱신거절의 합리성 정도(해고제한의 기준인 '정당한 이유' 필요 여부)

(서울고등법원 2010.9.30. 선고 2009누36233 판결)

갱신거절에는 해고제한의 법리가 유추적용되므로, 원고가 참가인들에 대하여 이 사건 갱신거절을 하기 위하여는 해고 제한의 기준인 정당한 이유보다는 완화된 기준인 사회통념상 상당하다고 인정되는 합리적인 이유가 있어야 할 것인바, 참가인들의 징계전력, 근무평정결과 및 부서장 의견 등을 종합적으로 고려하여 이루어진 이 사건 갱신거절은 합리적이라고 봄이 상당하다.

✓ 기간제근로자 차별적 처우 해당 여부 판단방법

(대법원 2019.9.26. 선고 2016두47857 판결)

기간제근로자가 기간제근로자임을 이유로 임금에서 비교대상 근로자에 비하여 차별적 처우를 받았다고 주장하며 차별 시정을 신청하는 경우, 원칙적으로 기간제근로자가 불리한 처우라고 주장하는 임금의 세부 항목별로 비교대상 근로자와 비교하여 불리한 처우가 존재하는지를 판단하여야 한다. 다만 기간제근로자와 비교대상 근로자의 임금이 서로 다른 항목으로 구성되어 있거나, 기간제근로자가 특정 항목은 비교대상 근로자보다 불리한 대우를 받은 대신 다른 특정 항목은 유리한 대우를 받은 경우 등과 같이 항목별로 비교하는 것이 곤란하거나 적정하지 않은 특별한 사정이 있는 경우라면, 상호 관련된 항목들을 범주별로 구분하고 각각의 범주별로 기간제근로자가 받은 임금 액수와 비교대상 근로자가 받은 임금 액수를 비교하여 기간제근로자에게 불리한 처우가 존재하는지를 판단하여야 한다. 이러한 경우 임금의 세부 항목이 어떤 범주에 속하는지는, 비교대상 근로자가 받은 항목별 임금의 지급 근거, 대상과 그 성격, 기간제근로자가 받은 임금의 세부 항목 구성과 산정 기준, 특정 항목의 임금이 기간제근로자에게 지급되지 않거나 적게 지급된 이유나 경위, 임금 지급 관행 등을 종합하여 합리적이고 객관적으로 판단하여야 한다.

✓ **이른바 무기계약직에게 정규직에게 적용되는 취업규칙이 적용되는지 여부**

(대법원 2019.12.24. 선고 2015다254873 판결)

'기간제 및 단시간근로자 보호 등에 관한 법률'(이하 '기간제법'이라 한다) 제4조 제2항은 "사용자가 제1항 단서의 사유가 없거나 소멸되었음에도 불구하고 2년을 초과하여 기간제근로자로 사용하는 경우에는 그 기간제근로자는 기간의 정함이 없는 근로계약을 체결한 근로자로 본다."라고 정하고 있다. 이러한 규정에 따라 기간의 정함이 없는 근로계약을 체결한 것으로 간주되는 근로자의 근로조건에 대하여는, 해당 사업 또는 사업장 내 동종 또는 유사한 업무에 종사하는 기간의 정함이 없는 근로계약을 체결한 근로자가 있을 경우 달리 정함이 없는 한 그 근로자에게 적용되는 취업규칙 등이 동일하게 적용된다.

✓ **기간제근로계약 기간과 파견근로자 근무기간의 합산 여부**

(고용차별개선정책과-789, 2009.7.23.)

고용관계가 종료된 근로자가 파견업체에 취업한 후 다시 기간제근로자로 근무하던 사업장에서 파견근로를 하더라도, 이는 기간제근로자로 2년을 초과하여 사용하는 경우가 아니기 때문에(즉 2년을 초과하는 시점부터는 파견근로자로 사용하는 것임), 원칙적으로 그 근로자는 기간의 정함이 없는 근로자가 되는 것이 아님.

그러나 계약상 파견직으로 전환하여 사용하는 형식을 취했으나, 실제로는 같은 근로자를 계속 사용하면서 기간제근로자의 사용기간(2년) 제한을 면탈할 목적으로 단순히 근로계약 형태를 전환한 것에 불과하다면, 이 경우는 기간제근로자로 사용한 기간과 파견근로자로 사용한 기간을 합산하여 2년 초과 여부를 계산하게 될 수도 있을 것으로 사료됨(사안에 따라 개별적 · 구체적 판단이 필요).

✓ **위탁관리계약 해지가 기간제근로계약의 자동소멸사유에 해당하는지 여부**

(대법원 2017.10.31. 선고 2017다22315 판결)

사용자가 어떤 사유의 발생을 당연퇴직 또는 면직사유로 규정하고 그 절차를 통상의 해고나 징계해고와 달리한 경우에 그 당연퇴직사유가 근로자의 사망이나 정년, 근로계약기간의 만료 등 근로관계의 자동소멸사유로 보이는 경우를 제외하고는 이에 따른 당연퇴직처분은 근로기준법의 제한을 받는 해고라고 할 것이다. 따라서 사용자가 아파트의 위탁관리업무를 주요 사업으로 하는 회사로서 그 근로자와 사이에, 근로자가 근무하는 아파트의 관리주체 등과 사용자 사이의 위탁관리계약이 해지될 때에 그 근로자와 사용자 사이의 근로계약도 자동 종료되는 것으로 한다고 약정하였다고 하여 그와 같은 해지사유를 근로관계의 자동소멸사유라고 할 수는 없다.

원고와 피고 사이의 이 사건 근로계약에서 정한 '근로계약기간 중이라도 사업장의 위탁관리계약이 해지(종료)되는 경우 근로계약은 자동 종료되는 것으로 한다'는 약정은 근로계약의 자동소멸사유를 정한 것으로 볼 수 없고, 따라서 피고의 이 사건 아파트에 대한 위탁관리계약이 종료되었다고 하더라도 원고와 피고 사이의 근로관계가 당연히 종료된 것으로 단정할 수 없다.

Ⅲ 근로자파견 활용

1. 근로자파견의 개념 및 활용 의의

파견법 제2조(정의) 제1호는 근로자파견의 개념에 대하여 '파견사업주가 근로자를 고용한 후 그 고용관계를 유지하면서 근로자파견계약의 내용에 따라 사용사업주의 지휘·명령을 받아 사용사업주를 위한 근로에 종사하게 하는 것'이라고 규정하고 있다. 근로자파견은 계약관계의 당사자가 근로자와 사용자로 이루어지는 일반적인 고용계약관계와는 달리 고용계약관계와 지휘·명령관계가 분리되는 '3자 관계'를 형성한다는 점에 그 특징이 있다.[255]

근로자파견법은 파견근로자를 보호하고 노동시장 내에서 파견근로가 제대로 적용될 수 있도록 근로자파견사업의 적정한 운영과 파견근로자의 근로조건에 대한 기준을 규정하고 있다. 구체적으로, 파견대상업무 한정, 파견기간 제한, 근로자파견사업의 허가제 운영 등을 통해 근로자파견사업의 적정한 운영을 도모하고 있다. 근로자파견을 위해서는 파견사업주는 허가를 받아야 하며, 파견사업주로부터 근로자를 파견받아 사용사업주에게 파견하는 이른바 '이중파견(재파견)'은 그 실질이 근로자공급사업에 해당되어 허용되지 않는다.[256]

255) 근로자파견과 유사한 개념으로 근로자공급이 있다. 근로자공급은 공급계약에 따라 근로자를 타인에게 사용하게 하는 것을 의미한다. 이러한 근로자공급은 국내의 경우 노동조합만이 가능하다(직업안정법 제33조 제3항 제1호)

일반적으로 파견근로자를 활용하는 이유는 인력의 유연성을 확보하고 인건비를 절감하기 위한 것이다. 그러나 고용조정의 일환으로써 정규직이 수행하던 업무에 근로자파견을 활용함으로써 장기적으로 직접고용 규모를 줄이거나 정규직원을 보다 핵심업무에 배치하고 비핵심업무에 근로자파견을 활용할 수 있다.

[그림 24] 근로자파견과 근로자공급 비교

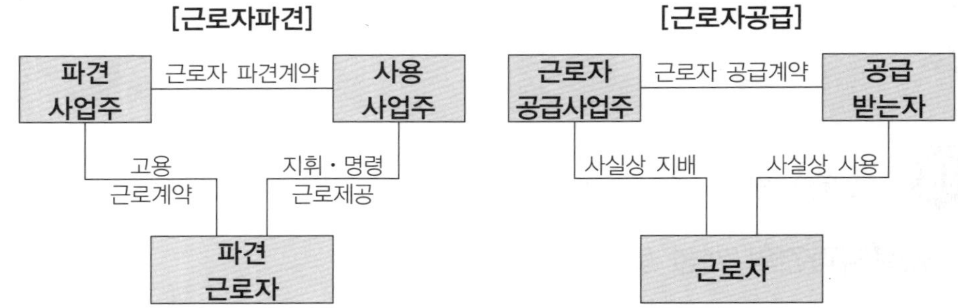

[표 47] 연도별 근로자파견사업 현황

(단위 : 개소, 명, %, 천원)

연도별	파견사업체		사용 업체수	파견 근로자수	실적업체당 평균		파견근로자 평균임금
	허가업체수	실적업체수(%)			파견근로자수	사용업체수	
2018	2,342	1,524(65.0)	14,675	100,907	66	9.6	1,988
2017	2,468	1,642(66.5)	15,846	112,774	69	9.7	1,824
2016	2,515	1,690(67.2)	16,195	118,065	70	9.6	1,775
2015	2,492	1,754(70.3)	14,421	117,348	67	8.2	1,731
2014	2,468	1,772(71.8)	15,009	132,148	75	8.5	1,754
2013	2,314	1,663(71.8)	15,587	132,108	79	9.4	1,538
2012	2,087	1,468(70.3)	13,917	120,347	82	9.5	1,517
2011	1,813	1,298(71.5)	12,811	106,601	82	9.9	1,460
2010	1,595	1,145(71.8)	11,333	99,418	87	9.9	1,420
2009	1,419	1,065(75.1)	11,018	83,775	79	10.3	1,366
2008	1,326	995(75.0)	10,835	77,691	78	10.9	1,277

256) 고관68460-349, 1999.3.3.

2007	1,208	915(75.7)	10,670	75,020	81	11.7	1,232
2006	1,076	860(79.9)	10,055	66,315	77	11.7	1,168
2005	1,153	890(77.2)	9,056	57,384	64	10.2	1,134
2004	1,061	829(78.1)	8,081	49,589	60	9.7	1,111
2003	1,114	859(77.1)	8,512	53,369	62	9.9	1,104
2002	1,243	901(72.4)	7,784	63,919	71	8.7	1,182
2001	1,257	868(69.0)	7,187	57,763	67	8.3	910
2000	1,357	820(60.0)	7,054	53,029	65	8.6	869

※ 자료 : 고용노동부, 「2019년 상방기 근로자파견사업 현황」

2. 근로자파견 활용의 법률문제

(1) 기본 법률사항

1) 파견대상업무 제한

파견법 제5조(근로자파견 대상 업무 등) 제1항은 근로자파견대상업무를 제조업의 직접생산공정업무를 제외하고 전문지식·기술·경험 또는 업무의 성질 등을 고려하여 적합하다고 판단되는 32개업무로 제한하고 있다.[257] 그리고 그 구체적인 범위는 파견법시행령 별표 1에서 정하고 있다.[258]

다만, 근로자파견대상업무(시행령 별표 1)가 아니라 하더라도 출산·질병·부상 등으로 결원이 생긴 경우 또는 일시적·간헐적으로 인력을 확보하여야 할 필

257) 근로자파견대상업무를 정하는 방법은 전체적으로 근로자파견을 허용하면서 특정 업종이나 업무를 제외하는 방식(금지업무열거방식, Negative list)과 전체적으로 근로자파견을 허용하지 않으면서 예외적으로 허용하는 방식(대상업무열거방식, Positive list)이 있다. 우리나라는 대상업무열거방식을 취하고 있는 것이다(하갑래, 「근로기준법」 전정 제29판, ㈜중앙경제, 2017, 693~694쪽). 2007년 파견법 개정 시 기존의 '전문지식·기술 또는 경험' 외에 '업무의 성질'이 추가되었으며, 시행령 개정으로 26개 업무(1992년 한국표준직업분류 기준, 세세분류 138개)에서 32개 업무(2000년 한국표준직업분류 기준, 세세분류 197개)로 확대되었다.

258) 고용노동부 행정해석 중에는 어떤 업무가 파견대상업무에 해당하는지에 해석함에 있어 한국표준직업분류(통계청고시 제2007-3호)의 부록자료 '신·구 분류 연계표'를 근거로 판단하는 경우가 다수 있다. 파견법시행령이 파견대상업무를 한국표준직업분류(통계청고시 제2000-2호)를 기준으로 분류하고 있음에도 그와 같이 판단하는 것이 타당한지에 대하여는 의문이 든다. 2007년 한국표준직업분류가 보다 세세하고 산업현장 업무를 잘 반영하고 있는 이유로 보이는데, 법률의 명확성 및 타당성을 고려하면 시행령 별표1의 개정을 검토할 필요가 있다고 생각된다.

요가 있는 경우에는 파견근로자를 활용할 수 있다. 이 경우 사용사업주는 당해 사업 또는 사업장에 근로자의 과반수로 조직된 노동조합이 있는 경우에는 그 노동조합, 근로자의 과반수로 조직된 노동조합이 없는 경우에는 근로자의 과반수를 대표하는 자와 사전에 협의하여야 한다. 제조업생산공정에서도 출산·질병·부상 등으로 결원이 생긴 경우 또는 일시적·간헐적으로 인력을 확보하여야 할 필요가 있는 경우에는 파견근로자를 활용할 수 있다.[259] 그러나 파견법은 일시적·간헐적 사유에 대하여 구체적으로 규정하고 있지 않다. 통상적으로 경기의 영향, 계절적 요인, 갑작스러운 주문의 증가 등으로 업무량이 폭증하여 인력을 적시에 확보하기 어려운 경우를 말한다.[260]

한편, 파견법 제5조 제3항은 어떠한 경우에도 근로자파견이 금지되는 업무, 이른바 절대금지업무(표 48)를 규정하고 있다. 동 업무에는 출산·질병·부상 등으로 결원이 생긴 경우 또는 일시적·간헐적으로 인력을 확보하여야 할 필요가 있는 경우에도 근로자파견이 허용되지 않는다. 그러나 건설공사현장에서 이루어지는 업무라고 하더라도 공사현장 작업에 직접 종사하는 것이 아니라 현장사무실 등에서 파견대상업무를 수행하는 경우까지 제한되는 것은 아니다.[261] 마찬가지로 간호사라고 하더라도 간호업무가 아니라 보험금심사 지원업무와 같은 파견대상업무를 수행하는 것까지 금지되는 것은 아니다.[262]

[표 48] 근로자파견 절대금지 업무

① 건설공사현장에서 이루어지는 업무
② 각종 법규에 의한 하역업무로서 직업안정법 제33조의 규정에 따라 근로자공급 사업허가를 받은 지역의 업무
③ 선원법 제3조의 규정에 의한 선원의 업무
④ 산업안전보건법 제28조의 규정에 의한 유해하거나 위험한 업무

259) 비정규직대책팀-2928, 2007.7.19.
260) 고용노동부, 「파견법 업무매뉴얼」, 2011, 22쪽.
261) 차별개선과-1434, 2008.8.19. ; 비정규직대책과-1154, 2004.6.28.
262) 차별개선과-251, 2008.4.2.

⑤ 진폐의예방과진폐근로자의보호등에관한법률 제2조제3호의 규정에 의한 분진작업을 하는 업무
⑥ 산업안전보건법 제44조의 규정에 의한 건강관리수첩의 교부대상업무
⑦ 의료법 제2조의 규정에 의한 의료인의 업무 및 동법 제80조의 규정에 의한 간호조무사의 업무
⑧ 의료기사등에관한법률 제3조의 규정에 의한 의료기사의 업무
⑨ 여객자동차운수사업법 제2조제3호의 규정에 의한 여객자동차운송사업의 운전업무
⑩ 화물자동차운수사업법 제2조제3호의 규정에 의한 화물자동차운송사업의 운전업무

[표 49] 파견대상업무(파견법시행령 별표 1)

한국표준 직업분류 (통계청고시 제2000-2호)	대 상 업 무	비 고
120	컴퓨터관련 전문가의 업무	
16	행정, 경영 및 재정 전문가의 업무	행정 전문가(161)의 업무를 제외한다.
17131	특허 전문가의 업무	
181	기록 보관원, 사서 및 관련 전문가의 업무	사서(18120)의 업무를 제외한다.
1822	번역가 및 통역가의 업무	
183	창작 및 공연예술가의 업무	
184	영화, 연극 및 방송관련 전문가의 업무	
220	컴퓨터관련 준전문가의 업무	
23219	기타 전기공학 기술공의 업무	
23221	통신 기술공의 업무	
234	제도 기술 종사자, 캐드 포함의 업무	
235	광학 및 전자장비 기술 종사자의 업무	보조업무에 한한다. 임상병리사(23531), 방사선사(23532), 기타 의료장비 기사(23539)의 업무를 제외한다.
252	정규교육이외 교육 준전문가의 업무	
253	기타 교육 준전문가의 업무	

28	예술, 연예 및 경기 준전문가의 업무	
291	관리 준전문가의 업무	
317	사무 지원 종사자의 업무	
318	도서, 우편 및 관련 사무 종사자의 업무	
3213	수금 및 관련 사무 종사자의 업무	
3222	전화교환 및 번호안내 사무 종사자의 업무	전화교환 및 번호안내 사무 종사자의 업무가 당해 사업의 핵심 업무인 경우를 제외한다.
323	고객 관련 사무 종사자의 업무	
411	개인보호 및 관련 종사자의 업무	
421	음식 조리 종사자의 업무	「관광진흥법」 제3조에 따른 관광 숙박업의 조리사 업무를 제외한다.
432	여행안내 종사자의 업무	
51206	주유원의 업무	
51209	기타 소매업체 판매원의 업무	
521	전화통신 판매 종사자의 업무	
842	자동차 운전 종사자의 업무	
9112	건물 청소 종사자의 업무	
91221	수위 및 경비원의 업무	「경비업법」 제2조제1호에 따른 경비업무를 제외한다.
91225	주차장 관리원의 업무	
913	배달, 운반 및 검침 관련 종사자의 업무	

[표 50] 파견대상업무 해당성 부정사례

- 조명 및 조명사용과 관련된 보조업무, 무대설치, 의상, 소품, 도구제작과 관련된 업무 및 보조업무(고용차별개선과-2938, 2017.12.8)
- 금융기관의 대출업무 및 예치금입금업무, 지출결의 및 예산관리 · 정산업무(고용차별개선과-2298, 2017.9.29)
- 검체 및 혈액의 이송 또는 간호사 · 간호조무사를 보조하는 진료지원 업무(고용차별개선과-2939, 2016.12.30)
- 이용료 세금계산서 발행 업무, 입금내역 확인 및 수입대체결의서 발의 업무, 장비

구매 및 유지보수 비용 등 소액 지출발의 작성 업무(고용차별개선과-2188, 2016.10.24)

- 물류센터 내에서 상품을 분류, 운반, 적재하는 작업(고용차별개선과-532, 2014.3.20)
- 부동산 임대관리업무(고용차별개선과-33, 2014.1.7)
- 방범 CCTV 모니터 요원의 업무(고용차별개선과-2247, 2013.11.21)
- 트럭 등에서 하역한 상품을 창고 및 유사 사업소에 상품을 운반하고 적하하는 업무(고용차별개선과-2620, 2013.12.30)
- 대형폐기물 · 음식물 · 재활용품 수거 운반 업무(고용차별개선과-987, 2013.5.24)
- 미술관에서 전시품, 예술품을 설명하고 안내업무(고용차별개선과-1464, 2012.7.12)
- 보육교사의 업무(고용차별개선과-262, 2012.2.7)
  * 보조 보육교사의 업무는 파견 가능
- 식당의 조리를 제외한 배식, 세척, 청소업무(고용차별개선과-2308, 2011.12.14)
- 이삿짐 운반업무(고용차별개선과-1662, 2011.10.6)
- 대형마트의 상품 진열 · 정리 및 판매보조업무(고용차별개선과-967, 2011.6.30)
- 직업상담사의 업무(고용차별개선과-828, 2011.6.14)
- 의약품 임상시험 진행 및 관리자의 업무(고용차별개선과-767, 2011.6.2)
- 염색공장의 산업용 보일러 취급업무(고용차별개선과-614, 2011.5.13)
- 전기안전관리자의 업무(고용차별개선과-495, 2011.4.26)
- 빵, 우유, 과자, 음료수 담배 등을 취급하는 판매업무(고용평등정책과-455, 2011.2.25)
- 항만검수원의 업무(고용평등정책과-354, 2011.2.15)
- 제조업의 제품포장업무(고용평등정책과-283, 2011.2.8)
- 금연상담사, 영양사, 운동처방사의 업무(고용평등정책과-840, 2010.5.19)
- 지점의 예산 · 비용 관리, 현금 수납관리, 요금청구업무(고용평등정책과-125, 2010.7.23)
- 통학버스 승하차시의 안전원의 업무(고용차별개선정척과-387, 2010.2.12)
  * 대학교 스쿨버스(차별개선과-735, 2009.4.7) 및 차량대여업체(차별개선과-61, 2008.3.11)의 운전업무는 파견 가능
- 할인마트 캐셔(수금원) 업무(고용차별개선정책과-309, 2010.2.4)
- 방문 보험판매원의 업무(고용차별개선정책과-2258, 2009.12.17)
  * 전화통신 보험판매원의 업무는 파견 가능

- 병원 원무팀에서의 수납업무(고용차별개선과-1269, 2009.9.8)
- 도너츠를 만드는 직원과 만들어진 도너츠를 판매하는 업무(고용차별개선정책과 -1073, 2009.8.13)
- 주유원과 세차원의 업무를 함께 수행하는 경우(차별개선과-165, 2009.1.22)
  * LPG가스차량 충전소의 충전원은 가능(차별개선과-885, 2008.6.20)
- 모델의 업무(차별개선과-2351, 2008.12.9)

2) 파견기간 제한

파견법상 파견기간은 원칙적으로 1년을 초과하지 못하나, 파견사업주 · 사용사업주 · 파견근로자간의 합의가 있는 경우에는 파견기간을 연장할 수 있다. 다만, 파견기간을 연장할 때에도 그 기간은 1년을 초과할 수 없다. 따라서 연장된 파견기간을 포함한 총파견기간은 2년을 넘을 수 없다(파견법 제6조 제1항 · 제2항).

고령자고용법 제2조(정의) 제1호의 규정에 따른 고령자인 근로자(55세 이상)에 대해서는 2년을 초과하여 근로자 파견기간을 연장할 수 있으나, 이 경우에도 1회의 파견기간은 1년을 초과할 수 없다.

한편, 출산 · 질병 · 부상 등으로 인한 결원에 따라 이루어지는 근로자파견의 기간은 그 결원의 원인이 된 사유의 해소에 필요한 기간이다. 고용노동부[263]는 육아휴직 결원 대체를 위하여 근무한 파견근로자가 파견계약 종료 후 몇 개월 후 다른 직접고용직원의 출산전후휴가에 따라 다시 파견근로하더라도 파견기간 2년 제한규정이 적용되지 않는다고 한다.

그리고 일시적 · 간헐적으로 인력을 확보할 필요가 있는 경우에는 3월 이내의 기간동안 파견근로자를 사용할 수 있다. 다만, 일시적 · 간헐적 사유가 해소되지 아니하고 파견사업주 · 사용사업주 · 파견근로자 간의 합의가 있는 경우에는 1회에 한하여 3월의 범위 안에서 파견기간을 연장할 수 있다(파견기간 최장 6개월).

263) 비정규직대책팀-2849, 2007.7.16.

3) 법위반 파견(불법파견)의 효과

파견사업주와 사용사업주가 근로자파견 대상업무 및 사용기간을 위반한 경우 파견사업주는 형사처벌 및 행정처분의 대상이 되며, 사용사업주에게는 형사처벌과 직접고용의무가 부과된다. 파견사업주에 대한 행정처분은 1차 위반시 경고, 2차 위반시 영업정지 3월, 3차 위반시 허가취소 순으로 이루어진다(파견법시행규칙 별표). 대상업무 및 파견기간을 위반한 경우 파견사업주와 사용사업주에 대하여는 3년 이하의 징역 또는 2천만원 이하의 벌금이 적용된다.

한편, 사용사업주가 ① 파견대상업무가 아닌 업무에 파견근로자를 사용하는 경우(파견법 제6조의2 제1항 제1호) ② 근로자파견 절대금지업무(파견법 제5조 제3항)에 파견근로자를 사용한 경우(파견법 제6조의2 제1항 제2호) ③ 총파견기간이 2년을 초과하여 파견근로자를 사용하는 경우(파견법 제6조의2 제1항 제3호) ④ 출산·질병 등 결원에 의한 파견의 경우 그 사유의 해소에 필요한 기간, 일시적·간헐적 사유에 의해 최장 6월을 초과하여 파견근로자를 사용하는 경우(파견법 제6조의2 제1항 제4호) ⑤ 파견허가를 받지 않은 자로부터 근로자를 파견의 역무를 제공받은 경우(파견법 제6조의2 제1항 제5호 및 제7조 제3항), 사용사업주는 해당 파견근로자를 직접 고용하여야 할 의무를 부담한다.

직접고용의무가 발생하였더라도 해당 파견근로자가 직접고용에 대한 명시적인 반대의사를 표시한 경우에는 직접고용하지 않아도 된다(파견법 제6조의2 제2항). 그러나 사용사업주가 직접고용하지 않아도 된다는 것을 의미할 뿐 동일한 파견근로자를 계속(2년 초과)하여 사용할 수 있다거나, 파견기간 위반에 따른 처벌이 면제된다는 의미는 아니다.[264] 직접고용의무를 위반하여 파견근로자를 직접고용하지 않는 경우에는 파견근로자 1인당 3,000만원 이하의 과태료가 부과된다.

264) 고관68460-867, 1999.5.31.

[그림 25] 불법파견 유형과 효과

불법파견 유형	
대상업무 위반	⇨
사용기간 위반	
무허가 파견	

	사용사업주	파견사업주
형사책임	3년 이하의 징역 또는 2천만원 이하의 벌금	3년 이하의 징역 또는 2천만원 이하의 벌금
행정처분	–	1차 위반 : 경고 2차 위반 : 영업정지 3월 3차 위반 : 허가취소
직접고용	직접고용 미이행시 1인당 3,000만원 이하 과태료	–

4) 파견근로자에 대한 사용자책임 특례

근로자파견관계에 있어 근로계약상의 당사자는 파견사업주이므로 별도의 특칙이 없는 한 파견사업주가 사용자책임을 진다. 그러나 근로자파견은 고용계약관계와 지휘·명령관계가 분리되는 '3자 관계'의 특성을 가지고 있기 때문에 파견법은 근로기준법상 사용자책임에 대해서 파견사업주 및 사용사업주를 구분하여 규정하고 있다. 근로계약·임금·연차유급휴가·재해보상 등에 관하여는 파견사업주를, 근로시간·휴게·휴일 등에 관하여는 사용사업주를 사용자로 정하고 있다.

또한 안전·보건에 관한 사용자책임은 근로를 수령하는 자가 부담함이 타당하므로 산업안전보건법은 대부분의 조항에 대하여 원칙적으로 사용사업주를 사업주로 보고 있다(파견법 제35조 제1항). 그러나 일부 사항에 대해서는 파견사업주와 사용사업주를 동시에 또는 각각 사업주로 보고 있다. 산업안전보건법 제5조(사업주 등의 의무), 제132조(건강진단에 관한 사업주의 의무) 제2항 단서(개별 근로자의 건강진단 결과 공개 제한), 제132조 제4항(작업장소의 변경, 작업의 전환 및 근로시간 단축의 경우에 한함), 제43조 제6항 단서(개별 근로자의 건강진단결과 공개), 제157조(감독기관에 대한 신고) 제3항(신고를 이유로 한 해고 및 불리한 처우 금지)의 적용에 있어서는 파견사업주와 사용사업주를 사업주로 본다.

[표 51] 근로기준법 상 사용사업주만을 사용자로 보는 경우

구분		법조문	내용
제4장 근로시간과 휴식	근로시간, 휴게, 휴일 등	제50조	근로시간
		제51조	탄력적 근로시간제
		제52조	선택적 근로시간제
		제53조	연장 근로의 제한
		제54조	휴게
		제55조	휴일
		제58조	근로시간 계산의 특례
		제59조	근로시간 및 휴게시간의 특례
		제62조	유급휴가의 대체
		제63조	적용의 제외
제5장 여성과 소년	연소자 근로시간 및 여성근로자 관련	제69조	근로시간
		제70조	야간근로와 휴일근로의 제한
		제71조	시간외근로
		제72조	갱내근로의 금지
		제73조	생리휴가
		제74조	임산부의 보호
		제74조의2	태아검진 시간의 허용 등
		제75조	육아 시간

5) 차별금지

파견사업주와 사용사업주는 파견근로자라는 이유로 사용사업주 사업 내의 동종 또는 유사한 업무를 수행하는 근로자에 비하여 파견근로자에게 차별적 처우를 하여서는 안된다(파견법 제21조 제1항). 파견법은 모든 사업 또는 사업장에 적용되나 차별적 처우 금지 및 시정제도는 상시 5인 이상의 근로자를 사용하는 사업 또는 사업장에 적용된다.

여기에서 '차별적 처우'라 함은 임금 그 밖의 근로조건 등에 있어서 합리적 이유 없이 불리하게 처우하는 것을 말한다. 파견법 제2조(정의) 제7호는 차별금지의 영역을 ① 근로기준법 상의 임금, ② 정기상여금, 명절상여금 등 정기적으로 지급되는 상여금, ③ 경영성과에 따른 성과금, ④ 그 밖에 근로조건 및 복리후생 등에 관한 사항으로 규정하고 있다. 파견법은 근로기준법 상의 사용자책임을 구

분하고 있으므로, 각각의 사용자책임 영역에 따라 차별시정의 주체(노동위원회 차별시정사건의 피신청인)가 된다.[265] 차별 여부를 판단하기 위해서는 비교대상근로자가 존재하여야 한다. 파견근로자의 비교대상근로자는 ① 사용사업주의 사업 내의 ② 동종 또는 유사한 업무를 수행하는 ③ 사용사업주의 직접고용근로자이다. 따라서 비교대상근로자가 기간의 정함이 없는 근로자인지 아니면 기간제근로자인지 여부는 불문하므로 기간제근로자의 차별적 처우 비교대상자보다도 그 범위가 넓다고 할 수 있다.

차별처우와 관련한 분쟁에 있어서 입증책임은 사업주가 부담한다(파견법 제21조 제3항, 기간제법 제9조제4항). 따라서 신청인이 파견근로자가 아니라는 사실, 비교대상자가 없다거나 선정이 잘못되었다는 사실, 불리한 처우가 아니라는 사실, 불리한 처우에 합리적 이유가 있다는 사실 등에 대하여는 사업주가 입증하여야 한다. 차별적 처우에 해당하는지 여부에 대한 판단기준은 기간제 및 단시간 근로자 차별적 처우 판단기준과 동일하다.

(2) 실무상의 주요 법적쟁점

1) 파견대상업무와 대상이 아닌 업무의 동시수행 가능 여부

파견법이 파견대상업무를 열거방식으로 제한하고 있는 이유는 무분별한 근로자파견을 엄격히 규제하기 위한 것이다. 따라서 현행 법 하에서는 파견근로자가 파견대상업무와 파견대상이 아닌 업무를 동시에 수행하는 것은 파견법 위반에 해당한다고 해석된다.

고용노동부도 파견대상업무에 해당하는 사무지원종사자가 대상이 아닌 계수사

265) 파견법은 복리후생제도에 대하여는 사용자책임을 명시하고 있지 않다. 이에 차별적 처우의 항목이 복리후생금품에 해당하는 경우 차별시정 주체가 문제된다. 고용노동부는 ① 파견근로자에 대한 1차적인 사용자는 파견사업주이고, 근로기준법 적용 특례 규정에서도 금품 지급에 있어서는 파견사업주를 사용자로 구분하고 있다는 점, ② 사용사업주는 파견사업주에게 차별적 처우 금지 규정을 준수하도록 하기 위하여 차별적 처우의 대상이 되는 근로조건에 관한 정보를 서면으로 제공할 의무를 갖고 있는 점(파견법 제20조 제2항, 파견법시행령 제4조의2) 등 입법취지를 근거로 복리후생적 금품에 대해서는 원칙적으로 파견사업주를 시정의 주체로 보는 것이 타당하다는 입장이다.

무종사자의 업무를 같이 수행하는 것은 법위반에 해당한다는 입장이다.[266)]

2) 계열사에서의 파견기간 합산 여부

파견법 상의 사업주는 개인기업의 경우에는 그 개인, 법인기업이 경우에는 법인이 된다. 따라서 각 계열사가 서로 독립된 사업주로 인정되는 한, 즉 특정 계열사의 법인격을 인정할 수 없는 특별한 사정이 존재하지 않는 한 어느 파견근로자가 여러 계열사에서 파견근무하였다고 하더라도 파견기간이 합산되는 것은 아니라고 해석된다.

고용노동부[267)]도 임원 운전기사에 국한된 사안이기는 하나 파견근로자가 별도의 독립된 계열사에서 운전기사로 파견근무한 경우 각 계열사가 독립된 법인격을 취득하고 있는 한 파견관계의 사용사업주는 각 계열사이므로 특별한 사정이 없는 한 파견기간이 합산되는 것은 아니라고 한다.

3) 파견근로자 직접고용시 기간제 근로자로의 고용 가능 여부

고용노동부 행정해석은 파견법이 직접고용의무만 부과하고 있을 뿐 고용형태에 대해서는 달리 규정하고 있지 아니하므로 기간제 근로계약의 방식을 취하더라도 무방하다는 입장이다. 다만 사용사업주가 파견근로자를 직접고용하면서 사회통념상 합리성이 결여될 정도로 짧은 계약기간을 설정하는 경우라면, 당해 파견근로자의 사용기간, 종사했던 업무의 상시성 여부, 그간 동종 근로자의 채용관행 등 구체적 사실관계를 고려해 볼 때 사용사업주가 직접고용의무를 면하기 위한 절차에 지나지 않는 것으로 판단되어 직접고용의무를 이행하지 않은 것으로 볼 수 있을 것이라고 한다.[268)]

266) 고용차별개선과-1977, 2016.9.29. ; 비정규직대책팀-2066, 2007.7.9.

267) 고용차별개선과-2292, 2016.11.4. ; 차별개선과-865, 2008.6.18.

268) 비정규직대책팀-15054, 2007.5.3. ; 비정규직대책팀-154, 2008.10.21.

4) 고용관계가 종료된 파견근로자에 대한 직접고용의무 존재 여부

파견대상업무 위반, 파견기간 위반 등 불법파견에 해당하는 경우 사용사업주에게는 해당 파견근로자를 직접고용하여야 할 의무가 발생한다. 다만, 파견법은 직접고용의무가 발생하였더라도 해당 파견근로자가 직접고용에 대한 명시적인 반대의사를 표시한 경우에는 직접고용하지 않아도 된다고 규정하고 있다.

이와 관련하여 직접고용의무가 발생한 이후 파견근로자가 파견사업주로부터 해고를 당하거나 사직을 한 경우에도 사용사업주가 직접고용의무를 부담하는지 여부가 문제된다. 특히, 파견근로자가 임의사직을 한 경우 이를 직접고용에 대한 명시적인 반대의사를 표시한 것으로 해석할 수 있는지가 문제이다.

이에 대하여 대법원[269]은 사용사업주와 파견근로자 사이에 직접고용관계의 성립이 간주되거나 사용사업주에게 직접고용의무가 발생한 후 파견근로자가 파견사업주에 대한 관계에서 사직하거나 해고를 당하였다고 하더라도, 이러한 사정은 원칙적으로 사용사업주와 파견근로자 사이의 직접고용간주나 직접고용의무와 관련된 법률관계에 영향을 미치지 않는다는 입장이다. 대법원은 ① 직접고용간주 또는 직접고용의무 규정은 사용사업주와 파견근로자 사이에 발생하는 법률관계와 이에 따른 법적 효과를 설정하는 것으로서 그 내용이 파견사업주와는 직접적인 관련이 없다는 점, ② 그러한 법률관계의 성립이나 법적 효과 발생 후 파견사업주와 파견근로자 사이의 근로관계가 유지되고 있을 것을 그 효력존속요건으로 요구하고 있다고 할 수 없다는 점을 근거로 한다. 이에 대법원은 '파견근로자가 명시적인 반대의사를 표시하는 경우'란 근로자가 사용사업주에게 직접고용되는 것을 명시적으로 반대한 경우를 의미하므로, 파견근로자가 파견사업주와의 근로관계를 종료하고자 하는 의사로 사직의 의사표시를 하였다고 하더라도 그러한 사정만으로는 '당해 파견근로자가 명시적인 반대의사를 표시하는 경우'에 해당한다고 단정할 수 없다고 한다.

269) 대법원 2019.8.29. 선고 2017다219072 판결

5) 최저임금 인상에 따른 사용사업주의 임금지급 연대책임 발생 여부

파견법 제34조(근로기준법의 적용에 관한 특례) 제2항은 파견사업주가 대통령령으로 정하는 사용사업주의 귀책사유(歸責事由)로 근로자의 임금을 지급하지 못한 경우에는 사용사업주는 그 파견사업주와 연대하여 책임을 진다고 정하고 있다. 그리고 파견법시행령 제5조(사용사업주의 귀책사유)는 ① 사용사업주가 정당한 사유없이 근로자파견계약을 해지한 경우 ② 사용사업주가 정당한 사유 없이 근로자파견계약에 따른 근로자파견의 대가를 지급하지 않은 경우를 사용사업주의 귀책사유로 규정하고 있다.

이와 관련하여 최저임금 인상에 따라 파견사업주가 파견비 인상을 요구하였으나, 사용사업주가 이를 거부하여 최저임금 미달의 임금체불이 발생한 경우 사용사업주가 임금체불에 대한 연대책임을 부담하는지 여부가 문제된다.[270)]

고용노동부[271)]는 최저임금을 준수하여 임금을 지급할 책임은 파견사업주에 있고 파견대가는 사적자치의 원칙에 따라 사용사업주와 파견사업주 간의 협의로 정할 사항임을 근거로 적법한 근로자파견 계약기간 도중 파견사업주가 최저임금 인상으로 파견대가 인상요인이 발생하여 변경계약 체결을 제안하였으나, 사용사업주가 거부하였다는 사정만으로는 사용사업주에게 파견근로자 임금체불의 귀책사유가 있다고 보기 어렵다고 한다. 다만, 사용사업주와 파견사업주 간에 체결된 근로자파견계약에 최저임금 인상 시 파견단가의 조정, 변경계약의 효력 발생 등이 구체적으로 포함되어 있는 경우에는 사용사업주 귀책사유에 의한 임금체불 연대책임의 적용여부가 검토될 수 있다고 한다.

현행 법률이 사용사업주의 귀책사유를 ① 사용사업주가 정당한 사유없이 근로자파견계약을 해지한 경우 ② 사용사업주가 정당한 사유 없이 근로자파견계약에 따른 근로자파견의 대가를 지급하지 않은 경우로 제한적으로 명시하고 있으므로, 고용노동부의 입장대로 해석하는 것은 불가피하다고 본다. 그러나 파견근로자의 임금보호 측면에서 입법적 보완이 필요하다고 생각된다.

270) 최근 최저임금이 급격히 인상(2018년 16.4%, 2019년 10.9%)되면서 산업현장에서 이와 같은 문제가 종종 발생하였다.

271) 고용차별개선과-129, 2020.1.17.

파견사업주와 파견근로자 사이에 임금체불 분쟁이 발생하는 것은 파견근로자를 사용하는 사용사업주 입장에서도 바람직하지 않다. 따라서 실무적으로는 근로자파견계약시 최저임금 인상으로 파견대가를 다시 산정할 필요가 있는 경우에는 재협의할 수 있다는 규정을 두는 것이 바람직하다고 본다.

6) 파견직의 정규직화가 단체교섭 대상인지 여부

고용노동부 행정해석은 노동조합이 단체교섭에서 핵심적으로 요구하는 사항이 도급·파견직 또는 계약직 등의 정규직화인 경우라면 사용자가 법률에 의하여 불법파견의 개선 의무를 지는 것은 별론으로 정규직 근로자를 채용하여 직접 업무를 수행할지 또는 업무의 일부를 도급을 줄 것인지의 여부는 경영에 관한 사용자의 결정권 범위 내의 사항이라 할 수 있을 것이므로 달리 볼 사정이 없는 한 사용자가 의무적으로 교섭에 응할 사항이라고 보기는 어려울 것이라는 입장이다.[272)]

3. 근로자파견 활용 운영원칙

(1) 적정한 근로파견업무 선정

합리적인 근로자파견 활용을 위해서는 우선 근로자파견을 활용할 적정한 업무를 선정하는 것이 무엇보다도 가장 중요하다. 통상적인 사업장에서는 주로 핵심업무가 아닌 업무를 대상으로 하게 될 것이나, 가장 중요한 것은 파견법에서 허용하는 파견대상업무에 해당하여야 한다는 것이다.

따라서 근로자파견계약을 체결하기 이전에 사용하고자 하는 업무가 파견대상업무에 해당하는지 여부에 대하여 면밀하게 검토하여야 한다. 근로자파견은 도급과는 달리 사용사업주의 인사노무지휘권을 전제로 하는 것이기 때문에 직접고용근로자와의 업무관계성 여부는 중요한 선택기준은 아니다.

272) 노사관계법제팀-211, 2006.1.23.

(2) 적정한 근로자파견업체 선정

파견사업주는 파견근로자의 임금 등 중요한 근로조건 부분에서 사용자의 지위를 갖는다. 파견사업주가 그러한 사용자로서의 역할과 기능을 제대로 수행하지 못하면, 근로자들의 불만이 증가하고 그 만큼 법적 분쟁의 가능성이 높아진다. 그리고 그 결과는 사용사업주에게도 영향을 미치게 된다.

따라서 적정한 파견업체와 파견계약을 체결하는 것이 중요하다. 파견업체는 얼마나 많은 근로자를 파견 보내고 있는지 여부에 따라 그 규모가 평가되는 것이 일반적이지만, 파견근로자가 많다고 하여 반드시 사용자로서의 관리력이 우수한 업체인 것으로 단정할 수는 없다. 따라서 근로자를 파견보내고 있는 주요 업종, 시장 내 평판 등에 대하여 충분히 조사한 후 파견업체를 선정할 필요가 있다.

파견업체 주요 선정기준을 살펴보면 〈표 52〉와 같다.

[표 52] 파견업체 주요 선정기준

구분	주요내용
경영 현황	① 근로자파견사업에 대한 경영이념 ② 회사의 재무구조(성장 및 발전 가능성) ③ 근로자파견업계 내 위치
파견 규모 및 업종	④ 근로자파견 규모 ⑤ 근로자파견 주요 업종 및 특화 분야
인력관리체계	⑥ 파견사업 전문성(내부 인력 및 지식 보유 여부) ⑦ 인력수급 역량 ⑧ 파견근로자에 대한 처우, 교육 등 적정성
파견금액	⑨ 파견비 수준의 적정성 ⑩ 파견비 기준의 명확성

(3) 파견근로자 업무 내용 및 수준 관리

산업현장에서 파견근로자의 근무기간이 경과함에 따라 그 수행업무가 점차 파견대상업무 범위를 넘어서는 현상을 종종 볼 수 있다.

파견근로자가 기본적으로 역량이 우수하거나 업무숙련성이 증가함에 따라 나타나기도 하지만 파견근로자가 소속된 현장부서의 근로자파견에 대한 낮은 이해도에서 비롯되는 측면도 있다. 현장부서에서는 법적안정성 보다는 업무의 효율성, 고성과, 생산성 등이 우선적 가치가 되므로 파견근로자의 업무가 변경 내지 확대되는 현상이 나타나는 것이다. 예를 들어 사무보조로 근로자파견계약을 체결하였는데, 처음에는 계약목적에 맞는 업무를 수행하다가 점차 범위가 확대되어 기안서나 보고서 작성 등 파견대상업무 범위를 벗어나는 업무를 수행하게 되는 것이다. 마찬가지로 병원사업장에서도 처음에는 파견대상업무에 해당하는 업무로 근로자파견계약을 체결하였는데 점차 업무범위가 확대되어 간호조무사의 업무를 수행하게 되는 경우가 그렇다.

따라서 현장부서에 대하여 명확한 지침을 주는 것이 중요한데, 지침의 이행을 위해서는 현장부서에서도 근로자파견관계에 대한 법률적 이해를 가지는 것이 필요하다. 한편, 인사노무담당 부서에서는 정기적으로 또는 수시로 현장에서 파견계약의 목적대로 업무가 이루어지고 있는지를 점검하는 것이 필요하다.

(4) 차별적 처우 문제 해소

차별적 처우 문제를 해소하는 방안은 기간제근로자 운영에서와 마찬가지로 ① 비교대상근로자가 없도록 하는 방법, 즉 직접고용근로자의 업무와 파견근로자의 업무를 완전히 차별화하는 방법과 ② 근로조건 등에서의 불합리한 차이가 없도록 하는 방법이 있다.

법적안정성을 최우선으로 고려한다면, 동종의 업무를 수행하는 직접고용근로자가 존재하는 경우에는 임금 기타 근로조건에서 차이가 발생하지 않도록 하여야 할 것이다. 그리고 동종의 업무를 수행하는 직접고용근로자가 없는 경우에는 업무의 가치 및 숙련도를 고려하여 급여에서는 적정한 차이를 두되 근로의 제공과 직접적으로 관련이 없는 복리후생에 있어서는 차이를 최소화하는 방향으로 운영하는 것이 바람직하다.

(5) 파견근로자의 직무만족 및 조직몰입 배양

일부 산업현장에서는 파견근로자에 대한 조직적 관리가 동전의 양면과 같다는 인식을 가지고 있다. 파견근로자의 조직몰입도 및 일체감 등이 과도하게 높아지면 파견계약 종료시 법적분쟁 가능성이 그만큼 높아진다는 인식이다. 이러한 사고 자체를 부정할 수는 없지만 인적자원관리 측면에서 보면 타당하지 않다.

파견근로자도 성과창출을 목적으로 근무하는 근로자이다. 따라서 파견법 준수를 위한 계약상 관리와 조직 내 인적자원으로서의 관리는 구별되어야 한다. 사용사업주가 파견근로자의 업무, 파견기간, 기타 사용자로서의 책임 등을 철저하게 준수함으로써 법적안정성을 확보하는 것은 기본적인 사항이다. 법적분쟁의 가능성을 염려하여 인적자원으로서의 관리를 포기하는 것은 결코 합리적인 운영방식이 아니다.

따라서 사용사업주는 법적안정성 확보를 바탕으로 파견근로자의 직무만족도 및 조직몰입도 등을 배양시킴으로써 성과창출에 기여할 수 있도록 하여야 한다. 이것이 파견근로자의 직장생활의 질 향상 측면에서도 바람직하다.

사용사업주의 전반적 근로자파견 관리방안을 정리하면 〈표 53〉과 같다.

[표 53] 사용사업주의 근로자파견 관리방안

구분	주요 관리방안
업무수행 측면	• 명확하고 구체적인 파견사용 인력의 요건 및 평가기준 설정 • 파견근로자 선발과정에서 최적 인력 선발 • 파견근로자 업무수행에 대한 철저한 평가 • 적극적인 교육을 통한 조기 업무이해도 및 숙련도 증대
조직관리 측면	• 활용부서 관리자의 파견근로자에 대한 지속적인 관심 및 이해 제고 • 소속감 고취를 위한 부서활동 강화 • 조기 이직 방지를 위한 파견사업주와의 긴밀한 협조체계 유지 • 보안문제 해결을 위한 파견근로자 신원보증 조치
법적안정성 측면	• 파견근로자 사용부서 관리자의 근로자파견제도 이해 증진 • 근로자파견계약서 내 업무범위를 벗어나지 않는 업무 부여 • 파견근로자 사용부서 관리자의 파견근로자 업무 범위 및 내용 관리 • 직접고용근로자와의 합리적 이유 없는 차별적 처우 금지

주요 관련 판례 및 행정해석

✓ 재파견(이중파견)의 허용 여부

(고관68460-349, 1999.3.3.)

파견법 제2조제1호의 "근로자파견"의 정의에 따르면, 파견사업주는 근로자를 고용한 후 그 고용관계를 유지하면서 사용사업주에게 파견해야 하므로, 다른 파견사업주로부터 파견 받은 근로자(고용관계가 없는 근로자)를 사용사업주에게 파견하는 것은 근로자파견에 해당하지 아니함 또한, 파견사업주는 사용사업주와 근로자파견계약을 맺고 그 계약의 내용에 따라 파견근로자로 하여금 사용사업주의 지휘·명령을 받아 사용사업주를 위한 근로에 종사하게 해야 하므로 사용사업주가 아닌 다른 파견사업주에게 파견하는 것도 근로자파견에 해당하지 아니함. 따라서 이는 불법파견 이전에 근로자파견 자체가 성립되지 않으며, 이러한 소위 '재파견'은 「직업안정법」 상 근로자공급사업에 해당 되어 동 법에 따른 처벌 규정이 적용될 수 있음.

✓ 절대적 파견금지업무의 적용 범위

(차별개선과-1434, 2008.8.19.)

파견법 제5조 제3항 제1호에서 규정하고 있는 근로자파견사업의 금지업무 중 "건설공사현장에서 이루어지는 업무"라 함은 토목공사·건축공사·산업설비공사·조경공사 및 환경설비공사 등 시설물을 설치·유지·보수하는 공사, 기계·설비 기타 구조물의 설치 및 해체공사 등이 이루어지는 현장에서 직접 이들 작업에 종사하는 업무를 말함. 따라서 건설공사현장에서 작업에 직접 종사하는 것이 아니라 현장사무실에서 제도기술(캐드포함) 등의 업무를 수행하는 것이라면 파견법 제5조 제3항 제1호에서 규정하고 있는 근로자파견사업의 금지업무에 해당되지 않는 것으로 사료됨.

✓ 파견대상업무와 파견대상이 아닌 업무의 병행 허용 여부

(고용차별개선과-1977, 2016.9.29.)

파견근로자는 파견이 허용되는 업무에만 종사할 수 있고 파견이 허용되는 업무와 허용되지 않는 업무를 함께 수행하는 것은 허용되지 않으므로 공연장매니저가 파견허용업무뿐만 아니라 파견이 허용되지 않는 업무까지 함께 수행하는 것이라면 원칙적으로 파견대상이 될 수 없을 것으로 판단됨.

✓ 파견대상이 아닌 업무의 부수적 수행 허용 여부

(비정규직대책팀-2066, 2007.7.9.)

근로자파견을 엄격히 제한하여 허용하고 있는 점을 감안할 때에 파견근로자가 근로자파견대상업무가 아닌 업무를 부수적으로 수행할 수 없는 것이 원칙이라 할 것임.

✓ 복리후생 차별의 시정 주체

(고용차별개선과-811, 2017.3.29.)

경조사비는 복리후생제도에 따른 지원으로 「근로기준법」에 따라 사용자에게 지급의무가 발생하는 금품은 아니며, 「파견법」에서도 지급 주체에 대하여 별다른 규정이 없어 파견사업주, 사용사업주 중 누구를 시정의 주체로 볼 것인지가 불명확하나, 파견근로자에 대한 1차적인 사용자는 파견사업주이고, 「근로기준법」 적용특례 규정에서도 금품지급에 있어서는 파견사업주를 사용자로 구분하고 있으며, 사용사업주는 파견사업주에게 차별적 처우 금지 규정을 준수하도록 하기 위하여 차별적 처우의 대상이 되는 근로조건에 관한 정보를 서면으로 제공할 의무를 갖고 있는 점(「파견법」 제20조제2항, 「파견법시행령」 제4조의2) 등의 입법취지를 고려하면 복리후생적 금품에 대해서도 원칙적으로 파견사업주를 시정의 주체로 보는 것이 타당할 것으로 판단됨.

✓ 근로관계가 종료된 파견근로자에 대한 직접고용의무 이행 여부

(대법원 2019.8.29. 선고 2017다219072 판결)

직접고용간주 또는 직접고용의무 규정은 사용사업주와 파견근로자 사이에 발생하는 법률관계와 이에 따른 법적 효과를 설정하는 것으로서 그 내용이 파견사업주와는 직접적인 관련이 없고, 위와 같은 법률관계의 성립이나 법적 효과 발생 후 파견사업주와 파견근로자 사이의 근로관계가 유지되고 있을 것을 그 효력존속요건으로 요구하고 있다고 할 수도 없다. 따라서 사용사업주와 파견근로자 사이에 직접고용관계의 성립이 간주되거나 사용사업주에게 직접고용의무가 발생한 후 파견근로자가 파견사업주에 대한 관계에서 사직하거나 해고를 당하였다고 하더라도, 이러한 사정은 원칙적으로 사용사업주와 파견근로자 사이의 직접고용간주나 직접고용의무와 관련된 법률관계에 영향을 미치지 않는다.

한편 제정 파견법 제6조 제3항 단서와 구 파견법 및 개정 파견법 제6조의2 제2항은 '당해 파견근로자가 명시적인 반대의사를 표시하는 경우'에는 직접고용간주 규정이나 직접고용의무 규정이 적용되지 않는다고 정하고 있다. 직접고용간주 규

정이나 직접고용의무 규정의 입법 목적과 그 규정들이 파견사업주와는 직접적인 관련이 없는 점 등에 비추어 보면 '당해 파견근로자가 명시적인 반대의사를 표시하는 경우'란 근로자가 사용사업주에게 직접고용되는 것을 명시적으로 반대한 경우를 의미한다. 따라서 파견근로자가 파견사업주와의 근로관계를 종료하고자 하는 의사로 사직의 의사표시를 하였다고 하더라도 그러한 사정만으로는 '당해 파견근로자가 명시적인 반대의사를 표시하는 경우'에 해당한다고 단정할 수 없다.

✓ 최저임금 인상에 따른 사용사업주의 임금 연대책임 여부

(고용차별개선과-129, 2020.1.17.)

적법한 근로자파견 계약기간 도중 파견사업주가 파견대가 인상요인(최저임금 인상 등)이 발생하여 변경계약 체결을 제안하였으나, 사용사업주가 거부하였다는 사정만으로는 파견사업주와 사용사업주 간의 변경계약이 유효하게 성립되지 않았으므로 사용사업주가 파견근로자 임금체불의 귀책사유가 있다고 보기 어려울 것으로 사료됨.

한편, 사용사업주와 파견사업주 간의 근로자파견계약의 내용에 최저임금 인상될 때, 파견 단가의 조정, 변경계약의 효력 발생 등의 구체적 내용이 포함되어 있다면, 파견법시행령 제5조 제2호의 파견대가를 지급하지 아니한 경우에 해당되어 사용사업주 귀책사유에 따른 파견근로자 임금체불의 연대책임 적용여부를 검토할 수 있을 것으로 보임.

✓ 사용기간 2년 후 기간제근로자의 직접고용 가능 여부

(비정규직대책팀-154, 2008.10.21.)

「파견근로자보호 등에 관한 법률」(파견법) 제6조의2(고용의무) 제1항에 따르면, 사용사업주가 2년을 초과하여 계속적으로 파견근로자를 사용하는 경우에는 당해 파견근로자를 직접 고용하도록 하고 있는 바(법 제5조 제3항에 따른 파견금지업무에 파견근로자를 사용한 경우에는 즉시 직접고용), 동 법은 사용사업주에게 직접 고용의무만 부과하고 있을 뿐, 직접 고용하는 경우의 고용형태에 대해서는 달리 규정하고 있지 아니하므로, 사용사업주가 파견근로자를 직접 고용하고자 하는 경우, 무기계약 또는 기간제 근로계약 형태도 가능할 것으로 사료됨. 다만, 기간제 근로계약을 체결하면서 계약기간을 사회통념상 합리성이 결여될 정도로 짧게 설정한 경우라면, 당해 파견근로의 사용기간, 종사했던 업무의 상시성 여부, 그간 동종 근로자의 채용관행 등 구체적인 사실관계를 고려하여, 실제로는 직접 고용의무를 면하기 위한 절차에 불과한 것으로 판단될 수 있고, 이 경우에는 직접고용의무를 이행하지 않은 것으로 봄이 타당할 것임.

✓ **파견근로자 정규직화 요구의 단체교섭 대상 여부**

(노사관계법제팀-211, 2006.1.23.)

노동조합이 단체교섭에서 핵심적으로 요구하는 사항이 도급·파견직 또는 계약직 등의 정규직화인 경우라면 사용자가 법률에 의하여 불법파견의 개선 의무를 지는 것은 별론으로 정규직 근로자를 채용하여 직접 업무를 수행할지 또는 업무의 일부를 도급을 줄 것인지의 여부는 경영에 관한 사용자의 결정권 범위 내의 사항이라 할 수 있을 것이므로 달리 볼 사정이 없는 한 사용자가 의무적으로 교섭에 응할 사항이라고 보기는 어려울 것임.

Ⅳ 도급 활용

1. 도급 활용의 의의

도급은 일의 완성을 목적으로 계약을 약정하고 일의 완성에 따라서 그에 따른 보수를 지급하는 것을 말한다(민법 제664조).[273] 도급관계에서는 일의 완성을 위해 행하는 일체의 행위가 수급인의 책임 하에서 이루어진다. 따라서 수급인이 자신의 근로자를 사용하는 경우, 그 근로자에 대한 지휘·감독을 포함한 모든 법률상의 책임은 전적으로 수급인에게 귀속된다. 이러한 점에서 고용관계와 업무지휘관계가 분리되는 근로자파견과 구별된다.

도급은 가장 보편화된 아웃소싱(outsourcing)[274]의 형태이다. 경영학적 관점에서의 아웃소싱은 자사 핵심역량에의 집중, 아웃소싱 대상업무의 전문성 확보, 비

273) 타인의 노무를 이용하는 계약형태로는 도급 외에도 용역, 위탁 등이 있으나, 노동법적 관계는 도급과 유사하므로 이 책에서는 도급에 대하여만 기술한다.

274) 기업 내부에서 이미 행해지고 있거나 새롭게 시작하는 업무 및 기능을 외부화하거나 외부 인적자원을 활용하여 수행하는 것을 의미한다.

용절감 등 다양한 목적 아래 이루어진다. 그러나 산업현장에서의 도급은 주로 비용절감 및 고용유연성 확보를 위해 활용되고 있는 것이 현실이다. 도급 활용을 통해 직접고용근로자를 핵심업무에 집중적으로 투입하거나 중장기적으로 직접고용근로자의 규모를 감소시킬 수 있다는 측면에서 고용조정으로서의 중요한 의미를 갖는다.

한편, 노동법적 측면에서 보면 도급에 대한 규제가 강화되고 있다고 볼 수 있다. 2000년대 후반부터 사내하도급을 근로자파견으로 인정하여 파견법을 적용하는 판결이 연이어 나오면서 도급의 불법파견 문제가 지속적으로 사회적 쟁점이 되고 있다. 그리고 사내하도급 근로자의 산업재해가 빈번하게 발생하면서 산업안전 부분에서 도급인의 법적 의무와 책임이 강화되고 있다.

[표 54] 도급과 근로자파견 비교

구분	도급	근로자 파견
활용목적	일의 완성	노무의 제공
적용 법률	민법 제9절 도급(제664조~제674조)	파견법
제3자 사용	제3자에게 하도급 가능(원칙)	제3자 사용는 허용되지 않음
업종제한	없음(원칙)	있음
근로자 고용	수급인이 근로자 고용	파견사업주가 근로자 고용
업무이행 관리	수급인 근로자의 업무수행에 관한 지시 및 지휘명령은 수급인에게 있음	파견근로자의 업무수행에 관한 지시 및 지휘명령은 사용사업주에게 있음
노무관리	수급인 근로자에 대하여 수급인의 규정을 적용하며, 수급인이 직접 지휘·명령함	파견계약에 정하는 범위에 따라 사용사업주가 파견근로자에 대해 직접 지휘·명령함
근무장소	원칙적으로 수급인의 결정에 의함	근무할 소재지 및 부서 등은 파견계약에서 특정됨

2. 도급 활용의 법률문제

(1) 기본 법률사항

1) 도급업무의 제한

도급은 파견대상업무를 32개 업무로 제한하고 있는 근로자파견과는 달리 원칙적으로 대상업무에의 제한이 없다.

그러나 산업안전보건법은 사내하도급 근로자의 안전보건 강화를 위하여 일부 유해하거나 위험한 작업에 대한 도급을 금지하고 있다. 산업안전보건법 제58조(유해한 작업의 도급금지) 제1항은 ① 도금작업 ② 수은, 납 또는 카드뮴의 제련, 주입, 가공 및 가열하는 작업 ③ 산업안전보건법 제118조(유해・위험물질의 제도 등의 허가) 제1항에 따른 허가대상물질을 제조하거나 사용하는 작업에 대하여 도급인 사업장에서 수급인이 작업하도록 하는 것을 금지하고 있다. 다만, 동조 제2항은 ① 일시・간헐적으로 하는 작업을 도급하는 경우 ② 수급인이 보유한 기술이 전문적이고 사업주(수급인에게 도급을 한 도급인으로서의 사업주를 말한다)의 사업운영에 필수불가결한 경우로서 고용노동부장관의 승인을 받은 경우에 예외적으로 사내하도급을 허용하고 있다. 여기에서 '일시적 작업'은 30일 이내 종료되는 1회성 작업을 의미하고 '간헐적 작업'은 연간 총 작업일수가 60일을 초과하지 않는 작업을 의미한다.[275)]

2) 도급과 임금지급

가. 근로기준법 상의 도급인의 연대책임

근로기준법 제44조(도급 사업에 대한 임금 지급) 제1항은 도급인 또는 직상수급인의 귀책사유로 인하여 하수급인이 소속 근로자에게 임금을 지급하지 못하는 경우에는 도급인 또는 직상수급인이 연대하여 책임을 지도록 정하고 있다.

그리고 근로기준법시행령 제24조(수급인의 귀책사유)는 ① 정당한 사유 없이 도급계약에서 정한 도급 금액 지급일에 도급 금액을 지급하지 아니한 경우 ② 정당한 사유 없이 도급계약에서 정한 원자재 공급을 늦게 하거나 공급을 하지 아니한 경우 ③ 정당한 사유 없이 도급계약의 조건을 이행하지 아니하여 하수급인이 도급사업을 정상적으로 수행하지 못한 경우를 귀책사유의 범위로 규정하고 있다. 근로기준법시행령 제24조의 '정당한 사유 없이'는 결국 구체적인 사정을 종합적으로 고려하여 판단되어져야 할 것이나, 도급인 또는 직상수급인의 재정상태가

275) 고용노동부, "도급금지・도급승인 제도 운영지침", 2019, 3쪽.

좋지 않다는 이유만으로는 정당한 사유에 해당하는 것으로 인정받기 어렵다고 본다.

관련조문

근로기준법 제44조(도급 사업에 대한 임금 지급)

① 사업이 여러 차례의 도급에 따라 행하여지는 경우에 하수급인(下受給人)이 직상(直上) 수급인의 귀책사유로 근로자에게 임금을 지급하지 못한 경우에는 그 직상 수급인은 그 하수급인과 연대하여 책임을 진다. 다만, 직상 수급인의 귀책사유가 그 상위 수급인의 귀책사유에 의하여 발생한 경우에는 그 상위 수급인도 연대하여 책임을 진다.

② 제1항의 귀책사유 범위는 대통령령으로 정한다.

근로기준법시행령 제24조(수급인의 귀책사유)

법 제44조 제2항에 따른 귀책사유 범위는 다음 각 호와 같다.

1. 정당한 사유 없이 도급계약에서 정한 도급 금액 지급일에 도급 금액을 지급하지 아니한 경우
2. 정당한 사유 없이 도급계약에서 정한 원자재 공급을 늦게 하거나 공급을 하지 아니한 경우
3. 정당한 사유 없이 도급계약의 조건을 이행하지 아니하여 하수급인이 도급 사업을 정상적으로 수행하지 못한 경우

나. 최저임금법 상의 도급인의 연대책임

수급인 근로자의 임금에 대한 지급책임은 전적으로 수급인에게 있다. 그러나 최저임금법은 최저임금 이상 지급과 관련하여 도급인의 연대책임을 규정하고 있다. 최저임금법 제6조(최저임금의 효력) 제7항은 "도급으로 사업을 행하는 경우 수급인이 도급인의 책임있는 사유로 근로자에게 최저임금액에 미달하는 임금을 지급한 때에는 도급인은 해당수급인과 연대하여 책임을 진다"고 규정하고 있다. 여기에서의 '도급인의 책임있는 사유'란 ① 도급인이 도급계약 체결 당시 인건비 단가를 최저임금액에 미치지 못하는 금액으로 결정하는 행위와 ② 도급인이 도급 계약기간 중 인건비 단가를 최저임금액에 미치지 못하는 금액으로 인하한 행위를 말한다(제6조 제8항).

도급인이 입찰공고 내용에는 "최저임금을 보장한다"고 공고하였으나 낙찰 결과 인건비 단가가 최저임금액에 미달하는 경우에도 '최저임금에 미치지 못하는 금액으로 결정하는 행위'에 해당되어 도급인이 연대책임을 져야 한다.[276] 그리고 도급계약 체결 당시에는 최저임금액 이상이었으나 최저임금 인상으로 법정 최저임금에 미치지 못하게 되었다면 인상된 최저임금액을 기준으로 도급금액을 다시 산정해야 할 것으로 해석된다.

관련조문

최저임금법 제6조(최저임금의 효력)

⑦ 도급으로 사업을 행하는 경우 도급인이 책임져야 할 사유로 수급인이 근로자에게 최저임금액에 미치지 못하는 임금을 지급한 경우 도급인은 해당 수급인과 연대(連帶)하여 책임을 진다.

⑧ 제7항에 따른 도급인이 책임져야 할 사유의 범위는 다음 각 호와 같다.

1. 도급인이 도급계약 체결 당시 인건비 단가를 최저임금액에 미치지 못하는 금액으로 결정하는 행위
2. 도급인이 도급계약 기간 중 인건비 단가를 최저임금액에 미치지 못하는 금액으로 낮춘 행위

⑨ 두 차례 이상의 도급으로 사업을 행하는 경우에는 제7항의 "수급인"은 "하수급인(下受給人)"으로 보고, 제7항과 제8항의 "도급인"은 "직상(直上) 수급인(하수급인에게 직접 하도급을 준 수급인)"으로 본다.

다. 산업안전 관련 도급인의 책임

수급인 근로자의 산업재해가 사회적으로 이슈화되면서 2019.1.15. 산업안전보건법 전부개정 및 2020.3.3. 산업안전보건법시행령 개정에 따라 도급인의 책임이 크게 강화되었다. 먼저 도급인의 책임범위가 기존 도급인의 사업장 내 22개 위험장소에서 ① 도급인의 사업장 내 모든 장소와 ② 도급인이 제공하거나 지정한 경우로서 도급인이 지배·관리하는 위험장소에서 작업을 하는 경우로 확대되었다. 그리고 도급인의 안전보건조치 의무가 강화되었는바, 그 주요내용은 〈표 55〉「산업안전보건법 상 도급의 안전보건조치 사항 등」과 같다.

276) 임금근로시간정책팀-3759, 2007.12.21.

[표 55] 산업안전보건법 상 도급인의 안전보건조치 사항 등

구분	주요내용
적격수급인 선정 (법 제61조)	• 산재예방 조치 능력을 갖춘 수급인을 선정하여야 함.
안전보건 총괄책임자 지정 (법 제62조)	• 관계수급인 근로자가 도급인의 사업장에서 작업을 하는 경우에 그 사업장의 안전보건관리책임자를 도급인의 근로자와 관계수급인 근로자의 산재예방 업무를 총괄 관리하는 안전보건총괄책임자로 지정하여야 함. ① 상시근로자(수급인에게 고용된 근로자 포함)가 100명 이상인 사업 * 선박 및 보트 건조업, 1차 금속 제조업 및 토사석 광업의 경우 50명 ② 총 공사금액(수급인 공사금액 포함)이 20억 원 이상인 건설업
산업재해 예방 조치 (법 제63조·제64조)	• 도급인은 관계수급인 근로자가 도급인의 사업장에서 작업을 하는 경우에 자신의 근로자와 관계수급인 근로자의 산재예방을 위하여 아래와 같은 안전보건조치를 하여야 함. - ▲ 안전 및 보건에 관한 협의체 구성·운영, ▲ 작업장 순회점검, ▲ 안전보건교육 장소 지원 등, ▲ 발파작업 등에 대비한 경보체계 운영과 대피방법 등 훈련, ▲ 위생시설 설치 등에 필요한 장소 제공 등 - 도급인은 자신과 관계수급인, 자신 및 해당 공정의 관계수급인 근로자 각 1명과 함께 분기에 1회 이상(건설업·선박 및 보트 건조업은 2개월 1회 이상) 작업장의 안전보건 점검
정보 제공 (법 제65조)	• 유해·위험성 있는 화학물질의 제조·사용하는 설비의 분해·해체 등 작업, 질식·붕괴 위험 있는 작업 등을 시작하기 전 수급인에게 안전·보건에 관한 정보를 문서로 제공하여야 함.
시정 조치 (법 제66조)	• 도급인은 관계수급인 또는 관계수급인 근로자가 도급 받은 작업과 관련하여 법 또는 명령을 위반한 경우 관계수급인에게 시정하도록 필요한 조치 할 수 있음.

(2) 위장도급 문제

1) 위장도급의 개념

위장도급은 형식적으로 도급조건을 갖추었으나 파견법 적용을 회피하기 위하여 고의로 도급계약 방식으로 위장한 경우를 의미한다. 위장도급은 크게 사업주로서의 실체성이 없는 수급인과 도급계약을 체결하는 경우, 도급인이 수급인 근로자에 대하여 인사노무지휘권을 직접 행사하여 근로자파견처럼 사용하면서 계약은 도급으로 체결한 경우가 있다.

위장도급에 해당하는 경우에는 계약내용에도 불구하고 파견법이 적용된다. 파견법 적용 결과 대상업무 내지 사용기간 위반, 무허가 파견에 해당하는 경우에는 불법파견이 되고 그에 따른 법률적 책임이 발생한다.

도급은 원칙적으로 대상업무 및 계약기간에 대한 법률적 제한이 없고, 수급인이 파견업 허가를 받아 파견사업을 동시에 영위하는 경우가 많지 않기 때문에 파견법이 적용되면 대부분 불법파견에 해당하게 된다.

2) 위장도급 판단절차

도급이 불법파견에 해당하는지 여부는 사업주로서의 실체성이 존재하는지 여부, 그 다음으로 근로자파견 해당성이 존재하는지 여부의 2단계로 판단되어 진다.

먼저 사업주로서의 실체성이 존재하지 않는 경우에는 도급사와 수급사 직원 사이에 '묵시적 근로관계'가 인정되어 고용이 의제된다.

사업주로서의 실체성이 인정되는 경우에는 근로자파견 해당성을 검토한다. 근로자파견에 해당하지 않을 경우에는 적법한 도급으로 인정된다. 그러나 근로자파견에 해당할 경우에는 파견법이 적용된다.

파견법이 적용됨에 따라 파견대상업무 위반, 파견기간 위반, 파견사업주의 파견업 허가 여부를 살펴보게 되며, 위반사항이 존재하는 경우 불법파견으로 인정된다. 이상의 판단절차를 정리하면 〈그림 26〉과 같다.

[그림 26] 도급적법성 판단 절차

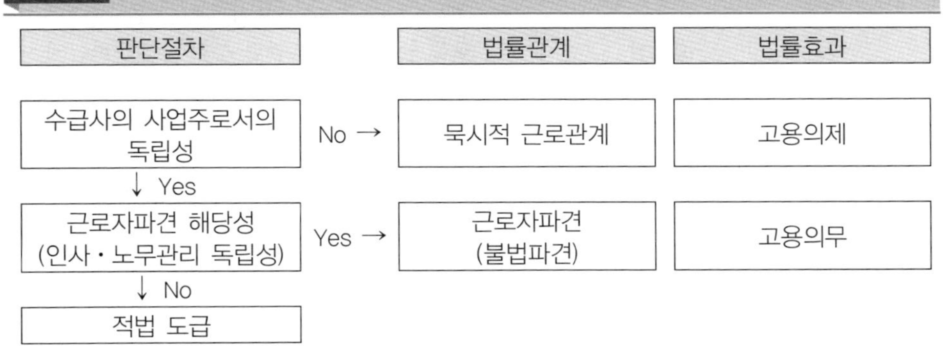

3) 도급과 파견의 구별기준(위장도급 판단기준)

도급과 파견의 구별기준에 대하여 법률에 명시되어 있는 바는 없다. 이에 주로 법원 판결을 통해 그 기준이 정립되어 왔다.

대법원[277]은 그 주요 구별기준으로 ① 계약의 명칭이나 형식에 구애될 것이 아니라, 제3자가 해당 근로자에 대하여 업무수행 자체에 관한 구속력 있는 지시를 하는 등 상당한 지휘·명령을 하는지 여부, ② 해당 근로자가 제3자 소속 근로자와 하나의 작업집단으로 구성되어 공동작업을 하는 등 제3자의 사업에 실질적으로 편입되었다고 볼 수 있는지 여부, ③ 원고용주가 작업에 투입될 근로자의 선발이나 근로자의 수, 교육과 훈련, 작업·휴게시간, 휴가, 근무태도 점검 등에 관한 결정권한을 독자적으로 행사하는지 여부, ④ 계약의 목적이 구체적으로 범위가 한정된 업무의 이행으로 확정되고 해당 근로자의 업무가 제3자 소속 근로자의 업무와 구별되며 그러한 업무에 전문성·기술성이 필요한지 여부, ⑤ 원고용주가 계약의 목적을 달성하기 위하여 필요한 독립적 기업조직이나 설비를 갖추고 있는지 여부 등의 요소를 바탕으로 근로관계의 실질에 따라 판단하고 있다.

고용노동부는 이러한 판례의 내용을 반영하여 2019.12.30. 새로운 「근로자파견의 판단 기준에 관한 지침」을 제시하였고, 그 주요내용은 〈표 56〉 「도급과 파견의 구별기준」과 같다.

[표 56] 도급과 파견의 구별기준

판단기준		내 용
수급인등의 사업주로서의 실체 판단	채용·해고 등의 결정권	• 수급인등이 소속 근로자의 채용·배치·승진·징계·해고, 임금 등 근로조건, 근로시간·휴가·조퇴, 교육 등 인사노무 관련 사항을 결정하는지 여부
	소요자금 조달 및 지급에 대한 책임	• 수급인등이 사업체 설립비용, 주금(株金) 납입비용, 사무실 임대비용, 기타 운영비용 등 사업을 영위하기 위해 필요한 자금을 스스로 마련하는지, 이와 관련된 지급 능력·책임을 가지고 있는지 여부

277) 대법원 2017.1.25. 선고 2014다211619 판결

	법령상 사업주로서의 책임	• 수급인등이 각종 세금이나 공과금 납부, 임금·수당 지급 및 근로소득세 원천징수·연말정산 수행, 4대 보험 가입·납부·상실 신고, 별도 회계·결산 수행, 취업규칙 등 독자적 내부규정 마련·시행, 단체교섭 등 법령상 사업주로서의 책임을 이행하는지 여부
	기계, 설비, 기자재의 자기 책임과 부담	• 수급인등이 독자적으로 사업을 영위하기 위해 필요한 기계, 설비, 기자재 등을 소유하거나 유상으로 임차하는 등 자기 책임과 부담 하에 확보하고 있는지 여부
	전문적 기술·경험과 관련된 기획 책임과 권한	• 수급인등이 사업 영위에 필요한 전문적 기술이나 경험을 가지고 독자적으로 사업을 기획하고 경영상 의사결정권을 행사하는지 여부
근로자파견 해당 여부 판단	업무상 상당한 지휘·명령	• 도급인등이 수급인등 소속 근로자에 대해 직·간접적으로 업무수행의 구체적 사항에 관한 구속력 있는 지시를 하고, 수급인등 소속 근로자가 이에 구속되는지 여부 등 상당한 지휘·명령이 인정되는지 여부
	도급인등의 사업에의 실질적 편입	• 수급인등 소속 근로자가 도급인등 소속 근로자와 하나의 작업 집단으로 구성되어 공동 작업을 하거나, 도급인등이 수급인등 소속 근로자에게 계약상 업무 외의 업무도 수행하도록 하거나, 도급인등의 근로자 결원 발생 시 수급인등 소속 근로자로 하여금 대체하도록 하는 등 도급인등이 수급인등 소속 근로자를 자신의 근로자와 마찬가지로 자신의 사업에 편입함으로써 종속적으로 지배한다고 볼 수 있는지 여부
	인사노무 관련 결정·관리 권한 행사	• 수급인등이 업무에 투입될 근로자의 선발·교체, 교육 및 훈련, 작업·휴게시간, 휴가, 근무태도 점검, 승진·징계·해고 등 인사노무와 관련된 사항의 결정·관리 권한을 독자적으로 행사하는지 여부
	계약 목적의 확정, 업무의 구별, 전문성·기술성	• 수급인등 소속 근로자가 수행할 업무의 내용·범위·기한 등이 구체적으로 확정되어 있는지, 도급인등 소속 근로자의 업무와 구별되고 전문성·기술성이 있는지 등을 고려하여 수급인등과 도급인등 간 계약의 목적이 특정한 일의 완성이나 사무의 처리에 있는지 여부
	계약목적 달성을 위해 필요한 기업조직·설비 등 보유	• 수급인등이 도급계약 등의 당사자로서 계약의 목적을 달성하기 위하여 필요한 독립적 기업조직이나 설비, 장비, 전문성 등을 갖추고 있는지 여부

4) 최근 법원 판결의 경향

법원은 사업장에의 실질적 편입 여부를 판단의 중요 기준으로 삼아 직접적인 혼재 근무 뿐만 아니라 도급업체 직원과 수급업체 근로자의 업무상 연결성을 기준으로 근로자파견 해당성을 폭넓게 인정하고 있다.[278] 이러한 법리적 판단기준에 따라 직접생산업무에의 도급관계에서 나아가 간접업무에 대하여도 근로자파견관계를 인정하고 있다.

한편, 재하도급관계에 있어서도 근로자파견 해당 요소가 인정되는 경우 원도급사와 재하도급 수급업체 사이의 근로자파견관계를 인정하고 있는데, 원도급사와 재하도급 수급업체 사이에 명시적으로 계약관계가 존재하지 않기 때문에 '묵시적 근로자파견관계'의 형성이라는 법리를 제시하고 있다.

[표 57] 도급 관련 주요 판결

구분	사건 및 판례번호
직접 고용관계를 인정한 판례	• SK-인사이트 코리아 사건 (대법원 2003.9.23. 선고 2003두3420 판결) • 주식회사 현대미포조선 사건 (대법원 2008.7.18. 선고 2005다75088 판결)
근로자 파견관계를	• 예스코 사건 (대법원 2008.9.18. 선고 2007두22320 판결) • 주식회사 SK와이번스 사건 (대법원 2008.10.23. 선고 2006두5700 판결)

278) 독일에서는 1980년대 이후 도급지시권(Anweisungsrecht)과 사용종속적 근로지시권을 구별하는 법리가 채택되어 왔다. 독일연방노동청의 「근로자파견법 실행을 위한 지침」은 주문자의 지시권을 프로젝트와 관련된 집행명령 및 대상에 있어서 완성물의 내용과 관련된 것으로 규율하고 있다(박제성 외 4인, 「사내하도급과 노동법」, 한국노동연구원, 2009, 170쪽). 우리나라 대법원은 도급목적적 지시와 사용종속적 지시를 명시적으로 구별하지 않고 있으며, 다수의 사건에서 도급지시권에 해당하는 것으로 볼 수 있는 사항에 대하여도 근로자파견으로 인정하는 지시권 행사로 파악하는 경향을 보이고 있다(반면에 2015.2.26. 선고 2011다78316, 2012다96922 판결에서 철도유통소속 KTX 여승무원에 대해서는 파견관계를 부정하면서 도급인의 위탁업무이행확인과 감수를 위한 확인절차, 서비스의 균질적 수행을 위한 매뉴얼제공사실 등을 위탁협약에 따라 도급인에게 인정되는 적법한 지시권행사로 보았다).
우리나라에서도 도급지시권과 근로지시권을 구분하는 법리를 도입하는 것을 적극적으로 검토해 볼 필요가 있다고 판단된다. 다만, 도급, 위임, 용역 등 형태가 매우 다양하므로 도급지시권을 어떤 요소와 기준으로 개념화할 것인지에 대하여는 충분한 연구가 선행되어야 할 것으로 본다(도급지시권과 관련된 자세한 내용에 대하여는, 권혁・김봉수, "도급인의 지시권의 한계 검토", 고용노동부 학술정책용역보고서, 2019. 참조).

인정한 판례	• 한국마사회 사건 (대법원 2009.2.26. 선고 2007다72823 판결) • 현대자동차 사내협력업체 사건 (대법원 2010.7.22. 선고 2008두4367 판결) • 한국지엠 창원공장 사건 (대법원 2013.2.28. 선고 2011도34 판결) • 현대자동차 사내협력업체 사건 (대법원 2015.2.26. 선고 2010다106436 판결) • 현대자동차 사내협력업체 사건 (서울고법 2017.2.10. 선고 2014나49625 판결) : 재하도급에서 원청사와 2차 수급업체의 묵시적 근로자파견관계 인정 • 현대자동차 사내협력업체 사건 (서울중앙지법 2019.8.22. 선고 2016가합513611 판결) : 간접업무에 대한 근로자파견 인정
기타 판례	• 주식회사 현대중공업 사건 (대법원 2010.3.25. 선고 2007두8881 판결) : 도급인의 수급사 근로자에 대한 부당노동행위(지배・개입) 주체 인정 • 인천공항공사 사건 (대법원 2013.7.25. 선고 2012다79439 판결)

(3) 도급과 노사관계

1) 도급 운영의 단체교섭 대상 여부

단체교섭의 대상에 대하여는 노동조합법에 명시적인 규정을 두고 있지 않다. 그러나 단체교섭의 목적이 근로조건을 유지・개선하는데 있는 것이므로 근로조건과 관련된 사항이 단체교섭의 대상이 되는 것이며, 사용자의 고유한 경영권에 속하는 사항은 단체교섭의 대상이 되지 않는 것이 원칙이다. 다만, 경영권에 속하는 사항도 근로조건과 밀접하게 관련이 있는 경우에는 그 한도 내에서 교섭대상이 된다고 보는 것이 일반적이다.

사용자가 어떤 업무를 도급을 줄 것인지 여부는 사용자의 결정권 범위 내의 사항이므로 특별한 사정이 없는 한 의무적 교섭대상으로 보기 어렵다.[279)]

2) 도급인의 부당노동행위 주체 인정 문제

노조법 제81조(부당노동행위)는 "사용자는 다음 각 호의 어느 하나에 해당하는 행위를 할 수 없다"고 정하고 있다. 따라서 부당노동행위의 주체는 사용자이다. 부당노동행위 주체와 관련하여 도급인을 수급인의 근로자(또는 노동조합)에 대한 부당노동행위 주체로 볼 수 있을지가 문제된다.

279) 노사관계법제팀-774, 2006.3.22.

이러한 문제에 대하여 대법원[280]은 부당노동행위 유형인 지배・개입 주체로서의 사용자인지 여부도 당해 구제신청의 내용, 그 사용자가 근로관계에 관여하고 있는 구체적 형태, 근로관계에 미치는 '실질적인 영향력 내지 지배력의 유무 및 행사의 정도' 등을 종합하여 결정하여야 한다고 하면서 "근로자의 기본적인 노동조건 등에 관하여 그 근로자를 고용한 사업주로서의 권한과 책임을 일정 부분 담당하고 있다고 볼 정도로 실질적이고 구체적으로 지배・결정할 수 있는 지위에 있는 자가 노동조합을 조직 또는 운영하는 것을 지배하거나 이에 개입하는 등으로 법 제81조 제4호 소정의 행위를 하였다면, 그 시정을 명하는 구제명령을 이행하여야 할 사용자에 해당한다"판시하였다. 즉, 도급인의 지배・개입 부당노동행위 주체성을 인정하였다. 동 판결은 부당노동행위 주체와 관련된 이른바 '실질적 영향력설(지배력설)'[281]에 해당하는 표현을 사용하고 있으나, 설시 이유에서 근로자파견에 해당하는 여러 사정을 기술하고 있다. 따라서 실질적 영향력설에 근거하여 부당노동행위 주체를 확장한 것인지 아니면 근로자파견관계를 전제로 하여 도급인의 지배・개입 부당노동행위 주체성을 인정한 것인지를 단정지을 수 없다고 본다.

현행 부당노동행위제도가 일본이나 미국과 달리 처벌주의를 채택하고 있다는 점을 감안할 때, 실질적 영향력설에 근거한 부당노동행위 주체 확대에는 보다 신중하여야 하고 면밀한 법리적 논리 정립이 필요하다고 판단된다.

3) 수급인 노동조합의 교섭요구에 대한 도급인의 교섭의무 존재 여부

수급인 소속 근로자를 조직대상으로 하여 구성된 노동조합의 교섭요구에 응하여야 할 사용자는 원칙적으로 해당 근로자와 근로관계를 맺고 있는 수급인이므로 수급인 근로자에 대하여 직접 근로계약 당사자가 아닌 도급인은 원칙적으로 교섭의무를 가지지 않는다.[282]

---

280) 대법원 2010.3.25. 선고 2007두8881 판결

281) 실질적 영향력설은 부당노동행위제도는 노동관계상의 여러 이익을 직접 위협하는 형태에서의 반조합적 행위를 배제 또는 방지하는 것이 목적이므로 노동관계상의 여러 이익에 어떠한 직접적인 영향력이나 지배력을 미칠 수 있는 자는 부당노동행위제도상의 사용자일 수 있다는 학설이다[菅野和夫(이정 역), 「일본노동법」, 법문사, 2016, 780쪽].

그러나 하급심[283] 중 "단체교섭의 당사자로서의 사용자로 함은 근로계약관계의 당사자로서의 사용자에 한정하지 않고 비록 근로계약관계의 당사자가 아니라고 하더라도 단체교섭의 대상이 되는 근로조건에 관한 사항의 전부 또는 일부에 관하여 그 근로자를 고용한 사업주로서의 권한과 책임을 일정 부분 담당하고 있다고 볼 정도로 실질적이고 구체적으로 지배·결정할 수 있는 지위에 있으면 단체교섭의 당사자로서의 사용자에 해당한다고 볼 것이다"고 결정한 사례가 있다. 동 결정은 해당 사건의 도급관계가 근로자파견에 해당하는지 여부에 대하여 명시적으로 설시하지 않았으나, 인정사실의 취지를 보면 사실상 근로자파견에 해당하는 것으로 판단한 것으로 보인다.

그러나 도급인의 부당노동행위 주체성 문제에서 본 것처럼 실질적 영향력 여부만으로 도급인이 수급인 노동조합의 교섭요구에 반드시 응해야 하는 일반적인 교섭의무를 인정하기는 어렵다고 본다. 도급이 근로자파견에 해당하는 경우에 도급인은 사용사업주로서의 책임범위 내에서 교섭의무를 가지는 것으로 해석하는 것이 타당하다고 본다.

3. 도급 운영원칙

(1) 적정한 도급업무의 선정

기업 간 경쟁이 치열해지면서 핵심역량에의 집중, 전략적인 다운사이징(downsizing)이 중요한 성장가치로 받아들여지고 있다. 그러한 차원에서 아웃소싱이 활발하게 이루어지고 있다. 그러나 합리적인 도급 운영을 위해서는 우선 적정한 도급업무를 선정하는 것이 무엇보다도 중요하다. 많은 기업이 도급결정 과정에서 지나치게 비용 관점으로 접근하는 경향을 보이지만, 비용을 줄일 수 있는 업무라고 해서 모두 도급으로 운영하기에 적합한 것은 아니다. 도급업무 결정시 단순히 경제학적 또는 경영학적 측면에서만 검토할 것이 아니라 도급을 활용하는 것이 타당

282) 노동조합과-117, 2008.3.12.

283) 대전지법 2011.10.6. 선고 2011카합782 결정. 동일한 취지의 결정으로 전주지법 군산지원 2006.4.12. 선고 2005카합411 결정.

한지에 대한 법률적 검토 또한 반드시 함께 이루어져야 한다.

정규직원(도급사 직원)과 수급사 직원이 필연적으로 혼재되어 업무를 수행할 수밖에 없거나 업무프로세스 상 도급사 직원에 의한 업무지시 및 지휘감독이 불가피하게 발생할 수밖에 없다면 도급으로 운영하기 어렵다. 예를 들어 '정규직원 업무의 보조업무'는 충분히 비핵심업무일 수 있지만, 도급으로 운영하기에는 법률적으로 불가능한 업무일 수 있다.

따라서 도급으로 운영하고자 검토 중인 업무가 법률적으로 위험(risk)이 있는 경우에는 진정한 도급관계로의 활용이 가능하도록 업무프로세스를 조정 또는 변경하거나 도급의 범위를 재설정하는 등의 작업이 반드시 선행되어야 한다.

아웃소싱 대상업무 선정 및 평가기준을 정리하면 〈그림 27〉과 같다.

[그림 27] 아웃소싱 대상업무 선정 및 평가 기준

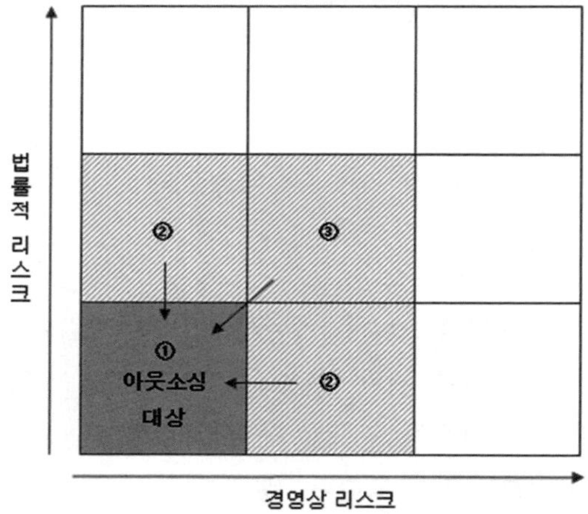

구분	평가 요소	
법률적 리스크	도급	• 직접고용 근로자 업무와의 연동성 강함 • 수급업체 인사노무관리 독립성 확보 약함
	근로자파견	• 파견대상업무 미해당 가능성 큼 • 차별인정 가능성 큼
경영상 리스크	• 서비스 · 제품의 본질적 가치에 미치는 영향 큼 • 핵심 기술력 또는 노하우 유출 가능성 큼 • 업무중단 시 서비스 및 생산에 미치는 영향 큼	

(2) 최적의 수급사 선정

합리적 도급운영을 위해 두 번째로 고려하여야 할 사항은 가장 적합한 수급사를 선정하는 것이다. 수급사의 선정은 통상 공개입찰 방식으로 이루어지거나 비공개 수의계약 방식으로 이루어지게 된다. 그런데 현장에서는 도급비의 최저가 입찰 또는 제안 여부가 최우선 기준이 되는 경우를 흔히 볼 수 있다. 도급을 활용하는 이유가 매우 다양하므로 비용절감 측면도 완전히 배제할 수는 없다. 그러나 최저가 입찰액 또는 제안가가 수급사 결정의 절대적 기준이 되어서는 안 된다.

더욱 중요한 것은 수급사가 소속 근로자에 대하여 사업주 역할을 충분히 수행할 수 있는 역량과 인프라를 갖추었는지를 일차적으로 고려해야 한다. 이러한 사업주로서의 기능은 단순히 사회보험을 관리하고 임금을 산정, 지급할 능력이 있는지에 국한되는 것은 아니다. 핵심은 수급사가 소속 근로자에게 자사의 근로자로서 '로열티(loyalty)'를 심어 줄 수 있는 관리역량을 가졌는지 여부이다.

수급사가 사용자로서의 실체성을 가지지 못할 경우 불법파견인지 여부는 따져볼 필요도 없이 도급사와 수급사 근로자 사이에 '묵시적 근로관계'가 인정될 수 있다는 점을 잊지 말아야 한다.

(3) 수급사의 인사노무관리 독립성 확보

수급사가 인사노무관리 및 업무지휘·감독에 있어 독립성을 가지지 못하면 도급관계가 근로자파견 관계로 인정된다. 따라서 수급사가 그러한 부분에서 독립성 확보하는 것이 가장 중요하다.

인사노무관리 등에서 독립성을 확보하기 위해서는 기본적으로 작업배치 명령권, 업무지시 감독권, 근태관리권, 업무수행 평가권, 근로시간 결정권 등을 수급사에서 전적으로 행사하여야 한다. 그러나 도급관계 속성이 도급사의 일을 완성하는데 있기 때문에 수급사의 인사노무관리 독립성을 확보하기 위해서는 도급사와 수급사 공동의 노력이 필요하다. 실제 업무현장에서 도급사에 의해 구체적인 업무지시 및 감독이 행사될 경우에는 수급사가 아무리 인사노무관리 독립성을 강화하여도 근로자파견으로의 인정 여지를 피해가기 어렵다.

수급사의 인사노무관리 독립성을 위한 기본원칙을 제시하면 〈표 58〉과 같다.

[표 58] 수급사 인사노무관리 독립성 확보를 위한 기본원칙

구분	운영원칙
작업배치	① 도급업무는 원칙적으로 도급사 업무와 비연동된 업무로 한다. ② 인력배치, 업무분장은 수급사에서 결정한다. ③ 정규직원 결원 시 수급사 근로자로 대체하지 않는다.
업무지시 · 감독	① 도급사 근로자과 수급사 근로자 사이의 대면업무는 원칙적으로 도급으로 활용하지 않는다. ② 도급업무 이행을 위한 작업계획서는 수급사에서 직접 작성한다. ③ 도급업무 지시·감독은 수급사에서 수행한다.
근태관리	① 출퇴근, 휴가, 조퇴 등 근태 사항은 수급사에서 관리한다. ② 원칙적으로 수급사 인원현황은 파악하지 않는다. ③ 수급사 근로자에 대한 징계는 수급사에서 수행한다.
업무수행 평가	① 수급사 근로자에 대한 인사평가는 수급사에서 시행한다. ② 도급사는 원칙적으로 도급업무 품질에 대하여만 평가한다. ③ 수급사 근로자의 업무수행 과오는 수급사를 통해 해결한다.
근로시간 결정	① 도급사 연장 및 휴일근로와 수급사 연장 및 휴일근로를 연동시키지 않는다. ② 수급사 시업 및 종업시간은 수급사에서 결정하고 시행한다. ③ 휴게시간, 연장 및 휴일근로는 수급사에서 결정하고 시행한다.

(4) 도급사 직원들에 대한 교육

법적으로 안정적인 도급운영에 위해서는 도급업무와 업무적으로 접해 있는 도급인 현장관리자와 직원들에 대한 교육이 필요하다. 현장관리자 및 직원들에 대한 교육은 두 가지 과제로 정리할 수 있다.

첫 번째는 도급에 대한 법적지식이다. 인사노무담당 부서는 도급의 개념, 불법파견의 개념이 무엇인지 잘 이해하지만 현장부서에서는 그렇지 못하다. 충분히 관리와 통제가 가능함에도 불구하고, 법률적 무지에서 오는 업무상의 지시, 감독의 책임은 어쩌면 인사노무담당 부서의 책임이기도 하다.

두 번째는 도급관계에 대한 의식에 관한 부분이다. 아직도 산업현장에서는 수급사 직원은 '부하직원', '아랫사람'인 것처럼 여기는 구태의연한 정서가 남아 있는 것이 사실이다. 이러한 정서는 무의식으로 업무상의 지시, 감독을 유발하게 된다. 그리고 수급사 직원의 불만을 불러오고 불필요한 노사문제를 초래한다. 따라서 도급사 직원, 특히 관리자들이 도급관계를 회사 대 회사 간의 협력적 파트너십 관계로 이해하고 인식할 수 있도록 해야 한다.

(5) 지속적인 현장 점검과 관리

기업의 각 부서는 그 역할과 책임이 다르다. 인사노무담당 부서는 인력과 관련된 정책 및 제도를 효율적이면서 안정적으로 운영하는데 그 역할과 책임이 있다. 반면에 제조업의 생산부서에서는 품질개선, 납기준수, 생산성 향상 등이 지상 최대의 과제이고, 서비스업에서의 현장부서는 양질의 서비스를 신속하게 제공함으로써 고객만족을 창출하는 데에 절대적 목적을 두고 있다.

이에 인사노무담당 부서에서 적법한 형태로 도급을 운영하도록 요구하며 때로는 지침을 전달해도 현장에서는 어느 순간 수급사의 인사노무관리 독립성이 무너지는 현상이 나타나기도 한다. 부서마다 목적과 역할이 다르므로 오로지 현장부서만을 탓할 일은 아니다.

따라서 현재 운영하고 있는 도급관계가 적법하고 합리적으로 운영되고 있는지를 지속적으로 점검하고 관리해 가는 시스템을 갖추는 것이 매우 중요하다. 인사노무담당 부서는 정기적으로 도급운영 현황을 점검하고, 현장부서에서는 이에 적극적으로 협력함으로써 도급이 지속적으로 안정성을 갖도록 해야 한다.

주요 관련 판례 및 행정해석

✓ 수급인의 사업주로서의 주체성 부정(묵시적 근로관계 인정)

(대법원 2003 9.23. 선고 2003두3420 판결)

자회사로서 형식상으로는 독립된 법인으로 운영되어 왔으나 실질적으로는 참가인 회사의 한 부서와 같이 사실상 경영에 관한 결정권을 참가인이 행사하여 왔고, 참가인이 물류센터에서 근로할 인원이 필요한 때에는 채용광고 등의 방법으로 대상자를 모집한 뒤 그 면접과정에서부터 참가인의 물류센터 소장과 관리과장 등이 ○○○○코리아의 이사와 함께 참석한 가운데 실시하였으며, 원고들을 비롯한 ○○○○코리아가 보낸 근로자들에 대하여 참가인의 정식 직원과 구별하지 않고 업무지시, 직무교육실시, 표창, 휴가사용 승인 등 제반 인사관리를 참가인이 직접 시행하고, 조직도나 안전환경점검팀 구성표 등의 편성과 경조회의 운영에 있어서 아무런 차이를 두지 아니하였으며, 그 근로자들의 업무수행능력을 참가인이 직접 평가하고 임금인상 수준도 참가인의 정식 직원들에 대한 임금인상과 연동하여 결정하였음을 알 수 있는 바, 이러한 사정을 종합하여 보면 참가인은 '위장도급'의 형식으로 근로자를 사용하기 위하여 ○○○○코리아라는 법인격을 이용한 것에 불과하고, 실질적으로는 참가인이 원고들을 비롯한 근로자들을 직접 채용한 것과 마찬가지로서 참가인과 원고들 사이에 근로계약관계가 존재한다고 보아야 할 것이다.

✓ 도급의 근로자파견 해당 여부 판단기준

(대법원 2017.1.25. 선고 2014다211619 판결)

원고용주가 어느 근로자로 하여금 제3자를 위한 업무를 수행하도록 하는 경우 그 법률관계가 파견법의 적용을 받는 근로자파견에 해당하는지 여부는, 계약의 명칭이나 형식에 구애될 것이 아니라, 제3자가 해당 근로자에 대하여 업무수행 자체에 관한 구속력 있는 지시를 하는 등 상당한 지휘·명령을 하는지, 해당 근로자가 제3자 소속 근로자와 하나의 작업집단으로 구성되어 공동작업을 하는 등 제3자의 사업에 실질적으로 편입되었다고 볼 수 있는지, 원고용주가 작업에 투입될 근로자의 선발이나 근로자의 수, 교육과 훈련, 작업·휴게시간, 휴가, 근무태도 점검 등에 관한 결정권한을 독자적으로 행사하는지, 계약의 목적이 구체적으로 범위가 한정된 업무의 이행으로 확정되고 해당 근로자의 업무가 제3자 소속 근로자의 업무와 구별되며 그러한 업무에 전문성·기술성이 필요한지, 원고용주가 계약의 목적을 달성하기 위하여 필요한 독립적 기업조직이나 설비를 갖추고 있는지 등의 요소를 바탕으로 근로관계의 실질에 따라 판단하여야 한다.

✓ 도급인의 수급인 노동조합에 대한 부당노동행위 주체성 여부

(대법원 2010.3.25. 선고 2007두8881 판결)

근로자의 기본적인 노동조건 등에 관하여 그 근로자를 고용한 사업주로서의 권한과 책임을 일정 부분 담당하고 있다고 볼 정도로 실질적이고 구체적으로 지배·결정할 수 있는 지위에 있는 자가, 노동조합을 조직 또는 운영하는 것을 지배하거나 이에 개입하는 등으로 법 제81조 제4호 소정의 행위를 하였다면, 그 시정을 명하는 구제명령을 이행하여야 할 사용자에 해당한다. (중간 생략)

원고 회사가 참가인들을 포함한 사내 하청업체 소속 근로자들의 기본적인 노동조건 등에 관하여 고용사업주인 사내 하청업체의 권한과 책임을 일정 부분 담당하고 있다고 볼 정도로 실질적이면서 구체적으로 지배·결정할 수 있는 지위에 있다고 보고, 사내 하청업체의 사업폐지를 유도하는 행위 및 그로 인하여 노동조합의 활동을 위축시키거나 침해하는 지배·개입 행위를 한 원고 회사를 법 제81조 제4호 소정의 부당노동행위의 시정을 명하는 구제명령을 이행할 주체로서의 사용자에 해당한다고 판단하였다. 원심의 이러한 판단은 위 법리에 비추어 정당하다.

✓ 제조업 간접공정 도급의 근로자파견 해당 여부

(서울중앙지법 2019.8.22. 선고 2016가합513611 판결)

이 사건 치장업무는 피고의 전체 자동차생산공정 중 출고업무의 일부로서 간접생산공정에 해당하고, 간접생산공정은 직접생산공정과는 달리 컨베이어를 직접 활용하지는 않는다. 나아가 직접생산공정에 비하여 컨베이어에 종속성이 덜하여 독립적인 운영의 가능성이 있고, 작업공간 및 업무의 특성에서도 다른 공정과 분리하여 특정이 가능한 점, 이를 독자적 · 집중적으로 운영하여 전문성과 기술성을 축적할 여지가 있는 점 등에 비추어 볼 때, 도급계약의 목적 또는 대상이 될 여지는 있다고 보인다.

그러나 원고들의 업무는 실제 계약이행에서 근무시간 등 근로조건의 설정 · 관리 방식이 컨베이어를 이용한 직접생산공정과 크게 다르지 않을 뿐만 아니라, 피고가 이 사건 시스템으로 원고들의 업무를 실시간으로 관리하며 해당 업무의 수행에 필요한 지시가 필요한 경우 형식적으로 이 사건 협력업체의 관리자를 통해 하는 등 사용사업주가 지휘 · 명령권을 보유 · 행사한 반면, 이 사건 사내협력업체가 소속 근로자들에 대한 독자적인 지휘 · 명령을 하였다는 정황을 찾아보기 어려우므로, 원고들의 근로관계의 실질은 원고들이 이 사건 협력업체에 고용된 후 피고의 울산공장에 파견되어 피고의 지휘 · 명령을 받으면서 피고를 위한 업무에 종사하는 파견법이 정한 근로자파견에 해당한다 할 것이다.

✓ 도급계약 체결 자체의 단체교섭 해당 여부

(노사관계법제팀-774, 2006.3.22.)

회사가 직영 출고사무소를 타 회사에 용역도급을 줄지 여부는 경영에 관한 사용자의 결정권 범위 내의 사항이라 할 수 있을 것이므로 달리 볼 사정이 없는 한 사용자가 의무적으로 교섭에 응할 사항이라고 보기는 어려움.

✓ 도급인의 수급인 노동조합에 대한 단체교섭 의무 확장

(전주지법 군산지원 2006.4.12. 선고 2005카합411 결정)

사용자(또는 사용자단체)는 단체교섭의 상대방으로서 신의에 따라 성실히 교섭하고, 정당한 이유 없이 단체교섭을 거부하거나 해태하여서는 아니되는 바, 이때 단체교섭당사자로서의 사용자는 근로자와 근로계약을 체결한 근로계약의 당사자가 되는 것이 보통이고, 도급 또는 하청의 경우 원기업체는 하청업체의 근로자와 직접 근로계약을 체결하고 있지 아니하므로 원기업체가 단체교섭의 당사자가 될 수는 없을 것이나, 다만 하청업체의 근로자가 원기업체의 생산과정에 투입되어 원기업체의 지휘, 명령하에 근로를 제공하고 있고, 원기업체가 하청업체의 근로자에 대하여 실질적인 사용종속관계를 가지고 영향력 또는 지배력을 행사할 수 있는 경우에는 원기업체 역시 단체교섭의 상대방이 된다고 봄이 상당하다.

V 소사장제 활용

1. 소사장제 활용의 의의

(1) 소사장제 개념

소사장제(Small President System, Intrapreneuring)란 하나의 사업장내에서 생산라인별 또는 공정별 책임자가 독립된 자격으로 사업주로부터 도급을 받아 자기책임 하에 생산을 하는 도급생산 체제를 말한다. 즉, 소사장제는 사업장에서 근무하는 직원 중에서 생산관리자나 숙련도가 높은 현장관리자에게 일부 생산라인이나 제조공정을 도급주는 것으로서 사내하청의 초보적 단계에 해당한다.

소사장제는 모기업이 조직의 유연성강화와 신규사업개발 그리고 경영다각화 등을 효과적으로 수행하기 위해 감량경영의 일환으로 도입하는 분사시스템의 한 형태로 볼 수 있다.

(2) 소사장제 유형

소사장제의 유형은 일반적으로 '완전독립형'과 '불완전독립형'으로 나뉘는데 산업현장에서 소사장제를 도입한다고 하면 완전독립형을 의미하는 것이 일반적이다. 두 가지 유형의 개념 비교는 〈표 59〉와 같다.

한편, 모기업의 경영 및 사업상의 전략형태에 따라 '폐쇄적 독립채산형 소사장제'와 '하도급형 소사장제'로 나누기도 한다. 폐쇄적 독립채산형 소사장제는 모기업 내 별도의 공장을 설치하여 독립채산제로 운영하여 모기업만을 상대로 주문 및 납품하는 폐쇄적 도급거래 방식을 말한다. 그리고 하도급형 소사장제는 모기업의 외부에 별도의 공장을 설치하여 모기업을 주된 거래대상으로 하되 다른 기업과도 거래를 하면서 장기적으로 모기업 의존도를 줄여나가는 방식을 의미한다.

[표 59] 소사장제도 유형

완전독립형	불완전독립형
• 생산라인이나 공정의 일부를 그 단위책임자에게 완전히 맡겨 독립시키는 방식 • 개별소사장은 별도의 사업자등록을 가지며, 독립된 사업단위의 근로자는 개별소사장과 새로운 고용관계를 맺게 되고 기존기업과의 고용관계는 종료됨.	• 개별소사장이 별도의 사업자등록을 하지 않고 기존 기업과의 고용관계를 유지하고 있는 근로자들과 성과급제를 도입하는 유형

(3) 운영절차

소사장제의 운영절차는 크게 생산 및 영업 단위를 분할하고 단위별 소사장을 선정하며 단위별 임가공 지급단가(도급단가) 결정하는 준비단계와 임가공(도급) 계약을 체결하고 계약업무를 수행하며 수행업무에 대하여 대금을 지급하는 운영단계로 구분된다. 주요 프로세스를 도식화하면 〈그림 28〉과 같다.

[그림 28] 소사장제도 운영프로세스

준비단계	1	생산 및 영업 단위 분할
	2	소단위별 소사장 선정
	3	공정별 임가공 지급단가 결정
운영단계	4	임가공 계약 체결
	5	소사장기업의 계약업무 수행
	6	월단위 임가공비 지급

(4) 기대효과

회사 입장에서는 소사장제 실시를 통해 경영실적에 따른 예산·임금배분이 실시되므로 경비절감 등 경영효율성을 제고할 수 있다. 한편, 근로자 입장에서는 사업장에 근무하던 직원이 그 생산라인이나 공정의 일부를 독립채산제로 인수 또는 도급을 받기 때문에 해당 직원은 독립된 경영자로서 자아실현을 추구할 수 있는 기회를 부여 받을 수 있고, 소사장을 중심으로 소사업장 단위의 경영합리화를 이룰 수 있는 장점이 있다. 이에 고용조정의 한 방편으로 이용되기도 한다.

2. 소사장제 활용의 법률문제

(1) 소사장기업으로의 근로관계 이전 문제

특정한 생산 및 영업 단위가 소사장제로 운영되기로 하였다고 하더라도 모기업과 소사장기업은 별개의 사업체이므로 해당 생산 및 영업 단위 근로자의 고용관계가 당연히 소사장기업에 승계되는 것은 아니다. 따라서 그 소단위에서 근무하는 근로자들의 소속 변경은 원칙적으로 사외이동 중 전적의 법리에 따른다. 즉, 해당 근로자들의 동의가 있어야 소사장기업으로 소속이 변경되며, 근로자의 동의 없이 일방적으로 소사장기업으로 소속을 변경할 경우 모기업에서의 부당해고 문제가 발생한다.

이러한 문제로 인하여 소사장제를 도입하는 경우, 기존 근로자들을 모기업 내 타 부서 및 업무로 전환배치하고, 소장장기업에서는 새로 인력을 채용하는 경우가 많다. 소사장제도의 목적이 인건비 절감에 있는 경우에는 중장기적으로 이러한 인력운용방식이 효과적일 수 있다.

(2) 소사장의 모기업 근로자 해당 여부

소사장기업의 경우 외부 사내하청업체보다도 오히려 사업주로서의 독립성이 약한 것이 일반적이다. 이에 "소사장의 원청기업(모기업) 근로자성 여부"가 문제가 되는 경우가 있다. 불완전독립형의 경우에는 소사장의 고용관계 단절을 전제로 하지 않기 때문에 근로자성 여부에 특별한 쟁점이 있을 수 없다. 그러나 완전독립형의 경우에는 목적 자체가 고용관계의 단절을 전제로 하기 때문에 사후적으로 고용관계 여부에 대한 다툼이 발생할 수 있다.

대법원[284]은 소사장이 근로자에 해당하는지 여부에 대한 판단기준과 관련하여, "스스로 종전의 근로관계를 단절하고 퇴직한 것인지 아니면 그 의사에 반하여 강제적·형식적으로 소사장의 형태를 취하게 되었는지 여부, 사업계획, 손익계산, 위험부담 등의 주체로서 사업운영에 독자성을 가지게 되었는지 여부, 작업수행과정이나 노무관리에 있어서 모기업의 개입 내지 간섭의 정도, 보수지급방식과 보수액이 종전과 어떻게 달라졌으며 같은 종류의 일을 하는 모기업 소속 근로자에 비하여는 어떠한 차이가 있는지 여부 등도 아울러 참작하여야 한다"고 한다. 즉, 소사장이라고 하더라도 그 운영 실상이 근로관계에 있는 것으로 인정될 경우에는 근로자에 해당하게 된다.[285]

(3) 소사장기업 소속 근로자들의 모기업 근로자 해당 여부

소사장기업 소속 근로자들은 소사장과 근로계약을 체결하므로 원칙적으로 모기업 소속 근로자에 해당하지 않는다. 그러나 대법원[286]은 소사장 기업이 사업주로서 독자성이 없거나 독립성을 결여하여 기존 기업의 한 부서와 동일시할 수 있는 등 그 존재가 형식적, 명목적인 것에 지나지 아니한 경우에는 소사장기업 소속 근로자들이 모기업의 근로자로 인정된다는 입장이다.

즉, 대법원은 소사장기업이 사실상 독자적인 기업으로 평가되지 않는 경우에는 소사장기업 근로자와 모기업 사이에 직접 사용종속관계가 존재하는 것으로 보고 있다.

---

284) 대법원 2004.3.11. 선고 2004두916 판결

285) 소사장의 근로자성을 인정한 판례로는 대법원 2004.3.11. 선고 2004두916 판결 ; 울산지법 2013.10.10. 선고 2012구합2478 판결 ; 창원지법 2014.9.3. 선고 2014노501 판결(상고기각 확정) ; 서울중앙지법 2016.2.18. 선고 2014가합569412 판결

286) 대법원 2002.11.26. 선고 2002도649 판결

(4) 불법파견 문제

소사장기업의 경우 ① 모기업으로부터 생산시설을 임대하거나 무상으로 제공받는 경우가 많고 원자재도 공급받는 경우가 많다. 그리고 ② 인력이 부족한 경우 외부에서 신규인력을 채용하기도 하나 대부분 모기업에 속해 있는 근로자들이 소사장기업으로 전적하는 경우가 많다. 또한 ③ 모기업이 유일한 매출처가 되거나 모기업에 대한 거래 상의 의존도가 절대적으로 높을 수밖에 없다.

이러한 특성으로 인하여 모기업과 소사장기업 간의 거래관계에는 근로자파견 인정요소가 상당부분 존재할 여지가 크다. 즉, 소사장기업이 인사노무관리 독립성을 충분히 확보하지 못한 경우 불법파견으로 인정될 가능성이 크다.

3. 소사장제 운영원칙

(1) 소단위 업무에 적합한 소사장제 유형 결정

소사장제를 완전독립형으로 운영할 것인지 아니면 불완전독립형으로 운영할 것인지 여부를 명확하게 결정하여야 한다. 소사장제를 어떠한 유형으로 운영할 것인지는 기본적으로 소사장제로 운영하고자 하는 생산 및 영업 단위의 성격과 밀접한 관계가 있다. 해당 생산 및 영업 단위가 모기업의 다른 업무와 사실상 하나의 공정을 이루고 있거나 업무적으로 연동성이 강한 경우에는 현실적으로 완전독립형으로 운영하기 어렵다.

따라서 소사장제 유형을 결정하기에 앞서 소사장제로 운영하고자 하는 생산 및 영업 단위의 특성에 대한 분석이 필수적으로 선행되어야 한다.

(2) 근로관계 이전시 법적요건 준수

앞서 기술한 것처럼 어떤 생산 및 영업 등 소단위를 소사장제로 운영하기로 하였다고 하여 해당 소단위에 근무하던 근로자들의 근로관계가 자동적으로 소사장기업으로 이전하는 것은 아니다. 근로관계가 이전되기 위해서는 근로자들의 전적이 있어야 하며, 전적의 유효요건으로서 근로자들의 동의가 있어야 한다.

따라서 현재 소단위 내 근무하고 있는 근로자들의 근로관계를 이전하고자 하는 경우에는 사후적으로 법적문제가 발생하지 않도록 전적동의서를 작성하고, 모기업에서의 퇴사 및 소사장기업으로의 입사 절차를 명확하게 거치는 것이 바람직하다.

(3) 소사장기업의 독립성 확보

모기업과 소사장기업은 통상적으로 임가공 또는 도급, 위탁계약을 체결하게 된다. 특히 제조업에서는 사내하청의 성격을 가지게 된다. 따라서 도급과 파견의 구별기준에 의한 불법파견 법리가 그대로 적용된다.

소사장제 유형이 처음부터 불완전독립형으로 추진된 경우에는 특별한 쟁점이 될 여지가 없으나, 완전독립형을 목적으로 도입된 경우에는 운영상 신중을 기하여야 한다. 소사장기업은 기본적으로 소사장이 모기업의 퇴직자이고 사업초기 영세성을 띄는 경우가 일반적이어서 "소사장의 모기업 근로자 여부", "소사장기업 근로자의 모기업 근로자 여부"에 대한 법적 다툼이 자주 발생하게 된다.

따라서 소사장기업이 사업주로서의 실체성을 갖출 수 있도록 하는 것이 가장 중요하며, 모기업과 소사장기업과의 거래관계가 근로자파견으로 인정되지 않도록 인사노무관리 및 업무지휘·감독 측면에서 소사장기업의 독립성이 유지될 수 있도록 하는 것이 매우 중요하다.

주요 관련 판례

✓ 근로자성 판단기준

(대법원 1997.12.26. 선고 97다17575 판결)

근로기준법상의 근로자에 해당하는지 여부는 그 계약이 민법상의 고용계약이든 또는 도급계약이든 그 형식에 관계없이 실질에 있어서 근로자가 사업 또는 사업장에 임금을 목적으로 종속적인 관계에서 사용자에게 근로를 제공하였는지 여부에 따라 판단하여야 하며, 이를 판단함에 있어서는 업무의 내용이 사용자에 의하여 정하여지고 취업규칙·복무규정·인사규정 등의 적용을 받으며 업무 수행 과정에 있어서도 사용자로부터 구체적이고 직접적인 지휘·감독을 받는지 여부, 사용자에 의하여 근무 시간과 근무 장소가 지정되고 이에 구속을 받는지 여부, 근로자 스스로가 제3자를 고용하여 업무를 대행케 하는 등 업무의 대체성 유무, 비품·원자재·작업 도구 등의 소유관계, 보수가 근로 자체의 대상적(대상적) 성격을 갖고 있는지 여부와 기본급이나 고정급이 정하여져 있는지 여부 및 근로소득세의 원천징수 여부 등 보수에 관한 사항, 근로제공관계의 계속성과 사용자에의 전속성의 유무와 정도, 사회보장제도에 관한 법령 등 다른 법령에 의하여 근로자로서의 지위를 인정하여야 하는지 여부, 양 당사자의 경제・사회적 조건 등을 종합적으로 고려하여야 한다.

✓ 소사장의 모기업 근로자 해당성 판단기준

(대법원 2004.3.11. 선고 2004두916 판결)

종전에는 단순한 근로자에 불과하였다가 어떠한 계기로 하나의 경영주체로서의 외관을 갖추고 종전의 사용자(모기업)와 도급계약을 맺는 방법으로 종전과 동일 내지 유사한 내용의 근로를 제공하게 된 경우(이른바 소사장의 형태를 취한 경우)에는, 근로기준법상의 근로자에 해당하는지 여부를 판단함에 있어서 스스로 종전의 근로관계를 단절하고 퇴직한 것인지 아니면 그 의사에 반하여 강제적・형식적으로 소사장의 형태를 취하게 되었는지 여부, 사업계획, 손익계산, 위험부담 등의 주체로서 사업운영에 독자성을 가지게 되었는지 여부, 작업수행과정이나 노무관리에 있어서 모기업의 개입 내지 간섭의 정도, 보수지급방식과 보수액이 종전과 어떻게 달라졌으며 같은 종류의 일을 하는 모기업 소속 근로자에 비하여는 어떠한 차이가 있는지 여부 등도 아울러 참작하여야 한다.

✓ 소사장기업 소속 근로자들의 모기업 근로자 해당 여부

(대법원 2002.11.26. 선고 2002도649 판결)

기존 기업 중 일부 생산부문의 인적 조직이 이른바 '소사장 기업'이라는 별개의 기업으로 분리된 경우 그 소사장 기업에 고용된 채 기존 기업의 사업장에서 기존 기업의 생산업무에 종사하는 자를 기존 기업의 근로자로 보기 위해서는 그가 소속된 소사장 기업이 사업주로서 독자성이 없거나 독립성을 결여하여 기존 기업의 한 부서와 동일시할 수 있는 등 그 존재가 형식적, 명목적인 것에 지나지 아니하고, 사실상 당해 근로자는 기존 기업과 사용종속관계에 있다고 평가될 수 있어야 한다.

소사장 법인들은 사업주로서 독자성이 없거나 독립성이 결여되어 주식회사 1의 한 부서와 다를 바 없어 그 존재가 형식적, 명목적인 것에 지나지 아니하므로, 그 소속 근로자는 사실상 주식회사 1의 관리・감독 아래 주식회사 1에 근로를 제공하고 임금도 주식회사 1로부터 지급받는 사용종속관계에 있다고 보지 않을 수 없다.

제 3 장

기업변동과 노동관계

제1절
개 설

기업변동은 법률상의 용어는 아니며, 학술적으로도 통일된 개념이 존재하는 것은 아니다. 통상 기업변동은 간단히 기업조직이 변경되는 경우를 의미하는 것으로 이해할 수 있다. 기업변동의 형태에 대하여도 정형적인 구분이 존재하는 것은 아니다. 영업양도, 합병, 분할, 분사, 경영위임을 대표적인 형태로 들 수 있고, 넓게는 기업인수(주식매수)도 포함시킬 수 있다. 근로기준법 등 노동관계법은 기업변동시의 노동관계 문제에 대하여 구체적인 규정을 두고 있지 않다. 이에 대부분 판례와 해석에 맡겨지고 있다.

이하에서는 근로관계의 승계 여부를 중심으로 많은 논의가 이루어지고 있는 합병, 분할, 영업양도를 중심으로 노동관계 문제를 살펴본다.[287)]

287) 분사의 한 유형으로서 기업변동에 해당한다고 볼 수 있는 소사장제에 대하여는 앞 장의 고용형태 조정 부분에서 살펴보았다.

제2절

기업변동 형태별 노동관계 제문제

I 영업양도

1. 영업양도의 개념

영업양도[288]의 개념구성에 관하여 학설은 양도처분설과 지위교체설로 나뉜다. 양도처분설은 영업을 객관적으로 파악하여 권리의 객체인 영업을 양도처분하는 것을 영업양도로 이해한다. 반면에 지위교체설은 영업의 주관적 측면을 중시하여 영업양도의 대상을 인적요소에 중점을 둔다. 양도처분설과 지위교체설 각각도 바라보는 관점에 따라 여러 견해로 나뉜다.[289]

대법원[290]은 영업양도란 일정한 영업목적에 의하여 조직화된 총체 즉 인적・물적 조직을 그 동일성을 유지하면서 일체로서 이전하는 것이라고 한다. 즉, 대법원

288) 상법에서는 영업이라는 용어가 사용되는 반면에 노동관계법에서 '영업'이라는 표현 대신에 '사업'이라는 용어가 일반적으로 사용되고 있다. 대표적으로 근로기준법 제24조(경영상 이유에 의한 해고의 제한) 제1항 후문은 경영상 해고의 요건을 규정하면서 '사업의 양도'를 긴박한 경영상의 사유로 규정하고 있다. 이에 주로 노동법학계를 중심으로 영업이 아닌 사업이라는 용어를 사용하는 것이 타당하다는 견해가 있다. 노동관계법률이 '사업의 양도'라는 표현을 사용하고 있고, 상법상의 영업이 영리를 목적으로 하는 사업에 적용되는 반면 노동관계법은 원칙적으로 영리・비영리를 구별하지 않는다는 점에서 노동법적으로는 '사업양도'라는 용어가 타당하다고 생각된다. 다만, 이 책에서는 이해의 편의를 위해서 영업양도라는 표현을 사용하기로 한다[사업양도라는 용어를 사용하는 것이 타당하다는 견해로는, 이승욱, "사업양도와 근로자의 지위", 서울대 박사학위논문, 1997, 10쪽 ; 유성재, 「사업양도시 고용승계에 관한 법제개선방안」, 한국법제연구원, 2000, 16쪽 등 참조]

289) 양도처분설은 영업재산양도설, 영업조직양도설, 영업유기체양도설 등으로 구분되며, 지위교체설은 영업활동교체계약설, 기업주체지위양도설, 기업자지위승계설 등으로 구분된다. 이 책에서는 자세한 내용에 대하여는 생략하기로 한다.

290) 대법원 2002.3.29. 선고 2000두8448 판결 ; 대법원 1997.6.24. 선고 96다2644 판결, 1995. 7.14. 선고 94다20198 판결 등

은 "人的 要素"와 "物的 要素"를 다 같이 중시하는 절충적 태도를 보이고 있다.

따라서 영업양도이기 위해서는 영업이 그 동일성을 유지하면서 이전되어야 한다. 영업의 동일성 유지 여부는 일반사회 거래관념에 의하여 결정되어 진다. 따라서 영업의 양도로 인정되느냐 그렇지 않느냐는 단지 어떠한 영업재산이 어느 정도로 이전되어 있는가에 의하여 결정되는 것이 아니며, 거기에 종래의 영업조직이 유지되어 그 조직이 전부 또는 중요한 일부로서 기능할 수 있는가에 의하여 결정된다. 예컨대 영업재산의 전부를 양도했어도 그 조직을 해체하여 양도했다면 영업양도에 해당하지 않는다. 반면에 그 일부를 유보한 채 영업시설을 양도했어도 그 양도한 부분만으로도 종래의 조직이 유지되어 있다고 사회관념상 인정되면 영업양도에 해당한다.[291] 영업양도는 영업의 전부를 양도하는 것뿐만 아니라 영업의 일부를 양도하는 것도 가능하다.

한편, 영업양도가 아닌 자산양도(자산매매)에 해당하는 경우에는 영업양도로서의 법률적 효과가 발생하지 않는다. 이에 어떠한 거래관계(양도계약)가 영업양도에 해당하는지 아니면 자산양도에 해당하는지 여부에 대한 판단이 매우 중요하다.

대법원[292]은 이른바 삼미특수강사건에서 "영업의 양도로 인정되느냐 안 되느냐는 단지 어떠한 영업재산이 어느 정도로 이전되었는가에 의하여 결정되어야 하는 것이 아니고 거기에 종래의 영업조직이 유지되어 그 조직이 전부 또는 중요한 일부로서 기능할 수 있는가에 의하여 결정되어야 하는 것"이라고 판시함으로써 "조직의 동일성 유지 여부"를 자산양도와 영업양도의 구별기준으로 보고 있다.

동 사건에서 원심[293]은 대법원과 달리 영업양도에 해당하는 것으로 보았는바, 원심과 대법원의 판결요지 및 근거를 비교하면 〈표 60〉「삼미특수강사건 판결 비교」와 같다.

291) 대법원 2002.3.29. 선고 2000두8448 판결 ; 대법원 2001.7.27. 선고 99두2680 판결

292) 대법원 2001.7.27. 선고 99두2680 판결

293) 서울고등법원 1999.1.22. 선고 97구53801 판결

[표 60] 삼미특수강사건 판결 비교

구분	서울고등법원 (1999.1.22. 선고 97구53801 판결)	대법원 (2001.7.27. 선고 99두2680 판결)
판결 요지	실질적 영업양도계약이므로 고용배제특약은 해고에 해당하며 근로기준법상 정당한 이유가 없음	자산매매계약에 해당하므로 근로관계가 포괄적으로 승계되지 않음
판단 근거	① 포항종합제철(주)(이하 '포항제철'이라 함)과 삼미종합특수강(주)(이하 '삼미'라 함)의 사업목적이 동일한 점 ② 채무를 인수하지 않기로 한 약정은 영업양도 인정에 영향을 미치지 않는다는 점 ③ 포항제철에 신규채용된 근로자는 신규채용 후 삼미를 퇴직한 점 ④ 신규채용인원은 공장운영에 필요한 기능직 중심이었다는 점 ⑤ 영업인원을 90% 신규채용하여 기존 거래선을 유지하였다는 점 ⑥ 포항제철의 고유직원은 임원, 노무관리 직원으로 사업운영에 본질적인 인력이 아니라는 점 ⑦ 신규채용자의 수습기간 중 정규직에 상응하는 대우를 한 점 ⑧ 고용불승계시 노동조합의 권리 및 근로자의 임금채권우선변제권의 침해가능성이 있는 점 ⑨ 삼미로부터 채용한 인력을 통해 동일생산방식으로 동일제품을 생산한 점	① 공장의 자산과 함께 인적조직을 포괄 양도하는 방식으로는 인수희망자가 없어 결국 공장의 자산만을 양도하기로 한 점 ② 포항제철로의 입사를 원하는 근로자 중 채용이 되지 않은 경우에는 삼미와 근로관계가 단절되지 않도록 한 점 ③ 포항제철은 삼미 근로자들을 신규채용하면서 삼미의 인적조직을 해체하여 포항제철의 기준 및 인사관리방법(직급 및 급여체계, 근무시간 등)에 따라 재구성하여 조직화한 점 ④ 포항제철이 삼미의 채권·채무를 전혀 인수하지 아니한 점 ⑤ 삼미의 거래선 중 원자재 구입처의 약 29%, 판매처의 약 10%만 유지한 점 ⑦ 삼미가 영업상 확보한 주문관계나 영업상 비밀 등의 재산가치를 인수하지 않은 점

2. 영업양도와 노동관계 제문제

(1) 근로관계 승계 여부

영업양도시 근로관계 승계 여부에 대하여 학설은 당연승계설, 특약필요설, 원칙승계설로 나뉜다. 당연승계설은 영업이 양도되면 양수인의 의사와는 관계없이 근로관계가 포괄적으로 당연히 양수인에게 이전된다고 본다. 이 견해에 의하면 근로관계 이전에 대한 양수인인의 동의는 필요하지 않으며, 양도인과 양수인 사이에 일부 근로자의 승계를 배제하기로 하는 특약도 인정되지 않는다(무효).

특약필요설은 영업양도의 계약이 있다고 하여 양도인에게 종래부터 고용되어 있는 근로자의 근로관계가 양수인에게 당연히 승계되는 것이 아니라 영업양도 당사자 사이에 근로관계 승계에 관하여 명시적인 특약 또는 묵시적인 합의가 있고, 근로자 역시 이에 동의하여야만 근로관계가 양수인에게 승계된다고 한다. 상법학계 일부에서 이와 같은 견해를 있기는 하나, 노동법학계에서는 지지하는 견해를 찾아보기 어렵다.

원칙승계설은 당사자 사이에 반대의 특약이 없는 한 영업양도의 합의 속에는 원칙적으로 근로관계를 포괄적으로 승계하기로 하는 합의가 포함된 것으로 추정되고, 특약을 통해 승계를 배제하는 경우에는 그에 대한 합리적인 이유가 있어야 한다고 본다. 당연승계설과 특약필요설의 절충적 입장이라고 할 수 있다. 근로관계의 승계 여부를 영업양도 당사자 간의 의사해석의 문제로 보는 점에 있어서는 특약필요설과 동일하나, 특약필요설이 영업양도의 계약법적 성격에 기초하고 있다면 원칙승계설은 조직법적 성격을 강조하고 있다는 점에 차이가 있다고 볼 수 있다.

한편, 대법원[294]은 영업이 양도되면 반대의 특약이 없는 한 양도인과 근로자 사이의 근로관계는 원칙적으로 양수인에게 포괄적으로 승계되고, 영업양도 당사자 사이에 근로관계의 일부를 승계의 대상에서 제외하기로 하는 특약이 있는 경우에는 그에 따라 근로관계의 승계가 이루어지지 않을 수 있으나, 그러한 특약은 실질적으로 해고나 다름이 없으므로 근로기준법 제23조(해고 등의 제한) 제1항 소정의 정당한 이유가 있어야 유효하며, 영업양도 그 자체만을 사유로 삼아 근로자를 해고한 것은 정당한 이유가 있는 경우에 해당한다고 볼 수 없다는 입장이다. 결국, 대법원은 기본적으로 원칙승계설의 입장을 취하고 있다고 평가할 수 있다.

즉, 대법원은 영업양도에 관한 합의 내에 근로관계를 포괄적으로 승계한다는 합의가 포함되어 있는 것으로 추정하나, 근로관계의 승계를 배제하기 위한 양도인과 양수인 사이의 특약의 가능성을 인정한다. 그러한 특약의 유효성에 대하여

294) 대법원 1994.6.28. 선고 93다33173 판결 ; 대법원 2002.3.29. 선고 2000두8448 판결 ; 대법원 2012.5.10. 선고 2011다45217 판결

는 근로기준법 제23조(해고 등의 제한) 제1항의 "정당한 이유"를 기준으로 판단하고 있으며, 영업양도 그 자체는 근로관계 승계를 배제하기 위한 정당한 이유로 보지 않고 있는 것이다. 이것은 영업양도를 해고제한법리를 회피하는 수단으로 이용하지 못하도록 함으로써 근로관계의 존속보호를 도모하고자 하기 위한 것으로 보인다.[295]

(2) 근로자의 동의 필요 여부

민법 제657조(권리의무의 전속성) 제1항은 사용자는 노무자의 동의 없이 그 권리를 제3자에게 양도하지 못한다고 정하고 있다. 따라서 영업양도시 근로자의 동의가 근로관계 승계의 요건이 되는지 여부가 문제된다.

영업양도 시 근로관계 승계에 관한 학설 중 특약필요설은 양도인, 양수인, 근로자의 합의가 있어야 근로관계가 승계된다고 보기 때문에 기본적으로 근로자의 동의 여부는 문제되지 않는다. 반면에 당연승계설과 원칙승계설의 경우에는 논리적으로 보면 근로관계 승계의 요건으로서 근로자의 의사는 문제되지 않는다. 그러나 근로관계 승계에 관한 학설과 근로자의 의사반영에 관한 해석이 일률적으로 일치하는 것은 아니다. 즉, 당연승계설 내지 원칙승계설을 취하면서도 여러 필요성을 근거로 근로자의 동의가 있어야 한다고 보는 견해도 있다.

학설은 크게 동의필요설, 동의불요설, 거부권인정설로 나뉜다. 각 학설마다 다양한 논거가 제시되고 있으나 기본적 근거로 보면, 동의필요설은 기본적으로 민법 제657조 제1항이 노무제공의 일신전속성을 규정하고 있다는 점에서 근로자의 동의를 근로관계 승계의 요건으로 본다. 반면에 동의불요설은 영업양도가 있으면 근로관계가 당연히 양수인에게 이전되기 때문에 민법 제657조 제1항이 적용되지 않고 근로자의 동의도 필요하지 않다고 본다. 그리고 거부권설은 근로자의 동의 여부와 관계없이 근로관계는 승계되나, 근로자에게 근로관계 승계에 대한 거부권이 인정된다고 한다.

---

295) 이병운, "영업양도와 근로관계의 승계", 「노동법논총」 제3집, 한국비교노동법학회, 2000, 98쪽 ; 하경효, "기업의 구조조정과 근로관계의 존속보호", 「저스티스」 제32권 제2호, 한국법학원, 1996, 67쪽.

대법원[296]은 "영업양도가 이루어진 경우에는 원칙적으로 해당 근로자들의 근로관계가 양수하는 기업에 포괄적으로 승계되지만 근로자가 반대 의사를 표시함으로써 양수기업에 승계되는 대신 양도기업에 잔류하거나 양도기업과 양수기업 모두에서 퇴직할 수도 있다"고 한다. 이러한 판례의 입장은 근로자의 동의여부가 근로관계 승계의 요건이 되는지에 대하여 명시적으로 밝히고 있지는 않으나, 근로자의 '반대의 의사표시'를 인정하고 있는 것으로 볼 때 근로관계 승계에 대한 거부권을 인정하고 있는 것으로 볼 수 있다.

영업양도로 인하여 근로관계는 근로자의 동의 여부와 관계없이 양수인에게로 승계되지만 근로자에게 그 승계에 대한 거부권이 인정된다고 보는 것이 타당하다고 본다.[297] 그러나 근로자의 거부권을 무한정 인정하는 것은 자칫 영업양도의 기업변동으로서의 효율성을 저해할 수 있으므로 거부권 사용의 요건 및 사유에 대한 엄격한 해석과 적용이 필요하다고 본다.

(3) 거부권 행사시기

근로자는 근로관계 승계에 대한 반대의 의사를 표시함으로써 양수기업에 승계되는 대신 양도기업에 잔류할 수 있다. 여기에서 거부의사 표시(거부권 행사)의 시기가 문제된다.

대법원[298]은 "근로관계 승계에 반대하는 의사는 근로자가 영업양도가 이루어진 사실을 안 날로부터 상당한 기간 내에 양도기업 또는 양수기업에게 표시하여야 하고, 상당한 기간 내에 표시하였는지 여부는 양도기업 또는 양수기업이 근로자에게 영업양도 사실, 양도이유, 양도가 근로자에게 미치는 법적・경제적・사회적 영향, 근로자와 관련하여 예상되는 조치 등을 고지하였는지 여부, 그와 같은 고지가 없었다면 근로자가 그러한 정보를 알았거나 알 수 있었던 시점, 통상적인 근

296) 대법원 2002.3.29. 선고 2000두8448 판결 ; 대법원 2012.5.10. 선고 2011다45217 판결

297) 거부권의 법적 근거와 관련하여서는 규정을 신설하여야 한다는 견해(이승욱, "사업양도와 근로자의 지위", 서울대학교 박사학위논문, 1997, 154쪽)가 있는 반면, 민법 제657조 제1항에서 도출할 수 있으므로 규정을 신설할 필요가 없다는 견해(유성재, 「사업양도시 고용승계에 관한 법제개선방안」, 한국법제연구원, 2000, 70~71쪽)가 있다.

298) 대법원 2012.5.10. 선고 2011다45217 판결

로자라면 그와 같은 정보를 바탕으로 근로관계 승계에 대한 자신의 의사를 결정하는데 필요한 시간 등 제반사정을 고려하여 판단하여야 한다"는 입장이다.

이러한 판례의 판단기준은 타당한 것으로 보인다. 다만, 거부권 행사 요건 및 사유에서와 동일한 이유에서, 실제 적용에 있어 그 행사 시기의 범위를 지나치게 넓게 인정하는 것은 타당하지 않다고 본다.[299]

(4) 계속근로 여부

영업양도로 인하여 근로관계가 원칙적으로 포괄승계되므로 계속근로기간은 통산된다. 그러나 근로자가 스스로의 의사로 영업양도 전후의 계속근로를 단절할 뜻으로 양도기업에 사직서를 제출하고 퇴직금을 지급받은 다음 양수기업에 새로 입사하였다면 계속근로는 단절된다.[300]

반면에 근로자 스스로의 의사가 아니라 양도기업이 퇴직금을 지급하기 위하여 또는 경영방침에 의한 일방적 결정으로 퇴사 및 재입사의 형식을 거친 것이라면 계속근로가 단절되지 않는다.[301]

한편, 영업양도는 퇴직금중간정산 사유[302]에 해당하지 않는다. 이와 관련하여 우리나라에서만 특수하게 시행되고 있는 퇴직금제도와 관련하여 영업양도 시 중간정산 기회를 열어주는 방안을 고려하여야 한다는 견해[303]가 있다. 경영악화 방지를 위한 영업양도의 사회적 필요성 및 양수인의 퇴직금채무 부담 등을 고려할 때 타당한 견해로 보인다.

---

299) 하급심 중 영업양도에 따라 양수기업과 고용계약을 체결하고 1년 이상 근무한 근로자가 고용승계를 인정한 것이 아니라 생계유지를 위한 임시방편이었다고 주장한 사건에서, 근로관계에 대한 거부권을 행사한 것으로 보기 어렵다고 본 판례가 있다(서울행정법원 2001.8.24. 선고 2001구8383 판결)

300) 대법원 2012.5.10. 선고 2011다45217 판결 ; 대법원 1991.5.28. 선고 90다16801 판결 ; 대법원 1991.12.10. 선고 91다12035 판결

301) 대법원 1991.11.12. 선고 91다12806 판결 ; 대법원 1992.7.14. 선고 91다40276 판결

302) 퇴직급여법시행령 제3조(퇴직금의 중간정산 사유) 제1항은 퇴직금중간정산 사유를 규정하고 있으나, 기업변동은 중간정산 사유로 포함하고 있지 않다.

303) 김상호, "영업양도에 따른 고용승계와 근로자의 승계거부권", 「노동법률」2013년 3월호, ㈜중앙경제, 71쪽.

(5) 해고의 효력을 다투는 근로자의 승계 여부

영업양도 이전 양도기업에서 해고되어 해고의 효력을 다투는 근로자도 승계되는지 여부가 문제된다. 대법원은 전반적으로 근로관계의 승계를 인정하지 않는 입장을 취하고 있다.[304] 다만, 영업양도 이전에 이미 판결을 통하여 당해 해고가 무효임이 객관적으로 명확하거나 양수기업이 해고가 무효임을 알고 있었던 경우에는 근로관계가 승계된 것으로 본다.[305]

(6) 전환배치 및 해고를 통한 사실상의 승계배제 문제

양도기업이 영업양도 이전에 적법하게 전환배치를 하거나 해고한 경우에는 승계 여부에 대한 논란이 발생할 여지가 없다. 그러나 양도기업과 양수기업이 영업양도에 관한 협상을 진행하는 과정에서 일정한 인원수만 승계할 목적으로 또는 특정 노조원을 배제할 목적으로 일부 근로자를 미리 전환배치하거나 해고하는 경우가 문제된다.

이러한 문제에 대한 명시적인 대법원 판결은 찾아보기 어렵다. 다만, 영업양도는 단순히 경영주체의 교체에 그 본래의 목적이 있을 뿐이므로 영업양도 당사자가 영업양도의 기회에 편승하여 영업양도 그 자체의 위험부담을 근로자에게 전가할 수 없다고 보아야 하므로 그러한 해고는 강행법규인 근로기준법 제23조(해고 등의 제한) 제1항에 위반되며, 조합원에 해당하는 경우에는 부당노동행위를 금지하는 노조법 규정에 위반하는 것이므로 무효라고 보아야 한다는 견해가 있다.[306] 전환배치의 경우 비교적 사용자의 재량권이 넓게 인정되지만, 승계배제를 목적으로 한 전환배치가 부당한 것으로 인정될 경우에는 사후적으로 승계 여부 자체에 대한 법적문제가 발생할 것으로 보인다.

---

304) 대법원 1993.5.25. 선고 91다41750 판결 ; 대법원 1995.9.29. 선고 94다54245 판결 ; 대법원 1996.5.31. 선고 95다33238 판결, 반면에 승계를 인정하는 것이 타당하다는 견해가 있다(하갑래, 「근로기준법」 전정 제29판, ㈜중앙경제, 2016, 763쪽.

305) 대법원 1996.4.26. 선고 95누1972 판결 ; 대법원 1994.6.28. 선고 93다33173 판결 ; 대법원 2002.6.14. 선고 2002다14488 판결

306) 사법연수원, 「해고와 임금」, 2012. 271~272쪽.

(7) 영업양도와 경영상 해고

근로기준법 제24조(경영상 이유에 의한 해고의 제한) 제1항 후문은 경영악화를 방지하기 위한 사업의 양도・인수・합병은 긴박한 경영상의 필요가 있는 것으로 본다고 규정하고 있다.

동 규정의 의미를 명시적으로 설시한 대법원 판례는 확인되지 않는다. 다만, 대법원[307)]은 “근로관계의 승계를 거부하는 근로자에 대하여는 그 근로관계가 양수하는 기업에 승계되지 않고 여전히 양도하는 기업과 사이에 존속되는 것이며, 이러한 경우 원래의 사용자는 영업일부의 양도로 인한 경영상의 필요에 따라 감원이 불가피하게 되는 사정이 있어 정리해고로서의 정당한 요건이 갖추어졌다면 그 절차를 갖춰 승계를 거부한 근로자를 해고할 수 있다”고 한다.

반면에 동 규정의 실제적 의미에 대하여 사업의 양도, 기업의 인수 또는 합병이 있기 전에 영업양도인・피인수인・피합병인(이하 ‘양도인’ 등이라 한다)이 경영악화를 방지하기 위한 사유로 경영상의 해고를 할 수 있도록 한 것이라고 해석하는 견해가 있다.[308)]

한편, 영업양수인・인수인・합병인(이하 ‘양수인’ 등이라 한다)이 경영상 해고의 주체가 될 수 있는지 여부도 문제된다. 논거구성에는 차이가 있으나 대부분의 견해는 양수인 등에 의한 경영상 해고를 긍정하고 있다.[309)]

판단건대, 근로기준법 제24조 제1항이 별도의 후문을 규정한 취지로 볼 때, 동 후문은「사업의 양도・인수・합병의 원인이 경영악화 방지를 위한 것인 경우」에는 긴박한 경영상의 필요성이 있는 것으로 간주하는 것이며, 이것은 사업의 양도・인수・합병 전후를 불문하고 그 주체가 양도인・피인수인・피합병인 또는 양수인・인수인・합병인인지 여부도 불문한다고 본다.

즉, 양도인 등이 경영악화를 방지하기 위하여 영업양도 등을 진행하는 과정에

---

307) 대법원 2000.10.13. 선고 98다11437 판결

308) 이승욱, “기업변동에 따른 경영상 해고의 정당성”,「노동법학」제8호, 한국노동법학회, 1998, 413쪽 이하.

309) 김형배,「새로 쓴 노동법」제25판(전면개정판), 박영사, 2016, 698~699쪽 ; 이병태,「최신 노동법」, ㈜중앙경제, 2008, 644쪽 ; 김영문, “사업의 양도, 기업의 인수・합병과 정리해고”,「안암법학」제7호, 안암법학회, 1998, 392쪽 이하.

서 시행하는 경영상 해고의 경우 긴박한 경영상 필요성이 있는 것으로 간주하는 것이며, 영업양도 등 이후 양도인이 잉여인력 존재에 따라 경영상 해고를 하는 경우에도 애초의 영업양도가 경영악화 방지를 위한 것이었다면, 제24조 제1항 후문을 적용하여야 할 것으로 본다. 그리고 양도인 등의 영업양도 등 원인이 경영악화 방지를 위한 것이었다면, 양수인 등도 경영상 해고 시행주체가 될 수 있으며 이 경우에도 제24조 제1항 후문의 적용을 받는다고 보는 것이 타당하다고 본다. 그러나 근로기준법 제24조 제1항 후문이 적용된다고 하더라도 해고회피노력, 공정한 해고대상자 선정, 근로자대표와의 협의 등 다른 요건을 갖추어야 함은 당연한 것이다.

한편, 사업의 양도·인수·합병의 원인이 경영악화 방지와 무관한 경우에는 어떠한 경우에도 제24조 제1항 후문이 적용되지 않으며, 전문의 긴박한 경영상 필요성이 있어야 경영상 해고가 가능하다고 할 것이다.

(8) 근로관계 승계를 거부한 근로자의 실업급여 수급자격

고용보험법시행규칙 별표2는 실업급여 수급자격이 제한되지 아니하는 정당한 이직사유를 기재하고 있는바, 제6호는 사업의 양도·인수·합병으로 사업주로부터 퇴직을 권고받은 경우에는 실업급여 수급자격이 있다고 정하고 있다.

영업양도에 따른 근로관계 승계 법리와 고용보험법시행규칙 별표2를 통해 판단해 보면, 근로자가 동일한 근로조건으로의 승계를 거부하고 이직하는 경우에는 실업급여 수급자격을 가지지 못하는 것으로 판단된다.

그러나 전부 영업양도에서 사용자에 의하여 근로관계 승계가 배제되어 근로관계 종료된 경우, 일부 영업양도 과정에서 사용자의 퇴직권고에 따라 이직하는 경우에는 실업급여 수급자격이 유지되는 것으로 볼 것이다. 그리고 사용자가 근로관계의 승계를 인정하면서도 임금삭감 등 근로조건의 하향을 근로관계 승계의 조건으로 제시함으로써 이직하는 경우에도 사실상 비자발적 퇴직에 해당하므로 실업급여 수급자격이 유지되는 것으로 보아야 할 것이다.

고용노동부 행정해석[310] 중 "근로관계 이전을 거부한 근로자들이 귀 공단에 남게 될 경우 해고 등 계속고용이 될 수 없는 상황에서 부득이 사직하게 되었다면 회사사정에 의하여 이직한 것으로 보아 실업급여의 수급자격이 인정될 수 있을 것이나, 계속 고용될 수 있는 상황에서도 사직하게 되었다면 정당한 사유없는 자기사정에 의한 이직이므로 실업급여의 수급자격이 제한된다"고 본 해석이 있다. 전체적으로 같은 취지인 것으로 보인다.

3. 근로관계 승계에 따른 법률효과

(1) 취업규칙의 효력

영업양도에 의하여 근로관계가 양수인에게 이전되면 양수인은 양도인이 근로자에 대하여 가지고 있는 권리의무를 승계하므로, 양도인과 근로자가 체결한 근로계약의 내용을 그대로 승계하는 것은 당연하다. 취업규칙의 효력과 관련하여서는 취업규칙 그 자체가 자동적으로 승계되는 것은 아니나, 취업규칙 내용이 계속 효력을 유지하는 것으로 보는 것이 대부분의 견해이다.[311]

대법원[312]은 "근로관계가 포괄적으로 승계되는 경우에는 근로자는 승계한 법인에서도 종전의 근로관계와 동일한 근로관계를 유지하게 되고, 사용자가 일방적으로 취업규칙을 변경하거나 종전의 근로관계보다 불이익한 승계한 법인의 취업규칙을 적용하기 위해서는 종전의 근로계약상 지위를 유지하던 근로자집단의 집단적 의사결정방법에 의한 동의 등의 사정이 있어야 하며, 이러한 동의 등이 없는 한 사용자가 일방적으로 종전의 근로조건을 근로자에게 불리하게 변경하거나 종전의 근로조건보다 불이익한 승계한 법인의 취업규칙을 적용할 수 없다. 이 경우 종전의 근로조건을 그대로 유지한 채 승계한 법인에서 근무하게 되는 근로자에 대하여는 종전의 취업규칙이 그대로 적용된다"고 한다. 즉, 대법원은 구체적인 근거를 제시하고 있지 않으나 취업규칙이 승계되는 것처럼 설시하고 있다. 그러

310) 실업 68430-474, 2000.6.22. 공단이 정부방침에 따라 부대사업의 일부를 민영화하면서 고용승계 및 복리후생을 보장하기로 한 사안이다.

311) 하갑래, 「근로기준법」 전정 제29판, ㈜중앙경제, 2016, 764쪽 ; 김지형, "영업양도와 근로관계의 이전", 「민사재판의 제문제」 제8집, 민사실무연구회, 1994, 1057쪽.

312) 대법원 2010.1.28. 선고 2009다32362 판결 ; 대법원 1995.12.26. 선고 95다 41659 판결

나 판시 내용을 구체적으로 살피면, 취업규칙 자체의 승계가 아니라 취업규칙의 내용이 그대로 적용된다는 의미인 것으로 해석된다.

영업양도로 인하여 양도인 사업장에 적용되던 취업규칙 자체가 승계되는 것은 아니므로 승계된 근로자들의 근로조건을 변경하려면 어떤 절차를 거쳐야 하는지 여부가 문제된다. 이와 관련하여 위의 대법원 입장에 따르면 취업규칙 변경 절차를 거쳐야 하며, 불이익하게 변경하는 경우에는 집단적 동의를 받아야 한다.

반드시 규정화되어 있지 않더라도 집단적으로 적용되는 관행화된 근로조건을 변경하는 경우에도 취업규칙 변경절차를 거쳐야 한다고 해석되고,[313] 산업현장 내에서의 법적안정성을 고려하면 취업규칙 불이익변경 절차를 거쳐야 할 것으로 본다.

(2) 균등처우의 원칙 및 퇴직금 차등지급금지의 원칙 위반 문제

양수인이 영업양수 이전부터 영업을 영위해 온 경우, 영업양수로 인하여 하나의 사업 또는 사업장에서 종래의 양수인 근로자와 양도인으로부터 근로관계가 승계된 근로자 사이에 근로조건의 차이가 발생하게 된다. 이러한 근로조건의 차이가 근로기준법 제6조(균등한 처우)가 정하고 있는 균등처우의 원칙과 퇴직급여법 제4조(퇴직급여제도의 설정) 제2항의 퇴직금 차등지급금지의 원칙에 위반되는 것이 아닌지 문제된다.

이와 관련하여서는 양수인의 자의적인 차별이 아니고 근로관계 승계로 인하여 불가피하게 발생하는 상황이므로 균등처우의 원칙 및 퇴직금 차등지급금지의 원칙에 반한다고 보기 어렵다. 대법원[314]도 영업양도에 따른 퇴직금규정 차이가 문제된 사안에서 퇴직금 차등지급금지의 원칙에 해당한다고 할 수 없다고 판시하였다.

그러나 업무의 성질과 내용이 동일하고 특별한 사유가 없음에도 불구하고 영업양도가 이루어진 시점 이후에도 지속적으로 장기간에 걸쳐 차등화된 근로조건

313) 근로개선정책과-6781, 2012.12.11. ; 근기 68207-217, 2002.2.24.

314) 대법원 1997.12.26. 선고 97다17575 판결

을 유지하는 경우에는 균등처우의 원칙에 반하는 것으로 인정될 가능성도 배제할 수 없다고 본다.[315]

(3) 영업양수도 이전 임금지급채무 책임

양수인이 근로관계가 승계된 근로자에 대하여 영업양수 이후의 임금 및 퇴직금 지급의무를 부담하는 것은 당연하다. 그러나 영업양수도 이전에 이미 성립된 임금지급채무에 대하여도 책임을 부담하는지 여부가 문제된다.

다수의 견해는 근로자가 양도인은 물론 양수인에게도 지급을 청구할 수 있고, 양도인과 양수인 쌍방이 부진정연대채무관계에 있다고 본다.[316] 영업양수도 이전 이미 발생한 채무인 이상 이행기에 도달하였을 것을 요하지 않는다고 본다. 따라서 양도인과 근로자 사이에 미지급 임금에 대한 지급기한 연장 합의가 있고 그 기한이 아직 도래하지 않은 경우에도 양수인은 지급책임을 가진다고 볼 것이다. 다만, 영업양도 전에 이미 발생한 임금채권은 양수인에게 승계되지 않는다고 본 고용노동부 행정해석[317]이 있다.

한편, 대법원[318]은 승계된 근로자들이 양도인에 대하여 가지는 임금 등 우선변제권이 양도된 부동산에 대한 근저당권에 우선하는 이상 양수인에 대한 관계에서도 동일하게 임금 등의 우선변제권이 유지된다는 입장이다.

(4) 노동조합의 지위

영업양도가 이루어진 경우 양수인 회사에 존재하고 있던 노동조합의 지위가 문제된다. 다수의 견해[319]는 노동조합의 지위가 양수인에게 이전되는 것으로 본

---

315) 이승욱, "사업변동에 따른 노동법상 쟁점" 「저스티스」 제33권 제3호, 한국법학원, 2000, 17쪽.

316) 이병태, 「최신 노동법」, ㈜중앙경제, 2008, 629쪽 ; 김형배, 「새로 쓴 노동법」 제25판(전면개정판), 박영사, 2016, 625쪽.

317) 근로기준팀-4021, 2006.8.4. 영업양도로 인하여 근로관계로 인한 권리의무가 양수인에게 승계되는 것이 원칙이므로 동 행정해석은 타당하지 않은 것으로 보인다.

318) 대법원 2002.10.8. 선고 2001다31141 판결

319) 이병태, 「최신 노동법」, ㈜중앙경제, 2008, 630쪽.

다. 반면에 양도인 사업장에 존재하고 있던 노동조합의 지위 자체가 양도의 대상속에 포함된다고 보는 것은 영업양도의 개념과 취지에 부합하지 않는다는 견해[320]가 있다.

영업양도를 포함한 기업변동 시 노동조합의 지위에 관하여는 아직 충분한 판례가 축적되어 있지 않다. 다만, 양도인 사업장의 노동조합이 양도인과 체결한 단체협약에 의하여 사용하고 있던 노조사무실의 계속사용 여부가 쟁점이 된 사건(한국오므론전장사건)에서, 하급심[321]은 "양수인에게 승계되는 근로관계는 사용자와 근로자 사이의 개별적 근로관계뿐만 아니라 양도인과의 관계에서 형성된 집단적 근로관계도 포함되고, 이미 설립된 노동조합은 영업양도에 의하여 그 존립에 영향을 받지 않고 양수인 사업장의 노동조합으로 존속한다고 봄이 상당하다"고 판시하여 양수인 사업장에서의 노동조합 존속을 인정하였다.[322]

사견으로는 기업변동에 따라 포괄적으로 승계되는 것은 개별적 근로관계이므로 노동조합의 지위까지 일률적으로 이전하는 것으로 볼 수 없다고 본다. 노동조합의 주체성 보호 측면에서도 노동조합의 지위를 기업변동의 효과에 맡기는 것은 타당하지 않다고 생각된다.

따라서 양수인 사업장의 노동조합이 기업별노동조합인 경우에는 양도인 사업장에 존속하는 것으로 보아야 할 것이다. 전부 영업양도로 양도인의 근로자 전부가 양수인으로 승계된 경우에는 조합원 전원이 조합원자격을 상실하고 그 노동조합은 '사원 없는 사단'이 된다. 그러나 일부 근로자가 유효한 거부권을 행사하여 양도인 사업장에 잔류하는 경우에는 해당 근로자를 조합원으로 하는 노동조합으로 유지될 것이다. 한편, 영업양도로 근로관계가 이전되는 시기는 양수도계약 체결시가 아니라 양수인이 양도인의 근로자들을 경영조직에 편입하는 때이므로, 양도인의 노동조합은 '실질적인 근로관계 이전 전'에 양수인 사업장의 근로자

320) 김형배, 「새로 쓴 노동법」 제25판(전면개정판), 박영사, 2016, 640쪽.

321) 서울지방법원 남부지원 1998.11.24. 선고 98가단28156 판결. 원심은 이 판결을 인용하였으며(서울지방법원 1999.12.3. 선고 99나1702 판결), 대법원은 원심을 수용하였다(대법원 2002.3.26. 선고 2000다3347 판결).

322) 2011.7.1. 사업장단위 복수노조 설립 허용 이전에는 복수노조금지에 위반되는 여부가 쟁점이 되었으나, 현행법 상으로는 문제되지 않는다.

를 가입대상으로 하는 규약변경을 통하여 노동조합의 지위를 유지할 수 있을 것이다.[323] 이와 관련하여 근로자들이 전부 승계된 이후 청산인이 규약변경 조치를 취하고 승계된 근로자가 이에 대한 명시적인 반대의사표시를 하지 않음으로써 노동조합으로서의 지위를 회복할 수 있다는 견해[324]가 있으나, 근로자들이 이미 전부 승계되어 조합가입자격을 상실한 이상 그와 같은 절차는 상정하기 어렵다고 본다.

그리고 일부 영업양도가 이루어진 경우에는 양도인 사업장의 노동조합은 양도인 사업장에 남아있는 근로자를 조합원 또는 가입대상 범위로 하여 존재한다. 이 경우에도 노동조합은 규약변경을 통해 양도인 사업장으로 승계된 또는 양도인 사업장 근로자 전체를 가입범위로 정할 수 있다. 그러나 승계된 근로자들이 이미 조합가입 자격을 상실한 상태이므로 규약변경으로 당연히 조합가입이 되는 것은 아니며, 별도의 조합가입 절차가 필요하다고 볼 것이다.

한편, 양도인의 노동조합이 초기업단위노동조합인 경우에는 영업양도로 인하여 승계된 근로자들의 조합가입자격이 상실되지 않으므로 특별히 노동조합 이전 여부가 문제되지 않는다고 본다. 양도인의 사업장으로 승계된 조합원을 대상으로 별도의 지회 또는 분회를 설립할 것인지 여부는 초기업단위노동조합이 자율적으로 결정할 사항이다.

(5) 단체협약의 승계 문제

영업양도로 인하여 근로관계가 승계된 경우에 승계된 근로자에게 적용되던 단체협약의 효력이 어떻게 되는지가 문제된다. 학설은 전반적으로 단체협약 자체의 승계를 긍정하는 다수의 견해와 단체협약 자체는 승계되지 않으나 단체협약의 내용은 유지된다고 보는 견해로 나뉜다.

각 학설 별로 논거가 다양하나, 단체협약의 승계를 인정하는 대표적 견해로서

323) 이 경우 노동조합 조직형태가 실질적으로 초기업단위로 전환된다. 이후 양도인 사업장이 완전히 소멸하는 경우 규약변경을 통하여 양도인 사업장을 가입대상 범위에서 제외할 것인지는 노동조합이 자체적으로 결정할 사항이다.

324) 박종희・이소영, 「기업변동시 노동법적 쟁점과 정책과제」, 한국노동연구원, 2000, 65쪽.

영업양도로 인하여 기업의 실질적 동일성이 상실되지 않는 것과 마찬가지로 단체협약의 전제가 되는 노사관계의 기초도 그대로 존속하는 있는 것으로 보아야 한다는 견해[325]가 있다. 반면에 양도된 회사의 단체협약의 규범적 부분은 승계된 근로자들의 근로관계의 내용으로 이미 화체(化體)되어 있는 것으로 해석되므로 협약에 의하여 규율되었던 근로조건은 그대로 승계되고 협약당사자인 양도인과 노동조합의 관계를 규율하던 채무적 부분은 영업양도에 의한 당사자의 변경으로 소멸한다는 견해[326]가 있다.

대법원[327]은 "일반적으로 근로자를 그대로 승계하는 영업양도의 경우에 있어서는 특별한 사정이 없는 한 종전의 단체협약도 잠정적으로 승계되어 존속하는 것이라고 보아야 할 것이다"라고 판시한 바 있다. 다만, 동 판결의 해석을 두고 대법원이 단체협약의 승계를 인정한 것이라는 견해와 동 판결로만은 협약승계를 인정한 것으로 보기 어렵다는 견해가 대립한다. 한편, 한국오므론전장사건에서 하급심[328]은 영업양도의 포괄적 승계를 근거로 단체협약 상의 권리·의무도 승계된다고 판시하였고, 대법원[329]은 이를 인용하였다. 이와 같은 판결 취지로 볼 때, 법원은 영업양도 시 단체협약의 승계를 긍정하고 있는 것으로 보인다.

개인적으로는 영업양도 시 노동조합 지위가 이전하지 않는 것으로 보기 때문에 단체협약도 포괄적으로 승계되지는 않는다고 본다. 다만, 단체협약 중 승계된 근로자의 근로관계를 규율하는 근로조건은 근로관계의 내용이 되어 승계된다고 해석하는 것이 타당하다고 본다.

325) 김유성, 「노동법Ⅱ」, 법문사, 1999, 207쪽.

326) 김형배, 「새로 쓴 노동법」 제25판(전면개정판), 박영사, 2016, 633쪽.

327) 대법원 1989.5.23. 선고 88누4508 판결

328) 서울지방법원 남부지원 1998.11.24. 선고 98가단28156 판결

329) 대법원 2002.3.26. 선고 2000다3347 판결

주요 관련 판례

✓ 영업양도 개념 및 영업의 동일성 여부 판단기준 / 근로관계 승계배제 특약의 법적 의미

(대법원 2002.3.29. 선고 2000두8448 판결)

영업의 양도라 함은 일정한 영업목적에 의하여 조직화된 업체, 즉 인적·물적 조직을 그 동일성은 유지하면서 일체로서 이전하는 것으로서 영업의 일부만의 양도도 가능하고, 이러한 영업양도가 이루어진 경우에는 원칙적으로 해당 근로자들의 근로관계가 양수하는 기업에 포괄적으로 승계되는 바, 여기서 영업의 동일성 여부는 일반 사회관념에 의하여 결정되어져야 할 사실인정의 문제이기는 하지만, 문제의 행위(양도계약관계)가 영업의 양도로 인정되느냐 안되느냐는 단지 어떠한 영업재산이 어느 정도로 이전되어 있는가에 의하여 결정되어야 하는 것이 아니고 거기에 종래의 영업조직이 유지되어 그 조직이 전부 또는 중요한 일부로서 기능할 수 있는가에 의하여 결정되어야 하는 것이므로, 예컨대 영업재산의 전부를 양도했어도 그 조직을 해체하여 양도했다면 영업의 양도는 되지 않는 반면에 그 일부를 유보한 채 영업시설을 양도했어도 그 양도한 부분만으로도 종래의 조직이 유지되어 있다고 사회관념상 인정되면 그것을 영업의 양도라 볼 것이다.

영업이 양도되면 반대의 특약이 없는 한 양도인과 근로자 사이의 근로관계는 원칙적으로 양수인에게 포괄적으로 승계되고, 영업양도 당사자 사이에 근로관계의 일부를 승계의 대상에서 제외하기로 하는 특약이 있는 경우에는 그에 따라 근로관계의 승계가 이루어지지 않을 수 있으나, 그러한 특약은 실질적으로 해고나 다름이 없으므로 근로기준법 제30조 제1항 소정의 정당한 이유가 있어야 유효하며, 영업양도 그 자체만을 사유로 삼아 근로자를 해고한 것은 정당한 이유가 있는 경우에 해당한다고 볼 수 없다.

✓ 영업양도에 따른 근로관계 승계 여부 / 근로관계 승계에 대한 근로자의 거부권 존재 여부

(대법원 2002.3.29. 선고 2000두8455 판결)

영업이 양도되면 반대의 특약이 없는 한 양도인과 근로자 사이의 근로관계는 원칙적으로 양수인에게 포괄적으로 승계되고, 영업양도 당사자 사이에 근로관계의 일부를 승계의 대상에서 제외하기로 하는 특약이 있는 경우에는 그에 따라 근로관계의 승계가 이루어지지 않을 수 있으나, 그러한 특약은 실질적으로 해고나 다름이 없으므로 근로기준법 제30조 제1항 소정의 정당한 이유가 있어야 유효하며, 영업양도 그 자체만을 사유로 삼아 근로자를 해고하는 것은 정당한 이유가 있는 경우에 해당한다고 볼 수 없다.

영업양도에 의하여 양도인과 근로자 사이의 근로관계는 원칙적으로 양수인에게 포괄승계되는 것이지만 근로자가 반대의 의사를 표시함으로써 양수기업에 승계되는 대신 양도기업에 잔류하거나 양도기업과 양수기업 모두에서 퇴직할 수도 있는 것이고, 영업이 양도되는 과정에서 근로자가 일단 양수기업에의 취업을 희망하는 의사를 표시하였다고 하더라도 그 승계취업이 확정되기 전이라면 취업희망 의사표시를 철회하는 방법으로 위와 같은 반대의사를 표시할 수 있는 것으로 보아야 한다.

✓ 근로자의 근로관계 승계 거부권 행사시기

(대법원 2012.5.10. 선고 2011다45217 판결)

영업의 양도라 함은 일정한 영업목적에 의하여 조직화된 업체 즉, 인적.물적 조직을 그 동일성은 유지하면서 일체로서 이전하는 것으로서 영업의 일부만의 양도도 가능하고, 이러한 영업양도가 이루어진 경우에는 원칙적으로 해당 근로자들의 근로관계가 양수하는 기업에 포괄적으로 승계되는 것이지만 근로자가 반대의 의사를 표시함으로써 양수기업에 승계되는 대신 양도기업에 잔류하거나 양도기업과 양수기업 모두에서 퇴직할 수도 있다(대법원 2002.3.29. 선고 2000두8455 판결, 대법원 2010.9.30. 선고 2010다41089 판결 등 참조). 또한 이와 같은 경우 근로자가 자의에 의하여 계속근로관계를 단절할 의사로 양도기업에서 퇴직하고 양수기업에 새로이 입사할 수도 있다(대법원 2005.2.25. 선고 2004다34790 판결). 이 때 근로관계 승계에 반대하는 의사는 근로자가 영업양도가 이루어진 사실을 안 날로부터 상당한 기간 내에 양도기업 또는 양수기업에게 표시하여야 하고, 상당한 기간 내에 표시하였는지 여부는 양도기업 또는 양수기업이 근로자에게 영업양도 사실, 양도이유, 양도가 근로자에게 미치는 법적 · 경제적 · 사회적 영향, 근로자와 관련하여 예상되는 조치 등을 고지하였는지 여부, 그와 같은 고지가 없었다면 근로자가 그러한 정보를 알았거나 알 수 있었던 시점, 통상적인 근로자라면 그와 같은 정보를 바탕으로 근로관계 승계에 대한 자신의 의사를 결정하는데 필요한 시간 등 제반사정을 고려하여 판단하여야 한다.

✓ 근로관계 승계 후 1년이 경과한 시점에서의 근로관계 승계 거부권 행사의 정당성 여부

(서울행정법원 2001.8.24. 선고 2001구8383 판결)

영업양도 직후 원고들이 서울승합과 사이에 고용계약을 체결한 다음 계속해 근무하고 있는 점에 비춰보면 서울승합이나 근로관계를 승계하는 것에 대해 원고들이 이를 거부했다고 보기 어렵다. 원고들은 이에 대해 서울승합과 사이에 고용계약을 체결하고 근무한 것은 서울승합으로의 고용승계를 인정해서가 아니라 생계를 유지하기 위해 임시방편으로 한 것에 불과하다고 주장하나 원고들이 이 사건 양도 직후 고용계약을 체결했고 이 사건 변론종결일 현재까지 1년 이상 계속 서울승합에서 근무하고 있는 점에서 원고들의 주장은 받아들이기 어렵다. 따라서 원고들과 참가인 사이의 고용관계는 이 사건 양도로 인해 이미 서울승합에게 승계되었으므로 참가인이 원고들을 해고한 것으로 볼 수 없다.

✓ 영업양도 시 계속근로 여부 / 형식적 퇴사 및 입사 절차에 의한 계속근로 단절 여부

(대법원 1991.11.12. 선고 91다12806 판결)

갑회사가 을회사로부터 그 영업의 일부만을 양수하였으나 그 영업에 관련된 모든 자산과 부채 및 관련계약, 채권과 채무 그리고 위 영업에 종사하는 전종업원 및 이에 대한 을회사의 권리의무 등을 포괄적으로 양수하기로 합의하고 이에 따라 그 종업원들이 계속 근무하여 왔다면 을회사와 그 종업원 사이의 근로계약관계는 위 합의에 따라 포괄적으로 갑회사에 승계된 것으로 보아야 한다.

포괄승계 합의시에 종업원의 퇴직금 산정기간에 한하여 종전의 근속기간은 승계회사의 근속연수에 산입하지 않기로 하는 단서 조항을 삽입하였다 하여도, 이는 종전의 근로계약관계를 포괄적으로 승계하면서 근속기간에 관한 근로자의 기득권을 제한하는 예외 조항을 설정한 것이므로, 근로자의 동의가 없는 한 근로자에게 구속력이 미치지 않는다.

근로계약관계가 포괄승계됨에 있어 근로자가 자의에 의하여 사직서를 제출하고 퇴직금을 지급받았다면 계속근로의 단절에 동의한 것으로 볼 여지가 있지만, 이와 달리 피승계회사가 근로자에게 퇴직금을 지급하기 위한 방편으로 내부적으로 퇴사와 재입사의 형식을 취한 것에 불과하다면, 이러한 형식을 거쳐 퇴직금을 지급받았다고 하여 근로자가 계속근로의 단절에 동의하였다고 볼 수 없다.

✓ 해고된 근로자의 근로관계 승계 여부

(대법원 2002.6.14. 선고 2002다14488 판결)

영업양도 계약에 따라 승계되는 근로관계는 계약 체결일 현재 실제로 근무하고 있는 근로자와의 근로관계만을 의미하고 계약 체결일 이전에 근무하다가 해고된 근로자로서 해고의 효력을 다투는 근로자와의 근로관계까지 승계되는 것은 아니다. 피고들 사이에 위수탁관리계약을 체결하면서 피고 회의에 근무하던 직원들을 피고 회사가 승계하기로 하는 명시적인 약정이 있었음을 인정할 증거가 없고, 다만 판시와 같은 사정을 종합하면 묵시적인 약정이 있었다고 볼 여지는 있다고 할 것이지만, 그렇더라도 위수탁관리계약 체결 당시 원고가 이미 피고 회의에 의해 해고되었고, 또한 그 해고가 무효임이 객관적으로 명백하다거나 피고 회사가 그 해고가 무효임을 알고 있었다고 볼 수 없는 이 사건에서 원고의 근로관계가 피고 회사에 승계되는 것은 아니라고 할 것이다.

✓ 무효인 해고가 명확한 근로자의 근로관계 승계 여부

(대법원 1994.6.29. 선고 93다33173 판결)

노동조합법 제42조 소정의 노동위원회의 사용자에 대한 구제명령은 사용자에게 이에 복종하여야 할 공법상의 의무를 부담시킬 뿐 직접 노사간의 사법상의 법률관계를 발생 또는 변경시키는 것은 아니므로(당원 1976.2.11. 고지 75마496결정 참조), 구제명령이 확정되었다는 사정만으로 원고가 근로자의 지위를 회복하는 것은 아니지만, 갑 제2호증의 1.2.3(각 판결, 기록 37면이하)의 각 기재에 의하면, 원고는 소외 회사가 구제명령이 확정된 후에도 복직을 시키지 않음은 물론 임금도 지급하지 않기 때문에 별도로 임금청구소송을 제기하여 1988.12.1. 승소판결을 받았고, 소외 회사의 항소와 상고가 모두 기각됨으로써 위 승소판결은 영업양도계약 체결 전인 1990.8.24. 확정되었으며, 위 판결은 원고에 대한 해고는 무효여서 원고는 여전히 소외 회사의 근로자로서의 지위를 가지고 있음을 전제로 해고 이후 복직시까지의 임금의 지급을 명하고 있는 사실을 인정할 수 있는바, 사실관계가 이러하다면 비록 현실적인 복직조치가 없었다 하더라도 원고는 영업양도 당시 소외 회사와 적법 유효한 근로관계에 있었다고 보아야 할 것이므로 원고의 소외 회사와의 근로관계는 피고에게 승계되었다고 할 것이다.

✓ 영업양수도 이전 전적된 근로자의 근로관계 승계 여부

(대법원 1996.4.26. 선고 95누1972 판결)

영업양도에 의하여 승계되는 근로관계는 계약체결일 현재 실제로 그 영업 부문에서 근무하고 있는 근로자와의 근로관계만을 의미하고, 계약체결일 이전에 해당 영업부문에서 근무하다가 해고된 근로자로서 해고의 효력을 다투는 근로자와의 근로관계까지 승계되는 것은 아니라고 할 것이나, 영업양도시에 해고되어 실제로 그 영업 부문에서 근무하고 있지 아니한 근로자라 하더라도 영업양도 이전에 이미 판결을 통하여 당해 해고가 무효임이 객관적으로 명확하게 된 경우에는 근로관계가 승계되는 것과 마찬가지로 전적명령을 받은 근로자들이 전적명령에 동의하지 아니함으로써 전적명령 자체가 아무런 효력을 갖게 될 수 없음이 객관적으로 명확하게 되었을 뿐만 아니라, 양도회사의 대표이사가 양수회사의 이사이고, 양수회사의 대표이사는 양도회사의 대표이사로 있다가 이 사건 전적명령 이후 영업양도 직전인 1993.9.23. 양도회사의 대표이사직만 사임하였을 뿐이어서 양수회사가 이 사건 영업양수를 할 당시 원고들에 대한 전적명령이 아무런 효력이 없게 된 사실을 알고 있었음이 명백한 경우에는, 특별한 사정이 없는 한 원고들과의 근로관계를 그대로 승계한다고 하여야 한다.

✓ 영업양도 이후 양도인의 경영상 해고 시행 가능 여부

(대법원 2000.10.13. 선고 98다11437 판결)

근로관계의 승계를 거부하는 근로자에 대하여는 그 근로관계가 양수하는 기업에 승계되지 않고 여전히 양도하는 기업과 사이에 존속되는 것이며, 이러한 경우 원래의 사용자는 영업일부의 양도로 인한 경영상의 필요에 따라 감원이 불가피하게 되는 사정이 있어 정리해고로서의 정당한 요건이 갖추어졌다면 그 절차를 갖춰 승계를 거부한 근로자를 해고할 수 있다.

✓ 영업양도에 따른 취업규칙 승계 여부

(대법원 2010.1.28. 선고 2009다32362 판결)

근로관계가 포괄적으로 승계되는 경우에는 근로자는 승계한 법인에서도 종전의 근로관계와 동일한 근로관계를 유지하게 되고, 사용자가 일방적으로 취업규칙을 변경하거나 종전의 근로관계보다 불이익한 승계한 법인의 취업규칙을 적용하기 위해서는 종전의 근로계약상 지위를 유지하던 근로자 집단의 집단적 의사결정방법에 의한 동의 등의 사정이 있어야 하며, 이러한 동의 등이 없는 한 사용자가 일방적으로 종전의 근로조건을 근로자에게 불리하게 변경하거나 종전의 근로조건보다 불이익한 승계한 법인의 취업규칙을 적용할 수 없다. 이 경우 종전의 근로조건을 그대로 유지한 채 승계한 법인에서 근무하게 되는 근로자에 대하여는 종전의 취업규칙이 그대로 적용된다.

✓ 영업양도에 따른 퇴직금 차등 적용의 법위반 해당 여부

(대법원 1997.12.26. 선고 97다17575 판결)

영업양도 등에 의하여 근로계약관계가 포괄적으로 승계된 경우에는 근로자의 종전 근로계약상의 지위도 그대로 승계되는 것이므로, 승계 후의 퇴직금 규정이 승계 전의 퇴직금 규정보다 근로자에게 불리하다면 근로기준법 제95조 제1항 소정의 당해 근로자집단의 집단적인 의사결정 방법에 의한 동의 없이는 승계 후의 퇴직금 규정을 적용할 수 없고, 같은 법 제28조 제2항, 부칙(1980.12.31. 법률 제3349호) 제2항이 하나의 사업 내에 차등 있는 퇴직금제도의 설정을 금하고 있지만, 이는 하나의 사업 내에서 직종, 직위, 업종별로 퇴직금에 관하여 차별하는 것을 금하고자 하는 데 그 목적이 있는 것이므로, 위와 같이 근로관계가 포괄적으로 승계된 후의 새로운 퇴직금제도가 기존 근로자의 기득 이익을 침해하는 것이어서 그들에게는 그 효력이 미치지 않고 부득이 종전의 퇴직금 규정을 적용하지 않을 수 없어서 결과적으로 하나의 사업 내에 별개의 퇴직금제도를 운용하는 것으로 되었다고 하더라도, 이러한 경우까지 위 제28조 제2항, 부칙 제2항이 금하는 차등 있는 퇴직금제도를 설정한 경우에 해당한다고 할 수는 없다.

✓ 영업양도에 따른 양도인 노동조합의 승계 여부

(서울지방법원 남부지원 1998.11.24. 선고 98가단 28156 판결)

영업양도가 이루어진 경우에는 원칙적으로 해당 근로자들의 근로관계가 양수인에게 승계되므로, 근로자에 대한 관계에 있어서 영업양도는 합병과 같이 영업주체의 변경에 해당되는데, 근로관계는 영업양도에 따라 승계되는 객체일 뿐 근로자가 영업양도에 관여할 수 없는 점 등을 고려하면 양수인에게 승계되는 근로관계는 사용자와 근로자 사이의 개별적 근로관계뿐만 아니라 양도인과의 관계에서 형성된 집단적 근로관계도 포함되고, 이미 설립된 노동조합은 영업양도에 의하여 그 존립에 영향을 받지 않고 양수인 사업장의 노동조합으로 존속한다고 봄이 상당하다.

✓ 양도인에 대하여 근로자들이 가진 임금 등 우선변제권의 영업양도 이후 효력

(대법원 2002.10.8. 선고 2001다31141 판결)

임금채무를 지고 있던 사용자가 영업양도를 하면서 근저당권 목적물인 부동산을 타인에게 양도하고 그 영업양도에 따라 근로자들의 근로관계도 양수인에게 단절 없이 승계된 경우에는, 영업양도인에 대한 근로자들의 임금 등 우선변제권이 위 근저당권에 우선할 수 있는 것인 이상 근로관계를 그대로 승계한 영업양수인에 대한 관계에서도 영업양도 전과 동일하게 임금 등의 우선변제권이 유지된다고 보는 것이 옳다. 이러한 경우까지 양수인에 대한 임금 등 우선변제권을 부정한다면 근저당권자의 지위를 영업양도 전보다 부당하게 강화하고 동일한 당사자 사이의 우열관계를 역전시키는 것이 되어 형평 및 근로자보호라는 공익적 요청에 반하게 될 것이다.

Ⅱ 합 병

1. 합병의 개념

기업의 합병은 2개 이상의 회사가 계약에 의하여 상법에 정해진 법정절차에 따라 그 당사자로 된 기업의 일방 또는 전부가 재산의 청산절차 없이 해산하여 소멸되고 1개의 기업으로 존속 또는 신설되는 것을 말한다. 이러한 합병에는 두 개의 기업이 하나로 합쳐지면서 기존의 두개의 기업은 소멸하고 새로운 하나의 기업이 설립되는 신설합병과 일방 기업만이 해산 소멸되고 다른 일방 기업이 그 소멸기업을 흡수하여 하나의 기업으로 존속하는 흡수합병이 있다.

2. 합병과 노동관계 제문제

(1) 근로관계 승계 여부

합병이 이루어진 경우 소멸회사에서 근무하고 있던 근로자의 근로관계가 존속기업 또는 신설기업으로 그대로 승계되는 것인지 아니면 근로관계 일부 또는 전부의 승계가 배제될 수 있는지 여부가 문제된다.

상법 제235조(합병의 효과)는 합병 후 존속기업 또는 신설기업은 합병으로 인하여 소멸되는 기업의 권리의무를 승계한다고 규정하고 있다. 동 규정을 근거로 소멸기업과 그 근로자 간의 근로관계는 존속회사 또는 신설회사로 당연히 포괄적으로 승계된다는 것이 통설이며, 대법원[330]도 “회사합병의 법리에 비추어 보면 회사의 합병이 있는 경우에는 피합병회사의 권리의무는 사법상의 관계나 공법상의 관계를 불문하고 그 성질상 이전을 허용하지 않는 것을 제외하고는 모두 합병으로 인하여 존속한 회사에 승계되는 것”이며, “회사의 합병에 의하여 근로관계가 승계되는 경우에는 종전의 근로계약상의 지위가 그대로 포괄적으로 승계되는 것”이라고 판시하여 동일한 입장을 취하고 있다.

근로관계가 당연히 포괄적으로 승계되므로 합병계약 당사자 간에 소멸기업의

330) 대법원 1994.3.8. 선고 93다1589 판결 ; 대법원 2001.4.24. 선고 99다9370 판결

근로자의 전부 또는 일부를 승계대상에서 제외하기로 하는 합의 또는 결의는 무효로 볼 것이다. 따라서 그러한 합의 또는 결의가 있었다고 하더라도 근로관계는 유효하게 승계된 것이며, 소멸기업, 존속 또는 신설기업은 합병 자체를 근로자에 대한 해고사유로 삼을 수 없다.[331)]

근로계약의 승계에 대한 근로자의 동의가 있어야 하는지 여부에 대하여는 크게 동의를 필요로 한다는 견해와 필요로 하지 않는다는 견해로 나뉜다. 합병의 효과로서 근로관계가 포괄적으로 승계되는 것이므로 법리적으로 근로자의 동의는 필요하지 않다고 본다.[332)]

(2) 계속근로 인정 여부

합병으로 근로관계가 포괄적으로 승계되므로 근속년수도 승계된다. 그러나 근로자가 스스로의 의사로 소멸기업에 사직서를 제출하고 존속기업 또는 신설기업에 입사한 경우에는 계속근로가 단절된 것으로 본다.[333)]

대법원[334)]은 "근로자가 사직서를 제출함과 함께 현 시점에서 퇴직금을 수령하는 것이 본인에게 유리하다고 판단하여 퇴직금을 청구하면서 퇴직하고, 그 다음날 합병 후 회사에 신규 입사한 경우, 이는 합병 전 회사와의 근로관계를 종료시키려는 위 근로자 스스로의 진정한 의사에 터 잡은 것이라 할 것이므로 위 사직의 의사표시는 비진의 의사표시에 해당한다고 볼 수 없다"고 판시한 바 있다.

계속근로가 단절된 경우 퇴직금의 기초가 되는 근속기간 기산점은 신설기업 또는 존속기업에 입사한 날, 즉 합병 시부터이다.[335)]

그러나 근로자가 소멸기업을 퇴사한 것이 본인 스스로의 의사에 의한 것이 아니라 합병 당사자들의 경영방침에 의한 일방적인 결정에 따라 퇴직과 재입사의 형식을 거친 것에 불과하다면, 이때의 사직 의사표시는 비진의 의사표시 또는 통정허위표시로 무효에 해당하므로 계속근로관계가 단절되지 않는다.

---

331) 사법연수원, 「해고와 임금」, 2012. 283쪽.

332) 같은 취지로 이병태, 「최신 노동법」, ㈜중앙경제, 2008, 632쪽.

333) 대법원 1991.12.10. 선고 91다12035 판결

334) 대법원 1999.1.26. 선고 98다46198 판결

335) 대법원 1999.12.28. 선고 97다40605 판결

3. 근로관계 승계에 따른 법률효과

(1) 근로조건 승계 문제

합병에 따라 존속기업 또는 신설기업은 소멸기업이 소속 근로자에 대하여 가지고 있던 사업주로서의 지위를 포괄적으로 인수한다. 그러므로 소멸기업의 근로계약이나 취업규칙의 내용은 존속기업 또는 신설기업으로 승계된다. 임금이나 근로시간 등 모든 근로조건은 종전과 같은 내용으로 유지된다.[336)]

따라서 대법원[337)]은 소멸기업의 퇴직금규정이 존속기업의 퇴직금규정보다 근로자들에게 불리하다고 하더라도 퇴직금규정이 단일화되기 전까지는 소멸기업에 근무하던 근로자에 대하여는 소멸기업의 퇴직금규정이 적용된다는 입장이다.

존속기업 또는 신설기업과 소멸기업 사이에 근로조건이 다를 경우에 하나의 사업 또는 사업장에서 근로조건이 다르게 적용될 수 있다. 그렇다고 하더라도 영업양도에서 본 바와 같이 존속기업 또는 신설기업이 근로기준법 제6조(균등한 처우)의 균등대우의 원칙, 퇴직급여법 제4조(퇴직급여제도의 설정) 제2항의 퇴직금제도 차등설정금지 원칙을 위반하는 것은 아니다.[338)] 동 원칙들은 사용자가 자의로 불합리한 차별제도를 설정하는 것을 금지하기 위한 것인데, 합병으로 근로관계가 당연히 승계하는 경우에는 사용자의 자의가 개입될 여지가 없기 때문이다.[339)]

한편, 합병 후 근로기준법 제94조(규칙의 작성, 변경 절차)에 따라 유효하게 취업규칙을 개정하거나[340)] 새로운 단체협약 체결을 통해 근로조건을 단일화할 수 있다.[341)]

---

336) 대법원 1994.3.8. 선고 93다1589 판결 ; 근로개선정책과-5757, 2014.10.20.

337) 대법원 2001.4.24. 선고 99다9370 판결

338) 근로개선정책과-5757, 2014.10.20. ; 퇴직연금복지과-2392, 2017.5.31,

339) 사법연수원, 「해고와 임금」, 2012. 283쪽.

340) 취업규칙의 법적성질을 계약으로 보는 견해에 따르면, 취업규칙 변경사항이 아니라 근로조건의 하향 문제에 해당한다. 이에 대하여는 회사분할 부분에서 다시 기술한다.

341) 대법원 2001.4.24. 선고 99다9370 판결 ; 대법원 2001.10.30. 선고 2001다24051 판결

(2) 노동조합 존속 및 단체협약 승계 여부

소멸기업에 근무하는 근로자들로 조직된 노동조합이 있는 경우 그 노동조합이나 독립된 지부 또는 분회는 그대로 유지된다. 다만, 합병으로 인하여 조직대상이나 명칭이 달라질 것이므로 통상적으로 규약의 변경이 있어야 한다.[342)]

그리고 다수의 학설은 기업합병의 경우에 단체협약 자체의 승계를 인정하는 견해[343)]를 취하고 있으며, 대법원도 같은 입장을 취하고 있다.

대법원[344)]은 "복수의 회사가 합병되더라도 피합병회사와 그 근로자 사이의 집단적인 근로관계나 근로조건 등은 합병회사와 합병 후 전체 근로자들을 대표하는 노동조합과 사이에 단체협약의 체결 등을 통하여 합병 후 근로자들의 근로관계 내용을 단일화하기로 변경·조정하는 새로운 합의가 있을 때까지는 피합병회사의 근로자들과 합병회사 사이에 그대로 승계된다"고 한다.

고용노동부[345)]도 기업의 합병 후 존속한 회사 또는 합병으로 인하여 설립된 회사는 합병으로 소멸되는 회사의 권리의무를 포괄적으로 승계하므로 달리 볼 사정이 없는 한 노동관계에서 발생한 권리의무관계도 승계되므로 합병 이전에 체결한 단체협약은 회사 합병 이후에도 그 유효기간 동안 효력을 유지한다고 보아야 한다는 입장이다.

4. 집단적노사관계 특수문제

(1) 유니온 샵 및 일반적 구속력 적용 여부

존속기업에 조직된 노동조합의 단체협약에 유니온 샵 규정이 체결되어 있는 경우 소멸기업에 조직된 노동조합 소속 근로자들이 그 유니온 샵 규정의 적용을 받는지 여부가 문제된다. 대법원[346)]은 소멸기업의 근로자들까지 아우른 노동조합

342) 이병태, 「최신 노동법」, ㈜중앙경제, 2008, 633쪽.
343) 김유성, 「노동법Ⅱ」 전정판, 법문사, 1999, 206쪽 ; 이병태, 「최신 노동법」, ㈜중앙경제, 2008, 633쪽.
344) 대법원 2004.5.14. 선고 2002다 23185·23195 판결
345) 노조 01254-239, 1999.4.1.

과 존속기업 사이에 새로운 합의나 단체협약 체결이 있을 때까지는 소멸기업의 근로자들이 자동적으로 존속기업 노동조합의 조합원으로 되는 것은 아니라고 하여 유니온 샵 적용을 부정하고 있다.

또한 합병 이후 존속기업 또는 소멸기업에 각각 존재하는 단체협약 중 하나가 노조법 제35조(일반적 구속력)[347]의 일반적 구속력 요건을 충족하는 경우 합병 전 다른 기업의 근로자에게 단체협약의 효력이 확장적용되는지 여부가 문제된다. 이와 관련하여 위 같은 판결에서 대법원은 각 기업에서 체결된 단체협약은 그 기업 근로자들에 대하여만 적용이 예상되는 것이므로 일반적 구속력이 적용되지 않는다고 판시하였다.

(2) 교섭창구단일화 시기

사업 또는 사업장에 유일하게 존재하는 노동조합[348]은 교섭창구단일화 절차를 거쳤다고 하더라도 교섭대표노동조합의 지위에 있지 않다.[349] 따라서 합병한 두 기업에 각각 단수노조만이 존재하는 경우에는 합병 후 최초로 단체교섭 요구가 있는 경우 교섭창구단일화 절차를 진행하여야 할 것이다.

한편, 고용노동부 행정해석[350]은 합병 이전에 교섭창구단일화를 거쳐 교섭대표노동조합 지위를 획득한 경우에도 합병된 다른 기업의 노동조합을 대표하는 것이 아니므로, 합병 이후 최초로 도래하는 단체협약 만료일 이전 3개월이 되는 시

346) 대법원 2004.5.14. 선고 2002다 23185 · 23195 판결

347) 노조법 제35조(일반적 구속력) 하나의 사업 또는 사업장에 상시 사용되는 동종의 근로자 반수 이상이 하나의 단체협약의 적용을 받게 된 때에는 당해 사업 또는 사업장에 사용되는 다른 동종의 근로자에 대하여도 당해 단체협약이 적용된다.

348) 학설, 판례, 재결례에서는 일반적으로 '단수노조' 또는 '유일노조'라고 부른다.

349) 대법원 2017.10.31. 선고 2016두36956 판결. 교섭창구단일화제도 도입 초기 사업 또는 사업장에 노동조합이 1개인 경우에도 교섭창구단일화 절차를 거쳐야 하는지 여부가 쟁점이 되었다. 고용노동부는 확인되지 않은 다른 노동조합이 존재할 수 있으므로 교섭창구단일화 절차를 거쳐야 한다는 입장이었다. 그러나 대법원은 교섭창구단일화는 노동조합이 2개 이상인 경우를 전제한 제도로 보아 단수노조인 경우에는 교섭창구단일화 절차를 거칠 필요가 없으며, 교섭창구단일화 절차를 거쳤다고 하더라도 그 노동조합이 교섭대표노동조합 지위에 있지 않다고 판시한 것이다.

350) 노사관계법제과-105, 2012.1.13.

점부터 모든 노동조합이 참여하는 교섭창구단일화 절차를 거쳐야 한다고 한다.

(3) 근로시간면제한도 적용 문제

합병 전에는 각 기업과 노동조합 간에 합의한 근로시간면제시간이 노조법상의 한도를 초과하지 않았으나, 합병 후 각 기업의 근로시간면제를 합한 시간이 존속기업 또는 신설기업의 전체 조합원수를 기준으로 한 법정한도를 초과하는 경우가 문제된다.

고용노동부[351]는 노노간 및 노사간 협의를 통해 법정 근로시간면제한도로 조정하는 것이 바람직하다고 하면서, 합병으로 인하여 전체 조합원수가 다소 변동되었더라도 각 단체협약 체결 당시 유효기간 동안에는 해당 단체협약 상의 시간 총량 및 사용인원 한도를 유지하는 것이 가능하다는 입장이다.

(4) 노사협의회 운영 문제

근로자참여법 제4조(노사협의회의 설치) 제1항은 '근로조건에 대한 결정권이 있는 사업이나 사업장 단위'로 상시 30명 이상의 근로자를 사용하는 경우 노사협의회를 설치하도록 의무화하고 있다.

따라서 합병 후 각 합병기업이 사업장을 달리하고 독립적으로 근로조건에 대한 결정권이 있는 경우에는 각각 노사협의회 설치대상이 된다. 그러나 합병 이후에 합병 전 각 기업이 근로조건에 대한 결정권이 있는 사업장으로 운영되지 않는 경우에는 합병 전 기업의 각 근로자를 합한 전체 근로자를 대표하는 노사협의회를 새롭게 설치하여야 한다.

한편, 근로자참여법 제4조(노사협의회의 설치) 제1항은 하나의 사업에 지역을 달리하는 사업장이 있는 경우에는 그 사업장에도 노사협의회를 설치할 수 있다고 규정하고 있다. 따라서 소멸기업이 근로조건 결정권이 없으면서 지역을 달리하는 경우에 노사자율로 소멸기업 지역 사업장에 별도로 노사협의회를 설치할 수 있다. 다만, 고용노동부[352]는 소멸기업의 노사협의회는 회사의 소멸로 자동적

351) 노사관계법제과-2035, 2011.10.12.

으로 소멸한 것이므로 기존 소멸기업의 근로자위원 임기가 보장되는 것은 아니며 새롭게 노사협의회를 설치하여야 한다는 입장이다.

주요 관련 판례 및 행정해석

✓ 근로관계 승계 여부 및 승계에 따른 법률효과

(대법원 2001.4.24. 선고 99다9370 판결)

회사의 합병에 의하여 근로관계가 승계되는 경우에는 종전의 근로계약상의 지위가 그대로 포괄적으로 승계되는 것이므로(해산회사의 퇴직금규정이 흡수회사의 퇴직금규정보다 근로자들에게 불리하다고 하더라도) 합병당시 취업규칙의 개정이나 단체협약의 체결 등을 통하여 합병 후 근로자들의 근로관계의 내용을 단일화하기로 변경·조정하는 새로운 합의가 없는 한 합병 후 흡수회사는 해산회사에 근무하던 근로자들에 대한 퇴직금관계에 관하여 종전과 같은 내용으로 승계하는 것이라고 보아야 한다.

승계 후의 흡수회사 퇴직금규정이 승계 전의 해산회사의 퇴직금규정보다 근로자들에게 불리하다면 구근로기준법(1996.12.31. 법률 제5245호로 개정되기 전의 것) 제95조 제1항 소정의 당해 근로자집단의 집단적인 의사결정방법에 의한 동의 없이는 승계 후의 흡수회사의 퇴직금규정을 적용할 수도 없다.

✓ 사직서 제출에 따른 계속근로 단절 문제

(대법원 1999.1.26. 선고 98다46198 판결)

회사가 합병되면서 소속 근로자들에게 합병 취지를 설명하고 퇴직금의 지급을 청구하는 자에 한하여 합병 전날까지의 퇴직금을 지급하되, 이는 근속년수의 기산점은 그대로 두고 중간정산하는 퇴직금의 지급이 아니라 회사에서의 근로관계가 완전히 단절되는 의미에서의 청산퇴직금의 지급이며, 이를 청구하지 않는 자에 대하여는 청구의사가 없는 것으로 보아 합병 후의 회사에 자동으로 근속관계가 승계되어 나중에 퇴직할 때 합병 전 회사에서의 근로기간까지도 합산된 근속년수에 상응하는 퇴직금을 수령하게 된다는 취지의 공고를 하여 그 중 어느 것을 자유로이 선택하도록 기회를 부여하였고, 이에 따라 근로자가 사직서를 제출함과 함께 현 시점에서 퇴직금을 수령하는 것이 본인에게 유리하다고 판단하여 퇴직금을 청구하면서 퇴직하고, 그 다음날 합병 후 회사에 신규 입사한 경우, 이는 합병 전 회사

352) 노사협력정책과-3649, 2012.11.28.

화의 근로관계를 종료시키려는 위 근로자 스스로의 진정한 의사에 터잡은 것이라 할 것이므로 위 사직의 의사표시는 비진의 의사표시에 해당한다고 볼 수 없다.

✓ 유효한 중간퇴직 시 합병 후 퇴직금 기산일

(대법원 1999.12.28. 선고 97다40605 · 40612 판결)

원고들의 주장과 같이 위 합병계약 등에 의하여 피고회사가 원고들의 중간퇴직 이전에 원고들과 소외회사 사이의 근로관계를 승계하였다고 하더라도, 앞서 본 바와 같이 원고들의 중간퇴직이 유효한 이상, 이로써 그 이전의 근로관계는 단절되었다 할 것이므로, 원고들에 대한 퇴직금의 기초가 되는 근속기간은 원고들이 피고회사에 입사한 날, 즉 합병 시부터 기산하여 이를 산정하여야 할 것이다.

✓ 합병 후 정년 차별의 법위반 여부

(근로개선정책과-5757, 2014.10.20.)

2개 이상의 기업이 하나의 기업으로 합쳐지는 합병의 경우 이로 인해 근로관계가 승계되는 경우 피합병회사와 근로자간 근로계약상의 지위가 합병회사에 그대로 포괄적으로 승계되는 것이므로 별도의 정함이 없는 한, 임금이나 시간 등 모든 근로조건은 종전과 같은 내용으로 승계하는 것이라고 보아야 합니다. 따라서 통합 이후에도 근로자들은 이전 근로조건을 적용받을 것이고 이에 따라 정년이 차이나는 것을 차별이라고는 할 수 없을 것입니다. 다만, 한 사업장에서 동일한 업무를 수행함에도 근로조건에 차이가 있는 경우 단체협약이나 취업규칙 변경 등을 통해 근로조건을 동일한 수준으로 변경하는 것이 바람직할 것입니다.

✓ 합병 시 단체협약 상의 유니온 숍 및 일반적 구속력 적용 여부

(대법원 2004.5.14. 선고 2002다 23185 · 23192 판결)

복수의 회사가 합병되더라도 피합병회사와 그 근로자 사이의 집단적인 근로관계나 근로조건 등은 합병회사와 합병 후 전체 근로자들을 대표하는 노동조합과 사이에 단체협약의 체결 등을 통하여 합병 후 근로자들의 근로관계 내용을 단일화하기로 변경 · 조정하는 새로운 합의가 있을 때까지는 피합병회사의 근로자들과 합병회사 사이에 그대로 승계되는 것이고, 합병회사의 노동조합이 유니언 숍의 조직형태를 취하고 있었다고 하더라도 위에서 본 바와 같은 피합병회사의 근로자들까지 아우르는 노동조합과 합병회사 사이의 새로운 합의나 단체협약이 있을 때까지는 피합병회사의 근로자들이 자동적으로 합병회사의 노동조합의 조합원으로 되는 것은 아니다.

노동조합및노동관계조정법 제35조는 하나의 사업 또는 사업장에 상시 사용되는 동종의 근로자 반수 이상이 하나의 단체협약의 적용을 받게 된 때에는 당해 사업 또는 사업장에 사용되는 다른 동종의 근로자에 대하여도 당해 단체협약이 적용된다고 규정하고 있는데, 이 규정에 따라 단체협약의 적용을 받게 되는 동종의 근로자라 함은 당해 단체협약의 규정에 의하여 그 협약의 적용이 예상되는 자를 가리키는 것인바, 서로 다른 종류의 사업을 운영하던 회사들이 합병한 이후 근로자들의 근로관계 내용을 단일화하기로 변경·조정하는 새로운 합의가 있기 전에 그 중 한 사업부문의 근로자들로 구성된 노동조합이 회사와 체결한 단체협약은 그 사업부문의 근로자들에 대하여만 적용될 것이 예상되는 것이라 할 것이어서 다른 사업부문의 근로자들에게는 적용될 수 없다.

✓ **합병에 따른 단체협약의 효력**

(노조 01254-239, 1999.4.1.)

기업의 합병 후 존속한 회사 또는 합병으로 인하여 설립된 회사는 합병으로 소멸되는 회사의 권리·의무를 포괄적으로 승계하므로 달리 볼 사정이 없는 한 노동관계에서 발생한 권리·의무관계도 승계된다고 봄이 타당할 것임. 따라서 귀 질의 내용과 같이 합병 이전에 체결한 단체협약은 회사 합병 이후에도 그 유효기간 동안 효력을 유지한다고 보아야 할 것임.

✓ **합병 후 교섭창구단일화 절차 진행 여부**

(노사관계법제과-105, 2012.1.13.)

甲회사의 노조는 합병 이전에 교섭창구단일화를 거쳐 교섭대표노동조합의 지위를 획득했더라도 합병된 乙회사의 노조와 丙회사 노조를 대표하는 것은 아니므로 합병 이후 최초로 도래하는 단체협약 만료일 이전 3개월이 되는 시점부터 기존 甲·乙·丙회사의 노조가 모두 참여하는 교섭창구단일화 절차를 거쳐야 할 것임.

✓ **합병에 따른 근로시간면제한도 초과 시 근로시간면제 유지 가능 여부**

(노사관계법제과-2035, 2011.10.12.)

귀 사안의 경우 개별회사가 각각 적법한 근로시간면제한도(시간, 인원)를 단체협약으로 정한 후 합병된 경우 합병된 사업(장)의 각 노조간 합한 근로시간면제한도가 전체 조합원수를 기준으로 산정한 법정 근로시간면제한도를 초과하는 경우 노노간 및 노사간 협의를 통해 법정 근로시간면제한도로 재조정하는 것이 바람직하다할 것임. 다만, 합병 등으로 전체 조합원수가 다소 변동되더라도 각 단체협약의 체결당시 유효기간 동안에는 해당 단체협약상의 시간 총량 및 사용인원 한도를 유지하는 것도 가능하다 할 것임.

✓ 합병 시 노사협의회 재설치 필요 여부

(노사협력정책과-3649, 2012.11.28.)

A사와 B사를 C사로 신설합병하여 하나의 사업 또는 사업장으로 운영되고 각 사업장 또는 사업부문별로 근로자의 근로조건에 대한 결정권이 독립되어 있는 경우가 아니라면 A사와 B사를 합한 전체 근로자를 대표하는 협의기구로서 노사협의회를 새로이 설치・구성해야 할 것임.

한편, 하나의 사업에 지역을 달리하는 사업장이 있는 경우 주된 사업장에 노사협의회를 설치하여야 하고 근로조건결정권이 없는 사업장에 대하여도 노사자율로 노사협의회를 설치할 수 있으므로, 기존 A사가 근로조건결정권이 없으면서 지역을 달리하는 사업장에 해당하는 경우에는 노사자율로 기존 A사 지역에 노사협의회를 설치할 수는 있으나, 기존 A사의 소멸로 동사의 노사협의회도 자동소멸된 것으로 보아야 하므로 동사의 종전 근로자위원의 임기가 법상 보장되는 것은 아니며 필요시 노사협의회를 새로이 설치해야 할 것임. 이때 근로자위원은 근참법 제6조 제2항에 따라 근로자가 선출하되, 근로자의 과반수로 조직된 노동조합이 있는 경우에는 노동조합의 대표자와 그 노동조합이 위촉하는 자로 구성하여야 할 것임.

III 회사분할

1. 회사분할의 개념

회사분할이란 하나의 회사의 영업을 둘 이상으로 분리하고, 분리된 영업재산을 자본으로 하여 회사를 신설하거나 다른 회사와 합병시키는 것을 말한다.[353] 상법 상 회사분할의 유형은 매우 다양하다. 회사분할이 합병을 수반하는지 여부에

353) 이철송, 「회사법 강의」, 박영사, 2004, 847쪽.

따라 단순분할과 분할합병으로 나누어지고, 단순분할도 분할회사가 분할 후에도 존속하는지 여부에 따라 존속분할과 소멸분할로 분류된다. 그리고 분할 후 새로 설립되거나 합병되는 회사의 주식을 분할회사 혹은 그 회사의 주주가 가지는지 여부에 따라 물적분할과 인적분할로 나누어질 수 있다.[354)]

회사분할에 관하여는 상법에서 규정을 두고 있을 뿐 합병과 마찬가지로 노동관계법에서는 명문의 규정을 두고 있지 않다.

2. 회사분할과 노동관계 제문제

(1) 근로관계 승계 여부

회사분할시 근로관계 승계 여부에 관하여 학설은 크게 당연승계설, 동의설, 거부권설로 나뉜다.

당연승계설은 합병의 경우와 마찬가지로 포괄승계의 법리를 적용한다. 동 견해에 의하면 근로자의 동의나 거부권은 인정되지 않는다. 동의설은 회사분할로 인하여 근로자의 전적이 이루어지므로 근로자의 동의가 필요하다는 입장이다.[355)] 당연승계설이 상법상 회사분할의 효율성에 비중을 둔 것이라면 동의설은 근로자 보호에 더 많은 비중을 두고서 근로자의 자기결정권을 강조한 것으로 볼 수 있다.[356)] 한편, 거부권설은 당연승계설과 동의설의 절충설로 평가되는데, 근로관계 승계에 대한 근로자의 거부권을 인정하는 견해[357)]이다.

회사분할 시 근로관계 승계 문제와 관련하여 대법원에서 확정된 주목할 만한 사건은 3건이 있는데, 이 중 이른바 한국전력공사사건과 대우자동차판매사건은 대법원에 상고되어 심리불속행 기각된 사건이며, 나머지 1건은 이른바 현대그린

---

354) 권재열, “회사분할시 근로관계 승계에 대하여 근로자가 거부권을 행사할 수 있는가?”, 「증권법연구」 제15권 제1호, 2014, 58쪽.

355) 노상헌, “회사분할과 근로관계”, 「노동법학」 제38호, 한국노동법학회, 2011, 158~159쪽.

356) 권재열, “회사분할시 근로관계 승계에 대하여 근로자가 거부권을 행사할 수 있는가?”, 「증권법연구」 제15권 제1호, 2014, 60~61쪽.

357) 임종률 외 7인, “기업변동시 근로관계 승계 관련 연구”, 고용노동부 학술연구용역보고서, 2007, 58~59쪽.

푸드사건으로 대법원에서 심리가 이루어졌다.

상기 3건은 각각 근로관계 승계 법리의 판단에 있어 차이를 보이고 있다. 한국전력공사사건에서 하급심[358]은 근로관계 승계를 위해서는 근로자의 동의가 있어야 한다고 보았으며, 대우자동차판매사건의 하급심[359]은 원칙적 포괄승계를 인정하면서 근로자의 거부권을 인정하였다.

반면에 현대그린푸드사건에서 대법원[360]은 원칙적 당연승계설을 취하면서 분할이 해고제한회피의 방편 등으로 이용되는 사정이 있는 경우 근로자의 거부권을 인정하였다. 동 대법원은 "회사분할에 따른 근로관계의 승계는 근로자의 이해와 협력을 구하는 절차를 거치는 등 절차적 정당성을 갖춘 경우에 한하여 허용되고, 해고의 제한 등 근로자 보호를 위한 법령 규정을 잠탈하기 위한 방편으로 이용되는 경우라면 그 효력이 부정될 수 있어야 한다. 따라서 둘 이상의 사업을 영위하던 회사의 분할에 따라 일부 사업 부문이 신설회사에 승계되는 경우 분할하는 회사가 분할계획서에 대한 주주총회의 승인을 얻기 전에 미리 노동조합과 근로자들에게 회사 분할의 배경, 목적 및 시기, 승계되는 근로관계의 범위와 내용, 신설회사의 개요 및 업무 내용 등을 설명하고 이해와 협력을 구하는 절차를 거쳤다면 그 승계되는 사업에 관한 근로관계는 해당 근로자의 동의를 받지 못한 경우라도 신설회사에 승계되는 것이 원칙이다. 다만 회사의 분할이 근로기준법상 해고의 제한을 회피하면서 해당 근로자를 해고하기 위한 방편으로 이용되는 등의 특별한 사정이 있는 경우에는, 해당 근로자는 근로관계의 승계를 통지받거나 이를 알게 된 때부터 사회통념상 상당한 기간 내에 반대의사를 표시함으로써 근로관계의 승계를 거부하고 분할하는 회사에 잔류할 수 있다"고 판시하였다.

이상의 회사분할과 관련된 위 판례를 요약하면 〈표 61〉「회사분할시 근로관계 승계에 관한 판례 요약」과 같다.

358) 서울고등법원 2006.9.22. 선고 2006나33021 판결

359) 서울행정법원 2008.9.11. 선고 2007구합45582 판결

360) 대법원 2013.12.12. 선고 2011두4282 판결

[표 61] 회사분할시 근로관계 승계에 관한 판례 요약[361)]

구분	한국전력공사사건	대우자동차판매사건	현대그린푸드사건
1심	• 근로자의 동의 요구 (전적의 법리 원용)	• 원칙적 포괄승계 • 근로자의 거부권 인정	• 근로자의 동의 요구 (전적의 법리 원용)
2심	상동	상동	• 원칙적 포괄승계 • 근로자의 거부권 인정
3심	심리불속행 기각	심리불속행 기각	• 당연승계(노동조합과의 협의 등 절차적 정당성 조건) • 해고금지법제회피 등의 사정이 있을 때만 근로자 거부권 인정

대법원은 현대그린푸드사건에서 근로자의 근로관계 승계 거부권을 인정하는 사정으로 분할이 해고금지회피를 위해 이용되는 경우를 들었다. 그렇다면 분할의 목적이 해고금지를 회피하기 위한 것은 아니나 근로조건의 현저한 저하를 가져오는 경우에도 근로자가 거부권을 행사할 수 있는지 여부가 문제된다. 이것은 근로자 거부권의 인정 요건 내지 범위에 관한 문제이다.

하급심[362)] 중에 "근로자가 회사분할로 인하여 통상 예상할 수 있는 범위를 벗어나는 현저한 근로조건의 저하 등의 불이익을 입게 되는 경우에는 분할로 인한 근로관계의 승계에 대하여 거부권을 행사할 수 있다고 할 것이다"라고 판시한 사례가 있다.

현대그린푸드사건에서 대법원이 근로자의 제한 없는 전면적 거부권을 인정한 것으로 보이지는 않는다. 그러나 근로자의 거부권을 인정하는 사정으로 제시한 해고금지회피는 거부권 인정 요건을 예시한 것으로 해석된다. 따라서 근로자의 근로관계 승계 거부권 인정 여부는 회사분할의 내용 및 경과 등에 따라 사안별로

361) 박은정, "회사분할과 개별적 근로관계의 승계", 「노동법학」 제71호, 한국노동법학회, 2019, 155쪽

362) 서울고등법원 2014.10.23. 선고 2014누1033 판결. 이 사건에서 법원은 근로관계 승계가 있은 지 상당한 기간이 경과한 후에 분할 후 회사에서 적법한 절차에 따라 근로조건의 저하가 발생한 경우에는 거부권을 인정할 수 없다고 판시하였다.

구체적으로 판단되어질 것으로 본다.

(2) 계속근로 인정 여부

회사분할로 근로관계가 포괄적으로 승계되는 것이므로 계속근로한 것으로 인정된다. 대법원[363]도 기업의 일부 사업부문이 분리 독립하여 새로운 회사가 설립된 경우 종래의 분할회사에서 근무하던 근로자의 근로관계는 신설회사 또는 분할합병의 상대방 회사에 종전대로 승계, 유지되므로 계속근로년수를 계산함에 있어서도 소멸회사에서의 근무기간까지도 통산하여야 한다는 입장이다. 그러나 합병에서와 마찬가지로 근로자가 본인 스스로 계속근로를 단절할 의사로 분할회사에 사직서를 제출하고 퇴직금을 수령한 후 분할 후 회사에 입사한 경우에는 계속근로가 단절된다.

(3) 전환배치를 통한 승계배제 문제

영업양도에서와 동일하게 회사분할을 앞두고 일부 또는 특정 근로자를 승계에서 배제할 목적으로 전환배치하는 경우에 그 전환배치의 유효성 여부가 문제될 수 있다.

회사분할로 근로관계가 승계되는 경우 포괄적으로 승계되는 것이 원칙이므로 전환배치가 합리적인 이유 없이 순전히 근로자들의 승계를 배제할 목적으로 이루어진 경우에는 그 정당성이 부정되어 효력이 인정되지 않을 가능성이 크다.

3. 근로관계 승계에 따른 법률효과

(1) 근로조건 승계 문제

근로관계가 포괄적으로 승계됨에 따라 분할회사에서 근로자에게 적용된 근로관계의 내용이 변경 없이 유지된다. 즉, 일신전속적인 개별적 근로계약은 근로관계의 승계와 함께 승계되며, 취업규칙 상의 근로조건도 그대로 승계된다. 다만,

363) 대법원 1987.2.24. 선고 84다카1409 판결

분할 후 회사가 분할회사의 취업규칙 자체를 자동적으로 승계하는 것은 아니며 취업규칙이 계속 효력을 유지하는 것을 의미한다.[364)]

분할합병이 이루어진 경우 분할 후 회사에는 승계된 근로자들의 근로조건과 원래 소속 근로자들의 근로조건에 차이가 존재하게 된다.[365)] 통상적으로 인사노무관리 측면에서 근로조건을 통일적으로 운영하는 것이 합리적이기 때문에 승계된 근로자들의 근로조건을 분할 후 회사의 취업규칙으로 변경하여 통일화하고자 한다.

이 경우 근로조건의 변경을 위하여 어떤 절차를 거쳐야 하는지 여부가 문제되는데, 특히 승계된 근로자들의 근로조건이 유리한 경우가 문제된다. 이와 관련하여서는 승계된 근로자의 근로조건을 불이익하게 변경하고자 하는 경우에는 해당 근로자들의 집단적 동의를 받아야 하므로 취업규칙 불이익변경 요건을 충족하는 절차를 거쳐야 한다는 견해[366)]가 있다. 반면에, 취업규칙 자체가 승계된 것이 아니라 그 내용이 승계된 것이므로 취업규칙 불이익변경이 아니라 근로조건의 하향조정 문제이고, 따라서 균등대우의 원칙을 원용하여 근로관계의 내용을 통일하는 것이 타당하다는 견해[367)]가 있다.

영업양도 부분에서 살펴 본 바와 같이 취업규칙 불이익변경 절차를 거쳐야 하는 것으로 해석하는 것이 타당하다고 본다.

(2) 노동조합 존속 여부

다수의 견해와 판례는 영업양도와 합병에 있어 노동조합의 지위가 양수회사 또는 합병 후 회사로 이전되는 것으로 본다. 이러한 입장에 의하면 회사분할에 있어서도 노동조합의 지위가 이전되는 것으로 해석될 것이다.

사견으로는 존속회사에 기업별노동조합이 그대로 존재하는 상황에서 규약에

---

364) 김형배, 「새로 쓴 노동법」 제25판(전면개정판), 박영사, 2016, 637쪽 ; 박은정, "회사분할과 개별적 근로관계의 승계", 「노동법학」 제71호, 한국노동법학회, 2019, 165쪽.

365) 이러한 문제는 흡수합병 및 영업양도에서도 동일하게 나타난다.

366) 박은정, "회사분할과 개별적 근로관계의 승계", 「노동법학」 제71호, 한국노동법학회, 2019, 167쪽.

367) 김형배, 「새로 쓴 노동법」 제25판(전면개정판), 박영사, 2016, 639쪽.

관한 노동조합의 권한을 무시한 채 회사분할로 인하여 자동적으로 조합가입 범위가 변경되는 것으로 간주하는 것은 타당하지 않다고 생각된다. 따라서 영업양도에서와 같은 이유에서 기업분할로 인하여 노동조합 지위가 일률적으로 이전하는 것으로 보기 어렵다고 본다.

(3) 단체협약 승계 여부

다수의 견해와 판례는 회사분할의 법적 효과를 합병에 준하여 판단한다. 이러한 견해에 의할 경우 회사분할에 따라 단체협약도 승계되는 것으로 볼 것이다. 그러나 협약의 당사자 변경되었음에도 불구하고 단체협약 자체의 승계를 그대로 인정하는 것은 단체협약의 성질에 부합하지 않는다.[368)]

따라서 분할회사에서 적용되는 단체협약 상의 근로조건이 승계된 근로자들의 근로관계 내용을 이루어 분할 후 회사로 승계되는 것이고, 단체협약 자체가 승계되는 것은 아니라고 해석하는 것이 타당하다고 본다.[369)]

주요 관련 판례 및 행정해석

✓ 회사분할에 따른 근로관계 승계 및 근로자의 거부권

(대법원 2013.12.12. 선고 2011두4282 판결)

상법 제530조의10은 분할로 인하여 설립되는 회사는 분할하는 회사의 권리와 의무를 분할계획서가 정하는 바에 따라서 승계한다고 규정하고 있으므로, 분할하는 회사의 근로관계도 위 규정에 따른 승계의 대상에 포함될 수 있다. 그런데 헌법이 직업선택의 자유를 보장하고 있고 근로기준법이 근로자의 보호를 도모하기 위하여 근로조건에 관한 근로자의 자기결정권(제4조), 강제근로의 금지(제7조), 사용자의 근로조건 명시의무(제17조), 부당해고 등의 금지(제23조) 또는 경영상 이유에 의한 해고의 제한(제24조) 등을 규정한 취지에 비추어 볼 때, 회사 분할에 따른 근로관계의 승계는 근로자의 이해와 협력을 구하는 절차를 거치는 등 절차적 정당성을 갖춘 경우에 한하여 허용되고, 해고의 제한 등 근로자 보호를 위한 법령 규정

368) 김형배, 「새로 쓴 노동법」 제25판(전면개정판), 박영사, 2016, 632쪽.

369) 같은 견해로, 한광수, "사업의 분할에 따른 근로관계 승계에 대한 고찰", 「노동법논총」 제29집, 한국비교노동법학회, 2013, 771쪽 ; 노사관계법제팀-1042, 2007.3.27.

을 잠탈하기 위한 방편으로 이용되는 경우라면 그 효력이 부정될 수 있어야 한다. 따라서 둘 이상의 사업을 영위하던 회사의 분할에 따라 일부 사업 부문이 신설회사에 승계되는 경우 분할하는 회사가 분할계획서에 대한 주주총회의 승인을 얻기 전에 미리 노동조합과 근로자들에게 회사 분할의 배경, 목적 및 시기, 승계되는 근로관계의 범위와 내용, 신설회사의 개요 및 업무 내용 등을 설명하고 이해와 협력을 구하는 절차를 거쳤다면 그 승계되는 사업에 관한 근로관계는 해당 근로자의 동의를 받지 못한 경우라도 신설회사에 승계되는 것이 원칙이다. 다만 회사의 분할이 근로기준법상 해고의 제한을 회피하면서 해당 근로자를 해고하기 위한 방편으로 이용되는 등의 특별한 사정이 있는 경우에는, 해당 근로자는 근로관계의 승계를 통지받거나 이를 알게 된 때부터 사회통념상 상당한 기간 내에 반대 의사를 표시함으로써 근로관계의 승계를 거부하고 분할하는 회사에 잔류할 수 있다.

원고 회사는 이 사건 회사 분할과 관련하여 노동조합에 협의를 요구하고 약 5개월의 기간에 걸쳐 근로자들을 상대로 회사 분할에 관한 설명회를 개최하는 등 근로자들의 이해와 협력을 구하는 절차를 거쳤으므로, 이 사건 회사 분할이 근로기준법상 해고의 제한을 회피하기 위한 것이라는 등의 특별한 사정이 없는 한 참가인이 이 사건 회사 분할에 따른 근로계약의 승계에 대하여 이의를 제기하였는지 여부와 상관없이 참가인의 근로관계는 신설회사에 승계된다고 보아야 한다.

✓ 근로자의 근로관계 승계 거부권 행사 시기

(서울고등법원 2014.10.23. 선고 2014누1033 판결)

근로자가 회사분할로 인하여 통상 예상할 수 있는 범위를 벗어나는 현저한 근로조건의 저하 등의 불이익을 입게 되는 경우에는 분할로 인한 근로관계의 승계에 대하여 거부권을 행사할 수 있다고 할 것이나, 회사분할에 따른 적법한 근로관계의 승계가 있은 지 상당한 기간이 경과한 후에 분할한 회사 또는 신설회사의 급여체계나 인사평가방식에 변화가 생겨 결과적으로 분할한 회사에 잔류하였다고 가정하는 경우와 비교하여 신설회사에서 그보다 적은 급여를 받게 되었다고 하더라도, 위 급여체계 등의 변경이 법령이나 협약에 따라 적법하게 이루어진 이상, 위와 같은 사정만을 들어 분할에 따른 고용승계가 무효가 된다거나 근로자가 근로관계의 승계에 대하여 거부권을 행사할 수는 없다고 보아야 한다.

✓ 근로관계 승계 및 계속근로 인정 여부

(대법원 1987.2.24. 선고 84다카1409 판결)

기업의 일부가 분리 독립하여 새로운 회사가 성립되었다 하더라도 신설회사와 구 회사사이에 기업의 동일성을 유지하고 있고 구 회사에 속했던 근로자가 그 회사에서의 퇴직이나 신설회사에 신규입사절차를 거침이 없이 신설회사에 소속되어 계속근무하고 있다면 신설회사가 구 회사와는 별개 독립의 법인체로서 그 권리의무를 포괄승계하지 않은 경우라 할지라도 구 회사에 속한 근로자에 대한 근로관계는 신설회사에 포괄승계되어 근로의 계속성이 유지된다 할 것이므로 그 근로자에 대한 계속근로연수를 계산함에 있어서는 구 회사에서의 근로기간까지를 통산하여야 한다.

✓ 회사분할에 따른 단체협약 승계 여부

(노사관계법제팀-1042, 2007.3.27.)

노동조합 및 노동관계조정법상 노동조합의 조직범위에 대하여는 별도의 제한 규정을 두고 있지 아니하므로 기업의 일부 사업부문이 분할로 해당 사업부문 소속 근로자들이 신설회사에 포괄적으로 고용승계 되는 경우 기존의 기업을 조직대상으로 하는 노동조합이 종전 조직을 계속 유지하기 위하여 신설회사로 이전하는 조합원들이 참가한 상태에서 규약상의 조직범위를 변경하여 분할되는 사업부문에 종사하는 근로자들을 계속 조직대상으로 포괄하였다면 그 규약변경의 효력을 부인할 수 없을 것임.

이 경우 기존회사와 신설회사의 사용자간에 별도의 약정이 없는 한 기존회사와 당해 노동조합 간에 체결한 단체협약이 신설회사의 사용자에게 자동승계 된다고 보기는 어려울 것이나, 단체협약의 내용 중 규범적 부분은 노사간 별도의 합의 등 달리 볼 사정이 없는 한 개별 근로자의 근로조건으로 그 효력이 유지된다고 봄이 타당할 것임.

제3절
기업변동 시의 노무관리 운영원칙

I 기업변동 시의 노무이슈

기업 내에서 기업변동이 추진되는 경우 기업변동에 포함된 근로자들을 중심으로 주로 제기되는 노무이슈는 〈표 62〉에서 보는 바와 같이 ① 고용보장, ② 근로조건 유지 및 변경, ③ 별도의 보상 여부이다. 근로관계에 있어 고용 및 근로조건 문제는 본질적인 사항이므로 당연한 것이라고도 할 수 있다.

근로자들 입장에서 이러한 이슈에 대하여 예측가능성이 떨어지거나 불만이 발생할 경우 기업변동 과정에서 상당한 갈등과 마찰이 초래될 수 있다. 따라서 기업변동 시 예상되는 노무이슈는 기업변동 추진 과정에서 절대 간과해서는 안 되는 매우 중요한 관리사항이다. 심지어 이를 얼마나 합리적으로 관리·통제하고 해결하는지 여부가 기업변동의 성패를 결정할 수도 있다.

[표 62] 기업변동 시 주요 노무이슈

구분	내용
고용	• 기업변동 과정에서 근로관계가 종료되는 것이 아닌가? • 기존회사에 잔류할 수 있는가? • 기업변동 후 인원감축이 수반되는 것 아닌가?
근로조건	• 임금 및 복리후생은 유지되는가? • 퇴직금 및 연차휴가 근속년수는 승계(합산)되는가? • 기업변동 후 성과제도 등 새로운 인사제도가 적용되는 것 아닌가? • 나의 직급(책)은 유지되는가?(하향 되는 것 아닌가?)
보상	• 소속이 변경되므로 별도의 보상(예 : 위로금)이 있지 않은가? • 사직하면 별도의 보상이 있는가?

Ⅱ 노무관리 운영원칙

1. 체계적인 노무실사 진행

기업변동 과정에서 양수 내지 합병회사는 양도 내지 피합병회사에 대한 실사를 진행한다. 이러한 실사는 주로 기업가치 평가를 위한 재무적 부분에 초점이 맞추어지는 것이 일반적이다. 그러나 노무 부분에 대하여도 반드시 체계적인 실사를 진행하여야 한다.

노무 부분에 대한 실사는 통상 노동관계법 위반에 의한 우발채무에 관한 사항, 고용형태에 관한 사항, 노사관계에 관한 사항을 포함한다. 노무실사 또한 일차적인 목적은 사업 내지 기업의 가치평가에 반영하고 계약협상에 활용하기 위한 것이다. 그러나 노무실사를 통하여 양수 내지 합병회사는 기업변동 이후 예상되는 노무이슈를 사전에 예측함으로써 양수 또는 인수 여부의 최종적인 의사결정이나 기업변동 이후의 노무정책에 반영하여야 한다.

2. 노무 부분에 대한 계획 수립

기업변동은 매우 중대한 변화이므로 통상 사전에 충분한 계획 아래 추진된다. 그 계획 내에서 노무 부문에 대한 계획도 매우 중요한 하나의 축을 이룬다는 사실을 간과해서는 안 된다.

노무 부분 계획에는 먼저 기업변동에 따른 노동관계법 상 주요 쟁점과 예상되는 노무이슈에 대한 분석이 이루어져야 한다.

다음으로 분석된 쟁점 및 이슈 별로 회사의 정책 및 조치사항 등에 대한 구체적인 계획이 포함되어야 한다. 특히, 앞서 기술한 기업변동 시 노무이슈에 대해서는 명확한 입장이 설정되어야 한다. 노무이슈의 대부분은 양도 내지 피합병 회사와 양수 내지 합병 회사 간의 유기적인 협의가 필요한 사항이 대부분이다. 또한 전출 내지 전적, 희망퇴직, 경영상 해고 등 고용조정이 수반되는 경우에는 각 고용조정 유형별로 구체적인 시행계획이 마련되어야 한다.

마지막으로 노무이슈는 매우 역동적인 특성을 가지고 있으므로, 다양한 상황

별로 진행 일정이 짜여 져야 하며, 노사분쟁 등 돌발적 상황에 대한 조치사항도 함께 포함되어야 한다.

3. 고용조정 추진시 법적요건 준수

기업변동 전후로 하여 전출 내지 전적, 희망퇴직, 경영상 해고 등 고용조정이 수반되는 경우가 많다. 이러한 고용조정은 우발적 필요성에 의하여 시행되는 경우보다 기업변동 계획 자체에 포함되는 경우가 일반적이다.

따라서 시행하고자 하는 각 고용조정 유형별 법적요건을 확인하고 실행과정에서 이를 준수하는 것이 매우 중요하다. 기업변동 전에 시행한 고용조정이 사후적으로 무효가 되면 근로관계 승계 문제 등 기업변동 자체에 영향을 미치는 매우 복잡한 법률문제를 야기하게 된다. 또한 기업변동 후 시행된 고용조정이 무효로 인정되면 기업변동을 통해 기대했던 효과를 얻지 못할 뿐만 아니라 오히려 비효율을 초래할 수 있다.

4. 단체협약 상의 절차 이행

먼저 기업변동에 대한 단체협약 상의 규정을 확인하는 것이 필요하다. 이는 양도 내지 피합병 회사뿐만 아니라 양수 내지 합병 회사에도 해당하는 사항이다.

단체협약에의 기업변동 관련 규정에는 일반적으로 ① 기업변동 자체에 대한 합의, ② 기업변동 자체에 대한 협의, ③ 기업변동 시 근로관계 내지 근로조건에 대한 합의, ④ 기업변동 시 근로관계 내지 근로조건에 협의의 네 가지 유형이 있다. 물론 네 가지가 유형이 조합하여 규정되어 있는 경우도 있다.

기업변동은 경영주체에 의한 고도의 경영상 결단에 속하는 사항으로서 원칙적으로 단체교섭의 대상이 될 수 없다. 그러나 사용자의 경영권에 속하는 사항이라 하더라도 노사가 임의로 단체교섭을 진행하여 단체협약을 체결할 수 있고, 그 내용이 강행법규나 사회질서에 위배되지 아니하는 이상 단체협약으로서의 효력이 인정된다.[370] 또한 최근 법원은 인사·경영에 관한 단체협약 상 합의조항에 대한 규범성을 넓게 인정하는 추세를 보이고 있다.

단체협약 상의 기업변동 관련 규정을 이행하지 않을 경우 단체협약 위반의 문제가 발생하고 노사갈등이 야기될 수 있다. 양도 내지 피합병 회사, 양수 내지 합병 회사 어느 쪽에서든 노사갈등 및 법적분쟁이 발생하면 기업변동 통해 얻고자 했던 사업적 목적을 달성하기 어렵다. 그리고 경우에 따라서는 기업변동 자체의 효력이 부정될 수도 있다.

따라서 기업변동과 관련된 단체협약 상의 절차를 충실히 이행하여야 한다. 기업변동 자체가 합의사항으로 되어 있는 상태에서 노동조합과 합의가 어려운 경우에는 최대한 합의노력을 기울이고, 그러한 합의노력이 기업변동의 필요성(중요성), 노동조합의 권리남용 등 제반 상황과 함께 기업변동의 효력을 인정할 수 있을 만큼의 정도에 이르렀는지에 대하여 법적 평가를 내려 보아야 한다.

5. 기업변동에 대한 적극적인 내부 소통 진행

기업변동은 매우 중대한 경영활동에 해당하므로 그 절차가 상당 부분 진행되기 전까지는 대외비로 유지되는 경우가 통상적이다. 그러나 기업변동이 추진되고 있음이 회사 내에 공개된 이후에는 근로자들에 대한 적극적인 소통을 진행하여야 한다. 기업변동이 추진되면 근로자들의 불안심리가 조성될 수밖에 없다. 이러한 상황에서 고용 및 근로조건 등에 대한 예측가능성이 떨어지면 불만이 증대되고 기업변동 자체에 대한 반발로 이어질 수 있다.

따라서 기업변동 이유 및 필요성, 기업변동에 따른 근로관계 승계 내용, 근로관계 승계 후 고용조건 등에 대하여 적극적으로 설명하는 것이 중요하다. 그리고 근로관계 승계대상 근로자들에 대하여 기업변동 이후 양수 내지 합병 회사의 비전 및 발전전략 등을 보여 줄 필요도 있다. 이러한 과정을 통해 기업변동 및 근로관계 승계에 대한 근로자들의 수용성을 높이고 여러 가지 노무 상의 리스크를 줄이는 효과를 기대할 수 있다.

내부 소통의 내용, 일정 및 방법은 기본적으로 기업변동의 추진 상황에 따라 정해지므로 상당부분 유동적일 수밖에 없다. 그러나 체계적인 시행을 위해서는

370) 대법원 2014.3.27. 선고 2011두20406 판결

사전에 기본적인 추진계획 정도는 세워져 있어야 한다.

6. 근로관계 승계 거부권 관련 법적안정성 확보

합병은 근로관계가 당연히 승계되므로 근로자의 거부권은 문제되지 않는다. 반면에 영업양도와 회사분할의 경우에는 근로자의 승계 거부권을 인정하는 것이 판례의 입장이다. 나아가 법원은 특별한 사정이 존재하는 경우에는 근로관계 승계 이후의 거부권 행사도 인정하고 있다.

영업양도나 분할이 완료된 이후 승계대상 근로자들이 거부권을 행사하고 그것이 유효한 것으로 인정되면, 양수회사나 분할 후 회사의 사업 및 업무수행에 큰 차질이 발생하게 된다. 따라서 근로자들의 거부권 행사에 대한 법적안정성을 최대한 확보하는 것이 바람직하다.

통상적으로 기업변동을 진행하는 과정에서 그 절차가 완료되기 전에 근로자들에게 근로관계 승계에 대한 동의서를 받는 경우가 많다. 이러한 동의서는 근로관계 승계에 대한 동의의 의사를 확인함과 동시에 이의를 제기하지 않겠다는 사실을 약정함으로써 근로관계가 확정적으로 승계되는 것을 담보하는 의미가 있다.[371] 따라서 근로자들의 거부권과 관련하여 법적안정성을 확보하는 하나의 방법이 될 수 있다.

한편, 근로자들에게 근로관계 승계에 따른 효과, 즉 계속근로기간, 퇴직금 산정, 승계 후 근로조건 등에 대한 정확한 정보를 제공하는 것이 중요하다. 이는 근로관계 승계 동의서의 효력 및 근로관계가 승계된 이후의 거부권 행사의 유효성 여부를 판단하는데 있어 중요한 요소가 된다.

7. 적극적인 제도통합 추진

기업변동은 기본적으로 서로 다른 근로조건을 적용하던 사업 또는 사업장이 결합하는 것이므로 임금, 휴가, 복리후생 등 근로조건에서 차이가 존재하게 된다.

---

371) 이세리, "회사분할과 근로관계의 승계", 「노동법포럼」 제6호, 노동법이론실무학회, 2011, 231쪽.

앞서 살펴 본 바와 같이 기업변동으로 인한 근로조건의 차이가 근로기준법 상의 균등처우원칙 위반에 해당되는 것은 아니다.

그러나 장기간의 근로조건 차이는 조직적 차원에서 많은 부작용을 초래한다. 낮은 근로조건이 적용되는 근로자들의 사기와 직무만족을 떨어뜨리고 이로 인하여 업무효율성이나 생산성이 저하될 수 있다. 특히, 근로조건의 수준차이가 현격한 경우에는 낮은 근로조건을 적용받는 근로자들의 불만이 증가하여 집단적 노사문제로 확산되고 노사관계가 악화될 수 있다. 따라서 기업변동 직후 신속하게 근로조건 통합 계획을 수립하여, 적극적으로 추진하는 것이 바람직하다.

근로조건은 기본적으로 근로계약서, 취업규칙, 단체협약을 통해 결정된다. 근로조건의 통합을 진행하는 과정에서 근로조건 변경과 관련된 법적 요건을 준수하는 것이 중요하다. 노동조합이 복수인 경우에는 교섭창구를 단일화하여 단체교섭을 진행하고 단일한 단체협약 체결을 통해 근로조건을 통합하는 것도 효과적인 방법일 수 있다.

고용조정

실무상 문제와 해법

제 4 장

경영위기 하에서의 전략적 고용조정 추진방안

제1절
전략적 고용조정 추진의 중요성

경영위기로 인하여 추진되는 고용조정의 목적은 그 정도의 차이는 있으나 통상적으로 인건비 및 비용 절감을 통한 재무상태의 안정화를 포함하게 된다. 따라서 추진되는 고용조정의 유형은 근로조건의 저하, 감원 등 고용조건 악화를 수반하게 되므로 내부적 수용성과 공감대를 확보하기가 쉽지 않다.

일단 고용조정을 추진하였다가 실패하면 경영위기 해소 효과는 보지 못한 채 큰 조직적 비용만 초래하게 된다. 즉, 조직몰입도 및 회사에 대한 신뢰도 하락에 따른 생산성 하락, 유능한 인재의 유출, 노사갈등, 법적분쟁 발생 등 후유증으로 인하여 경영위기가 더욱 가중된다.

따라서 모든 고용조정이 그렇지만 특히 경영위기 하에서의 고용조정은 매우 신중하고 전략적으로 추진되어야 한다. 전략적 접근을 통해 사업장 상황에 맞는 최적의 고용조정을 추진하여야만 실질적 효과를 얻을 수 있고 근로자들이 입는 손실도 최소화할 수 있다.

제2절

전략적 고용조정 추진방안

I 추진 절차

전략적인 고용조정 추진을 위해서는 먼저 ① 내부 현황에 대한 면밀한 진단이 이루어져야 하며, ② 현황 진단 결과를 토대로 사업장 특성에 맞는 고용조정 방안이 수립되어야 한다. 또한 ③ 고용조정 방안 시행 이후에는 적극적인 조직활성화를 통해 고용조정에 따른 부정적 효과를 완화하여야 한다. 일반적인 고용조정 추진 절차는 〈그림 29〉와 같다.

[그림 29] 전략적 고용조정 추진 절차

단계	주요 내용
현황 진단	• 경영위기 원인 및 특성 진단 • 인력구조 진단 • 고용조정 관련 조직내 인프라 진단 • 내부 수용성 진단(예측)
방안 수립	• 고용조정 유형 선별 • 고용조정 추진방향 설정 • 단계별 추진(안) 및 세부 시행(안) 설계 • 시행계획서 작성
시행 준비	• 시행에 필요한 각종 자료 작성
시 행	• 경영합리화 조치 선제적 실행 • 내부 수용성 확보를 위한 노력 진행 • 법적 요건 및 절차 준수 • 적극적인 노사협상 • 시행의 일관성·공정성 유지
사후 조치	• 커뮤니케이션 및 교육 등 조직활성화 • 고용조정 방안 해소

Ⅱ 추진단계별 주요내용

1. 현황 진단

(1) 경영위기 원인 및 특성 진단

고용조정 방안을 수립함에 있어 먼저 경영위기의 원인이 무엇인지를 정확하게 진단하는 것이 필수적이다. 경영위기 원인은 매우 다양하나 인적자원 측면에서 국한하여 보면 인력의 과다 보유, 과도한 인건비, 보유인력의 경쟁력 상실, 업무가치 대비 비효율적 인력운영, 업무프로세스의 비효율 등이 그 원인일 수 있다. 경영위기를 초래하는 원인이 무엇인지에 따라 고용조정 방안도 달라진다. 따라서 원인에 대한 정확한 진단이 선행되어야 최적의 고용조정 유형을 선택하고 추진 방안을 수립할 수 있다.

한편, 경영위기의 특성에 대한 진단도 함께 이루어져야 한다. 여기에서의 경영위기 특성은 경영위기 수준과 기간을 의미한다. 즉, 경영위기가 단순히 경영개선을 요구하는 위험상태인지 아니면 상당한 적자누적 등 매우 심각한 상황인지에 대한 진단이 필요하다. 그리고 그 위기가 일시적인 것인지 아니면 고착화된 상태인지에 대한 진단도 함께 이루어져야 한다. 이러한 진단을 통해 도출된 경영위기 특성에 맞는 고용조정 방안을 수립하는 것이 매우 중요하다. 경영위기가 일시적이고 시간이 경과하면 회복될 것으로 예상되는 경우에는 감원만이 절대적인 고용조정 방안이 되는 것은 아니다. 반대로 매우 위험수준에 처한 경영위기가 고착화된 상태라면, 보다 과감하고 구조적인 고용조정 방안의 수립을 필요로 한다.

(2) 인력구조 진단

최적의 고용조정 방안을 수립하기 위해서는 인력의 성비(性比), 연령 및 근속년수 구조, 고용형태 등 인력구조에 대한 진단이 이루어져야 한다. 사업장이 가지고 있는 인력구조의 특성에 따라 효과적인 고용조정 방안도 달라지기 때문이다.

인력구조는 어떠한 고용조정 유형을 시행할 것인지를 결정하는 요소인 동시에 시행하고자 하는 고용조정 유형의 세부 시행계획을 수립하는데 있어 중요한 판단기준이 된다. 예를 들어 인력의 연령, 근속년수는 경영상 해고 대상자 선정기준, 희망퇴직 조건 등을 설계하는데 있어 매우 중요한 기준이 된다.

(3) 조직 내 인프라 진단

조직 내 인프라 진단은 고용조정 방안 시행에 관한 사업장의 여건을 진단하는 것이다. 어떠한 고용조정 방안을 시행할 것인지를 결정하였다고 하더라도, 사업장이 그 방안을 시행할 여건을 갖추고 있지 못하면 추진과정에서 실패할 가능성이 크다.

따라서 사업장의 사업 및 업무 구조, 인사제도 등에 대한 종합적인 점검이 이루어져야 한다. 예를 들어 경영상 해고를 위한 대상자 선정기준에 있어 인사평가가 매우 중요한 부분을 차지하므로, 사업장의 인사평가제도가 공정한 선정기준으로 활용될 수 있을 만큼 객관적이고 공정한지 여부를 사전에 진단해 볼 필요가 있는 것이다. 그리고 사외이동이 가능한지 여부를 살피는 것도 진단과제 중 하나이다. 계열사나 관계사 등 마땅히 이동할 곳이 없는 경우 전적이나 전출은 고용조정 방안으로 고려될 수 없다. 마찬가지로 수주량 또는 작업량과 관계없이 고정적인 인력수 및 작업시간이 요구되는 사업장에서 인원수 조정 및 근로시간 조정은 유효한 고용조정 방안이 될 수 없다.

(4) 내부 수용성 진단

고용조정에 대한 근로자들의 수용성은 고용조정 유형마다 차이가 있지만, 그 정도가 사업장마다 동일한 것은 아니다. 따라서 고용조정에 대한 사업장 내부의 전반적인 수용성 정도를 진단 내지 예측하는 것이 필요하다. 수용성 진단은 크게 조직문화와 노사관계 측면에서 접근할 수 있다.

조직문화 차원에서의 진단과제는 구성원이 평소에 회사에 대하여 가지고 있는 신뢰정도, 평상시 조직몰입도 및 직무만족도 등이다. 통상적으로 회사신뢰도, 조직몰입도, 직무만족도가 높은 경우에는 고용조정에 대해서도 상대적으로 높은 수용성을 기대할 수 있다. 그러나 반대인 경우에는 고용조정의 강도가 강할수록 즉, 고용조정으로 인한 불이익이 클수록 반발과 저항의 강도는 더욱 강하게 나타난다.

한편, 노사관계 측면에서의 진단과제는 사업장의 노동조합의 개수, 노동조합 가입률 및 조합원 특성, 노동조합 조직형태, 관계 상급단체, 그동안의 단체교섭 및 쟁의행위 경과, 노동 관련 법적분쟁 사례 등이다. 이에 대한 진단을 통해 고용조정에 대한 노동조합의 수용성을 예측할 수 있다.

고용조정에 대한 내부 수용성은 고용조정의 성패에 직접적인 영향을 미치므로, 고용조정 방안을 수립하는 과정에서 내부 수용성 진단결과를 적극적으로 고려하여야 한다.

2. 방안 수립

(1) 고용조정 유형 선별

현황진단 결과를 바탕으로 사업장에서 시행 가능한 모든 고용조정 유형을 선별하고 목록으로 정리하여야 한다. 그리고 시행이 불가능한 고용조정 유형에 대하여도 그 사유를 체계적으로 정리해 둘 필요가 있다. 시행이 불가능한 사유를 정리해 두는 이유는 노동조합 또는 근로자대표와의 협의 내지 협상과 만에 하나 있을 법적분쟁에 대비하기 위한 것이다.

법원은 경영상 해고에 있어 원칙적으로 사용자가 취할 수 있는 모든 해고회피 노력을 다할 것을 요구하고 있으며, 그 입증책임을 사용자에게 부담시키고 있다. 모든 고용조정 유형이 해고회피노력에 해당하는 것은 아니지만, 사전에 정리해 둔 고용조정 유형 선별자료는 해고회피노력 다하였음을 입증하는데 있어 유용한 논리를 제공할 수 있다. 그리고 노동조합이나 근로자대표가 시행이 불가능한 고용조정 유형을 대안으로 제시하는 경우 그에 대한 대응 및 설득을 위한 기초자료로 활용될 수 있다.

(2) 고용조정 방안 설계

1) 고용조정 추진방향 설정

경영위기 하에서의 고용조정 추진방향으로는 〈그림 30〉에서 보는 바와 같이 크게 ① 경영상 해고 외에 고용조정 유형만 시행하는 유형(경영상 해고 절차 미

진행) ② 바로 경영상 해고 절차를 개시하고 해고회피노력 및 경영상 해고를 시행하는 유형(해고회피노력을 통해 감원목표 달성시 경영상 해고 미시행), ③ ①과 ②를 순차적으로 시행하는 유형이 있다. 어떤 추진방향으로 할 것인지는 결국 현황진단 결과에 따라 결정된다.

현황진단 결과를 토대로 최적의 방향을 설정하여야 하지만, 고용조정에 대한 수용성 및 법적안정성 확보, 고용조정의 효과 등을 종합적으로 고려하면 세 번째 방법을 우선적으로 고려하는 것이 바람직하다. 다만, 고용조정 추진기간이 상대적으로 길어진다는 단점이 있다.

[그림 30] 고용조정 추진방향 유형

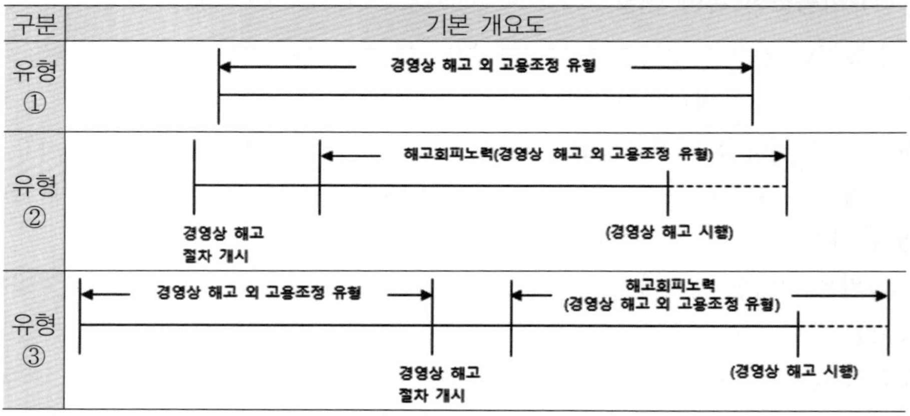

2) 단계별 고용조정 추진(안) 설계

설정된 고용조정 추진방향 하에서 시행하고자 하는 고용조정 유형의 단계별 추진(안)을 설계하여야 한다. 추진(안)은 여러 고용조정 유형을 조합하여 설계하되, 사전에 실시된 현황진단 결과가 반드시 고려되어야 한다. 현황진단 결과를 기초로 하지 않을 경우 피상적이고 실효성 없는 안에 그칠 가능성이 크다.

사업장마다 사정이 다르기 때문에 그 기준이 일률적이지는 않지만 일반적으로 내부 수용성 확보가 쉬운 것부터 어려운 순으로(통상적으로 고용조정 효과는 반비례 한다), 시행 절차가 용이한 것부터 어려운 순으로 설계하는 것이 효과적이다. 단계별 추진(안)을 예시하면 〈그림 31〉과 같다.

[그림 31] 단계별 고용조정 추진(안) 예시

1단계		2단계		3단계		4단계
• 임금동결 • 연장근무 중단 • (일부)휴업	⇨	• 임금반납 • 무급휴직	⇨	• 임금삭감 • 희망퇴직	⇨	• 경영상 해고

단계별로 진행할 고용조정 유형이 결정되면 각 고용조정 유형별로 적용 대상자 및 범위, 임금반납 규모, 일부 유급휴직일 경우 유급분의 크기, 희망퇴직 조건 등 세부 시행(안)이 작성되어야 한다. 특히, 경영상 해고는 최후적 성격을 가지는 고용조정 유형으로 내부 수용성이 매우 낮고 대부분 법적분쟁이 뒤따르기 때문에 추가적인 해고회피노력, 해고대상자 선정기준 등에 대하여 구체적인 시행(안)을 마련하여야 한다.[372)]

그리고 시행에 있어 노동조합이나 근로자대표와 협상 내지 협의가 요구되는 고용조정 유형에 대하여는 신속한 협의 및 협상, 적기의 의사결정을 위해 복수의 시행(안)을 설계해 두는 것이 필요하다.

3) 실행계획서 작성

단계별 고용조정 추진(안)과 구체적인 시행(안)이 설계되면 실행을 위한 구체적인 계획서를 작성하여야 한다.

실행계획서에는 진행일정, 일정별 주요 진행사항, 시행주체, 노동조합이나 근로자대표와의 협상 또는 협의 계획 등이 포함된다. 신속하고 차질 없는 실행을 위해서는 실행계획서를 최대한 구체적으로 작성하여야 한다. 고용조정의 특성상 실행계획을 수립하더라도 상황에 따라 계획의 변경 내지 수정이 불가피하게 발생한다. 따라서 실행계획서에는 고용조정 추진 과정에서 예측되는 돌발적 상황과

372) 각 고용조정 유형에 대한 시행(안) 작성에 있어서는 제2장에서 기술한 고용조정 유형별 법률문제와 운영원칙을 참고하기 바란다.

그에 대한 대처방안 등을 함께 포함하는 것이 필요하다.

3. 시행 준비

고용조정이 시행되면 실행계획에 맞추어 최대한 신속하게 진행하여야 한다. 경영위기 상황에서의 고용조정은 추진과정에서 역동성을 잃으면 실패할 가능성이 크다. 따라서 고용조정 추진(안)을 시행하기에 앞서 설명회 자료, 대내외 홍보자료, 노동조합이나 근로자대표에게 제공할 자료, 동의서 및 신청서, 공문, 공고문 등 시행에 필요한 자료를 미리 작성해 두어야 한다. 고용조정을 추진하는 과정에서 이러한 자료를 상황에 처할 때마다 하나하나 작성하는 것은 매우 비효율적이고 결과적으로 고용조정 추진의 성공가능성을 낮춘다.

4. 고용조정 시행

(1) 경영합리화 조치의 선제적 실행

실질적인 고용조정 추진(안) 시행에 앞서 근로조건에 해당하지 않거나 근로자의 동의, 노동조합과의 협상 등 내부 절차를 필요로 하지 않는 경영합리화 조치를 선제적으로 실행하여야 한다.

경영합리화 조치에는 비상경영 선포, 각종 비용절감, 임원수 축소, 불용자재·설비 매각, 부동산 매각, 비정규인력 축소 등이 있다. 이러한 선제적 조치는 경영위기에 대한 공감대를 형성함으로써 내부 수용성을 높이고 고용조정 시행에 따른 근로자들의 심리적 충격을 완화하는데 있어 매우 중요하다. 또한 고용조정 추진방향 및 추진(안)이 경영상 해고를 예정하고 있는 경우에는 그것 자체가 해고회피노력의 일환에 해당하기 때문에 법적안정성을 강화하는 측면에서도 실질적 의미를 가진다.

사업장마다 사정이 다르기 때문에 경영합리화 조치의 내용 및 정도에 차이가 있을 수 있지만 성공적 고용조정을 위해서는 필수적으로 요구되는 과정이다.

(2) 내부 수용성 확보 노력

경영위기 하에서의 고용조정은 근로조건 저하, 감원 등 고용조건의 저하를 수반하기 때문에 본질적으로 내부 수용성을 확보하기 어려운 경영활동이다. 그렇다고 하더라도 내부 수용성을 최대한 확보하기 위해 적극적으로 노력하는 것은 매우 중요한 과제이다.

고용조정에 대한 내부 수용성이 결여되면 근로자 동의 등 고용조정 유형별 시행을 위한 법적요건을 충족시키기 어렵다. 그리고 노사갈등, 법적분쟁이 발생할 가능성이 증가하며, 이 과정에서 인재유출, 생산성 저하 등 부작용이 발생하여 경영위기가 더욱 가중될 수 있다. 즉, 내부 수용성 확보를 위한 노력은 고용조정 추진의 성패를 결정한다고 할 수 있을 정도로 매우 중요하다.

따라서 경영진 및 임원부터 일선에서 경영위기 극복을 위해 솔선수범하는 모습을 보여야 하며, 관리자 회의, 직원설명회, 소집단 간담회, 홍보 등 커뮤니케이션 강화를 통해 근로자들의 공감대를 최대한 이끌어내야 한다. 이러한 내부 수용성 확보를 위한 활동은 진정성이 있어야 하며 목적에 충실하여야 한다. 피상적이거나 형식적인 진행은 오히려 근로자들의 불만과 갈등을 초래할 수 있다.

(3) 법적 요건 및 절차 준수

앞서 제2장에서 살펴 본 바와 같이 고용조정 유형별로 유효성 또는 정당성이 인정되기 위해서 요구되는 법적 요건 및 절차가 있다. 고용조정 추진 과정에서 이러한 법적 요건 및 절차를 철저히 준수하여야 한다.

시행된 고용조정이 법적 요건 및 절차를 갖추지 못하여 사후적으로 무효가 되면, 회사에 대한 근로자들의 신뢰가 급격하게 저하되어 생산성 및 직무몰입도 저하를 가져오게 된다. 그리고 노사문제를 포함한 조직 내 갈등이 증가하게 된다. 그리고 이미 추진된 고용조정의 원상회복 등 과정에서 예상하지 못했던 과도한 비용이 지출될 수 있다. 이러한 결과는 고용조정 이전보다 오히려 경영위기를 더욱 악화시키게 된다.

(4) 적극적인 노사협상

고용조정은 고용조건의 저하를 수반하기 때문에 노동조합으로서도 매우 부담스러운 협상대상이다. 그리고 노동조합의 의사결정 재량범위도 통상적인 단체교섭에 비하여 좁을 수밖에 없다. 결과적으로 노동조합은 고용조정 협상에 소극적인 자세로 임하게 된다. 이러한 이유에서 경영합리화 조치의 선제적 실행과 내부수용성 확보를 위한 노력이 협상의 긍정적 환경조성 측면에서 매우 중요한 의미를 갖는다고 할 수 있다.

고용조정을 위한 노사협상과 통상적인 단체교섭은 다소 상반된 특성을 가진다. 즉, 단체교섭에서는 요구의 주체가 노동조합이고 수용의 주체가 사용자라면, 고용조정 협상에서는 반대의 양상을 보이게 된다. 따라서 사용자는 경영위기 현황, 고용조정의 필요성 및 효과 등에 대한 객관적인 자료와 논리를 가지고 노동조합을 적극적으로 설득하여야 한다. 그리고 고용조정 추진(안) 설계 과정에서 만들어진 다양한 대안을 가지고 주도적으로 협상을 진행하여야 한다.

(5) 시행의 일관성 및 공정성 유지

고용조정 추진(안)이 시행되면 그 내용과 방법에 있어 일관성을 유지하는 것이 매우 중요하다.

근로자들에 대한 설명 및 공지, 근로자대표 또는 노동조합과의 협의 내지 협상을 통해서 법적 요건을 갖추어 고용조정을 추진하였으나, 실제 시행하는 과정에서 설명, 공지, 협상 내용과 달리 적용하는 경우에는 근로자들의 급격한 불만과 불신을 초래하게 된다. 이 경우 조직 내 갈등과 법적분쟁이 발생할 가능성이 매우 높아진다. 특히, 고용조정을 단계별로 추진하고자 하는 경우 후속 고용조정의 원만한 시행 자체가 불가능해 질 수 있다.

경영위기 하에서의 고용조정 목적은 오로지 경영위기를 해소하는 데에 주안점을 두어야 한다. 고용조정 과정에서 의도적으로 또는 부수적인 효과로서 특정 근로자 또는 집단에 불이익을 주고자 하거나 공정성을 상실하면 고용조정 추진의 진정성 자체가 의심받게 되며 이것은 고용조정 실패라는 부메랑으로 돌아올 가능성이 매우 높아진다는 점에 반드시 유의하여야 한다.

5. 사후 조치

(1) 조직활성화 활동 진행

일단 고용조정이 추진되어 완료되면, 경영위기는 완화 또는 해소되지만 조직적으로는 여러 가지 후유증을 남기게 된다. 근로자들 입장에서 보면 근로조건이 저하되기도 하고 동료직원을 떠나보내기도 하였다. 이는 사기 및 근무의욕 저하, 직무 및 회사 몰입도 저하, 고용불안감 등으로 나타난다.

따라서 고용조정 이후 이러한 후유증을 최대한 신속하게 해소시키기 위해 적극적으로 노력하여야 한다. 회사의 발전 가능성과 비전을 보여주어야 하며, 열린 경영 실천을 통해 구성원들의 신뢰를 회복하여야 한다. 그리고 내부 커뮤니케이션 및 교육 등을 활성화하여 조직내 일체감을 강화하여야 한다. 이를 위해서는 경영진의 솔선수범과 적극적인 참여가 무엇보다도 중요하다.

(2) 고용조정 방안의 해소

고용조정의 유형에 따라 차이는 있지만 경영위기 하에서의 고용조정은 기본적으로 한시적이어야 한다. 경영위기가 상당부분 해소되었음에도 불구하고 경영위기 상태의 고용조정 방안이 지속적으로 유지되거나 반복적으로 시행될 경우 고용조정에 대한 근로자들의 피로도와 반발감이 커질 수밖에 없다. 그리고 그것은 다양한 조직적 문제들을 발생시키게 된다.

따라서 경영위기 해소 정도에 맞추어 고용조건 저하를 내용으로 한 고용조정 방안도 적절히 해소되어야 한다. 대신에 선진 임금체계 도입, 근무형태 개선 및 유연근무제 도입, 작업장 혁신, 업무프로세스 개선 등 기업경쟁력을 강화하기 전략으로 전환하는 것이 바람직하다.

고용조정

실무상 문제와 해법

참 고 문 헌

◦ 고진수 외 3인, 「명예퇴직제」, 중앙경제사, 1996.

◦ 김주목 · 조정구, 「인사관리 Solution(Ⅰ)」, ㈜중앙경제, 2008.

◦ 김영문 · 이상윤 · 이정, 「부당노동행위제도와 원하청관계」, 법문사, 2012.

◦ 김유성, 「노동법 Ⅱ」, 법문사, 1999.

◦ 김형배, 「새로 쓴 노동법」 제25판(전면개정판), 박영사, 2016.

◦ 박경규, 「신인사관리」 제4판, 홍문사, 2010.

◦ 박준성 · 안희탁, 「고용관리 변화와 비전」, 한국경영자총협회, 1999.

◦ 박종희 · 이소영, 「기업변동시 노동법적 쟁점과 정책과제」, 한국노동연구원, 2000.

◦ 유성재, 「사업양도시 고용승계에 관한 법제개선방안」, 한국법제연구원, 2000.

◦ 이정, 「노동법강의」, 한국외국어대학교 출판부, 2004.

◦ 이병태, 「최신 노동법」 제8전정판, ㈜중앙경제, 2008.

◦ 이철송, 「회사법 강의」, 박영사, 2004.

◦ 임종률, 「노동법」 제6판, 박영사, 2007.

◦ 하갑래, 「근로기준법」 전정 제29판, ㈜중앙경제, 2017.

◦ 菅野和夫(이정 역), 「일본노동법」, 법문사, 2016.

◦ 경제단체협의회, 「2017 인사 · 임금사례 총람」, 2017.

◦ 고용노동부, “도급금지 · 도급승인 제도 운영지침”, 2019.

◦ 고용노동부, 「기간제법 업무매뉴얼」, 2011.

◦ **고용노동부**, 「유연근무제 Q&A」, 2017.

◦ **고용노동부**, 「임금피크제·장년근로시간단축제 어떻게 도입할까?」, 2016.

◦ **고용노동부**, 「재택근무 가이드라인」, 2020.

◦ **고용노동부**, 「직무중심 인사관리 따라잡기」, 2019.

◦ **고용노동부**, 「직장 내 괴롭힘 판단 및 예방·대응 매뉴얼」, 2019.

◦ **고용노동부**, 「파견법 업무매뉴얼」, 2011.

◦ **고용노동부**, "개정 근로기준법 설명자료", 2018.

◦ **사법연수원**, 「해고와 임금」, 2012.

◦ **일자리위원회·관계부처 합동**, "일자리정책 5년 로드맵", 2017.

◦ **중앙노동위원회**, 「주제별 판례 분석집-개별적 근로관계-」, 2016.

◦ **한국노동연구원**, 「주 40시간제 해설」, 2005.

◦ **강성태**, "사내하도급 삼부작 판결의 의의", 「노동법학」 제35호, 한국노동법학회, 2010.

◦ **권　혁**, "판례를 통해 살펴본 취업규칙제도의 노동법적 쟁점과 그 시사점", 「노동법포럼」 제5호, 노동법이론실무학회, 2010.

◦ **권혁·김봉수**, "도급인의 지시권의 한계 검토", 고용노동부 학술정책용역보고서, 2019

◦ **권재열**, "회사분할시 근로관계 승계에 대하여 근로자가 거부권을 행사할 수 있는가?", 「증권법연구」 제15권 제1호, 2014

◦ **김기선·강련승**, "노동관계법상 근로자대표제의 규율현황 및 입법과제", 국회입법조사처 연구용역보고서, 한국법정책학회, 2016

◦ **김경태**, "근로관계 승계의 법리에 따르는 몇 가지 문제점", 「법학논총」 제30권 제2호, 국민대학교 법학연구소, 2017.

◦ **김상호**, "영업양도에 따른 고용승계와 근로자의 승계거부권", 「노동법률」 2013년 3월호, ㈜중앙경제, 2013.

◦ 김영문, “사업의 양도, 기업의 인수·합병과 정리해고”, 「안암법학」 제7호, 안암법학회, 1998.

◦ 김재훈, “개별적 근로관계법상 근로자대표의 법적 고찰”, 「노동법학」 제24호, 한국노동법학회, 2007.

◦ 김지형, “영업양도와 근로관계의 이전”, 「민사재판의 제문제」 제8집, 민사실무연구회, 1994.

◦ 노상헌, “회사분할과 근로관계”, 「노동법학」 제38호, 한국노동법학회, 2011.

◦ 도재형, “근로기준법상 근로자대표 및 서면 합의 제도”, 「노동법학」 제24호, 한국노동법학회, 2011.

◦ 박은정, “회사분할과 개별적 근로관계의 승계”, 「노동법학」 제71호, 한국노동법학회, 2019.

◦ 박지순, “한국형 근로자대표제도의 구상”, 「노동법논총」 제42집, 한국비교노동법학회, 2018.

◦ 이병운, “영업양도와 근로관계의 승계”, 「노동법논총」 제3집, 한국비교노동법학회, 2000.

◦ 이세리, “회사분할과 근로관계의 승계”, 「노동법포럼」 제6호, 노동법이론실무학회, 2011.

◦ 이승욱, “사업양도와 근로자의 지위”, 서울대 박사학위논문, 1997.

◦ 이승욱, “사업변동에 따른 노동법상 쟁점” 「저스티스」 제33권 제3호, 한국법학원, 2000.

◦ 임종률 외 7인, “기업변동시 근로관계 승계 관련 연구”, 고용노동부 학술연구용역보고서, 2007.

◦ 전형배, “우리나라 경영해고의 현황과 과제”, 「노동법연구」 제34호, 서울대학교 노동법연구회, 2013.

◦ 조용만, “경영상 해고의 제한에 관한 판례 법리의 재정립”, 「노동법학」 제64호, 한국노동법학회, 2017.

◦ 최영남 · 전순영, “교대제근로 방식 개편 소고”, 「2014년 한국산학기술학회 추계 학술대회논문집」, 한국산학기술학회, 2014.

◦ 최영호, “1개월 단위 탄력적 근로시간제의 해석”, 「노동법연구」 제15호, 서울대학교 노동법연구회, 2003.

◦ 하경효, “기업의 구조조정과 근로관계의 존속보호”, 「저스티스」 제32권 제2호, 한국법학원, 1996.

◦ 한광수, “사업의 분할에 따른 근로관계 승계에 대한 고찰”, 「노동법논총」 제29집, 한국비교노동법학회, 2013.

◦ 한인상, “경영상 해고 관련 판례 및 입법 동향 분석”, 「노동법논총」 제41집, 한국비교노동법학회, 2017.

저 자 소 개

저자 백 현 민

- 성균관대학교 경상대학 산업심리학과 졸업
- 성균관대학교 일반대학원 졸업(법학석사)
- 한국외국어대학교 일반대학원 졸업(법학박사)
- 공인노무사(2002년 합격/11기)
- 사적조정인 과정 수료(고용노동부 주최)
- M&A컨설턴트 과정 수료(한국M&A컨설팅협회 주최)
- 前㈜베스트HR 전략컨설팅본부장
- 現미래인공인노무사사무소 대표노무사

- 경영상 해고 및 희망퇴직 프로그램 설계, 주식매각 · 회사분할 · 영업양도 등 기업변동 관련 노무 지원 및 실사, 비정규직 인력운영 방안 수립 등 고용조정과 관련된 다수의 컨설팅 및 자문, 강의를 수행함.